# 地震下高速铁路桥上行车性能物理模拟试验技术

国 巍 余志武 蒋丽忠 著

科学出版社

北 京

## 内 容 简 介

本书主要介绍地震下高铁桥上行车性能的物理模拟技术及试验系统搭建，利用中南大学振动台台阵系统，采用1：10缩尺比，详细说明该试验系统的构成，并在实验室内完成地震下列车脱轨的极限情况模拟，完成试验系统的有效性验证，提出一种用于研究地震下高铁桥上行车安全的试验方法。

全书共10章，第1章介绍模拟模型试验的相似设计理论及试验平台搭建。第2章介绍地震下高铁桥上行车模拟需考虑的重要指标及其测量技术。第3章阐述地震下高铁桥上行车试验系统组成、设计方法及有效性验证。第4~8章利用本书构建的试验系统及试验方法，展示具体的试验探究过程及试验数据，由此验证试验系统的可行性，并探究竖向地震、场地类型、频谱特性、墩高、列车动力特性等因素对震时桥上行车安全性能的影响。第9章利用SI(光谱强度)指标法是否能正确评估地震下桥上行车安全性。第10章基于行车安全，对高铁桥梁调谐减震性能进行评估。

本书可为高铁地震灾变相关领域的研究人员提供试验参考及试验思路，也可为学习高铁地震灾变相关内容的学生提供帮助。

---

图书在版编目（CIP）数据

地震下高速铁路桥上行车性能物理模拟试验技术 / 国巍，余志武，蒋丽忠著. —北京：科学出版社，2024.11
ISBN 978-7-03-078143-7

Ⅰ.①地… Ⅱ.①国… ②余… ③蒋… Ⅲ.①高速铁路-铁路桥-行车安全-模拟试验 Ⅳ.①U298.1

中国国家版本馆CIP数据核字（2024）第036652号

责任编辑：牛宇锋 李 娜 / 责任校对：任苗苗
责任印制：肖 兴 / 封面设计：有道文化

科学出版社 出版
北京东黄城根北街16号
邮政编码：100717
http://www.sciencep.com

北京天宇星印刷厂印刷
科学出版社发行 各地新华书店经销

\*

2024年11月第 一 版 开本：720×1000 1/16
2024年11月第一次印刷 印张：16
字数：323 000
定价：138.00元
（如有印装质量问题，我社负责调换）

# 作 者 简 介

国巍，中南大学教授，博士生导师。现任中南大学土木工程学院副院长，高速铁路建造技术国家工程研究中心常务副主任，国家自然科学基金优秀青年科学基金项目、湖南省青年科技奖、詹天佑铁道科学技术奖青年奖获得者，湖南省科技领军人才。致力于高速铁路工程结构抗震减震、智能实验室与智能建造领域相关研究，主持国家自然科学基金项目、600公里时速高速磁浮重大项目等60余项。成果应用于我国高速铁路桥梁、高铁客站、国际首套地震下桥上行车试验系统、国际首套600公里时速磁浮列车试验系统、国际首套地震断裂带动力灾变模拟试验系统等重要领域。获得国家技术发明奖二等奖、教育部科技进步奖一等奖、湖南省科技进步奖一等奖等科技奖励。

余志武，中南大学教授，博士生导师。现任高速铁路建造技术国家工程研究中心主任。被授予铁道部有突出贡献的中青年专家，享受政府特殊津贴，获首批湖南省科技领军人才、湖南省先进工作者和全国优秀科技工作者等荣誉。长期致力于列车与地震作用下轨-桥体系随机振动与服役安全科学研究、工程实践和人才培养。在列车与地震作用下车-轨-桥系统动力性能高精度分析、轨道结构高品质建造和轨-桥体系服役状态高性能保持等方面取得了一系列创新成果。主持项目获国家技术发明奖二等奖2项，参与项目获国家科技进步奖二等奖3项，主持项目获省部级特等奖和一等奖6项。

蒋丽忠，中南大学教授，博士生导师。现任湖南科技大学校长，高速铁路建造技术国家工程研究中心副主任。教育部长江学者特聘教授，国家重点领域创新团队带头人。多年来一直从事结构工程学科教学、科研与技术开发工作。围绕我国铁路提升工程建设需求，针对高速铁路桥梁减震隔震技术、地震作用下车-桥耦合动力作用、钢-混凝土组合结构抗震性能及结构与基础的共同作用等领域的关键科学问题和技术难题开展攻关研究，相关成果获国家技术发明奖二等奖 1 项、国家科技进步奖二等奖 2 项、省部级特等奖/一等奖/二等奖 10 余项等。

# 前　言

　　高速铁路(简称高铁)作为我国科技创新领域的一张"亮丽名片"，彰显了大国实力和我国科学技术水平。我国正在积极建设"八纵八横"的高铁网，铁路营业里程逐年持续增长，稳居世界第一。在"交通强国"战略的指引下，中国高铁将继续进行技术创新，不断提高运行速度、安全性、舒适度和服务水平，推动高铁技术的发展和创新，提升国际竞争力。确保安全运行是高铁可持续健康发展的根本要求与重要前提，而我国是世界上地震多发国家之一，高铁又常采用"以桥代路"的设计理念来保障高速列车运行的稳定，这使得列车在高铁桥上遭遇地震的概率增高，行车安全面临重大威胁。与日益丰富的地震下高铁行车安全的理论、数值研究相对比，高铁列车设备、桥梁、隧道等基础设施的试验研究和现场震害较少。我国高铁尚未真正意义上遭遇强地震的冲击，真实的震害几近于无，实测与理论、数值乃至试验的相互印证体系存在明显缺陷。本书聚焦于物理模拟技术，通过实际物理试验来验证数值模型的准确性，从而探究地震下高铁桥上行车的安全性能，工作的开展有利于进一步探究地震下高铁桥上行车相关问题。

　　本书主要介绍地震下高铁桥上行车性能的物理模拟技术及试验系统搭建，具有以下特点：第一，从物理层面模拟地震下高铁桥上行车，利用中南大学振动台台阵系统，采用 1∶10 缩尺比，建立地震下高铁桥上行车的试验系统进行探究，区别于当前研究仅利用仿真探究机理；第二，在实验室内完成地震下列车脱轨的极限情况模拟，完成所搭建试验系统的有效性验证，提出一种用于研究地震下高铁桥上行车安全的试验方法，给出具体试验流程、数据分析方法等实用性内容，有助于读者进一步探究地震下高铁桥上行车相关问题；第三，提供多种工况下的试验数据及试验结论，利用试验探究地震条件下车-轨-桥耦合系统的稳定性和安全性，可为相关领域的研究提供参考及数据验证。

　　本书内容共 10 章，基于试验角度，按照从物理模拟技术的研发、试验系统的搭建到试验系统的应用的逻辑进行组织。第 1 章是绪论，结合国内外地震下高铁桥上行车安全性能物理模拟技术研究现状，详细介绍模拟模型试验的相似设计理论，以及高速列车桥上行车试验平台的搭建。第 2 章是行车安全重要影响指标及其测量技术，主要介绍地震下高铁桥上行车模拟需考虑的四个重要指标：轨道不平顺、列车加速度、轮轨力、列车相对位移及其系列高精度测量技术。第 3 章是地震下高铁桥上行车试验系统有效性验证，提出地震下行车试验系统测试试验的方法，详细阐述地震下行车动态试验组成和设计方法，提出有效性验证的测试计划，并通过振动台试验和数值仿真对比验证试验模型的准确性。第 4~8 章利用本书构建的试验系统及试验方法，展示具体的试验探究过程及试验数据，由此验证试验系统的可行性，并探究竖向地震、场地类型、频谱特性、墩高、列车动力特性等因素对震时桥上行车安全性能的影响。其中，第 4 章是竖向地震对高铁桥上行车安全影响探究，通过试验揭示近断层竖向地震对桥梁上列车运行安全性的影响，分析近断层竖向地震对桥上列车脱轨的影响，探讨列车脱轨的机理；第 5 章是场地类型对震时高铁桥上行车安全影响探究，研究不同场地类型地震激励下列车在桥上运行的安全指标，得到运行速度安全限值；第 6 章是不同频谱特性对震时高铁桥上行车安全影响探究，研究不同频谱特性对高铁车-轨-桥系统的耦合振动和列车运行安全的影响；第 7 章是墩高对震时高铁桥上行车安全影响探究，结合模型模拟所得的稳定性指标、安全性指标与行车试验所得的光谱强度(spectrum intensity，SI)指标共同分析墩高变化对列车行车性能的影响；第 8 章是地震作用下列车车体对桥梁影响探究，讨论列车不同状态、不同建模方法的影响，论证高铁车辆的减震对桥梁响应的影响类似质量阻尼器的作用，通过统计 200 种不同地震作用下的模拟结果给出地震作用下车辆对桥梁振动响应减小值的参考区间。第 9 章是 SI 指标法评估地震下桥上行车安全性，针对书中多项试验内容建立一套考虑列车速度的 SI 指标法，给出列车速度分级的 $SI_L$ 曲线，并利用搭建的试验系统和数值模型对 SI 指标法的可靠性进行验证。第 10 章是基于行车安全的高铁桥梁调谐减震性能评估，主要验证研究调谐质量阻尼器的减震效果和对行车安全的控制效果，并提出包括旋转摩擦阻尼器、组合耗能限位支座在内的各种高铁桥梁减震、隔震技术均可仿照该方法进行探究。

感谢课题组历届硕士研究生和博士研究生的创新科研工作。本书的研究工作得到了国家自然科学基金优秀青年科学基金项目(No.52022113)、面上项目(No.52278546)、联合基金重点项目(No.U2368210)、国家重点研发计划项目，以及中国国家铁路集团有限公司(原铁道部)和中国中铁股份有限公司科技研究开发计划项目重大专项课题(2021-专项-04-2)的支持，在此一并表示深切感谢。

著书立说是对一个知识体系有了自己的理解和认识，对某些问题有了独到且自成系统的解决方案。从这个角度来说，本书的研究工作还远远不够。但是仍希望通过本书为研究者、设计者和同行提供参考，促进交流和合作。限于作者水平，书中难免存在欠缺之处，敬请读者批评指正，不胜感激。

作　者

2023 年 12 月

# 目 录

前言
第1章 绪论 ·············································································· 1
  1.1 发展历程及关键问题 ······················································· 1
  1.2 相似设计 ········································································ 4
    1.2.1 相似设计理论 ························································· 4
    1.2.2 行车试验相似设计原理 ············································ 5
  1.3 振动台设备性能评估 ····················································· 15
  1.4 试验平台搭建 ······························································· 17
    1.4.1 整体方案 ······························································ 17
    1.4.2 模型建立 ······························································ 19
  1.5 本章小结 ······································································ 26
  参考文献 ················································································ 27
第2章 行车安全重要影响指标及其测量技术 ···························· 28
  2.1 概述 ············································································· 28
  2.2 轨道不平顺 ·································································· 28
    2.2.1 直接测量 ······························································ 29
    2.2.2 间接测量 ······························································ 30
  2.3 列车加速度测量 ···························································· 34
  2.4 基于神经网络反演的高速列车轮轨力测量 ······················ 37
    2.4.1 反演方法框架 ······················································· 39
    2.4.2 基于物理模型的轮轨力反演方法 ······························ 39
    2.4.3 基于物理信息的神经网络轮轨力反演方法 ················ 46
    2.4.4 测量方法训练 ······················································· 48
    2.4.5 试验算例 ······························································ 49
  2.5 地震下高速列车轮轨横向相对位移视觉测量 ···················· 54
    2.5.1 视觉测量方法框架 ················································· 55
    2.5.2 轮轨横向位移测量模型 ··········································· 55
    2.5.3 测量方法训练 ······················································· 58
    2.5.4 试验算例 ······························································ 60

2.6 本章小结 ································································································ 67
参考文献 ········································································································ 67
**第 3 章 地震下高铁桥上行车试验系统有效性验证** ······································ 69
3.1 概述 ···································································································· 69
3.2 测试计划 ···························································································· 70
　　3.2.1 试验程序 ················································································ 70
　　3.2.2 数值模型建立 ········································································ 72
　　3.2.3 轨道不平顺获取 ···································································· 74
3.3 行车试验系统有效性验证 ································································ 75
　　3.3.1 模态参数辨识 ········································································ 75
　　3.3.2 验证试验方案 ········································································ 79
　　3.3.3 缩尺试验模型与缩尺试验数值模型的系统响应比较 ········ 80
　　3.3.4 缩尺理论模型与原型理论模型的系统响应比较 ················ 87
3.4 本章小结 ···························································································· 89
参考文献 ········································································································ 89
**第 4 章 竖向地震对高铁桥上行车安全影响探究** ·········································· 92
4.1 概述 ···································································································· 92
4.2 试验设计 ···························································································· 93
　　4.2.1 测点布置 ················································································ 93
　　4.2.2 数值模型验证 ········································································ 94
　　4.2.3 工况设计 ·············································································· 100
4.3 探究与结论 ······················································································ 101
　　4.3.1 桥梁响应影响探究 ······························································ 101
　　4.3.2 列车运行舒适性影响探究 ·················································· 103
　　4.3.3 列车运行安全影响探究 ······················································ 106
4.4 本章小结 ·························································································· 114
参考文献 ······································································································ 115
**第 5 章 场地类型对震时高铁桥上行车安全影响探究** ································ 117
5.1 概述 ·································································································· 117
5.2 试验设计 ·························································································· 117
　　5.2.1 测点布置 ·············································································· 117
　　5.2.2 数值模型验证 ······································································ 118
　　5.2.3 工况设计 ·············································································· 122
5.3 探究与结论 ······················································································ 123
　　5.3.1 列车运行安全分析 ······························································ 123

         5.3.2 列车速度安全限值探究 126
         5.3.3 不同场地类型列车速度安全限值对比 130
　　5.4 本章小结 131
　　参考文献 132
第6章　不同频谱特性对震时高铁桥上行车安全影响探究 133
　　6.1 概述 133
　　6.2 试验设计 134
         6.2.1 测点布置 134
         6.2.2 数值模型验证 134
         6.2.3 工况设计 139
　　6.3 探究与结论 141
         6.3.1 桥梁加速度响应分析 141
         6.3.2 列车加速度响应分析 142
         6.3.3 列车运行安全性分析 146
　　6.4 本章小结 149
　　参考文献 150
第7章　墩高对震时高铁桥上行车安全影响探究 152
　　7.1 概述 152
　　7.2 试验设计 152
         7.2.1 测点布置 152
         7.2.2 桥墩模拟与参数选取 153
         7.2.3 数值模型验证 156
         7.2.4 工况设计 161
　　7.3 探究与结论 161
         7.3.1 墩顶加速度与位移响应分析 161
         7.3.2 频谱放大系数分析 164
         7.3.3 原型理论模型下行车性能分析 166
　　7.4 本章小结 172
　　参考文献 172
第8章　地震作用下列车车体对桥梁影响探究 174
　　8.1 概述 174
　　8.2 试验设计 175
         8.2.1 系统布置 175
         8.2.2 模型构建 175
         8.2.3 工况设计 176

8.3　探究与结论 ········································································· 177
　　　　8.3.1　结构固有振动特性分析 ·················································· 177
　　　　8.3.2　车辆影响下桥梁响应变化分析 ········································· 179
　　　　8.3.3　数值模拟分析 ······························································ 183
　　　　8.3.4　多次地震下模拟统计结果分析 ········································· 187
　　8.4　本章小结 ············································································ 188
　　参考文献 ···················································································· 189
第9章　SI 指标法评估地震下桥上行车安全性 ········································· 191
　　9.1　概述 ·················································································· 191
　　9.2　考虑列车速度的 SI 指标建立 ················································· 192
　　　　9.2.1　指标建立 ····································································· 192
　　　　9.2.2　限值求解 ····································································· 192
　　　　9.2.3　评价过程 ····································································· 196
　　9.3　极限激励下桥上行车安全性试验 ············································· 197
　　　　9.3.1　传感器布置 ·································································· 197
　　　　9.3.2　地震动选择 ·································································· 198
　　　　9.3.3　列车脱轨试验 ······························································ 200
　　9.4　数值模型验证 ····································································· 205
　　　　9.4.1　模型建立 ····································································· 205
　　　　9.4.2　建模方式试验验证 ························································ 206
　　　　9.4.3　理论缩尺比验证 ··························································· 207
　　9.5　基于 SI 指标的行车安全评价方法验证 ···································· 208
　　　　9.5.1　基于试验结果的指标验证 ··············································· 208
　　　　9.5.2　SI 指标与轮轨力指标相关性分析 ···································· 210
　　9.6　本章小结 ············································································ 214
　　参考文献 ···················································································· 214
第10章　基于行车安全的高铁桥梁调谐减震性能评估 ···························· 217
　　10.1　概述 ················································································ 217
　　10.2　TMD 试验准备工作 ··························································· 218
　　　　10.2.1　传感器布置 ································································ 218
　　　　10.2.2　地震动选择 ································································ 218
　　　　10.2.3　TMD 布置与参数优化 ················································· 219
　　　　10.2.4　箱梁承载能力验证 ······················································· 221
　　10.3　数值模型验证 ···································································· 222
　　　　10.3.1　模型建立 ··································································· 222

10.3.2　建模方式试验验证 ················································· 223
　　10.3.3　理论缩尺比验证 ··················································· 226
10.4　TMD 对地震下结构响应控制效果 ············································ 228
　　10.4.1　工况及参数选择 ··················································· 228
　　10.4.2　基于加速度相关指标 ··············································· 230
10.5　TMD 对地震下行车安全控制效果 ············································ 231
　　10.5.1　不同地震动特性 ··················································· 231
　　10.5.2　不同墩高特性 ····················································· 234
　　10.5.3　不同列车速度特性 ················································· 236
　　10.5.4　不同地震强度特性 ················································· 240
10.6　本章小结 ······························································· 241
参考文献 ···································································· 241

# 第1章 绪　　论

## 1.1　发展历程及关键问题

我国铁路营业里程从 2012 年的 9.8 万 km 增长到了 2022 年的 15.5 万 km，其中高铁也从 0.9 万 km 增长到了 4.2 万 km，稳居世界第一。铁路迎来了发展最快、最安全稳定的历史阶段。

然而，我国位于环太平洋地震带和欧亚地震带之间，是世界上地震多发国家之一。地震对高铁的行车安全构成重大威胁。此外，为了保证高铁运行的稳定性，通常采用"以桥代路"的方法，这使得高铁列车在运行过程中遭遇地震的概率大大增加。如图 1-1 所示，世界范围内影响较大的受地震冲击的高铁危险事件是 2004 年的日本新潟地震高铁列车脱轨事件，6.8 级强震导致 8 节车厢脱轨，整车报废，线路停运。

图 1-1　日本新潟地震高铁列车脱轨事件

目前，我国高铁遭遇强地震冲击次数少，对高铁列车设备、桥梁等基础设施的相关研究和现场震害信息较少，地震下高铁行车的实测与理论、数值和试验的相互印证体系不完善。

地震作用模拟的试验通常可分为三大类：拟静力试验、拟动力试验和振动台试验。拟静力试验和拟动力试验在地震作用模拟方面各有一定程度的欠缺，振动台试验被视为较为精准的方法，可以较完美地再现地震波，实现土木结构震害在实验室内的重现[1]。从 20 世纪 60 年代开始，振动台试验设备不断发展，单纯土木工程结构设施，如房屋、桥梁、隧道等的地震模拟振动台试验已经非常普遍，技术上也较为成熟。这些缩尺模型通过一系列的设计手段能够从宏观性能上评估抗震性能及减震有效性。因此，地震下桥上行车安全模拟模型试验的难点在于缩尺列车试验部分，缩尺列车试验的相似设计和有效性都需要进行认真评估。

国外的缩尺列车试验以英国伯明翰大学为代表，其建设了 1∶25 缩尺比的列车和轨道系统，侧重于行车的动力学研究，并与实际车辆的空气动力学研究校核[2]，如图 1-2 所示，系统轨道总长度为 146m。依托该试验系统开展了大量的行车空气动力学研究，从模型和实车的测试对比来说，在某些方面已具有足够精度，如图 1-3 所示，模型和实车的行车所致空气压力对比相似。从图 1-3 仍可看出，在风压和风场模拟的低频范围内，模型试验精度较高，虽在高频部分存在一定偏差，但仍保持了相对较好的精度[3-5]。此类的缩尺列车试验可以说是成功的，其为实车空气动力学提供了重要的技术手段。从此类试验可以得到如下启发：①从列车风的角度来说，缩尺列车模型是可以实现中低频相似的；②地震作用与风有所不同，但仍可从理论上进行缩尺设计。

图 1-2 英国伯明翰大学的缩尺列车和轨道系统

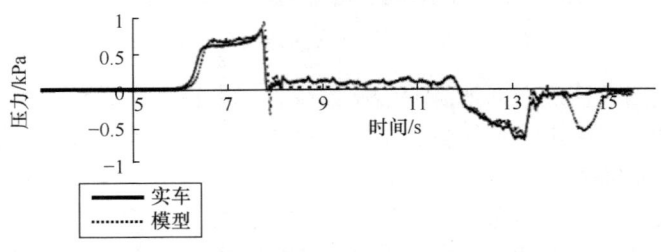

图 1-3 模型和实车的行车所致空气压力对比

国内则以中南大学田红旗教授团队的研究为代表，其所研究的试验系统是教育部重点试验的重要组成部分，是国内开展列车风空气动力学研究和工程应用非常重要的技术基地。与英国的模型车-轨试验系统类似，同样侧重于行车的空气动力学研究，开发了列车穿行隧道、桥涵等更为复杂的试验工况，并结合中国高铁的跨越式发展和建造，除基础科学和应用科学研究外，解决了大量实际工程问题，为我国高速铁路列车运行提供了重要的技术支撑。该套试验系统有多种缩尺比和多种型号的列车、轨道模型，如图1-4所示，对于完成各种类型的试验工况已经足够。该套试验系统空气炮的列车加速模式及试验经验，可提供一些研究的基础和认识。

图1-4 中南大学轨道交通安全教育部重点实验室的模型列车系统

除了对于缩尺行车试验的初步认可及可行性启发之外，与地震下的行车安全模拟不同，模型列车的风试验对于轮轨的要求不是很高，更多关注的是雷诺数的相似，对于风场的模拟侧重于中低频成分[6-8]。而地震下行车安全模拟的轮轨关系需要做到非常精准的近似模拟，列车的高频振动往往也较为重要，这其实存在一定的技术难题，需要认真评估其模拟的理论框架、实际试验系统的有效性，并提出相应的试验相似设计方法，期望构建的试验系统能够准确反映原型列车在地震下的脱轨问题，并进行数值和试验的系统论证[9]。

此外，鉴于实际结构中的参数特征、非线性和阻尼的不确定性，通常将振动台试验作为理论、数值工作或者实际工程建造的最终验证，这区别于其他类型的试验。通常来说，振动台试验都是缩尺试验，这会带来一些问题，如小比例模型的尺寸效应、重力失真、材料相似难以准确满足、动力加载率和试验多次加载累积损伤等，这些问题都会在结构的振动台试验中产生一定的误差。近年来，一些较为前沿的研究，如实时子结构试验技术、不断调整振动台试验的相似率的试验设计等，一直在试图解决这些问题。总体来说，地震模拟振动台试验是在承载了诸多问题情况下发展和实施的，通常默认这些潜在的近似并不会影响宏观规律，并通过缩尺振动台试验解决了一些重大的工程问题和研究问题。

综上所述，如果要进行地震下高铁桥上行车安全模拟试验，必须先进行模型试验，这对列车行车模拟提出了要求，需要对相似理论和试验系统进行研究，以评估并实现此类试验。对于土木设施自身的地震破坏模拟，缩尺试验的技术已经较为成熟，地震破坏现象在实验室中的模拟并不存在争议，而列车的行车模拟以及缩尺相似的理论基础和可靠性则需要进行认真设计与评估。如何利用现有的振动台试验设备在一套新构建的试验系统中同时实现土木结构的震害模拟和列车行车安全模拟，是该类型试验的关键。

实际上，实现地震模拟的振动台试验已经开展了几十年，其相似设计理念和理论已经相对成熟且为业界所接受。对于高铁列车行车的模型试验则较少，更多采用原型和现场行车试验，对于行车的模型试验主要是发展了列车风的模型试验，但此类模型试验侧重点往往不在轮轨关系的精确模拟上，而是更关注行车速度相似和风场雷诺数相似。地震下高铁桥上行车安全模拟的模型试验系统，在相似理论和试验设备上均存在一定挑战。因此，本书将针对其中的关键科学和技术问题进行统一阐述。该方向的关键问题包括如下几方面：

(1) 相似理论及设计。该方面的关键在于行车缩尺模型试验的可行性和合理设计。为能够完全反馈原型的信息和特征，除明确在合理设计之后模型试验方面的数据外，还包括实现轮轨力的相似设计。本书将统一进行这方面的论述和理论推导，建立起地震下高铁桥上行车的模型试验相似理论和设计方法。

(2) 振动台设备性能。地震下高铁桥上行车安全模拟的模型试验系统是在现有振动台设备的基础上搭建起来的，故现有振动台设备应满足相应的试验要求，尤其是行车脱轨等极端情况对振动台的冲击效应，需要详细评估其可行性，一方面保证试验顺利进行，另一方面避免设备的意外损坏。

(3) 试验系统搭建。在合理完成地震下高铁桥上行车试验系统的相似设计，并评估振动台设备性能可以满足要求之后，设计并搭建能够开展地震下高铁行车试验的试验系统，并解决在搭建过程中的一些技术细节问题，如行车速度、安全防护等，提出实验室内的实现方法，为系统建设提供解决思路。

## 1.2 相似设计

### 1.2.1 相似设计理论

模型试验是相对于原型试验而言的。对于工程上因为费用、设备等无法实现原型大型结构足尺试验的情况，通常采用模型试验。一个设计良好的模型试验可以较为完整地反馈原型结构重要参数的特征。对于物理力学模型，针对不同的试验目的，通常选取不同的模型设计控制参数。模型试验的设计方法有方程式法、量纲分析法等。方程式法需要对整个物理过程非常清晰，才能够建立起相似系数关系式。量纲分析法的应用范围更广泛，不需要完全明确物理过程控制方程的表达式，只是通过量纲转化实现相似关系和系数的计算，从而建立能够符合相似规律的模型结构的参数取值体系。考虑到地震下高铁桥上行车安全模拟模型试验的复杂性，本书采用量纲分析法，其相对简单，而且能够把握主要的响应规律和特征。

对于力-时间-尺寸量纲体系建立起来的相似关系体系，通常是三个参数确定之后，可以决定其他参数的计算表达。因此，实际上的模型设计是三个关键控制参量的选取和设计问题，例如，地震下的建筑和桥梁结构通常选择质量、加速度、弹性模量、尺寸等参数，而岩土液化的试验则更关注时间缩尺比，会把时间纳入到设计的参数。对于地震下高铁桥上行车试验，关键控制相似关系参数的选取需要重新考虑。从试验者的角度来看，选取的原则应该侧重于考虑容易提前确定、难以被动选择、实验室难以设计的参数。

### 1.2.2 行车试验相似设计原理

正如前面所述，行车试验往往采用原型试验，而非缩尺模型。由于在实验室内复现地震和风效应很困难，所以采用模型试验的形式。行车的模型试验主要集中于模型试验能否完整体现原型车辆与轨道之间的轮轨相互关系，这也是评判试验能否正确反映行车安全的重要因素。

此问题的由来主要是业界对于模型试验的认识。实际上，如果能够完整实现模型试验的设计和实施，则原型和模型的轮轨动力方程也会一致。对于原型和模型，其控制方程的形式是一致的，不同的只是各个量纲之间的对应比例关系，如果比例关系经过良好设计能够体现模型和原型的换算关系，则可认为模型试验能够在一定精度上模拟原型试验。这也是模型试验设计和量纲分析的出发点。列车行车的动力方程描述如下。

原型结构的控制方程为

桥梁：

$$M_b^p \ddot{U}_b^p + C_b^p \dot{U}_b^p + K_b^p U_b^p = F_{bw}^p \left( \ddot{U}_b^p, \dot{U}_b^p, U_b^p, \ddot{U}_v^p, \dot{U}_v^p, U_v^p, R^p \right) \tag{1-1}$$

列车：

$$M_v^p \ddot{U}_v^p + C_v^p \dot{U}_v^p + K_v^p U_v^p = F_{wb}^p \left( \ddot{U}_b^p, \dot{U}_b^p, U_b^p, \ddot{U}_v^p, \dot{U}_v^p, U_v^p, R^p \right) \tag{1-2}$$

其中，下标 $b$ 表示桥梁；下标 $v$ 表示列车；上标 $p$ 表示原型结构；$M$、$C$、$K$ 分别表示相应的质量矩阵、阻尼矩阵和刚度矩阵；$\ddot{U}$、$\dot{U}$、$U$ 分别表示结构的加速度、速度和位移向量；$R$ 表示轨道不平顺向量；$F_{bw}$ 表示轨道结构对桥梁结构的作用力；$F_{wb}$ 表示桥梁结构对轨道结构的作用力；$F_{bw}$、$F_{wb}$ 为相互作用力，是桥梁运动状态、车辆运动状态及轨道不平顺的函数。

同样，对于模型结构，其控制方程为

桥梁：

$$M_b^m \ddot{U}_b^m + C_b^m \dot{U}_b^m + K_b^m U_b^m = F_{bw}^m \left( \ddot{U}_b^m, \dot{U}_b^m, U_b^m, \ddot{U}_v^m, \dot{U}_v^m, U_v^m, R^m \right) \quad (1\text{-}3)$$

列车：

$$M_v^m \ddot{U}_v^m + C_v^m \dot{U}_v^m + K_v^m U_v^m = F_{wb}^m \left( \ddot{U}_b^m, \dot{U}_b^m, U_b^m, \ddot{U}_v^m, \dot{U}_v^m, U_v^m, R^m \right) \quad (1\text{-}4)$$

其中，上标 $m$ 表示模型结构，其他符号意义同前。

根据试验设计相关理论，模型与原型结构间相关量存在如下关系：

$$\frac{M_b^m}{M_b^p} = s_b^m, \quad \frac{C_b^m}{C_b^p} = s_b^c, \quad \frac{K_b^m}{K_b^p} = s_b^k, \quad \frac{\ddot{U}_b^m}{\ddot{U}_b^p} = s_b^a, \quad \frac{\dot{U}_b^m}{\dot{U}_b^p} = s_b^v, \quad \frac{U_b^m}{U_b^p} = s_b^u$$

$$\frac{M_v^m}{M_v^p} = s_v^m, \quad \frac{C_v^m}{C_v^p} = s_v^c, \quad \frac{K_v^m}{K_v^p} = s_v^k, \quad \frac{\ddot{U}_v^m}{\ddot{U}_v^p} = s_v^a, \quad \frac{\dot{U}_v^m}{\dot{U}_v^p} = s_v^v, \quad \frac{U_v^m}{U_v^p} = s_v^u$$

$$\frac{F_{bw}^m}{F_{bw}^p} = \frac{F_{wb}^m}{F_{wb}^p} = s^F, \quad \frac{R^m}{R^p} = s^r \quad (1\text{-}5)$$

其中，$s^m$、$s^c$、$s^k$、$s^a$、$s^v$、$s^u$ 分别表示相应的质量矩阵、阻尼矩阵、刚度矩阵、加速度向量、速度向量和位移向量的相似系数；下标 $b$ 表示桥梁结构；下标 $v$ 表示列车；$s^F$、$s^r$ 分别表示相应的轮轨作用力相似系数和轨道不平顺相似系数。

将式(1-5)稍微变换后，分别代入式(1-3)和式(1-4)中可得

桥梁：

$$\left( s_b^m s_b^a \right) M_b^p \ddot{U}_b^p + \left( s_b^c s_b^v \right) C_b^p \dot{U}_b^p + \left( s_b^k s_b^u \right) K_b^p U_b^p = \left( s^F \right) F_{bw}^p \quad (1\text{-}6)$$

列车：

$$\left( s_v^m s_v^a \right) M_v^p \ddot{U}_v^p + \left( s_v^c s_v^v \right) C_v^p \dot{U}_v^p + \left( s_v^k s_v^u \right) K_v^p U_v^p = \left( s^F \right) F_{wb}^p \quad (1\text{-}7)$$

式(1-6)和式(1-7)表示模型结构反算得到的原型结构方程，要使得模型能够真实反映原型结构性能，显然式(1-6)与式(1-1)，式(1-7)与式(1-2)应该分别相等，则有如下关系式成立：

$$\frac{s_b^m s_b^a}{s^F} = 1, \quad \frac{s_b^c s_b^v}{s^F} = 1, \quad \frac{s_b^k s_b^u}{s^F} = 1 \quad (1\text{-}8\text{a})$$

$$\frac{s_v^m s_v^a}{s^F}=1, \quad \frac{s_v^c s_v^v}{s^F}=1, \quad \frac{s_v^k s_v^u}{s^F}=1 \tag{1-8b}$$

对式(1-8a)和式(1-8b)进行量纲分析如下(选长度[L]、质量[M]、时间[T]、力[F]为基本量纲)：

$$\frac{[s^m][s^a]}{[s^F]}=\frac{[\mathrm{M}][\mathrm{LT}^{-2}]}{[\mathrm{MLT}^{-2}]}=1 \tag{1-9a}$$

$$\frac{[s_b^c][s_b^v]}{[s^F]}=\frac{[\mathrm{FTL}^{-1}][\mathrm{LT}^{-1}]}{[\mathrm{F}]}=1 \tag{1-9b}$$

$$\frac{[s_b^k][s_b^u]}{[s^F]}=\frac{[\mathrm{FL}^{-1}][\mathrm{L}]}{[\mathrm{F}]}=1 \tag{1-9c}$$

由式(1-9a)～式(1-9c)可知，模型和原型结构之间能够实现相互转换。需要注意的是，式(1-9a)～式(1-9c)在推导过程中遵循了量纲关系，这说明在遵循量纲关系的基础上即可满足模型与原型的相似。

以上说明了宏观动力方程的动力相似规律：只要满足量纲关系即可。现在进一步考虑各个分量的相似和表达式，首先说明式(1-5)中各分量的确定和实现。$M$是结构的质量矩阵，在相似设计中可以通过附加质量等方式实现；$C$、$K$分别为结构的阻尼矩阵和刚度矩阵，一般通过选择合适的材料来满足试验要求；轨道不平顺$R$是几何缩尺，理论上很明确，不存在争议，主要是精度实现的问题；$\ddot{U}$、$\dot{U}$、$U$为响应量，一般为观测值；而轮轨相互作用力$F_{bw}$与$F_{wb}$为整个问题的关键，模型试验能否复现原型的轮轨力需要进行详细讨论。由于$F_{bw}$与$F_{wb}$没有简单的显式表达式，往往通过简化查询相关数表进行计算。这种理论上的模糊给试验设计带来了一定困难。作为验证之一，下面将采用经典轮轨理论来考证轮轨力相似设计的合理性和可行性。

1. 单点接触情况

当单点接触时，轮轨作用力一般采用Kalker线性理论计算，公式如下：

$$\begin{cases} F_x = -f_{11}\xi_x \\ F_y = -f_{22}\xi_y - f_{23}\xi_{sp} \\ M_z = -f_{23}\xi_y - f_{33}\xi_{sp} \end{cases} \tag{1-10}$$

其中，$f_{ij}$表示蠕滑力系数；$\xi_{ij}$表示蠕滑率。

蠕滑力系数 $f_{ij}$ 通过式(1-11)进行计算：

$$\begin{cases} f_{11} = G_{wr}abC_{11} \\ f_{22} = G_{wr}abC_{22} \\ f_{23} = G_{wr}(ab)^{3/2}C_{23} \\ f_{33} = G_{wr}(ab)^2 C_{33} \end{cases} \qquad (1\text{-}11)$$

其中，$G_{wr}$ 表示轮轨材料合成剪切模量，通常认为是常数；$C_{ij}$ 表示 Kalker 系数，通过查表得到，完全依赖 $\dfrac{a}{b}$ 的大小，$a$、$b$ 分别表示轮轨接触椭圆的长半轴、短半轴，$C_{ij}$ 是无量纲系数，若 $a$、$b$ 在相同的几何相似系数下，则 $C_{ij}$ 可认为不变。

蠕滑率 $\xi_{ij}$ 在考虑常规运行状态(即小侧滚、小摇头、小接触角状态)下可通过式(1-12)进行计算：

$$\begin{cases} \xi_x = \dfrac{v\left(1-\dfrac{r}{r_0}\right) - \dot\psi \dfrac{L_w}{2}}{v} \\ \xi_y = \dfrac{\dot y + r\dot\phi - v\psi}{v} \\ \xi_{sp} = \dfrac{\dot\psi - \dfrac{\delta v}{r_0}}{v} \end{cases} \qquad (1\text{-}12)$$

其中，$v$ 表示列车行进速度；$r$、$r_0$ 分别表示轮对瞬时滚动半径、轮对名义滚动半径；$\delta$ 表示轮轨接触角；$L_w$ 表示轮对内侧距；$\dot y$、$\psi$、$\dot\psi$、$\dot\phi$ 分别表示轮对横移速度、轮对摇头角、轮对摇头角速度、轮对侧滚角速度。

将式(1-11)、式(1-12)代入式(1-10)，可以得到轮轨水平作用力函数关系为

$$F_x = -G_{wr}abC_{11}\dfrac{v\left(1-\dfrac{r}{r_0}\right) - \dot\psi\dfrac{L_w}{2}}{v} \qquad (1\text{-}13a)$$

$$F_y = -G_{wr}abC_{22}\dfrac{\dot y + r\dot\phi - v\psi}{v} - G_{wr}(ab)^{3/2}C_{23}\dfrac{\dot\psi - \dfrac{\delta v}{r_0}}{v} \qquad (1\text{-}13b)$$

$$M_z = -G_{wr}(ab)^{3/2}C_{23}\dfrac{\dot y + r\dot\phi - v\psi}{v} - G_{wr}(ab)^2 C_{33}\dfrac{\dot\psi - \dfrac{\delta v}{r_0}}{v} \qquad (1\text{-}13c)$$

假设对于模型结构，式(1-13a)～式(1-13c)仍然成立，实质上这也是由动力问题数学建模决定的，则模型结构与原型结构轮轨作用力分别进行比对，可得到相似系数的如下关系式：

$$s^{F_x} = -s^{G_{wr}} s^a s^b s^{C_{11}} \frac{s^v \left(1 - s \frac{r}{s^{r_0}}\right) - s^{\dot{\psi}} \frac{s^{L_w}}{2}}{s^v} \tag{1-14a}$$

$$s^{F_y} = -s^{G_{wr}} s^a s^b s^{C_{22}} \frac{s^{\dot{y}} + s^r s^{\dot{\phi}} - s^v s^{\psi}}{s^v} - s^{G_{wr}} \left(s^a s^b\right)^{3/2} s^{C_{23}} \frac{s^{\dot{\psi}} - \frac{s^{\delta} s^v}{s^{r_0}}}{s^v} \tag{1-14b}$$

$$s^{M_z} = -s^{G_{wr}} \left(s^a s^b\right)^{3/2} s^{C_{23}} \frac{s^{\dot{y}} + s^r s^{\dot{\phi}} - s^v s^{\psi}}{s^v} - s^{G_{wr}} \left(s^a s^b\right)^2 s^{C_{33}} \frac{s^{\dot{\psi}} - \frac{s^{\delta} s^v}{s^{r_0}}}{s^v} \tag{1-14c}$$

其中，$G_{wr}$、$C_{ij}$ 分别表示常数和无量纲系数，故其相似比 $s^{G_{wr}} = 1$、$s^{C_{ij}} = 1$；其他相似量选择长度量纲[L]、质量量纲[M]、时间量纲[T]、蠕滑力量纲[f]和速度量纲[v]作为基本量纲进行如下分析：

$$[\text{MLT}^{-2}] = -[\text{L}^2] \frac{[\text{v}][1-[\text{L}]/[\text{L}]] - [\text{f}] \cdot [\text{L}]/2}{[\text{v}]} \Rightarrow [\text{MT}^{-2}] = [\text{L}] \tag{1-15a}$$

$$[\text{MLT}^{-2}] = -[\text{L}^2] \frac{[\text{v}] + [\text{L}][\text{f}] - [\text{v}][1]}{[\text{v}]} - [\text{L}^3] \frac{[\text{f}] - [1][\text{v}]/[\text{L}]}{[\text{v}]} \Rightarrow [\text{MT}^{-2}] = -[\text{L}] \tag{1-15b}$$

$$[\text{ML}^2\text{T}^{-2}] = -[\text{L}^3] \frac{[\text{v}] + [\text{L}][\text{f}] - [\text{v}][1]}{[\text{v}]} - [\text{L}^4] \frac{[\text{f}] - [1][\text{v}]/[\text{L}]}{[\text{v}]} \Rightarrow [\text{MT}^{-2}] = -[\text{L}] \tag{1-15c}$$

可以看出，只需要在相似系数设计中满足 $\left|\frac{[\text{MT}^{-2}]}{[\text{L}]}\right| = 1$，模型结构就能真实反映原型结构的轮轨力。实质上，只要符合量纲分析原则，$\left|\frac{[\text{MT}^{-2}]}{[\text{L}]}\right| = 1$ 是一定会得到满足的。

2. 游间引起多点接触情况

前面讨论的是新轮新轨单点接触情况，没有考虑轮轨磨损后出现的多点接触与共形接触情况，也没有考虑轮轨游间的作用。当考虑轮轨游间时，情况会有所变化。合理的轮轨游间能减少轮缘与钢轨磨损，而且能实现轮对自动对中。当轮缘与钢轨之间的游间值太大时，会使轮对蛇形运动的振幅增大，影响车辆的运行品质；当轮缘与钢轨之间的游间值太小时，会出现车轮踏面轮缘与轨头侧面接触，从而使得轮缘与钢轨严重磨损，也使得轮轨几何接触出现多点接触情况。

当轮对在轨道上运行，蛇形运动幅值小于轮轨游间值时，仍然满足单点接触情况，由单点接触情况的分析可知，原型和模型能够进行相互转换；如果蛇形运动幅值大于等于游间值，则说明轮缘和轨侧已经出现接触。此时，情况较复杂，有可能是轮缘与轨侧单点接触，也有可能是轨顶与踏面、轮缘与轨侧两点接触，或者出现共形接触。不考虑共形接触等极端情况，轮缘与轨侧单点接触可以参照单点接触情况进行分析；当两点接触时，只要合理分配法向力，可看成两个单点接触问题，同样可以比照单点接触情况进行分析，只是法向力的分配以及接触斑大小的确定需要注意。其实，只要模型中轮轨接触斑形状以及接触斑的应力分布与原型满足比例关系，无论是单点接触还是多点接触，由量纲分析可知，原型和模型间均能相互转换。

综上所述，本书将采用量纲分析法建立行车试验的相似关系。同样选取三个控制参量，进而通过量纲关系换算其他参数，计算相应的参数取值。简单描述过程如下所述：

(1) 选择相似设计参数为几何尺寸，振动台面的尺寸将会限定试验的规模，因此将其作为首选参数。

(2) 确定相似设计参数为水平加速度相似参数，该参数是振动台试验与行车试验相一致的部分，因此按照振动台试验来确定。

(3) 确定材料特征参数。因为材料特征参数往往是不可选择的，难以准确制造出所需要的、符合相似关系的材料，所以先行确定。

(4) 通过相似关系设计表计算得到其他的相关相似关系。

对于地震下桥上行车安全模拟的模型试验，试验成功或者可行的关键包括两个方面：第一，控制关键设计参数，实现小比例模型，保证其在实验室条件下的可行性；第二，保证在实验室条件下复现的轮轨相互作用力是符合相似率的，这点需要通过一定的相似设计和设备来实现。

本节以中南大学高速铁路建造技术国家工程研究中心多功能振动台四台阵系统为例，根据设备参数，设计动态测试系统。

对于多功能振动台四台阵系统建设，需要考虑振动台自身的设备性能参数，如台面尺寸、台面最大负重、轨道制作精度、桥梁尺寸、最大行车速度等，其基本性能指标如表 1-1 所示。为保障行车测试的有效性，模型试验方案的原则是在现有设备条件下尽力保障最大的模型缩尺比。高铁多功能振动台试验系统由一个 4m×4m 六自由度固定台和三个 4m×4m 六自由度移动台组成，四个振动台均建在同一直线上，可独立使用，也可组成多种间距台阵，单个振动台具有三向六自由度、大行程、宽频带等特点，可以承担桥梁、路基、隧道和房屋结构多点输入地震模拟试验和高速铁路人体舒适度试验等。

表 1-1 实验室的多功能振动台基本性能指标

| 项目名称 | | 技术指标 | |
|---|---|---|---|
| | | A 台(固定台) | B、C、D 台(移动台) |
| 振动台尺寸(长×宽) | | 4m×4m | 4m×4m |
| 自由度 | | 3 向 6 | 3 向 6 |
| 四台联动自由度 | | 24 自由度联动 | 24 自由度联动 |
| 台间距 | | 6~25m 可调 | 6~25m 可调 |
| 最大试件质量 | | 30t | 30t |
| 台面最大位移和最大加速度 | X 向 | 250mm，±1.0g(满载) | 250mm，±1.0g(满载) |
| | Y 向 | 250mm，±1.0g(满载) | 250mm，±1.0g(满载) |
| | Z 向 | 160mm，±1.6g(满载) | 160mm，±1.6g(满载) |
| 正弦波振动速度 | | 750mm/s | 750mm/s |
| 最大地震峰值速度 | | 1000mm/s | 1000mm/s |
| 最大倾覆力矩 | | 30t/m | 30t/m |
| 最大偏心力矩 | | 20t/m | 20t/m |
| 工作频率范围 | | 0.1~50Hz | 0.1~50Hz |

在地震激励下的高速列车-轨道-桥梁耦合系统(以下简称车-轨-桥系统)遵循如方程(1-16)所示的动力学方程：

$$\begin{bmatrix} M_v & \\ & M_b \end{bmatrix} \begin{Bmatrix} \ddot{X}_v \\ \ddot{X}_b \end{Bmatrix} + \begin{bmatrix} C_v & \\ & C_b \end{bmatrix} \begin{Bmatrix} \dot{X}_v \\ \dot{X}_b \end{Bmatrix} + \begin{bmatrix} K_v & \\ & K_b \end{bmatrix} \begin{Bmatrix} X_v \\ X_b \end{Bmatrix} = \begin{Bmatrix} F_v \\ F_b \end{Bmatrix} \quad (1\text{-}16)$$

其中，下标 $b$ 表示桥梁；下标 $v$ 表示列车；$M$、$C$ 和 $K$ 分别表示质量矩阵、阻尼矩阵和刚度矩阵；$\ddot{X}$、$\dot{X}$ 和 $X$ 分别表示加速度向量、速度向量和位移向量；$F_v$ 表示列车力向量，包括重力、轮轨接触力和地震力；$F_b$ 表示轨道桥结构的力向量，也包含重力、轮轨接触力和地震力。

通过应用相似性比从式(1-15)导出缩放模型的动力学方程，如式(1-17)所示。

$$S_m S_a \begin{bmatrix} M_v \\ & M_b \end{bmatrix} \begin{Bmatrix} \ddot{X}_v \\ \ddot{X}_b \end{Bmatrix} + S_c S_v \begin{bmatrix} C_v \\ & C_b \end{bmatrix} \begin{Bmatrix} \dot{X}_v \\ \dot{X}_b \end{Bmatrix} + S_k S_d \begin{bmatrix} K_v \\ & K_b \end{bmatrix} \begin{Bmatrix} X_v \\ X_b \end{Bmatrix} = S_F \begin{Bmatrix} F_v \\ F_b \end{Bmatrix} \quad (1\text{-}17)$$

其中，$S_m$、$S_c$、$S_k$、$S_a$、$S_v$、$S_d$、$S_F$ 分别表示质量相似比、阻尼相似比、刚度相似比、加速度相似比、速度相似比、位移相似比和力相似比。

依据动力方程分析方法，动态方程中 22 个物理量之间的相似关系满足式(1-18)。接着，式(1-18)由长度相似比 $S_l$、加速度相似比 $S_a$、弹性模量相似比 $S_E$ 和密度相似比 $S_\rho$ 表示，如式(1-19)所示。可以得出，式(1-20)为缩放模型必须满足的物理量相似准则。

$$S_m S_a + S_c S_v + S_k S_d = S_F \quad (1\text{-}18)$$

$$S_\rho S_l^3 S_a + S_E \sqrt{\frac{S_l^3}{S_a}} \sqrt{S_l S_a} + S_E S_l^2 = -S_\rho S_l^3 S_a \quad (1\text{-}19)$$

$$S_E = S_\rho S_l S_a \quad (1\text{-}20)$$

此时，几何尺寸、加速度和弹性模量被选为三个控制变量。确定长度相似比 $S_l$、加速度相似比 $S_a$ 和弹性模量相似比 $S_E$ 后，通过式(1-20)得到密度相似比 $S_\rho$。接着，可以根据量纲分析推导出其他物理量的相似比。每个参数的详细设计过程如下：

首先，将长度相似比设置为 1/10，使得原始的 32.6m 长的简支梁桥缩小到 3.26m，确保缩放后的 11 跨简支梁桥能够恰当地安装在现有的振动台阵上。因此，得出速度相似比为 $\sqrt{1/10}$，将原列车速度 55.56m/s (200km/h) 缩放到 17.56m/s，这样可以实现约 2.16s 的有效测试时间，使振动台阵能够重现地面运动的峰值，并让传感器收集足够多的数据。

然后，加速度相似比选择为 1。振动台试验中的重力失真指的是缩放模型与原型结构之间的重力差异。在车-轨-桥系统分析中，垂直动力学起着关键作用，因此将加速度相似比设为 1，以避免重力失真的影响，确保重力和垂直惯性力的一致性。

最后，考虑到车轮与轨道接触部分的材料，因为接触区域会发生微小变形。铜是振动台试验中模拟钢结构的主要材料，其弹性模量为 $1.1 \times 10^5$MPa，约为钢弹性模量 $2.0 \times 10^5$MPa 的 50%。缩放后的车轮和轨道材料严格遵循比例设计，为了较好复现实体质量和刚度的缩放桥梁和车体，采用钢材制造。因此，弹性模量相似比 $S_E$ 设定为 1/2。依据式(1-20)，密度相似比 $S_\rho$ 为 5。其他物理量的相似比可以推导出来，如表 1-2 所示。在实际操作中，通过向缩放模型添加额外质量来实现质量相似，因为选用的材料很难达到密度相似。阻尼和刚度可以通过设计模型中的弹簧和阻尼器来实现。

表 1-2　高铁桥上行车相似比

| 类型 | 物理参数 | 量纲 | 相似关系 | 相似比(模型/原型) | 备注 |
|---|---|---|---|---|---|
| 几何特性 | 长度($l$) | [L] | $S_l$ | 1/10 | 控制变量 |
|  | 线位移($l$) | [L] | $S_d = S_l$ | 1/10 | — |
| 材料特性 | 弹性模量($E$) | $[M][L]^{-1}[T]^{-2}$ | $S_E$ | 1/2 | 控制变量 |
|  | 密度($\rho$) | $[M][L]^{-3}$ | $S_\rho = S_E / S_l S_a$ | 5 | — |
| 动力特性 | 重力加速度($g$) | $[L][T]^{-2}$ | $S_a$ | 1 | — |
|  | 时间($t$) | [T] | $S_t = \sqrt{S_l / S_a}$ | $1/\sqrt{10}$ | — |
|  | 速度($v$) | $[L][T]^{-1}$ | $S_v = \sqrt{S_l \times S_a}$ | $1/\sqrt{10}$ | — |
|  | 质量($m$) | [M] | $S_m = S_\rho S_l^3$ | 1/200 | — |
|  | 频率($\omega$) | $[T]^{-1}$ | $S_\omega = 1/S_t$ | $\sqrt{10}$ | — |
|  | 刚度($k$) | $[M][T]^{-2}$ | $S_k = S_E S_l$ | 1/20 | — |
|  | 阻尼($c$) | $[M][T]^{-1}$ | $S_c = S_E S_l^{1.5} S_a^{-0.5}$ | $\sqrt{\frac{1}{2} \times 10^{\frac{3}{2}}}$ | — |

轮轨之间的接触关系是车-轨-桥系统的关键组成部分。通过对车轮在横向和竖向上的运动方程进行研究，验证了轮轨接触缩放设计的可行性。如图 1-5 所示，作用在车轮上的力包括悬挂力 $F_s$、轮轨之间的法向接触力 $N_c$ 和切向蠕滑力 $F_c$、重力 $M_w g$ 以及地震力 $M_w a_g$。下标 $y$ 和 $z$ 分别表示力的横向和竖向分量，$a_g$ 为地震加速度。

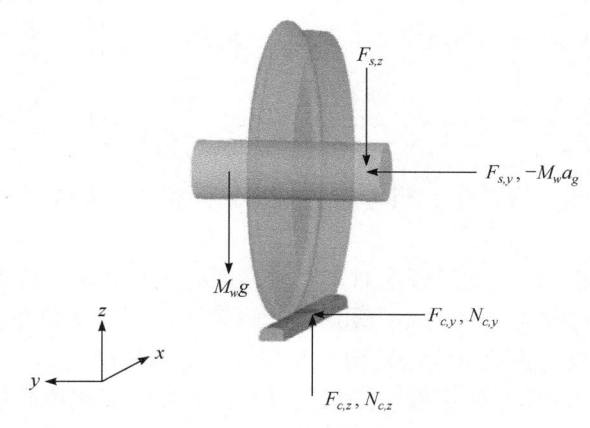

图 1-5　轮轨受力图

依据牛顿第二定律，可以构建车轮在两个方向上的运动方程，如式(1-21a)和式(1-21b)所示。悬挂力可以通过列车部件的位移和速度以 $kx + c\dot{x}$ 进行计算。蠕变力(假设没有打滑蠕变)可以根据 Kalker 理论,以 $-f_{22}\xi_y$ 的形式求得,其中 $\xi_y$ 是横向蠕变,而 $f_{22}$ 是蠕变系数。蠕变系数的表达式见式(1-22)。接触力可以根据赫兹接触理论来确定,见式(1-23)。

$$M_w \ddot{y}_w = F_{c,y} + N_{c,y} + F_{s,y} - M_w a_g \tag{1-21a}$$

$$M_w \ddot{z}_w = F_{c,z} + N_{c,z} + F_{s,z} - M_w g \tag{1-21b}$$

$$f_{22} = G_{wr}(ab)C_{22} \tag{1-22}$$

$$N = \left[\frac{1}{G}\delta\right]^{3/2} \tag{1-23}$$

其中,$M_w$ 表示车轮质量;$\ddot{y}_w$ 表示车轮横向加速度;$\ddot{z}_w$ 表示车轮垂直加速度;$g$ 表示重力加速度(通常取为 9.81m/s²);$G_{wr}$ 表示轮轨材料的平均剪切模量(单位与弹性模量相同,N/m²);$a$ 和 $b$ 表示轮轨接触区域的半轴长(m);$f_{22}$ 表示 Kalker 蠕变系数(无量纲);$G$ 表示轮轨接触系数(m/N²ᐟ³);$\delta$ 表示轮轨接触点的压缩量(m)。

式(1-21)经过相应的相似性比例缩放后呈现为式(1-24)。此时,式(1-24)的两边同除 $S_m S_a$,得出运动方程中的系数都为 1,这意味着在横向和竖向两个方向上,缩放后的方程式形式上与原型一致。这证实了基于提出的缩放原理,动力荷载能够成功缩小,也就是说,缩放后的车-轨-桥模型能够保持轮轨之间的接触关系。

$$S_m S_a M_w \ddot{y}_w = S_E S_l^2 F_{c,y} + S_F N_{c,y} + S_k S_l kx + S_c S_v c\dot{x} - S_m S_a M_w a_g \tag{1-24a}$$

$$S_m S_a M_w \ddot{z}_w = S_E S_l^2 F_{c,z} + S_F N_{c,z} - S_k S_l kx - S_c S_v c\dot{x} - S_m S_g M_w g \tag{1-24b}$$

$$\frac{S_E S_l^2}{S_m S_a} = 1, \quad \frac{S_F}{S_m S_a} = 1, \quad \frac{S_k S_l}{S_m S_a} = 1, \quad \frac{S_c S_v}{S_m S_a} = 1, \quad \frac{S_m S_g}{S_m S_a} = 1 \tag{1-25}$$

在实际的相似设计中,当考虑实验室条件和实际制作工艺时,面临的关键问题如下:

(1) 几何相似比。缩尺模型对于制作精度有较高要求,尤其是轨道不平顺部分,对应模型往往是在 0.1mm 级别,此时需要在下部支撑和轨道之间设置一些调节装置,以实现轨道精度的精调,并在试验前测试确定。

(2) 材料弹性模量的选取。模型试验往往意味着要选取合适的等效材料,材料会影响制作工艺,考虑材料的实际物理特征,取 0.3~1.0 的材料弹性模量相似比较易实现。

(3) 所设计的模型质量密度相似比大,意味着需要增加配重。试验配重分为三类：桥墩和梁体等结构构件可以采用宏观的力-位移、弯矩-曲率等效关系制作，采用钢结构等效取代混凝土，在钢结构中设置配重块并稳定固定且避免影响整体刚度；对于车体的配重，主要考虑一系悬挂和二系悬挂，采用集中质量设计方案；某些难以考虑配重设置的部件，如钢轨和轮对等，自身不考虑配重，虽然会导致高频振动和局部振动难以复现，但是不影响行车试验。

(4) 轨道板和底座板的设置。轨道板、底座板能够对行车安全产生重要影响，尤其是地震下轨道板和底座板以及梁体之间的连接起到至关重要的作用，且是易损部位，如果忽略，可能导致提前失效。在试验系统制作过程中，会考虑该问题。两布一膜层，CA(cement asphalt)砂浆层均通过摩擦系数等效来实现，附加等效的剪力键和剪力齿槽来加强约束。

(5) 行车试验系统的设计。试验系统特别关注建造加速系统、安全系统、减速系统等，同时按照相似设计和原型单节列车重 70t，则模型列车重 0.35t。

此外，在设计完相似关系之后，应核算振动台的设备性能，以满足试验需求。本节所采用的振动台台阵系统可以满足所建立的相似比在几何尺寸、负重能力、台面控制精度方面的需求。试验系统建造时也需要考虑台面在工作位时的背景振动噪声，该噪声水平可以影响试验时的轨道不平顺，除了提升振动台设备控制水平外，也可以将此背景噪声作为实际地震输入的组成部分，将台面最终复现的响应作为测试工况。

## 1.3 振动台设备性能评估

由于整个试验系统是在振动台试验设备上搭建的，所以振动台设备的正常工作是地震下桥上行车模拟试验系统能够运行的基本前提，缩尺模型是根据原型按照一定比例制作而成的缩尺结构，具有原型结构的全部特征或部分特征。同时，振动台设备应能够准确输出地震波。每个振动台设备的承载重量是 30t，并对偏心和倾覆力矩有一定要求。由于本书设定的模型质量即便在几何缩尺比 1∶10 的情况下，仍然有 10t 以内的质量，对偏心和倾覆以及承载来说并不存在问题。对于列车运行的移动荷载，其对振动台的影响并不大，因为列车质量并不大，可以设置多节列车。

对振动台来说，需要重点评估的主要有两方面：第一，大刚性底盘对于四个振动台同步运行的影响，应能够保证每个振动台同步运行，这部分主要由振动台设备自身控制。第二，列车脱轨引发的冲击效应，该效应在列车脱轨后产生。从列车质量来说，质量变成原来的 1%，对于单列车厢，模型有 4×24×0.01t=0.96t 的质量，对于 8 列车厢，即 0.96×8=7.68t 的质量，这个质量是移动与振动台上轨-桥系统中的。几何缩尺比为 0.1，则假定单列车厢原型长度为 25m，则模型列车长 2.5m，8 列车厢同时运行于桥梁上的轨道上会因为过长而导致试验不可行，可考虑 1~2 列车厢。而对于 0.05 的几何缩尺比，列车则可以达 8 列车厢，其几何尺寸和质量是完全满足要求的。对于不同几何缩尺比下振动台的工作性能，应通过振动台台阵系统的详细仿真来说明其可行性。本试验采用四个振动台进行，模型结构安装于四个振动台上，考虑单点地震动输入，需要刚性基础以连接台面和模型结构，同时，试验结构和刚性基础的质量不能超过台面要求的范围。

中南大学振动台台阵系统仿真模型如图 1-6 和图 1-7 所示，包含振动台的控制算法、所编制的前后处理界面和单向振动台输出的数值验证，依托该套数值仿真程序可实现振动台输出的线下再现。将振动台的液压伺服部分、控制部分、机械部分和结构部分都在 MATLAB/Simulink 仿真模型中进行构建，并通过系统识别技术与中南大学真实振动台的性能进行对比，以实现准确模拟，该工作涉及的知识领域较广。对于该部分技术，可通过振动台的仿真系统来评估此类试验对振动台设备的挑战和可行性，具体思路是，将列车极端脱轨情况下的力传递到振动台台阵系统，以评估振动台的输出精度，同时将振动台受影响后的输出传递到桥上行车试验模型中，以实现实时计算。

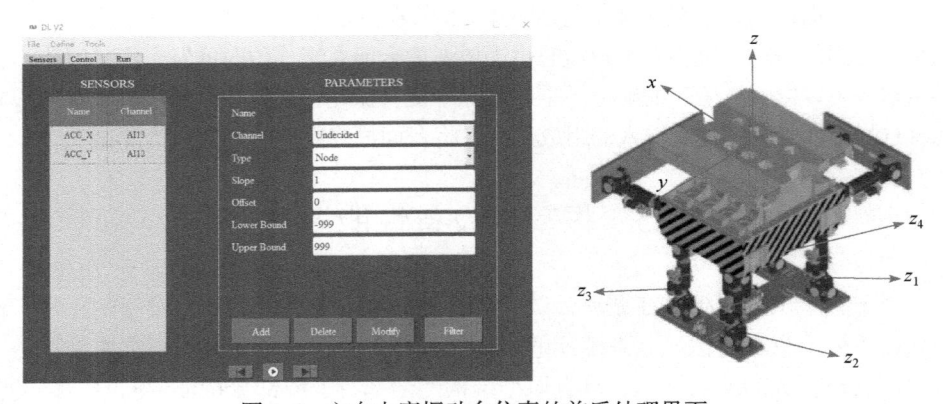

图 1-6 六自由度振动台仿真的前后处理界面

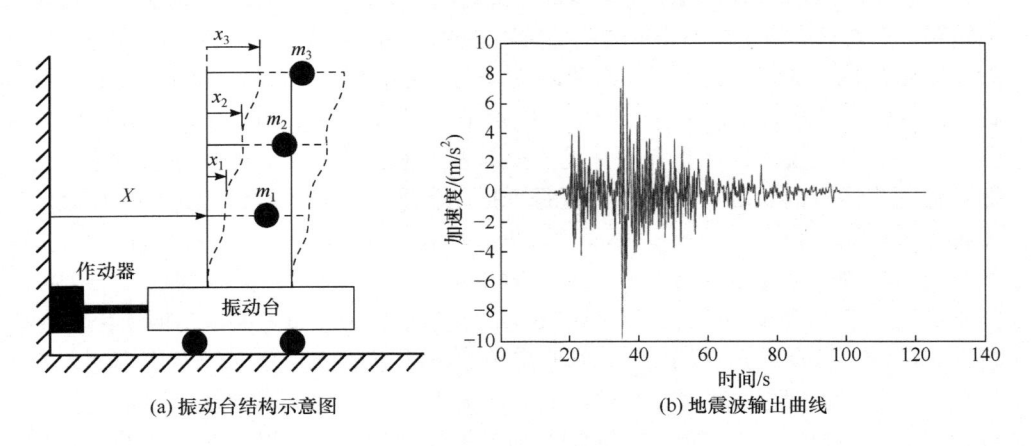

(a) 振动台结构示意图

(b) 地震波输出曲线

(c) 滞回曲线

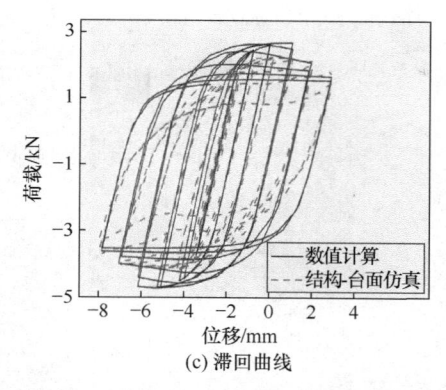

图 1-7 单向振动台输出下单自由度结构的控制效果数值分析

## 1.4 试验平台搭建

### 1.4.1 整体方案

以中南大学振动台实验室的实际情况及试验需求，确定系统布局如下：车-轨-桥系统由振动台台阵系统、缩尺试验模型、列车加速系统、列车减速系统、衔接装置组成，如图 1-8 所示。振动台台阵系统由 4 个 4m×4m 的振动台组成，每个振动台最大承载 30t，最大横向加速度为 1.0g，最大竖向加速度为 1.6g。每个振动台有 6 个自由度(纵向、横向、竖向、滚动、偏航和俯仰)。根据模型比例及试验需求，将模型动态试验系统分为如下几个部分：加速段、试验段、减速段、安全系统、测试系统。试验系统的整体实景布置如图 1-9 所示。加速段长为 25m，其中，室外延长段约为 10m；试验段长为 38m(共 11 跨，每跨 3.26m)；减速段长为 10m。实验室采用多阵列数字控制系统，可同步输出不同振动台的地震信号。振动台的控制方式为位移控制，最大工作区域长度为 55m，适用于桥梁结构的抗震试验。缩尺试验模型主要包括车-轨-桥缩尺模型，模型相关参数按

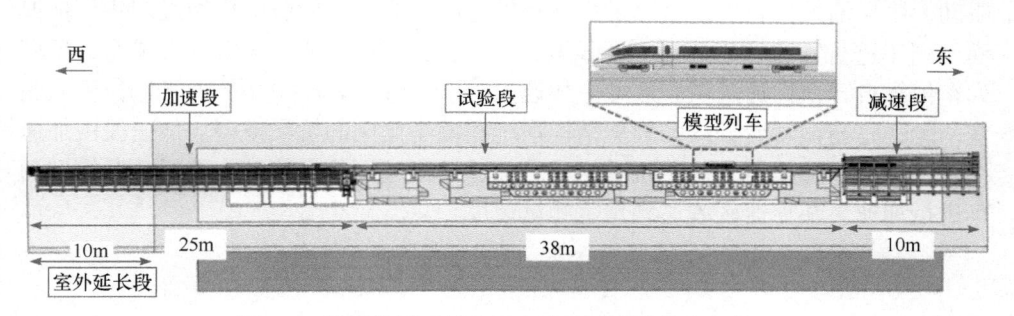

图 1-8 地震作用下桥上行车试验系统整体布置简图

图 1-9 地震作用下桥上行车试验系统整体实景布置图

照上述相似比理论进行设计。其中，车辆模型采用 CRH380A 型动车组车头的外形设计，车辆主要包括两个转向架，每个转向架包括两对轮对，转向架前后间距为 1.75m，车轮间距为 0.25m，车辆自重为 108kg，施加配重为 172.3kg，实际总重为 280.3kg。

1. 加速段

加速段主要负责将模型列车加速到满足试验要求，采用 4 套 55kW 伺服电机驱动。由于缩尺比较大，所以采用被动加速的方式，由伺服电机通过同步带拖拽模型列车进行加速，当速度满足试验需求(约为 20m/s)时，伺服电机减速，模型列车依靠自身惯性通过试验区域。加速段(图 1-9(a))和减速段(图 1-9(d))位于实验室两侧，是与振动台分离的独立结构系统和缩小比例的桥梁模型。加速段由加速板、加速带、加速器、加速轨道组成。加速器通过加速带拉动加速板，对模型列车进行加速，在加速区域达到预定测试速度。

2. 试验段

试验段由四台阵系统及桥梁试件组成，为保证最终的动态试验顺利完成，试验准备阶段，试验段应配合加速段、减速段进行模型列车试加速试验，台阵系统的台面应有可移动夹具支撑，此时，台阵系统处于中位。试加速成功后，准备试验前，控制系统获取当前台面的位置信息，并接管台面位置控制，可移动支架撤离，准备进行试验。试件桥梁与加速轨道通过活动轨道搭接，允许试件桥梁独立振动。模型列车经加速后，通过活动轨道，同时发送试验开始信号到台阵控制系统。衔接段(图 1-9(b))位于加速段和试验模型之间，通过执行机构对衔接段的位置进行调整，可以连接或断开加速段与试验模型。减速段由钢笼、缓冲弹簧和护栏组成。当列车进入减速段并被钢笼捕获时，钢笼和护栏之间的缓冲弹簧将列车速度降至零。

3. 减速段

由于模型列车价值较高，为重复利用以进行多次试验，需要对模型列车进行安全回收。当试验开始时，模型列车首先通过加速段加速到预定的试验速度，然后通过衔接段进入桥梁模型。在列车驶上桥梁后，衔接段断开，测量系统开始记录，振动台开始施加地震激励，直到列车驶离桥梁，进入减速段。

4. 安全系统

模型列车在全程试验过程(包括加速段及试验段)中，如有脱轨现象发生，应立即终止试验，因此需要检测模型列车的运动状态，设计上要进行如下考虑：
(1) 车身安装姿态传感器，当列车将要发生侧倾或已经发生侧倾时，试验中止；
(2) 轨道两侧安装光栅传感器，列车脱轨后，触发报警信号，试验中止；
(3) 模型列车安装无线摄像机，视觉检测异常情况作为补充。

5. 测试系统

在试验过程中测试车身振动加速度、轮轨振动加速度、桥梁梁体和桥墩构件的相对位移等。

### 1.4.2 模型建立

车-轨-桥结构在整体缩尺模型制作中的基本原则和需求如下：
(1) 桥梁梁体在行车试验中需要处于弹性工作状态，不发生局部扭转、屈曲等变形，具有足够的刚度。
(2) 轨道截面严格保证几何相似和材料相似。

根据上述原则，对原 10m×32m 的车-轨-桥系统进行缩尺设计。缩尺桥梁模型按 1∶10 的几何比例确定，设计每座简支桥的长度为 3.26m。简支桥原型桥梁在地震作用下仍保持线弹性，采用 8mm 厚钢板配筋截面模拟原型预应力混凝土箱梁，如图 1-10(a)所示。双线 CRTS-Ⅱ平板无砟轨道由 3mm 钢板和层间橡胶模拟。因材料的密度难以按预期比例缩放，故采用额外的质量来满足质量比例的要求。如图 1-10(b)所示，每根桥梁附加 20 个附加质量，每个重 20kg。缩尺桥梁模型的支座布置与原型相同，包括纵向活动支座、横向活动支座、双向活动支座和固定支座，如图 1-10(c)所示。同时，缩尺轨-桥-轴承模型通过刚性支撑与振动台连接，根据具体试验案例提前计算的桥墩响应，实现不同桥墩构型的地震响应模拟。

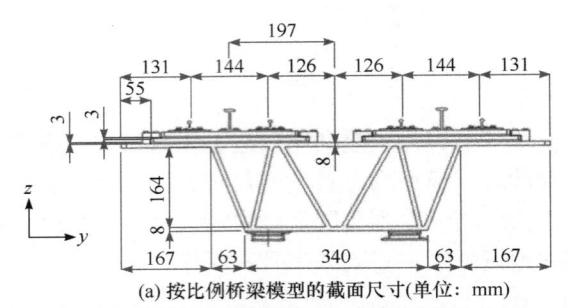

(a) 按比例桥梁模型的截面尺寸(单位：mm)

(b) 桥梁的基本跨度和附加质量

1: 横向活动支座　　　3: 双向活动支座
2: 固定支座　　　　　4: 纵向活动支座

(c) 轴承布局

图 1-10　按缩尺轨-桥-轴承模型的详细视图

缩尺列车模型按表 1-3 进行相似设计，设计后的转向架模型尺寸如图 1-11(a)和图 1-11(b)所示，为保证缩尺列车模型的动力特性与原型相近，悬挂系统刚度采用钢弹簧进行设计和制造。实际转向架模型如图 1-11(c)所示。车体模型通过螺栓连接到前转向架和后转向架。同时，车体附加了额外的质量，以提供 280kg 的总质量。同时，表 1-3 为要求的和实际能提供的悬挂系统的刚度性能。

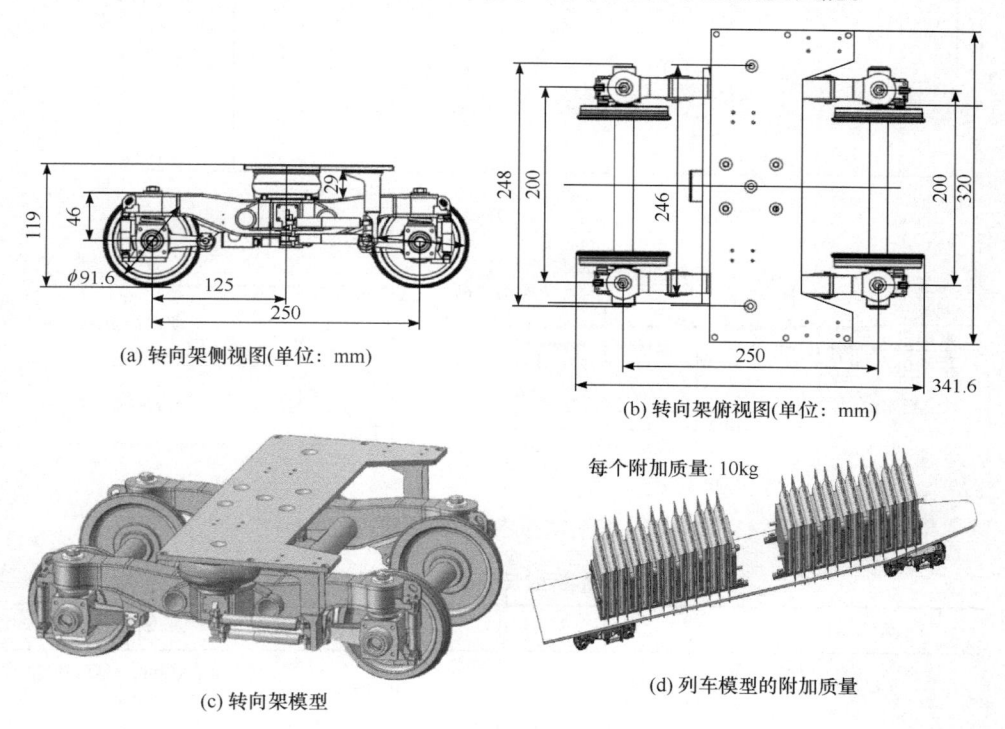

(a) 转向架侧视图(单位：mm)

(b) 转向架俯视图(单位：mm)

(c) 转向架模型

(d) 列车模型的附加质量

图 1-11　缩尺列车模型详图

表 1-3　要求的和实际能提供的悬挂系统的刚度性能

| 参数 | 需要 | 实际 |
| --- | --- | --- |
| 一系悬架的竖向刚度/(kN·m) | 58.800 | 140.560 |
| 二系悬架的竖向刚度/(kN·m) | 9.500 | 60.087 |

轨-桥模型采用 11 跨 CRTS-Ⅱ型无砟轨道高铁简支梁桥一体化缩尺模型设计，主要由桥墩、支座、梁体和轨道系统组成，其中轨道系统主要包括轨道板、底座板、承轨台、CA 砂浆层、滑动层、剪切钢筋、剪力齿槽、L 形侧向挡块、钢轨和扣件，轨-桥结构整体布置图如图 1-12 所示，轨-桥缩尺模型结构材料参数如表 1-4 所示。

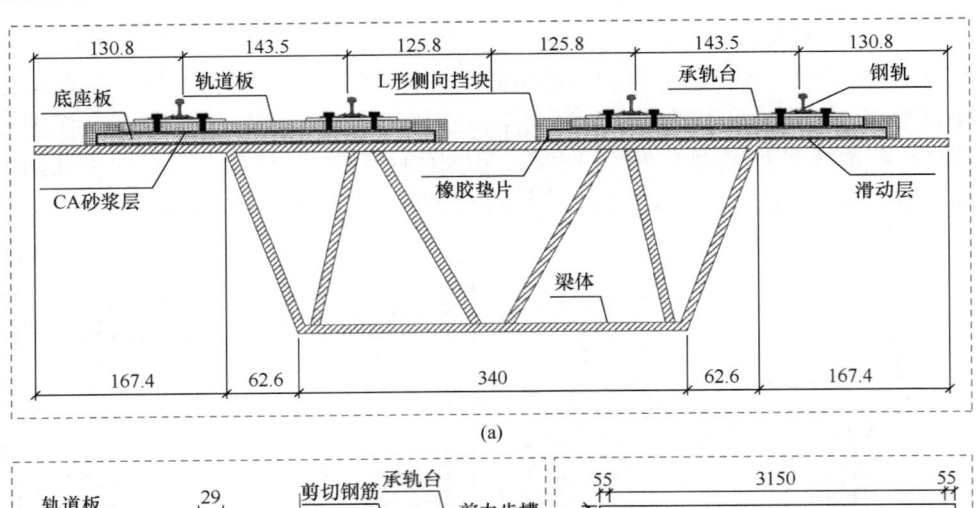

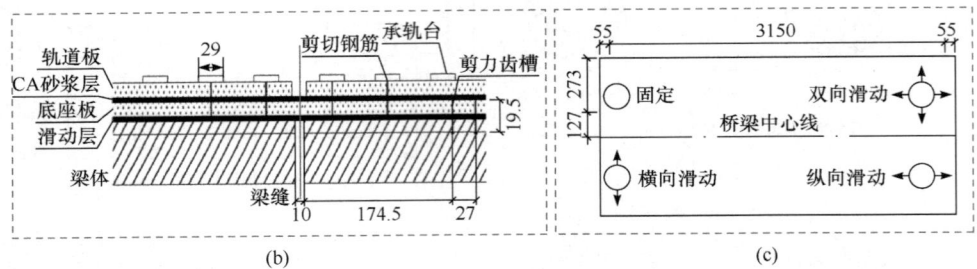

图 1-12 轨-桥结构整体布置图(单位：mm)

表 1-4 轨-桥缩尺模型结构材料参数

| 模型构件 | 材料 | 模型构件 | 材料 |
| --- | --- | --- | --- |
| 梁体 | 钢材(Q235) | 滑动层 | 聚氨酯(ConipurM867F)和聚乙烯 |
| 桥墩 | 钢材(Q235) | CA 砂浆层 | 聚氨酯(ConipurM867F) |
| 轨道板 | 钢材(Q235) | 扣件 | 钢材(Q235)和硫化橡胶 |
| 底座板 | 钢材(Q235) | 剪切钢筋 | 钢材(Q420) |
| 钢轨 | 钢材(71Mn) | 剪力齿槽 | 钢材(Q345) |
| 支座 | 钢材(Q235)和聚四氟乙烯 | L 形侧向挡块 | 钢材(Q235) |

1) 梁体

缩尺后单跨简支梁长度为 3260mm，梁体结构截面示意图如图 1-13 所示，其中为防止结构发生局部扭转或屈曲变形，在中间分段布置辅助支撑板，所有板厚均为 8mm，材料选用 Q235 钢材。11 跨梁长度都为 3260mm，不可加长。图 1-12 中已更新辅助支撑板布置位置，整个梁体由 8 块辅助支撑板焊接而成。

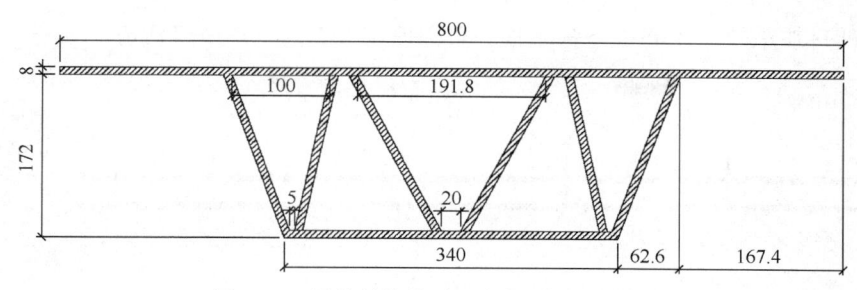

图 1-13 梁体结构截面示意图(单位：mm)

2) 桥墩

桥墩为刚性设计，图 1-12 中未画出。桥墩要求高度为 500mm，截面尺寸保证其抗弯刚度足够大即可，可根据实际情况进行选材和设计，初步选用沿桥梁横向尺寸为 700mm，纵向尺寸为 300mm，厚度为 10mm 的空心矩形桥墩截面，材料选用 Q235 钢材，顶/底面焊接 10mm 厚、400mm 宽、800mm 长钢板。

3) 轨道板

轨道板选用 Q235 钢材进行等效缩尺设计，缩尺设计后，尺寸为：长度 645mm，宽度 255mm，厚度 9mm，单跨梁上单线各铺设 5 块轨道板，单跨梁共计 10 块轨道板，沿桥梁纵向板间间距为 7mm，桥梁两端 4 块轨道板与梁端的距离为 3.5mm。轨道板布置位置如图 1-12 所示。

4) 底座板

底座板等效缩尺设计后宽度为 295mm，厚度为 8.5mm，纵向连续铺设，材料选用 Q235 钢材，布置位置见图 1-12。底座板纵向无缝连续铺设，不方便实施时可在每跨梁的梁缝中断开，用螺栓连接。

5) 承轨台

承轨台相似设计缩尺后，采用长度为 29mm、宽度为 80mm、厚度为 4mm 的钢片模拟。承轨台与轨道板之间通过螺栓连接，单块轨道板上设置 10 对承轨台，其中心线纵向间距为 65mm。承轨台布置位置见图 1-12。

6) CA 砂浆层

在底座板顶面和轨道板底面之间填充厚度为 3mm、宽度为 255mm 的巴斯夫 ConipurM867F 聚氨酯胶。

7) 滑动层

在梁体上方用巴斯夫 ConipurM867F 聚氨酯胶(实际高铁桥梁中两布一膜层中使用的胶黏剂)粘贴宽度为 295mm、厚度为 3mm 的低密度聚乙烯土工膜。

8) 剪切钢筋

剪切钢筋布置示意图如图 1-14 所示，采用直径为 2mm、长度为 20.5mm 的螺杆，材料选用 Q420 钢材。每块轨道板在梁缝两侧各设 2 排，每排 2 根剪切钢筋，即每块承轨台中心线下各 1 根，可以使用 M2 内六角螺钉代替。

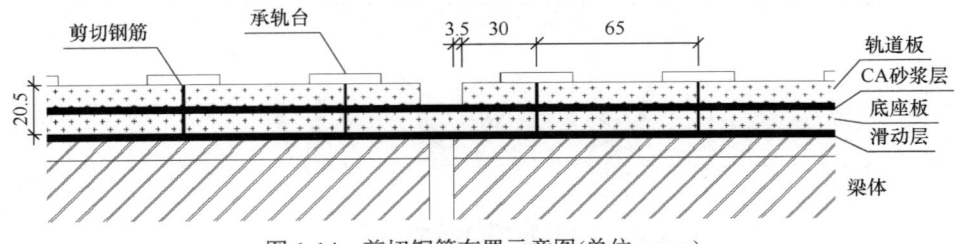

图 1-14 剪切钢筋布置示意图(单位：mm)

9) 剪力齿槽

剪力齿槽设置在固定支座上方，采用直径为 2mm、长度为 20.5mm 的螺栓，材料选用 Q345 钢材，设置 2 排，一块轨道板下每排各 7 根，共 14 根钢条，其中 2 根设置在轨道板中心线上，轨道板中心线两侧各设置 6 根，沿桥梁横向每根钢条之间的距离为 42mm。剪力齿槽布置示意图如图 1-15 所示，2 排钢条之间的距离为 27mm，且 2 排钢条的中心线距固定支座梁端 188mm。从梁体内拧螺栓难度较大，采用 M2 内六角螺钉从底座板安装。

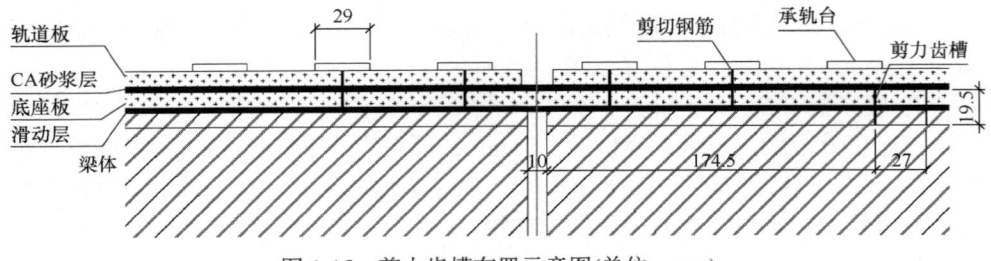

图 1-15 剪力齿槽布置示意图(单位：mm)

10) L 形侧向挡块

L 形侧向挡块起限位作用，刚度足够大即可。选用长度为 27mm、底面宽为 10mm、顶面宽为 30mm、高度为 21.5mm 的钢制 L 形侧向挡块，材料为 Q235 钢材。挡块与梁底焊接在一起，与底座板和轨道板接触的三个面设置厚度为 1mm 的硫化橡胶垫板。L 形侧向挡块布置示意图如图 1-16 所示，L 形侧向挡块从距固定支座处剪力齿槽中心线 800mm 处开始设置，每个侧向挡块的间隔为 800mm，单跨梁共计 12 个侧向挡块。

11) 钢轨

钢轨截面示意图如图 1-17 所示，模型轨道结构采用 CHN60 型钢轨，按 1∶10 进行缩尺，选用紫铜浇铸而成。

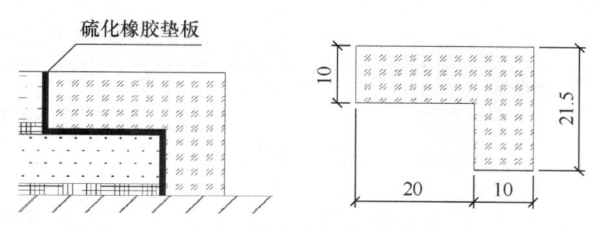

图 1-16　L 形侧向挡块布置示意图(单位：mm)

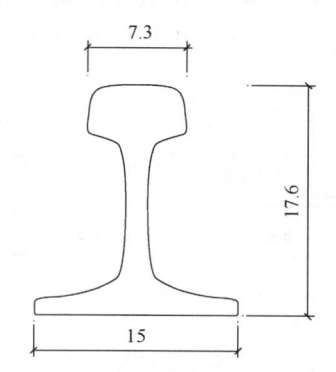

图 1-17　钢轨截面示意图(单位：mm)

12) 扣件

扣件布置示意图如图 1-18 所示，在钢轨下设置横向尺寸为 15mm、纵向尺寸为 22mm、厚度为 1mm 的硫化橡胶垫板，并用弹性钢片扣住钢轨，然后与下部轨道结构螺栓连接。弹性钢片无具体尺寸要求，厚度为 1mm 左右。

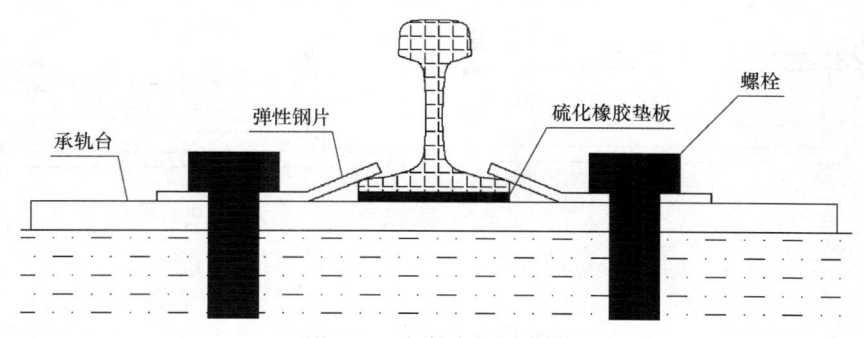

图 1-18　扣件布置示意图

13) 支座

桥梁支座布置示意图和支座结构示意图分别如图 1-19 和图 1-20 所示，支座内的承压橡胶垫板提供梁端部转动的需要，聚四氟乙烯板提供梁端与桥墩之间相对滑动的位移需要，橡胶垫板厚度为 4mm，聚四氟乙烯板的厚度为 0.5mm，壳体可选用 Q235 钢材。

图 1-19　桥梁支座布置示意图(单位：mm)

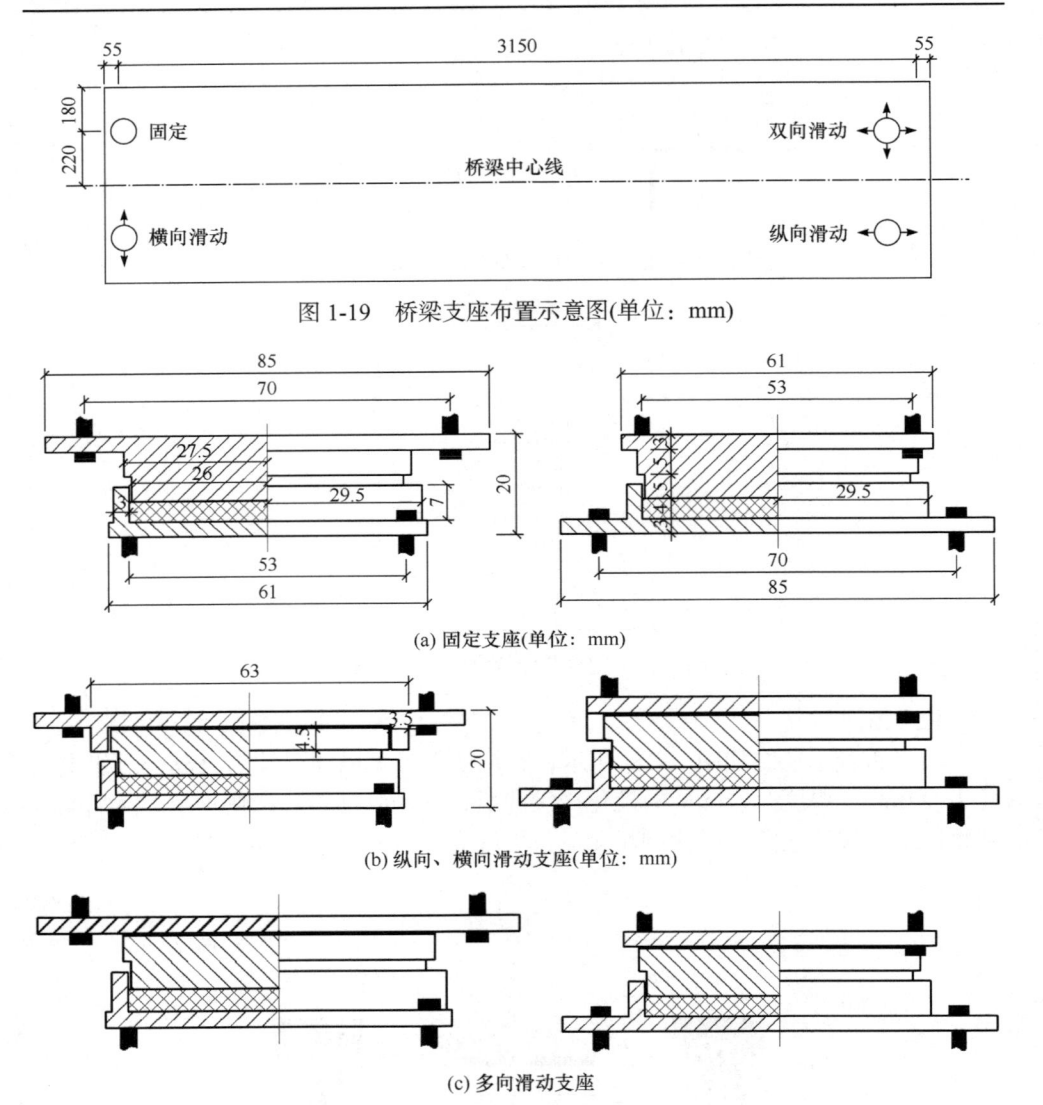

(a) 固定支座(单位：mm)

(b) 纵向、横向滑动支座(单位：mm)

(c) 多向滑动支座

图 1-20　支座结构示意图

## 1.5　本章小结

本章首先介绍了国内外地震下高铁桥上行车安全性能物理模拟技术研究现状，由理论分析可知，进行地震下高铁桥上行车安全模拟试验的关键是进行模型试验，需要先对其进行相似理论设计并对试验系统进行研究。地震下桥上行车模拟模型试验存在三个难点：相似理论及设计、振动台设备性能要求、试验系统搭建。作者团队采用量纲分析法，基于原型和模型的轮轨动力方程相似设计，并用经典轮轨理论验证其合理性，接着对振动台设备性能评估进行了讨论，最后以中南大学振动台台阵系统为基础搭建高速列车桥上行车试验平台。

## 参 考 文 献

[1] Johnson T, Dalley S. 1/25 Scale Moving Model Tests for the TRANSAERO Project[M]. Berlin: Springer, 2002.
[2] Gilbert T, Baker C, Quinn A, et al. Aerodynamics of high-speed trains in confined spaces[C]//7th International Colloquium on Bluff Body Aerodynamics and Applications, Shanghai, 2012: 10.
[3] Schulte-Werning B, Grégoire R, Malfatti A, et al. TRANSAERO: A European initiative on transient aerodynamics for railway system optimization[J]. Notes on Numerical Fluid Mechanics, 2002, 79: 27-38.
[4] Dorigatti F, Sterling M, Baker C J, et al. Crosswind effects on the stability of a model passenger train: A comparison of static and moving experiments[J]. Journal of Wind Engineering and Industrial Aerodynamics, 2015, 138: 36-51.
[5] Baker C, Jordan S, Gilbert T, et al. Transient aerodynamic pressures and forces on trackside and overhead structures due to passing trains. Part 1: Model-scale experiments; Part 2: Standards applications[J]. Proceedings of the Institution of Mechanical Engineers, Part F: Journal of Rail and Rapid Transit, 2014, 228(1): 37-70.
[6] David H N. High cross wind gust loads on ground vehicles from moving model experiments[D]. Nottingham: University of Nottingham, 1995.
[7] 吴迅, 李新国, 胡文, 等. 列车过桥竖向振动模型试验研究及其程序验证[J]. 上海铁道大学学报, 1997, (4): 37-44.
[8] Cheli F, Corradi R, Rocchi D, et al. Wind tunnel tests on train scale models to investigate the effect of infrastructure scenario[J]. Journal of Wind Engineering and Industrial Aerodynamics, 2010, 98(6-7): 353-362.
[9] 翟婉明. 车辆-轨道耦合动力学[M]. 2版. 北京: 中国铁道出版社, 2001.

# 第 2 章　行车安全重要影响指标及其测量技术

## 2.1　概　　述

轨道不平顺、列车加速度、轮轨力、列车相对位移是判定行车安全的重要指标，但目前上述各指标的测量方式仍存在一定的不足，需发展新的测量技术。本章分别对上述四项指标的测量技术发展进行阐述，并介绍作者团队近几年提出的测量技术。

## 2.2　轨道不平顺

轨道不平顺作为车-轨-桥系统的主要激励源之一，对系统的动力响应影响很大，不同的轨道不平顺样本计算获得的车-轨-桥系统动力响应往往存在很大差别，因而轨道不平顺测量的准确性直接决定后续数值模拟中动力响应的准确性，是整个试验系统数值验证和校验的基础数据。

地震下桥上行车试验系统的轨道不平顺测量存在以下两个难点：

(1) 模型缩尺比小。系统为 1∶10 的缩尺试验模型，相应的钢轨截面也缩小为原来的 10%，从而使得缩尺后钢轨截面宽只有 7.3mm，高只有 17.6mm。如此小的钢轨，使得常规的轨道不平顺测量手段和设备失效，从而需要研发新的测量装置。

(2) 测量精度要求高。由于高速铁路中轨道不平顺的限值控制在 2～3mm，经过 1∶10 的缩尺比后，其最大轨道不平顺要求控制在 0.3mm 以下，其相应的轨道不平顺测量精度要求不得大于 0.1mm，如此高的测量精度要求，常规的测量设备完全无法满足精度[1,2]。

现场测量轨道不平顺的方法主要有两种：弦参考法和惯性参考法。弦参考法检测轨道与基准弦之间的偏移，可精确测量轨道不平顺。惯性参考法使用转向架或列车加速度来分析轨道不平顺与动车组响应之间的关系，而该方法的主要问题是不平顺波形可能会由于稳定双重积分的加速度误差而失真。此外，弦参考法适用于测量波长小于 3.5m 的短波长，而惯性参考法适用于精度要求不高的长波长的探测[3]。

弦参考法的基本原理是以与轨道接触的两个点形成的基准弦为基础，安装在该基准弦上的传感器测量该弦与轨道表面之间的偏移量。测得的距离称为弦参考值，根据测得的弦参考值可进一步还原轨道不平顺。考虑到传感器的安装位置和传感器的不同数量，弦参考法可分为中点弦参考法、非对称弦参考法、多点弦参考法。中点弦参考法具有线性相位响应，其中可以使用频率采样方法设计有限脉冲响应滤波器。然而，中点弦参考法被证明具有有限的带通响应，因为它的幅频曲线中存在许多零点。经验证，非对称弦参考法可以恢复的轨道不平顺波长范围为 30~1320mm。此外，通过调整弦长和弦比，非对称弦参考法的精度也能得到显著提高。弦参考法还通过增加传感器扩展到多点，称为多点弦参考法。多点弦参考法可用于测量波长较短的轨道不平顺。本章使用非对称弦参考法，因为它具有测量精度高的特点。

### 2.2.1 直接测量

激光扫描仪是一种高精度的测试设备，在道路工程中广泛应用于道路平顺度的测量。它通过激光束扫描道路表面，并以电磁波传感器的形式返回数据，从而测量道路表面的高度差异。本小节通过激光扫描仪在垂向和横向测量缩尺轨-桥模型的轨道不平顺。

使用激光扫描仪的具体步骤如下：

(1) 仪器准备。在进行道路平顺度测量之前，需要准备好激光扫描仪和计算机，并确保其正常工作。此外，还需要校准仪器，以保证测量结果的准确性。

(2) 测量线路。需要在道路上选取一条代表性的线路进行测量。根据道路的特点和测量目的，可以选择不同的测量线路，如直线段、弯道等。

(3) 测量数据采集。将激光扫描仪放置在测量车辆上，并通过计算机控制激光扫描仪进行测量数据采集。在采集测量数据时，需要控制车辆的速度，保持稳定的行驶状态，以获得准确的数据。

(4) 数据处理与分析。采集到的数据会保存在计算机中，可以使用专业的软件进行数据处理与分析。通过对数据的处理可以得到道路的高度差异图和平顺度指标，进一步分析道路的平顺度情况。

拟采用激光轮廓仪(激光轮廓扫描传感器)进行测量，初步选定德国米铱 LLT26 00-25 型，如图 2-1 所示。

传感器工作原理图如图 2-2 所示，分为三步：投射激光线→感光成

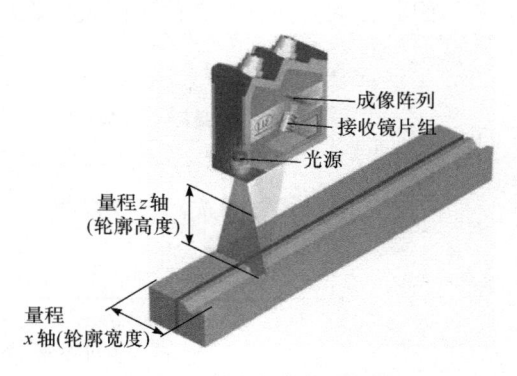

图 2-1 激光轮廓仪实物图

像矩阵→经过校准得到 x/z 轴测量结果。

投射激光线
投射到被测物体表面的激光线

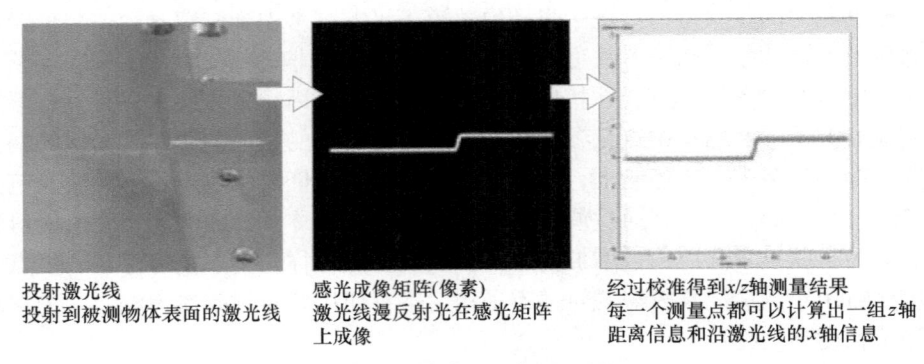

感光成像矩阵(像素)
激光线漫反射光在感光矩阵上成像

经过校准得到x/z轴测量结果
每一个测量点都可以计算出一组z轴距离信息和沿激光线的x轴信息

图 2-2　传感器工作原理图

### 2.2.2　间接测量

本节提出了一种基于梯度下降法的非滤波方法，以从测得的弦参考值还原轨道不平顺。首先基于非对称弦参考法的基本理论建立数学模型，将轨道不平顺的恢复描述为一个未定线性系统的优化问题，最后给出了一种基于梯度下降法的优化求解方法。

非对称弦参考法测量原理示意图如图 2-3 所示。车轮与轨道的两个接触点之间的连线作为基准弦，即从接触点 1 到接触点 2 的直线。在测量过程中，基准弦沿钢轨移动，两个接触点接触钢轨表面，而传感器则记录下基准弦与待测钢轨表面之间的偏移量，测得的距离称为弦参考值。传感器与接触点 1 之间的间隔为 $L_1$，接触点 1 与接触点 2 之间的间隔为 $L_2$。由于这两个间隔不相等，这种布局形式称为非对称弦参考法。测得的弦参考值与轨道不平顺之间的关系如式(2-1)所示，从式(2-1)可以看出，弦参考值与三个位置的轨道不平顺和弦比 $L_1/L_2$ 有关。因此，测得的弦参考值不能直接表示轨道的不平顺。

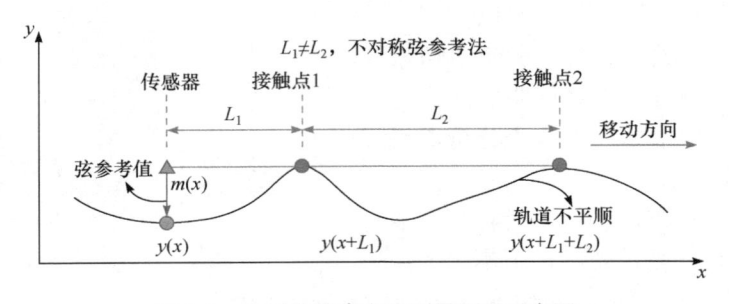

图 2-3　非对称弦参考法测量原理示意图

$$m(x) = y(x) - \frac{L_1 + L_2}{L_2} \cdot y(x + L_1) + \frac{L_1}{L_2} \cdot y(x + L_1 + L_2) \tag{2-1}$$

其中，$m(x)$ 表示传感器测量的弦参考值；$y(x)$ 表示轨道不平顺值；$x$ 表示传感器沿轨道的位置。

通常，传感器由旋转编码器触发，因此测量过程可以描述为离散采样过程。非对称弦参考法的测量过程如图 2-4 所示。要测量的轨道不平顺离散化为序列 $y = \{y[i] \mid i=1,2,\cdots,N+1\}$，其中，$N = l/\Delta x$，$l$ 是要测量的钢轨的总长度，$\Delta x$ 是采样间隔。为简单起见，弦长 $L_1$ 和 $L_2$ 设置为采样间隔 $\Delta x$ ($a = L_1/\Delta x$，$b = L_2/\Delta x$) 的整数倍。换句话说，基准面弦分为 $n$ 个部分，$n = a + b$。在测量过程中，传感器测量基准弦与轨道表面在每个采样位置 $\Delta x \cdot i$ 的偏移，弦参考值的顺序为 $m = \{m[i] \mid i=1,2,\cdots,N-n+1\}$。

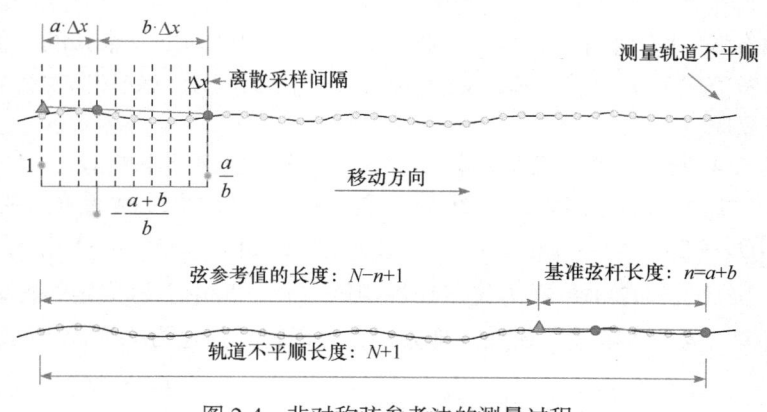

图 2-4 非对称弦参考法的测量过程

在整个测量过程中，基准弦沿着导轨移动，两端与导轨接触。当测量开始时，传感器测量基准弦到轨道的法线偏移，并获得第一个弦参考值 $m[1]$ 值，$m[1] = y[1] - (a+b)/b \cdot y[1+a] + a/b \cdot y[1+a+b]$。同样，当基准弦移动到位置 $\Delta x \cdot i$ 时，传感器测量从基准弦到轨道的法线偏移，在位置处测量得到的弦参考值可按式(2-2)进行描述。

$$m[i] = y[i] + \lambda_1 \cdot y[i+a] + \lambda_2 \cdot y[i+a+b], \quad i=1,2,\cdots,N-n+1 \tag{2-2}$$

其中，$\lambda_1 = -(a+b)/b$；$\lambda_2 = a/b$。

整个测量过程可以整合为一个矩阵方程，如式(2-3)所示。

$$m = M \cdot y \tag{2-3}$$

其中，$M$ 表示测量矩阵，其大小为 $(N-n+1) \times (N+1)$。

测量矩阵 $M$ 存储了从轨道不平顺值 $y$ 到弦参考值 $m$ 的信息，测量矩阵 $M$ 如式(2-4)所示。

$$\begin{cases} M = \begin{bmatrix} 1 & \cdots & \lambda_1 & \cdots & \lambda_2 & \cdots & 0 \\ 0 & 1 & \cdots & \lambda_1 & \cdots & \lambda_2 & \cdots \\ & & \ddots & & \ddots & & \\ \cdots & 1 & \cdots & \lambda_1 & \cdots & \lambda_2 & 0 \\ 0 & \cdots & 1 & \cdots & \lambda_1 & \cdots & \lambda_2 \end{bmatrix}_{(N-n+1)\times(N+1)} \\ m = [m[1], m[2], \cdots, y[N-n+1]]^T \\ y = [y[1], y[2], \cdots, y[N+1]]^T \end{cases} \quad (2\text{-}4)$$

因此，非对称弦参考法的测量过程转换为线性模型，如式(2-3)所示。需要注意的是，当在某一不平顺轨道上使用非对称弦参考法时，可以得到 $N-n+1$ 个方程，其中有 $N+1$ 个含有未知数的方程。轨道不平顺序列 $y$ 是未知的，但根据测得的弦参考值序列 $m$ 以及 $y$ 和 $m$ 之间的关系(式(2-3))，可以处理非对称弦参考法的不平顺复原。

如图 2-4 所示，弦参考值的长度 $N-n+1$ 小于轨道不平顺值 $N+1$。从测量矩阵的尺寸来看，行数小于列数。这表明，可用的测量值(弦参考值 $m = \{m[i] | i = 1,2,\cdots,N-n+1\}$)少于未知参数(轨道不平顺 $y = \{y[i] | i = 1,2,\cdots, N+1\}$)。因此，式(2-4)可视为欠定线性矩阵方程，理论上该欠定线性矩阵方程存在无穷解。为了求解欠定线性矩阵方程，可以将其描述为一个优化问题，如式(2-5)所示。

$$\hat{y} = \arg\min_{y}(M \cdot y - m)^2 \quad (2\text{-}5)$$

式(2-4)是一个线性时不变方程，其中系数矩阵 $M \in \mathbb{R}^{(N-n+1)\times(N+1)}$ 是固定矩阵，$m \in \mathbb{R}^{(N+1)\times 1}$ 是时间不变矢量，由测量的弦参考值组成，而 $y \in \mathbb{R}^{(N-n+1)\times 1}$ 是待解的未知矢量，$M \cdot y$ 的结果是矢量 $m$。由于系数矩阵 $M$ 不是全秩矩阵，所以该矩阵方程无法通过矩阵反演求解。

本节提出梯度下降法来解决该优化问题，总体思路是使用梯度下降法来近似求解式(2-3)。首先，从随机解 $y_0$ 开始计算向量 $M \cdot y_0 - m$，从而计算代价函数 $J$，然后使用梯度下降法找到下一个较好的解 $y_1$，使得 $|M \cdot y_1 - m|$ 的误差更小，通过 $n$ 次迭代更新，寻找成本函数的局部最小值 $y_k (1 \leqslant k \leqslant n)$，为最优解。

成本函数定义为二次函数，如式(2-6)所示，其中，包括矢量的平方误差和未知参数的惩罚项，由 $M \cdot y - m$ 和未知参数的惩罚项组成。$y$ 这种形式的代价函数也称为 Tikhonov 正则化，是一种常见的解决正则化问题的方法。

$$J(y) = (M \cdot y - m)^T (M \cdot y - m) + \mu \cdot y^T y \tag{2-6}$$

其中，$\mu$ 表示正则化系数，用于控制成本函数中两个目标之间的权衡。第一个目标是更好地拟合数据集，第二个目标是保持较小的参数。

成本函数的梯度项可以通过矩阵的差分运算获得，如式(2-7)所示。

$$\frac{\partial J(y)}{\partial y} = -2M^T \cdot m + 2M^T M \cdot y + 2\mu \cdot y \tag{2-7}$$

然后根据梯度下降法更新参数，该方法也称为批量梯度下降法，在一次更新中计算整个数据集的梯度。未知参数 $y$ 的更新如式(2-8)所示。

$$y_n := y_{n-1} - \alpha \cdot \frac{\partial J(y)}{\partial y} \tag{2-8}$$

其中，$\alpha$ 表示学习率，学习率的选择决定了梯度下降法在局部最小值方向上的步长。梯度下降法在轨道不平顺恢复中的实施步骤如图 2-5 所示。

---

输入：测量矩阵 $M \in \mathbb{R}^{(N-n+1) \times (N+1)}$，弦参考值向量 $m \in \mathbb{R}^{(N+1) \times 1}$，学习率 $\alpha$，正则化系数 $\mu$；

输出：轨道不平顺值向量 $y \in \mathbb{R}^{(N-n+1) \times 1}$；

随机初始化向量 $y_0$；

$n = 1$；

while: ($\Delta J > \varepsilon$) do

(1) 计算成本函数与未知参数向量之间的梯度 $y_{n-1}$；

$$\frac{\partial J(y_{n-1})}{\partial y_{n-1}} = -2M^T \cdot m + 2M^T M \cdot y_{n-1} + 2\mu \cdot y_{n-1}$$

(2) 更新矢量中的所有参数 $y_{n-1}$；

$$y_n := y_{n-1} - \alpha \frac{\partial J(y_{n-1})}{\partial y_{n-1}}$$

(3) 计算成本函数 $J(y_n)$；

$$J(y_n) = (M \cdot y_n - m)^T (M \cdot y_n - m) + \mu \cdot y_n^T y_n$$

(4) 计算 $\Delta J = J(y_n) - J(y_{n-1})$

(5) $n = n+1$；

(6) 结束 while

(7) 返回向量 $y$；

(8) 结束

---

图 2-5 梯度下降法在轨道不平顺恢复中的实施步骤

根据上述程序，测量过程可以转换为优化问题，并通过梯度下降法进行迭代求解。传统的非滤波方法-最小二乘法可能会遇到计算复杂性问题，因为随着方程数量的增加，矩阵逆计算也会增加。本节所提出的带正则化的梯度下降法可以在方程数量较多时提高求解性能。

## 2.3 列车加速度测量

在试验过程中需测量模型列车运行的速度等参数，同时实时传回给控制系统，从而控制衔接轨道的断开和振动台地震动的输入。其中，车速测量采用光电测速装置，分别布置在模型列车上桥位置、测试跨以及模型列车出桥位置。此外，需要测试车身振动加速度，轨道结构、桥梁梁体和桥墩构件的相对位移等参数。试验用到的测试设备介绍如下：

参考《机车车辆动力学性能评定及试验鉴定规范》(GB/T 5599—2019)中对加速度响应测量的说明，在模型列车上共设置 8 个无线三向加速度传感器，测量车厢、转向架、轮对的加速度响应，布置示意图如图 2-6 所示。车厢前部、后部各安装 1 个；前后两转向架的中部各安装 1 个，具体安装在如图 2-7 所示的平台处；在 4 个轴箱处各安装 1 个，由于安装位置受限，需另外制作固定用的盒子。

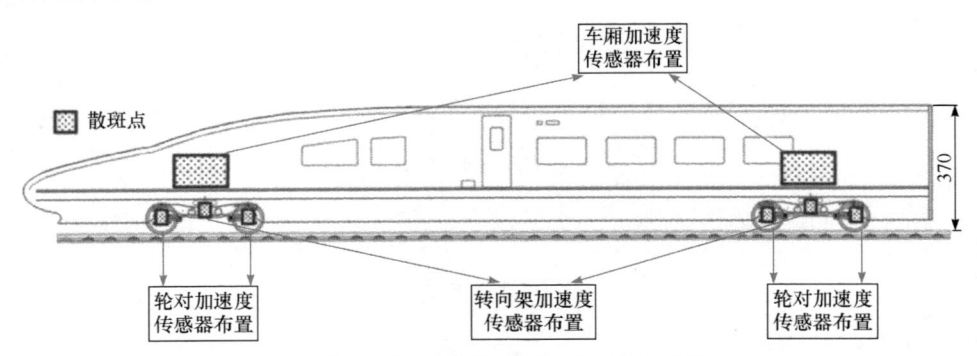

图 2-6 无线三向加速度传感器布置示意图(单位：mm)

(a) 转向架处　　　　(b) 轮对处

图 2-7 转向架及轮对处加速度传感器安装位置

在试验过程中,需要测量的量包括:模型列车车体、转向架、轮对的位移和加速度;模型轨-桥系统的钢轨、轨道板、底座板、箱梁、支座、桥墩的位移及加速度;模型系统的轨道不平顺。由于缩尺模型比较小,且整个模型列车在试验过程中处于运动状态,部分区域常规传感器不太好布置,所以在整个试验过程中采用多种传感器组合测量方案。用到的传感器和数据采集设备及其测试内容见表 2-1。具体的测量方案及布点介绍如下。

表 2-1 传感器和数据采集设备及其测试内容

| 传感器类型 | 数据采集设备 | 测试内容 |
| --- | --- | --- |
| 激光位移传感器 | 德国 IMC 数据采集器 | 箱梁跨中及墩顶位移 |
| SDI(Silicon Designs Inc)加速度传感器 | 德国 IMC 数据采集器 | 墩顶加速度、箱梁跨中加速度、轨道板加速度 |
| 高速摄像机 | 高速摄像机(VIC-3D) | 模型列车的车体、转向架、轮对的位移及加速度;钢轨、轨道板、底座板、箱梁、支座、桥墩的位移及加速度 |
| 无线加速度计 | SensorConnect 系统 | 模型列车的车体三向加速度 |
| IP67 光纤传感器 | 行车控制系统 | 模型列车速度 |
| 加速度计 | 振动台控制系统 | 振动台台面加速度 |

1) 模型轨-桥系统常规测点布置

高速摄像机的测量范围受摄像机的摆放位置及摄像精度等的限制,在当前试验中其测量范围为 0~2m。为了观测整个行车控制系统在试验过程中不同位置地震下的行车响应,需要额外布置常规测点。因而,对轨-桥系统布置了如图 2-8 所示的激光位移传感器及 SDI 加速度传感器。试验系统由跨简支梁模型组成,由西向东依次编号为①~⑪。其中①、③、⑦、⑪号箱梁位于 4 个振动台上。高速摄像机布置在⑥号简支箱梁附近。为了方便试验数据对比,对⑤、⑥、⑦号箱梁重点布置。而①号箱梁为车辆上桥后首先经过的梁跨,为满足桥上行车试验系统的评估需求,布置部分测点。图 2-8 中 D 代表位移测点编号,激光位移传感器只布置了竖向(z轴)测点。A 代表加速度测点编号,其区分横向(y轴)和竖向(z轴),$A_9$ 与 $A_{10}$ 为模型列车车体无线加速度传感器编号。

2) 模型轨-桥系统高速摄像机测点布置

为了尽可能减小简支梁边界效应的影响,测量点应尽量远离边跨。研究表明,当引桥跨数为 5~6 时,桥梁自振频率趋于稳定,因而试验时高速摄像机布置在⑥号简支箱梁附近。由于高速摄像机有效观测范围为 0~2m,所以试验中根据不同的需求分别观测 $P_5$ 与 $P_6$ 号桥墩附近的桥梁响应。其中,⑥号梁左侧布置连续散斑点测点,$P_5$ 与 $P_6$ 号桥墩上布置连续散斑点测点,⑥号箱梁及其前后跨的箱梁边缘、底座板、轨道板、钢轨上分别布置离散的小块的散斑点测点。地震下桥上行车试验系统高速摄像机测点布置图如图 2-9 所示。值得注意的是，在试验过程中，车速变化使得模型列车过桥时间不定，为减少图片数据量，高速摄像机的采样频率根据车速进行相应调整。

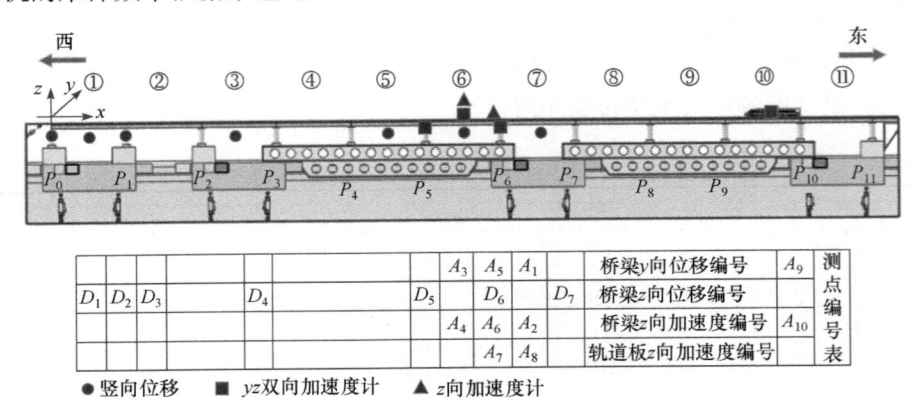

图 2-8　地震下桥上行车试验系统加速度和位移测点布置图

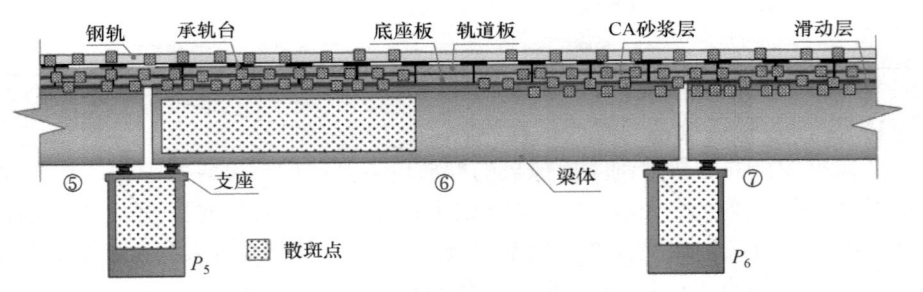

图 2-9　地震下桥上行车试验系统高速摄像机测点布置图

3) 模型列车测点布置

模型列车试验过程中在桥上运动，常规的有线测量方案不好布线且测量稳定性差，因此本书采用无线测量方案，其中包括无线三向加速度传感器与高速摄像机测量两种方案。

无线三向加速度传感器由于受自身尺寸的限制，只在缩尺试验模型列车车体中点进行布置，只布置了一个测点，如图 2-10 所示，矩形圈内为传感器，其下为传感器保护盖。高速摄像机散斑点布置位置为：模型列车车体中部及左、右转向架上部车体，左、右转向架中部，模型轮对轴箱。模型列车高速摄像机测点布置示意图及实景图分别

图 2-10　模型列车车体无线三向加速度传感器布置图

如图 2-11 和图 2-12 所示。

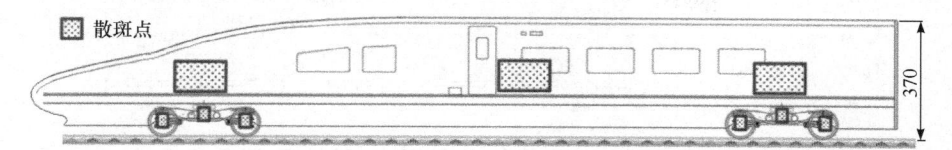

图 2-11　模型列车高速摄像机测点布置示意图(单位：mm)

图 2-12　模型列车高速摄像机测点布置实景图

## 2.4　基于神经网络反演的高速列车轮轨力测量

轮轨力不仅是判定行车安全的重要指标，还是评估轨道和列车状态的重要依据，根据测量形式的不同，将测量方法划分为轮轨力直接测量方法和轮轨力反演方法。

轮轨力直接测量方法包括测力钢轨法与测力轮对法。测力钢轨法，又称为地面测试法，主要是在结构变形敏感且轮轨横向力与轮轨竖向力耦合较弱的钢轨区域按照固定间隔粘贴应变片，通过采集设备获取列车通过时钢轨的动态响应，从而获得轮轨力。《轮轨横向力和垂向力地面测试方法》(TB/T 2489—2016)中轮轨横向力、竖向力均采用剪应力法进行测试。该测量方法测量轮轨力具体包括贴片、组桥、调平、标定、测试 5 个环节。其中，测力钢轨应变片的贴法如图 2-13 所示。此测量方法虽能够测量列车经过测力钢轨时的轮轨力，但仅能实现部分路段的测量，无法实现全路段的测量，且现已完成大量钢轨铺设，对钢轨进行测力改造难度大，比较适合敏感路段的使用，如岔道等轮轨力变化剧烈的区域，不适合全路段使用。

(a) 轨腰应变片布置图

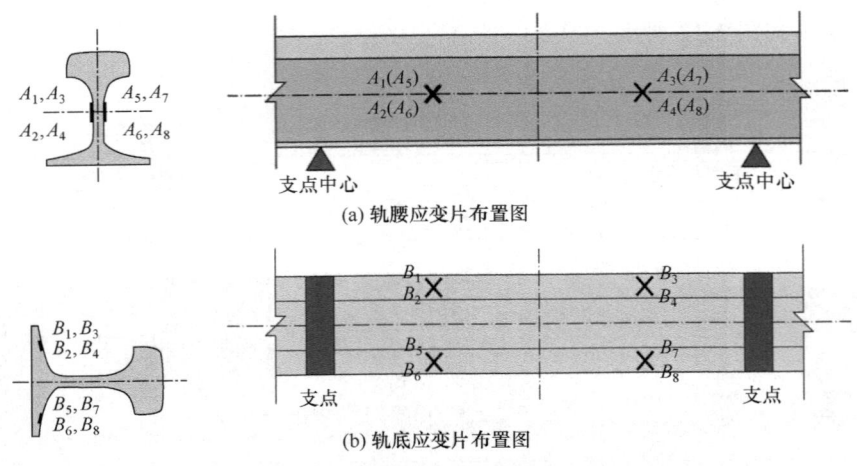

(b) 轨底应变片布置图

图 2-13 测力钢轨应变片的贴法

测力轮对法是将安装有传感器的测力轮对替换掉原来的普通轮对，可实现对轮对竖向力和横向力的实时监控，相较于测力钢轨法，测力轮对法很好地解决了前者只能实现部分路段测量的问题，能够实现全路段的测量。《机车车辆动力学性能评定及试验鉴定规范》(GB/T 5599—2019)对测力轮对的应变片布置做出了规定，测力轮对应变片布置图如图 2-14 所示。但在具体使用过程中对车辆的行驶速率有一定的限制，同时测力轮对的费用和维护成本高，导致测力轮对并未得到广泛使用。

测力钢轨与测力轮对具有成本高、维护难、使用限制多等特点，导致现有的轮轨力测量装置普及率低，因此通过间接方式获取轮轨力成为低成本获取轮轨力的有效手段。常用轮轨力反演方法为荷载反演技术，荷载反演技术可划分为时域内的荷载反演技术和频域内的荷载反演技术，但存在对噪声敏感、反演精度有限或反演模型泛化能力较差的问题，限制了其应用。

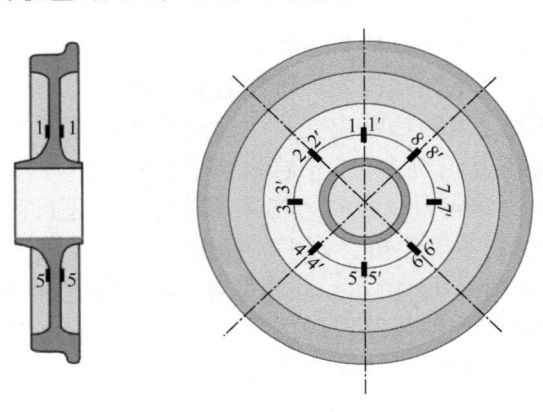

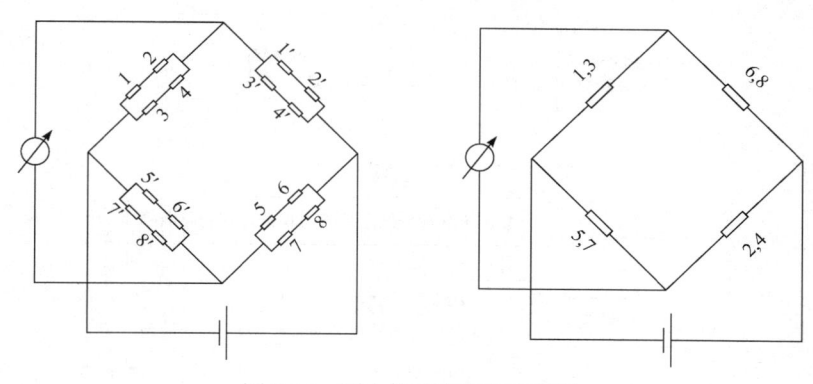

图 2-14 测力轮对应变片布置图

针对上述问题，本节将荷载反演技术作为获取轮轨力的切入口，以神经网络为反演手段，基于物理信息增加神经网络的可解释性，提出基于嵌入物理信息反演的高速列车轮轨力测量方法。

本节首先介绍基于嵌入物理信息神经网络的轮轨力反演方法的框架及实现过程，其次详细介绍框架内各组成部分的建模和试验的思路，最后结合仿真模型对所推导的基于物理模型的轮轨力反演方法进行验证。

### 2.4.1 反演方法框架

基于嵌入物理信息神经网络的轮轨力反演方法通过对铁路客车列车的物理模型进行分析，引入适当假设得到基于物理模型的轮轨力计算公式，并分析提取出用于约束神经网络的物理信息，提出有轮轨力标签训练和无轮轨力标签训练的嵌入物理信息的神经网络的轮轨力反演网络。然后建立精细的车-轨-桥模型，设计不同的仿真工况，对两种网络进行训练，同时对轮轨力的反演结果进行检验分析，评估网络的适用范围和反演精度。最后开展行车试验，应用轮轨力反演网络获得模型列车的轮轨力[4]。基于嵌入物理信息神经网络的轮轨力反演方法的框架示意图如图 2-15 所示。

### 2.4.2 基于物理模型的轮轨力反演方法

根据列车的空间模型推导列车运动平衡方程，对基于物理模型的轮轨力反演方法进行推导，引入适当假设得到基于物理模型的轮轨力的计算公式。

1. 高速列车物理模型

单节列车的主要构件包括一个车厢、两个转向架及四个轮对。将单节列车视为多

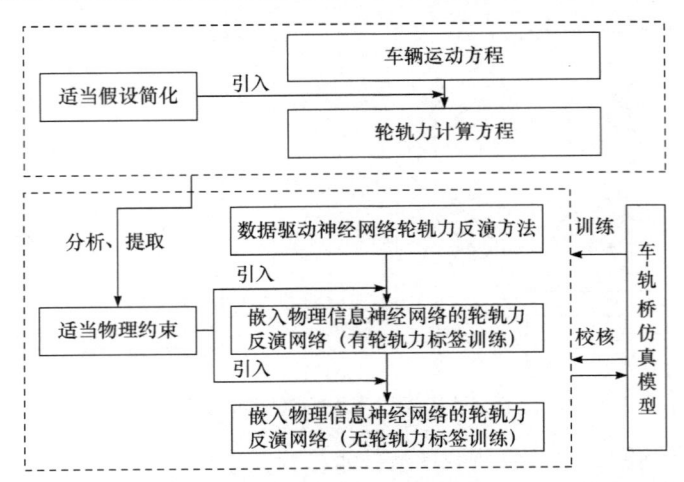

图 2-15  基于嵌入物理信息神经网络的轮轨力反演方法的框架示意图

刚体系统,而且刚体之间用阻尼及弹簧连接,单节列车模型三视图如图 2-16 所示。单节列车系统共有 31 个自由度(degree of freedom,DoF),其中包括车体的 5 个自由度,两个转向架的 10 个自由度(5DoFs×2),四个轮轨的 16 个自由度(4DoFs×4)。单节列车自由度定义如表 2-2 所示。表 2-2 中伸缩、横移、沉浮为构件在 $x$ 轴、$y$ 轴、$z$ 轴的平动;侧滚、点头、摇头分别为构件在 $x$ 轴、$y$ 轴、$z$ 轴的转动。

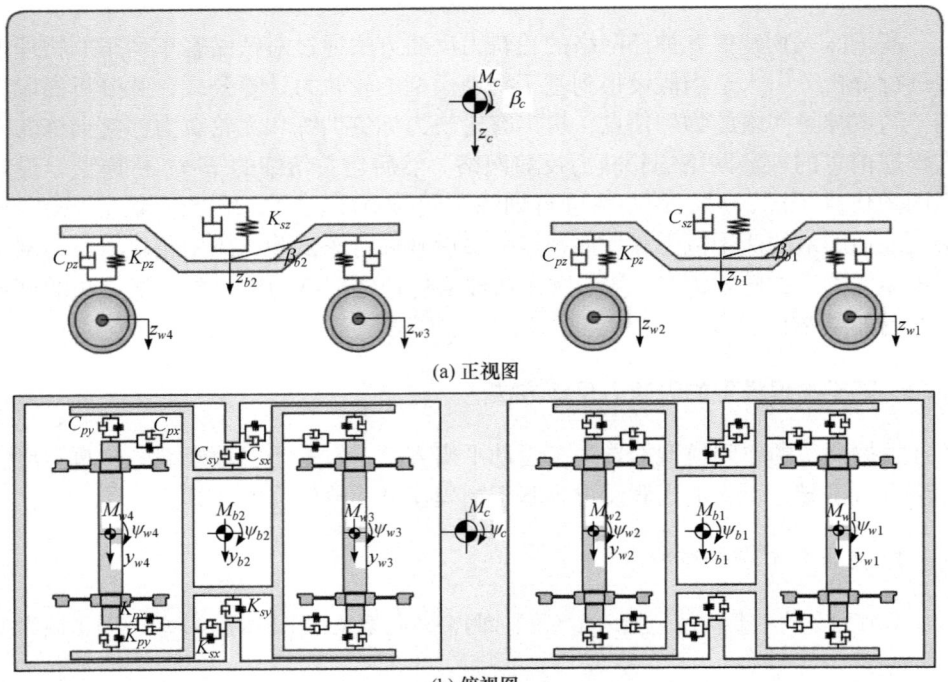

(a) 正视图

(b) 俯视图

(c) 侧视图

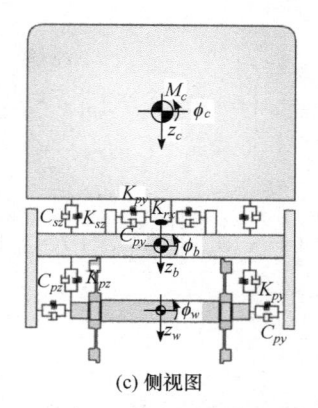

图 2-16　单节列车模型三视图

表 2-2　单节列车自由度定义

| 名称 | 伸缩 | 横移 | 沉浮 | 侧滚 | 点头 | 摇头 |
| --- | --- | --- | --- | --- | --- | --- |
| 车体 | — | $y_c$ | $z_c$ | $\phi_c$ | $\beta_c$ | $\psi_c$ |
| 前转向架 | — | $y_{b1}$ | $z_{b1}$ | $\phi_{b1}$ | $\beta_{b1}$ | $\psi_{b1}$ |
| 后转向架 | — | $y_{b2}$ | $z_{b2}$ | $\phi_{b2}$ | $\beta_{b2}$ | $\psi_{b2}$ |
| 轮对 1 | — | $y_{w1}$ | $z_{w1}$ | $\phi_{w1}$ | — | $\psi_{w1}$ |
| 轮对 2 | — | $y_{w2}$ | $z_{w2}$ | $\phi_{w2}$ | — | $\psi_{w2}$ |
| 轮对 3 | — | $y_{w3}$ | $z_{w3}$ | $\phi_{w3}$ | — | $\psi_{w3}$ |
| 轮对 4 | — | $y_{w4}$ | $z_{w4}$ | $\phi_{w4}$ | — | $\psi_{w4}$ |

取车厢为隔离体，其受力示意图如图 2-17 所示，列车的运动方程如式(2-9)~式(2-17)所示。

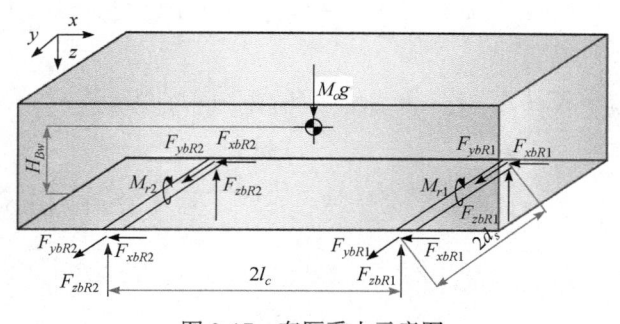

图 2-17　车厢受力示意图

沉浮运动：

$$M_c\left(\ddot{Z}_c - a_0\ddot{\phi}_{sec} - \frac{v^2}{R_c}\phi_{sec}\right) = -F_{zbL1} - F_{zbR1} - F_{zbL2} - F_{zbR2} + M_c g \qquad (2\text{-}9)$$

横移运动：

$$M_c\left[\ddot{Y}_c + \frac{v^2}{R_c} + (r_0 + H_{tw} + H_{bt} + H_{cb})\phi_{sec}\right] = F_{ybL1} + F_{ybR1} + F_{ybL2} + F_{ybR2} + M_c g \ddot{\phi}_{sec}$$

$$(2\text{-}10)$$

侧滚运动：

$$I_{cx}(\ddot{\phi}_c + \ddot{\phi}_{sec}) = (F_{ybL1} + F_{ybR1} + F_{ybL2} + F_{ybR2})H_{cB} - M_{b1} \\ - M_{b2} + (F_{ybL1} - F_{ybR1} + F_{ybL2} - F_{ybR2})d_s \qquad (2\text{-}11)$$

点头运动：

$$I_{cy}\ddot{\beta}_c = (F_{zbL1} + F_{zbR1} - F_{zbL2} - F_{zbR2})l_c - (F_{xbL1} + F_{xbR1} + F_{xbL2} + F_{xbR2})H_{cB} \qquad (2\text{-}12)$$

摇头运动：

$$I_{cz}\left[\ddot{\psi}_c + v\frac{\mathrm{d}}{\mathrm{d}t}\left(\frac{1}{R_c}\right)\right] = (F_{ybL1} + F_{ybR1} - F_{ybL2} - F_{ybR2})l_c + (F_{xbR1} - F_{xbL1} - F_{xbL2} + F_{xbR2})d_s$$

$$(2\text{-}13)$$

其中，$F_{xbLi}$、$F_{xbRi}$ 表示二系悬挂左右纵向力；$F_{ybLi}$、$F_{ybRi}$ 表示二系悬挂左右横向力；$F_{zbLi}$、$F_{zbRi}$ 表示二系悬挂左右竖向力；$M_{bi}$ 表示抗侧滚力矩；$\phi_{sec}$ 及 $R_c$ 分别表示车体中心处的轨道外超高和曲率半径。

$$F_{xbL/Ri} = K_{sx}\left[H_{cB}\beta_c + H_{Bt}\beta_{ti} \pm d_s\psi_c \mp d_s\psi_{ti} \mp (-1)^{i-1}d_s\left(\frac{l_c}{R_c}\right)\right] \\ + C_{sx}\left[H_{cB}\dot{\beta}_c + H_{Bt}\dot{\beta}_{ti} \pm d_s\dot{\psi}_c \mp d_s\dot{\psi}_{ti} \mp (-1)^{i-1}d_s\frac{\mathrm{d}}{\mathrm{d}t}\left(\frac{l_c}{R_c}\right)\right] \qquad (2\text{-}14)$$

$$F_{ybL/Ri} = K_{sy}\left[Y_{ti} - Y_c + H_{Bb}\phi_{cti} + H_{cB}\phi_c + (-1)^i l_c\psi_c \frac{l_c^2}{2R_c}\right] \\ + C_{sy}\left[\dot{Y}_{ti} - \dot{Y}_c + H_{Bb}\dot{\phi}_{cti} + H_{cB}\dot{\phi}_c + (-1)^i l_c\dot{\psi}_c l_c^2 \frac{\mathrm{d}}{\mathrm{d}t}\left(\frac{1}{2R_c}\right)\right] \qquad (2\text{-}15)$$

$$F_{zbL/Ri} = K_{sz}\left[Z_c - Z_{ti} \pm d_s\phi_{ti} \mp d_s\phi_c + (-1)^i l_c\beta_c\right] \\ + C_{sz}\left[\dot{Z}_c - \dot{Z}_{ti} \pm d_s\dot{\phi}_{ti} \mp d_s\dot{\phi}_c + (-1)^i l_c\dot{\beta}_c\right] \qquad (2\text{-}16)$$

$$M_{cg} = K_{rx}(\phi_c - \phi_{bi}) \tag{2-17}$$

取转向架为隔离体，其受力示意图如图 2-18 所示，转向架的运动方程如式(2-18)~式(2-25)所示，其中 $i=1, 2$ 分别表示前后两个转向架。

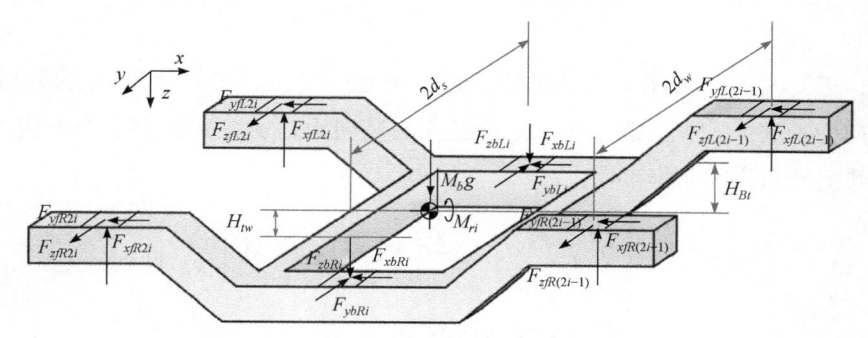

图 2-18 转向架受力示意图

沉浮运动：

$$M_b\left(\ddot{Z}_{bi} - a_0\phi_{sebi} - \frac{v^2}{R_{bi}}\phi_{sebi}\right) = F_{zbLi} - F_{zfL(2i-1)} - F_{zfL2i} \\ + F_{zbRi} - F_{zfR(2i-1)} - F_{zfR2i} + M_b g \tag{2-18}$$

横移运动：

$$M_b\left[\ddot{Y}_{bi} + \frac{v^2}{R_{bi}} + (r_0 + H_{bw})\ddot{\phi}_{sebi}\right] = F_{yfL(2i-1)} + F_{yfL2i} - F_{yfLi} + F_{yfR(2i-1)} \\ + F_{yfR2i} - F_{yfRi} + M_b g \ddot{\phi}_{sebi} \tag{2-19}$$

侧滚运动：

$$I_{bx}\left(\ddot{\phi}_{bi} + \ddot{\phi}_{sebi}\right) = \left(F_{yfL(2i-1)} + F_{yfR(2i-1)} + F_{yfL2i} + F_{yfR2i}\right)H_{bw} + M_{ri} + \left(F_{zfL2i} + F_{zfR2i} \\ - F_{zfL(2i-1)} - F_{zfR(2i-1)}\right)d_w + \left(F_{zbRi} - F_{zbLi}\right)d_s - \left(F_{ybRi} + F_{ybLi}\right)H_{bt} \tag{2-20}$$

点头运动：

$$I_{by}\ddot{\beta}_{bi} = \left(F_{zfL(2i-1)} + F_{zfR(2i-1)} - F_{zfL2i} - F_{zfR2i}\right)l_b - \left(F_{xbLi} + F_{xbLi}\right)H_{Bt} \\ - \left(F_{xfL(2i-1)} + F_{xbfR(2i-1)} + F_{xfL2i} + F_{xfR2i}\right)H_{tw} \tag{2-21}$$

摇头运动：

$$I_{bz}\left[\ddot{\psi}_{bi}+v\frac{\mathrm{d}}{\mathrm{d}t}\left(\frac{1}{R_{bi}}\right)\right]=\left(F_{yfL(2i-1)}+F_{yfR(2i-1)}-F_{yfL2i}-F_{yfR2i}\right)H_{tw}$$
$$+d_s\left(F_{xtLi}-F_{xtRi}\right)+\left(F_{yfL(2i-1)}+F_{yfR(2i-1)}-F_{yfL2i}-F_{yfR2i}\right)d_w$$

(2-22)

其中，$F_{xfLi}$、$F_{xfRi}$ 表示一二系悬挂左右纵向力；$F_{yfLi}$、$F_{yfRi}$ 表示一二系悬挂左右横向力；$F_{zfLi}$、$F_{zfRi}$ 表示一二系悬挂左右竖向力；$\phi_{sebi}$ 及 $R_{bi}$ 表示转向架中心处的轨道外超高和曲率半径。

$$F_{xfL/Ri}=K_{px}\left[H_{tw}\beta_{ti}\pm d_w\psi_{bi}\mp d_w\psi_{wi}\mp(-1)^{i-1}d_w\left(\frac{l_b}{R_{bi}}\right)\right]$$
$$+C_{sx}\left[H_{tw}\dot{\beta}_{ti}\pm d_w\dot{\psi}_{bi}\mp d_w\dot{\psi}_{wi}\mp(-1)^{i-1}d_w\frac{\mathrm{d}}{\mathrm{d}t}\left(\frac{l_b}{R_{bi}}\right)\right]$$

(2-23)

$$F_{yfL/Ri}=K_{py}\left[Y_{wi}-Y_{bj}+H_{bw}\phi_{bj}+(-1)^i l_b\psi_{bj}+\frac{l_b^2}{2R_{bj}}\right]+F_{ayi}$$

(2-24)

$$F_{zfL/Ri}=K_{pz}\left[Z_{bj}-Z_{wi}\pm d_w\phi_{wi}\mp d_w\phi_{bj}+(-1)^i l_b\beta_{bj}\right]$$
$$+C_{sz}\left[\dot{Z}_{bj}-\dot{Z}_{wi}\pm d_w\dot{\phi}_{wi}\mp d_w\dot{\phi}_{bj}+(-1)^i l_b\dot{\beta}_{bj}\right]$$

(2-25)

取单个轮对为隔离体，其受力示意图如图 2-19 所示（$F_{xfLi}$、$F_{xfRi}$ 垂直纸面向内，在纸面上表现为一点，无法用箭头表示），轮对的运动方程如式(2-26)~式(2-29)所示，其中 $i=1，2，3，4$，分别表示从前向后四个轮对。

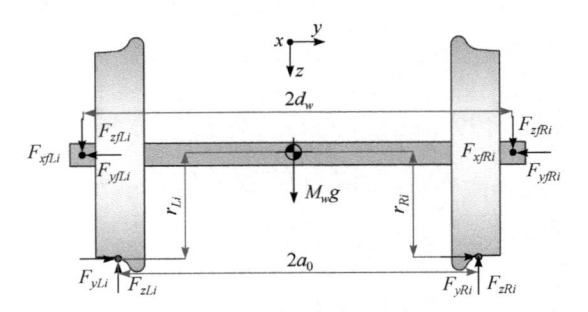

图 2-19 轮对受力示意图

沉浮运动：

$$M_w\left(\ddot{Z}_{wi}-a_0\phi_{sewi}-\frac{v^2}{R_{wi}}\phi_{sewi}\right)=F_{zLi}-F_{zRi}+F_{zfLi}+F_{zfRi}+M_wg$$

(2-26)

横移运动：

$$M_w\left(\ddot{Y}_{wi}+\frac{v^2}{R_{wi}}+r_0\ddot{\phi}_{sewi}\right)=-F_{yfL(2i-1)}-F_{yfR2i}+F_{yLi}+F_{yRi}+M_wg\phi_{sewi} \quad (2\text{-}27)$$

侧滚运动：

$$I_{wx}(\ddot{\phi}_{wi}+\ddot{\phi}_{sewi})=(F_{zLi}+F_{zRi})a_0+(F_{yLi}r_{Li}+F_{yLi}r_{Li})+(F_{zfLi}+F_{zfRi})d_w \quad (2\text{-}28)$$

摇头运动：

$$I_{wz}\left[\ddot{\psi}_{wi}+v\frac{\mathrm{d}}{\mathrm{d}t}\left(\frac{1}{R_{wi}}\right)\right]=(F_{xLi}-F_{xRi})a_0+(F_{yLi}-F_{yRi})a_0\psi_{wi}+(F_{xfLi}+F_{xfRi})d_w \quad (2\text{-}29)$$

2. 物理约束条件

根据计算需求进行简化，即忽略轮对的摇头角影响及轮轨接触点的变化和曲线路段的向心力及超高的影响，以左右轴箱处加速度近似为轮对左右两侧的加速度响应。

由此根据轮对的横移运动公式(2-27)，得到轮对横向力的求解方程(2-30)。

$$Y=F_{s1yL}+F_{s1yR}+_r m_w\ddot{y}_w \quad (2\text{-}30)$$

$$Y=Y_1+Y_2 \quad (2\text{-}31)$$

$$\ddot{y}_w=0.5(\ddot{y}_{wL}+\ddot{y}_{wR}) \quad (2\text{-}32)$$

其中，$F_{siyL/R}$ 表示一系悬挂横向力，由式(2-24)可知，横向力的计算主要由两部分构成；$\ddot{y}_{wL}$、$\ddot{y}_{wR}$ 分别为轴箱左、右横向加速度。

以 CRH380A 型列车为例，其采用的是转臂式转向架，转向架与轮对相连之处除了一系悬挂中弹簧产生的横向力作用于轮对之上，转臂也将产生横向力作用于轮对之上。本节通过标定节点的横向刚度进行轮轨力的求解，避免了应变的测量，仅需要测量悬挂之间的相对横向位移即可求得作用于一系悬挂的横向力，确定轮轨横向力的计算公式为

$$Y=(k_{s1y\_sL}+k_{s1y\_aL})y_{s1yL}+(k_{s1y\_sR}+k_{s1y\_aR})y_{s1yR}-0.5m_w(\ddot{y}_{wL}+\ddot{y}_{wR}) \quad (2\text{-}33)$$

当确定轮轨竖向力时，基于上述简化假设将轮对的沉浮方程、侧滚方程及横移方程简化为

$$m_{ws}a_z=F_{s1zL}+F_{s1zR}-Z_L-Z_R+G \quad (2\text{-}34)$$

$$m_{ws}\ddot{y}_w=F_{s1yL}+F_{s1yR}+Y \quad (2\text{-}35)$$

$$I_{ws}\ddot{\theta}_{ws}=(F_{s1zR}-F_{s1zL})d_{s1}+(Z_L-Z_R)d_w-Yr_w \quad (2\text{-}36)$$

联立式(2-34)～式(2-36)可得

$$Z_L = 0.5\{G + F_{s1zL} + F_{s2zR} - m_{ws}a_z + [I_{ws}\ddot{\theta} + Y_{rw} - d_s(F_{s1zR} - F_{s1zL})]/d_w\} \quad (2\text{-}37)$$

$$Z_R = 0.5\{G + F_{s1zL} + F_{s2zR} - m_{ws}a_z - [I_{ws}\ddot{\theta} + Y_{rw} - d_s(F_{s1zR} - F_{s1zL})]/d_w\} \quad (2\text{-}38)$$

### 2.4.3 基于物理信息的神经网络轮轨力反演方法

1. 有轮轨力标签数据训练的轮轨力反演网络框架

对于有轮轨力标签数据训练时的神经网络反演，将列车的竖向平衡方程及横向平衡方程作为网络约束，根据网络的输入输出可设置如式(2-39)～式(2-42)所示的网络约束，有轮轨力标签数据的嵌入物理信息神经网络框架如图2-20所示。

$$F_{sus2z} + M_b\ddot{Z}_b + \sum_{i=1}^{4}M_{wsi}\ddot{Z}_{wsi} = \sum_{i=1}^{4}F_{ilz} \quad (2\text{-}39)$$

$$F_{sus2z} = 0.5\left(M_c\ddot{Z} + \frac{-I_{cy}\ddot{\beta}_c - M_c\ddot{X}_cH_{cB}}{l_c} + M_c\ddot{Z}\right) \quad (2\text{-}40)$$

$$F_{sus2y} + M_b\ddot{Y}_b + \sum_{i=1}^{4}M_{wsi}\ddot{Y}_{wsi} = \sum_{i=1}^{4}F_{ily} \quad (2\text{-}41)$$

$$F_{sus2y} = K_{sy}(Y_b - Y_c) + C_{sy}(\dot{Y}_b - \dot{Y}_c) \quad (2\text{-}42)$$

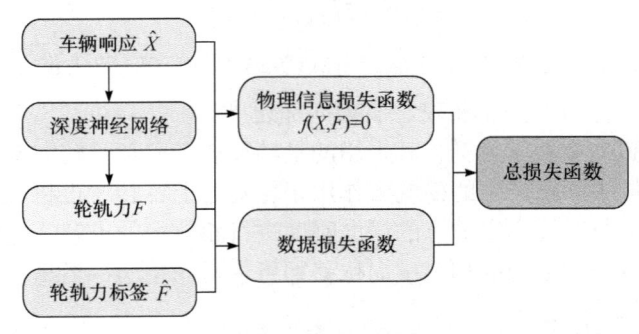

图 2-20 有轮轨力标签数据的嵌入物理信息神经网络框架

轮轨力的计算依赖上部响应的时间序列进行预测，同时列车上部的各个响应与轮轨力之间存在固定的空间关系，可知列车上部的响应与轮轨力之间存在复杂的时空关系[5]。因此，作者团队利用卷积长短期记忆(convolutional long short-term memory，ConvLSTM)网络从列车响应的序列中提取与轮轨力有关的时空信息，建立了以卷积长短期记忆网络层为主体的嵌入物理信息的轮轨力反演方法(physics-informed ConvLSTM for wheel-rail force inversion method，

Phy_CLFIM)。

**2. 无轮轨力标签数据训练的轮轨力反演网络框架**

对于无轮轨力标签数据时的神经网络反演，设计多输出网络，网络第一部分输出难以获得标签数据的轮轨力，以及能够测量但测量代价大的一系悬挂位移。网络的第二部分输出为轮轨力，由于该网络在训练过程中没有相关的轮轨力标签数据，为了使网络能在缺乏轮轨力标签数据的情况下拟合出各部分构件的加速度与轮轨力之间的关系，利用基于嵌入物理信息的轮轨力反演方法，以式(2-30)～式(2-32)作为轮轨横向力的物理约束，以式(2-37)和式(2-38)作为网络拟合轮轨竖向力的物理约束，使得所拟合的网络满足物理定律。无轮轨力标签数据的嵌入物理信息神经网络框架如图 2-21 所示。

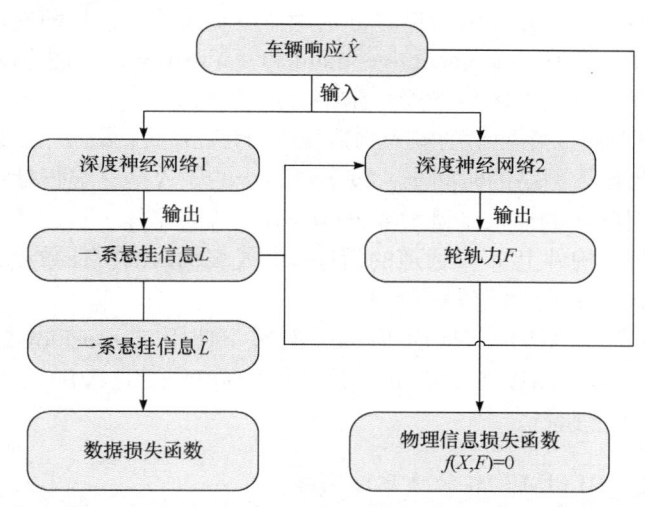

图 2-21　无轮轨力标签数据的嵌入物理信息神经网络框架

由物理约束式(2-30)和式(2-31)可知，该物理约束还需要将悬挂压缩变化信息经过差分处理来获取压缩变化率的信息，因此第一部分网络所输出的位移信息是序列形式的，每一个时间节点处的位移都含有初始位移的信息。为了在预测每个时间步的过程中能综合整个事件序列的信息，作者团队采用双向长短期记忆(bi-long short term memory，Bi_LSTM)网络预测一系悬挂压缩量[6]。网络的第二部分通过物理约束采用循环神经网络(recurrent neural network，RNN)拟合出轮轨力，建立了以双向长短期记忆网络为主体的嵌入物理信息的轮轨力反演方法(physics-informed Bi_LSTM for wheel-rail force method，Phy_BLFIM)。

### 2.4.4 测量方法训练

**1. 基于 Phy_CLFIM 的轮轨力反演网络**

(1) 网络输入。以车辆加速度(包括车体 6 个自由度方向的加速度、转向架 6 个自由度方向的加速度、车轮 3 个自由度方向的加速度)为网络输入。

(2) 网络超参数设定。网络超参数主要包括网络层的层数、每个层之间的神经元数和学习率等。网络超参数的选择直接关系到网络的效果,作者团队采用网络搜索法来确定网络超参数。最终确定参数如下:网络的输入为(Batchsize,90,6,4,1),即模型接收一批(Batchsize)数据,每个数据有 90 个时间步长,每个时间步长有 6 个特征值的输入数据,每个特征值有 4 个通道,每个通道的数据是一维的;卷积长短期记忆网络的层数为 1,该层神经元数为 32,同一转向架中设置 4 个输出端,每个车轮的输出端分别为 4 层全连接层,从前向后神经元数分别为 64、32、1;采用 Adam(adaptive moment estimation,自适应动量估计)优化器,设置初始学习率为 0.005,学习衰减率为 0.0001。

(3) 数据预处理。将网络的输入构造成 5 维度($m$、$n$、$a$、$b$、$c$)形式,其中 $m$ 为样本数,$n$ 为输入网络的时间步,每个时间步的输入是三维张量($a$、$b$、$c$)。本节中网络每个时间步的输入张量为 4×6×1(4 分别代表车体、转向架、前轮对及后轮对;6 代表每个构件上 6 个通道的信息,1 代表输入的特征数量,仅将加速度作为网络的输入,因此特征数量为 1)。

(4) 训练平台。网络训练是在 Python 环境下使用 TensorFlow2.70 进行的,在配备 Intel(R) Core(TM) i5-10400F CPU @ 2.90GHz 和 NVIDIA GeForce GTX 1050 Ti 的计算机上运行。

**2. 基于 Phy_BLFIM 的轮轨力反演网络**

(1) 网络输入。以车辆加速度(包括车体 6 个自由度方向的加速度、转向架 6 个自由度方向的加速度、车轮 3 个自由度方向的加速度)和二系悬挂位移为网络输入。

(2) 网络超参数设定。网络主要包括特征初提取层和根据不同输出的特征二次提取层,两者均为 Bi_LSTM 层,输出端为全连接层。最终确定得到的参数如下:网络的输入为(Batchsize,60,48),即模型接收一批(Batchsize)数据,每个数据有 60 个时间步长,每个时间步长有 48 个特征值的输入数据;第一个网络有两部分的 Bi_LSTM,第一部分 Bi_LSTM 的层数为 1,该层神经元数为 128,同一转向架中设置 4 个输出端,每个车轮的输出端分别为 4 个并列的第二部分的 Bi_LSTM,层数为 1,该层神经元数为 32,每个输出端连接两个全连接层,神经元数分别为 32 和 1。第二个网络采用 RNN 层,神经元数为 10,同样采用 Adam 优化器,并设置初始学习率为 0.005,学习衰减率为 0.0001。

(3) 数据预处理。网络的输入为 3 维张量，其中第一维度为样本数，第二维度为时间步，第三维度为特征值，同时为了增加网络输出每个时间步时的参考数据，所输入的数据总共包括 120 个时间步的加速度信息，将前 60 个时间步的加速度信息与后 60 个时间步的加速度信息在特征维度上堆叠，构成时间维度上为 60 但实际输入包括 120 个时间步信息的输入。

(4) 训练平台。网络训练是在 Python 环境下使用 TensorFlow2.70 进行的，在配备 Intel(R) Core(TM) i5-10400F CPU @ 2.90GHz 和 NVIDIA GeForce GTX 1050 Ti 的计算机上运行。

### 2.4.5 试验算例

1. 验证算例

利用一个简单的 1/2 列车竖向模型对所提出的两个轮轨力反演网络进行可行性检验，1/2 列车竖向模型如图 2-22 所示。该模型竖向上满足式(2-43)，转向架的点头运动满足式(2-44)。

$$F_f + F_b = M_c(\ddot{Z}_c + g) + M_b(\ddot{Z}_b + g) + M_w(\ddot{Z}_{wf} + \ddot{Z}_{wb} + 2g) \tag{2-43}$$

$$J_c\ddot{\beta} = (F_b - M_w\ddot{Z}_{wb} - F_f + M_w\ddot{Z}_{wf})l \tag{2-44}$$

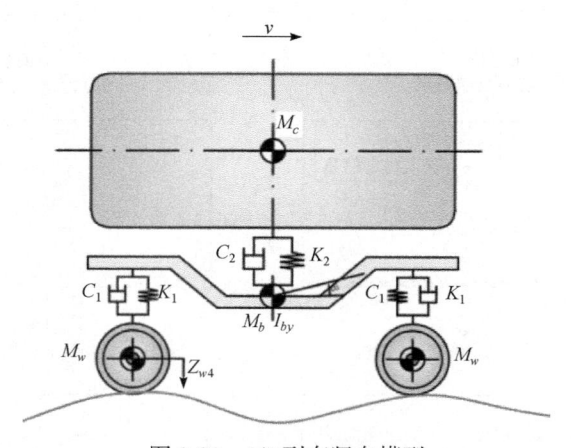

图 2-22  1/2 列车竖向模型

根据以上分析，结合式(2-43)和式(2-44)确定本算例网络的输入为列车的竖向加速度、转向架的竖向加速度及转向架的点头加速度信息，网络的输出为前后两个车轮的轮轨竖向力。

1) 有轮轨力标签数据的嵌入物理信息神经网络可行性验证

设计 4 组网络将 Phy_CLFIM 和相同网络结构的无嵌入物理信息的轮轨力反

演方法(ConvLSTM for wheel-rail force inversion method，CLFIM)进行对比[7,8]，网络参数如表 2-3 所示。图 2-23 是 4 组网络之间输出的轮轨竖向力结果对比图，以正演轮轨力为参考结果，其是在 MATLAB 平台中编写 1/2 列车模型并输入轨道不平顺得到的轮轨力。

表 2-3 网络参数

| 网络 | 是否嵌入物理信息 | 网络结构 | 训练集数量 |
| --- | --- | --- | --- |
| 网络 1(CLFIM) | 否 | RNN(2)+FC(2) | 2000 |
| 网络 2(Phy_CLFIM) | 是 | RNN(2)+FC(2) | 2000 |
| 网络 3(CLFIM) | 否 | RNN(4)+FC(2) | 2000 |
| 网络 4(Phy_CLFIM) | 是 | RNN(4)+FC(2) | 2000 |

注：RNN 为循环神经网络，FC(full connected)为全连接层。

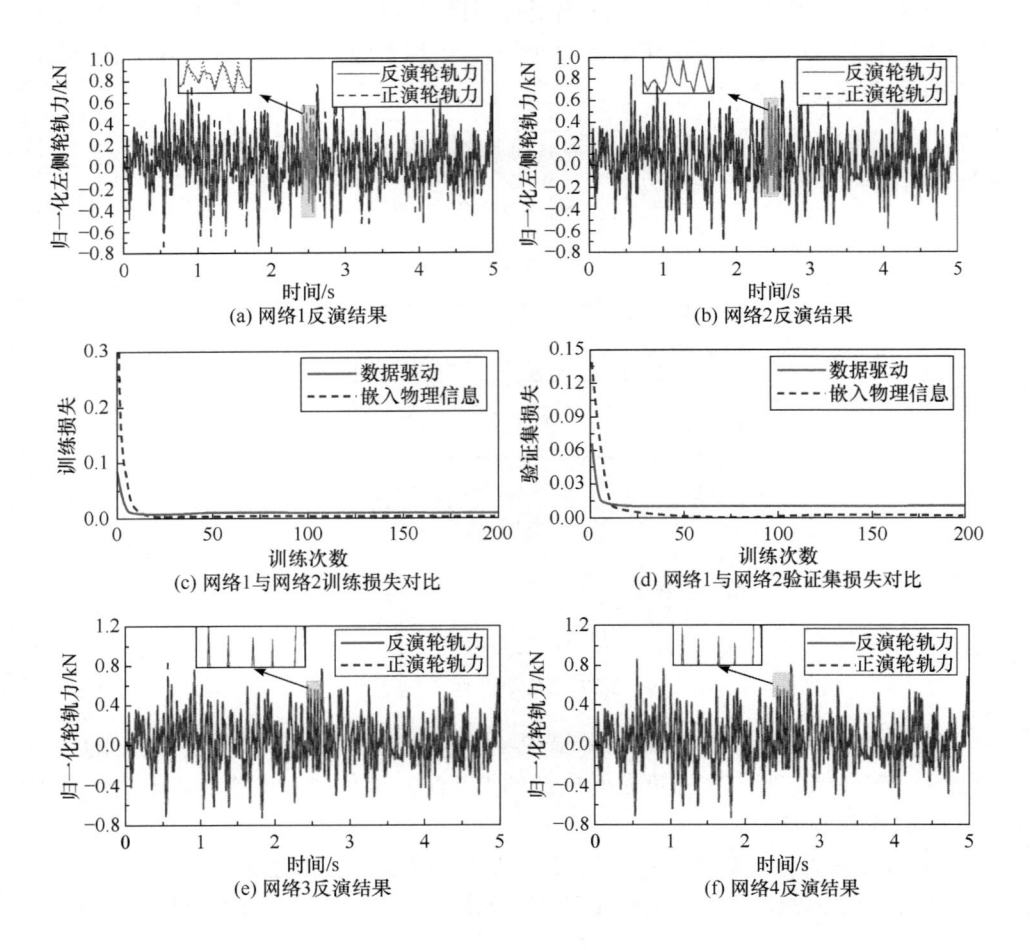

(a) 网络1反演结果

(b) 网络2反演结果

(c) 网络1与网络2训练损失对比

(d) 网络1与网络2验证集损失对比

(e) 网络3反演结果

(f) 网络4反演结果

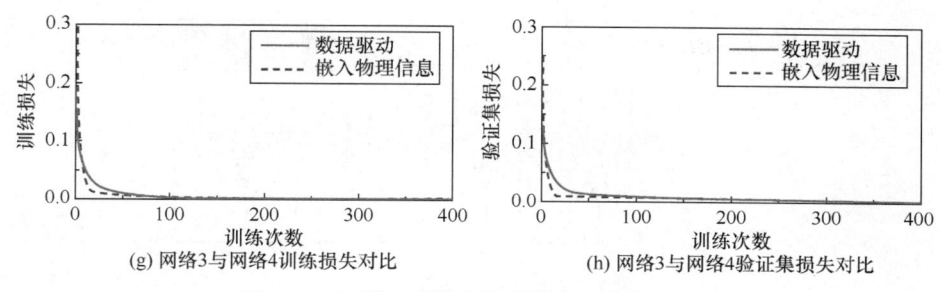

## 第 2 章 行车安全重要影响指标及其测量技术

(g) 网络3与网络4训练损失对比

(h) 网络3与网络4验证集损失对比

图 2-23 网络有无嵌入物理信息的结果对比

对比图 2-23(a)～图 2-23(d)中网络 1 与网络 2 的结果可知，在相同工况下，Phy_CLFIM 和 CLFIM 的反演结果与参考结果的皮尔逊相关系数分别为 0.992 和 0.912，对应的相对误差为 0.62%和 8.2%。可以看出，当网络规模相对于所需解决的问题的复杂度较低时，相较于 CLFIM，Phy_CLFIM 能更好地从标签数据中学习输出与输入的潜在关系，反演轮轨力的精度更高。

对比图 2-23(e)～图 2-23(h)中网络 3 与网络 4 的结果可知，在相同工况下，Phy_CLFIM 和 CLFIM 的反演结果与参考结果的皮尔逊相关系数分别为 0.999 和 0.994，对应的相对误差为 0.38%和 0.71%。可以看出，当增大网络的宽度时，CLFIM 的反演精度有所提高，与 Phy_CLFIM 相比二者所反演的精度相当。但 Phy_CLFIM 在收敛速度上较 CLFIM 更快。

2) 无轮轨力标签数据的嵌入物理信息神经网络可行性验证

以车体竖向加速度、转向架竖向加速度、转向架点头加速度、二系悬挂的位移为网络输入，网络的输出包括车轮加速度、一系悬挂的位移及轮轨力。以正演加速度、悬挂位移和轮轨力为参考结果，利用 MATLAB 平台中编写的 1/2 列车模型并考虑轨道不平顺获得轮轨力。Phy_BLFIM 反演的轮对加速度、一系悬挂位移和轮轨力的输出结果分别如图 2-24～图 2-26 所示，轮对加速度、一系悬挂位移、轮轨力与参考结果的皮尔逊相关系数分别为 0.997、0.995、0.991，对应的相对误差分别为 0.41%、0.059%、2.53%。可以看出，在无轮轨力标签数据情况下，若

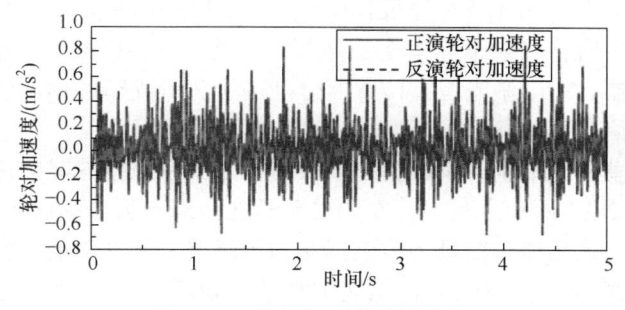

图 2-24 轮对加速度反演结果

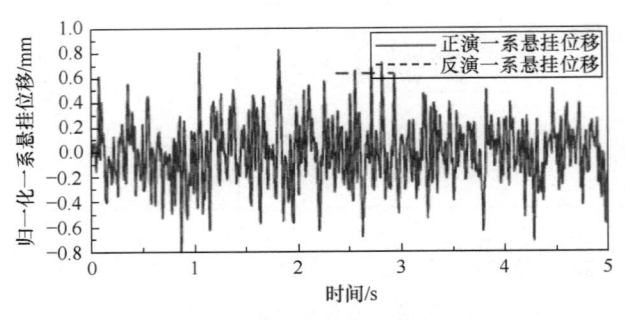

图 2-25 一系悬挂位移反演结果

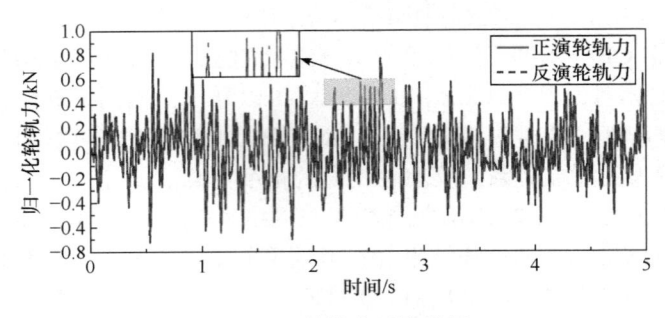

图 2-26 轮轨力反演结果

能够知道完备的控制方程，也可以拟合出目标值。Phy_BLFIM 输出的轮对加速度、一系悬挂位移、轮轨力皮尔逊相关系数大，反演精度高，因此将完备的物理条件作为网络约束，该网络框架可用于无标签数据情况下的轮轨力。

2. 试验应用

利用前面所述的列车桥上走行试验系统提出的两种反演轮轨力的神经网络进行高速列车轮轨力测量，试验路段为直线段。两种反演轮轨力的神经网络的输入均为列车、转向架及轮对的加速度，同时无轮轨力标签数据的轮轨力反演网络还需要悬挂位移的标签数据。

试验采用 8 个三向无线加速度传感器、8 个位移传感器，其中车体布置 3 个加速度传感器，后转向架布置 1 个加速度传感器，后转向架四个轴向处均布置 1 个加速度传感器。8 个激光位移传感器分别用于测量列车各构件的加速度及一二系悬挂的位移信息。

由于缩尺模型的限制，本试验中仅采集了一二系悬挂的竖向位移，位移传感器布置图如图 2-27 所示。其中，左侧二系悬挂压缩量为传感器 3 和传感器 5 的平均值，右侧二系悬挂压缩量为传感器 4 和传感器 6 的平均值。为了能够测量一系悬挂的压缩量响应，在轮对轴箱底部加装一块不易变形的厚钢片作为一个测点。一系悬挂的位移通过列车轮对钢片处的相对位移与该测点处上方车体和转向架处的相对位移的差值确定。

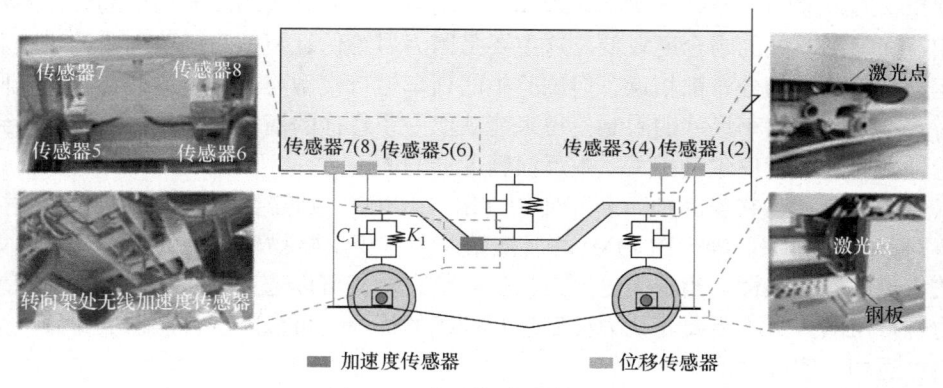

图 2-27 位移传感器布置图

行车试验工况如表 2-4 所示。根据试验列车的参数建立仿真模型，通过提取仿真模型中的数据对需要轮轨力标签训练的网络进行训练。同时，利用仿真模型大量数据的优势对不需要轮轨力标签训练的网络进行预训练，再利用少量工况对网络进行微调。

表 2-4 行车试验工况

| 工况 | 原型车速/(km/h) | 试验车速/(m/s) |
|---|---|---|
| 1 | 140 | 12.30 |
| 2 | 160 | 14.05 |
| 3 | 180 | 15.81 |

利用悬挂的信息及列车的侧滚信息可以计算得到转向架的侧滚信息和点头信息，并将试验中测得的转向架测点处的横向位移填补缺失的转向架的摇头信息作为输入进行网络训练。利用建立的缩尺仿真模型模拟列车在速度 8～14m/s 工况下获取的数据集对模型进行预训练。

将基于实际物理模型的轮轨力反演方法计算的轮轨力作为检验所提出的轮轨力反演网络的反演精度，采用基于 Phy_CLFIM 的轮轨力反演方法和基于 Phy_BLFIM 的轮轨力反演方法进行轮轨力反演，两种方法与基于实际物理模型的反演结果的皮尔逊相关系数见表 2-5。

表 2-5 两种方法与基于实际物理模型的反演结果的皮尔逊相关系数

| 工况 | 基于 Phy_CLFIM 的轮轨力反演方法 | 基于 Phy_BLFIM 的轮轨力反演方法 |
|---|---|---|
| 1 | 竖向力 0.728、横向力 0.614 | 竖向力 0.986、横向力 0.886 |
| 2 | 竖向力 0.780、横向力 0.660 | 竖向力 0.980、横向力 0.910 |
| 3 | 竖向力 0.701、横向力 0.672 | 竖向力 0.981、横向力 0.906 |

仅通过仿真模型的数据训练神经网络，并将其直接应用到试验中的效果并不理想，其反演结果与基于实际物理模型的轮轨力反演方法的反演结果的总体趋势相近，但细节处的吻合度较低。这主要是因为尽管仿真模型与试验列车的主频和运动中加速度的分布都相近，但试验中的列车运行模型与仿真模型存在区别。同时，本试验中列车尺寸的限制使得未能获取一系悬挂的横向变化量，这也是导致轮轴横向力二者皮尔逊相关系数反演精度低的原因之一。

综上所述，在实际中，若要使用 Phy_CLFIM，则需要有高质量的相关数据集对其进行训练。Phy_BLFIM 的反演结果与基于实际物理模型的轮轨力反演方法有更高的相关性。当缺少轮轨力的标签信息时，可以选用 Phy_BLFIM 对轮轨力进行反演，其不需要轮轨力标签进行训练的优势，可以减少传感器的布置，从而更适用于实际情况。

## 2.5 地震下高速列车轮轨横向相对位移视觉测量

地震作用对高速列车运行安全的影响非常重要，当车-桥耦合系统的动力响应超过规定的安全标准时，应采取措施，以防止列车发生脱轨事故。常用的列车运行安全评价指标有脱轨系数、轮重减载率、轮轴横向力等[9,10]。脱轨系数是指轮轨接触点的横向力 $Q_1$（或 $Q_2$）与竖向力 $P_1$（或 $P_2$）的比值，即 $Q/P$；轮重减载率是指单侧车轮的轮重减载量 $\Delta P$ 与左右侧车轮平均净轮重量 $\overline{P}$ 的比值，即 $\Delta P / \overline{P}$；轮轴横向力用于评定车辆在运行过程中是否会因为过大的横向力而导致轨距扩宽或线路发生严重变形。以上评价指标的判断标准在《机车车辆动力学性能评定及试验鉴定规范》(GB/T 5599—2019)中有具体的规定。

但是当高速列车出现轮轨脱离现象时，列车轮轨力将变为零，以上基于轮轨力所得到的脱轨评价指标将无法再对列车的安全运行进行有效评价。高速列车的脱轨是一个动态变化的过程，相较于以上脱轨评价指标，轮轨接触位置可以更加直观地表示轮轨的实时接触状态[11,12]。但高速列车在实际运行中，由于轮对侧滚和摇头的存在，轮轨接触点的位置变化轨迹往往是一条空间曲线，所以轮轨接触点的位置难以测量。为了实际应用，一般情况下可用轮轨相对位移近似代替轮轨接触点的位置[13-16]。因此，本节基于机器视觉和深度学习设计了一种基于关键点的高速列车轮轨横向位移视觉测量方法，用于高速列车行车安全性的评价。该方法能够更加直观地测量出轮轨的实时接触状态，并实现高速列车轮轨位移测量的实时性，解决列车因高速运行产生的接触画面中的运动模糊问题。

本节首先介绍高速列车轮轨横向位移视觉测量方法的框架及实现过程，其次详细介绍框架内各组成部分的试验思路和试验参数，最后结合激光位移传感器测得的轮轨横向位移数据算例间接验证高速列车轮轨横向位移视觉测量方法的正确

## 2.5.1 视觉测量方法框架

高速列车轮轨横向位移视觉测量方法由轮轨横向位移测量方法和缩尺试验组成，轮轨横向位移测量方法是在 Hourglass 网络基础上进行尺寸修改网络和融合偏移量损失的预测网络的改进设计，以此提高网络预测的效率和准确性，用于高速列车轮轨接触图像中关键点的识别和相对横向位移的计算；采集缩尺试验的视频信息用于轮轨横向位移测量方法的网络训练，利用训练合格后的轮轨横向位移测量方法对实际试验中不同工况下采集的视频图像数据进行轮轨横向位移的识别，进行行车试验系统轮轨横向位移响应的分析。本节利用 Gopro 8 相机采集图像数据，拍摄时采用的分辨率为 1920×1080，采集帧率为 60 帧/s。地震下高速列车轮轨横向位移视觉测量方法框架示意图如图 2-28 所示[17]。

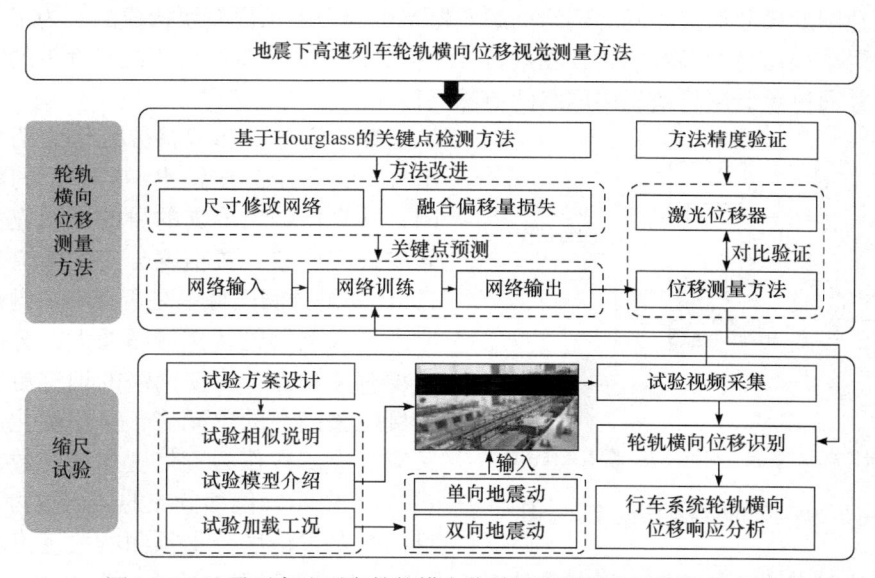

图 2-28 地震下高速列车轮轨横向位移视觉测量方法框架示意图

## 2.5.2 轮轨横向位移测量模型

基于 Hourglass 网络的轮轨横向位移测量模型由尺寸修改网络、关键点预测网络和位移计算模块组成[18]。因为高性能摄像机所拍摄图像的分辨率较高，所以通过设计尺寸修改网络来节省设备内存，并缩短模型训练时间，尺寸修改网络包含三个卷积层，每个卷积层的卷积核大小为 3×3，卷积步长为 2，拓展边缘宽度为 1。同时，在每层卷积结束之后，使用参数化修正线性单元(parametric rectified linear unit, PReLU)非线性激活函数和批量归一化(batch normalization,

BN)对输出数据进行处理。具体执行过程为：首先对图像进行目标区域裁剪，图像大小由原始的 1920×1080 降低为 384×896，再将裁剪的图像作为输入数据进入尺寸修改网络，对图像特征进行初步提取，同时将输入图像的尺寸压缩至原始图像的 1/8，最后输出为 48×112 的特征图。

原始图像经过尺寸修改网络输出的 48×112 的特征图，作为预测网络的输入。预测网络模型由编码器、解码器、置信度分支和偏移分支构成，如图 2-29 所示。同时，根据预测网络模型中方块作用类型的不同，可分为下采样模块、上采样模块和尺寸保持模块三种，三种网络模块的第一层和第三层均采用 1×1 的卷积核，从而实现对特征通道的降维和升维，并起到减少计算机内存和网络模型参数的作用，第二层采用 3×3 的卷积核进行特征提取，在每一层卷积层之后均添加了 PReLU 激活函数和 BN 对输出数据进行处理。网络的编码器是由四个下采样模块和两个尺寸保持模块构成的，尺寸保持模块的目的是使输入特征图和输出特征图的尺寸保持相同。网络的解码器是由四个上采样模块构成的。为了提高网络对全局信息的理解能力，在进行下采样之前，会复制一份不同尺度下的特征图，并通过跳跃层将信息向网络的更深层传递。

置信度分支和偏移分支作为两个输出分支，每个分支输出 48×112 的特征图，并根据输出分支的目的不同应用不同的损失函数。置信度分支的通道数为 1，目的是预测图像中是否存在关键点，考虑到采集的轮轨接触图像大部分区域是没有关键点，为使网络的训练更倾向于接近关键点的单元格，采用优化的交叉熵损失函数作为置信度损失函数，如式(2-45)所示。偏移分支的通道数为 2，目的是对置信度分支预测的关键点进行确切位置定位，基于均方误差设计出轮轨接触边缘关键点的偏移损失函数，对关键点的横纵坐标分别计算均方误差损失，损失函数如式(2-46)所示。最终，网络的总损失函数 $L_{total}$ 等于置信度损失函数 $L_{confidence}$ 和偏移损失函数 $L_{offset}$ 的加权和，如式(2-47)所示，从而回归出需预测的轮轨关键点的准确位置坐标。

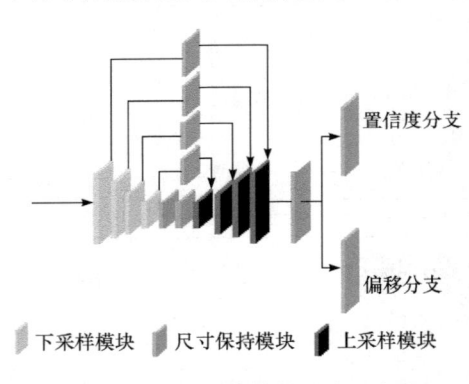

图 2-29 预测网络结构设计示意图

$$\begin{aligned} L_{\text{confidence}} = &-\gamma_e \sum_{g \in G_e} \left[ g_c^* \log(g_c) + (1-g_c^*) \log(1-g_c) \right] \\ &-\gamma_n \sum_{g \in G_n} \left[ g_c^* \log(g_c) + (1-g_c^*) \log(1-g_c) \right] \end{aligned} \quad (2\text{-}45)$$

其中，$G_e$ 表示存在关键点的单元格；$G_n$ 表示不存在关键点的单元格；$g_c$ 表示输出单元格置信度的预测值；$g_c^*$ 表示输出单元格置信度的真实值，若单元格中存在关键点，则真实值为 1，否则为 0；$\gamma_e$ 和 $\gamma_n$ 分别表示存在损失和不存在损失的加权系数，通过对加权系数进行合理设定可使网络的训练更倾向于接近关键点的单元格，从而提高网络收敛的速度。当采用此优化后的交叉熵损失函数进行网络训练时，如果计算的置信度值大于预定义的限值，即可判定该单元格内存在关键点。

$$L_{\text{offset}} = \frac{1}{N_e} \sum_{g_x \in G_e} \left(g_x^* - g_x\right)^2 + \frac{1}{N_e} \sum_{g_y \in G_e} \left(g_y^* - g_y\right)^2 \tag{2-46}$$

其中，$(g_x, g_y)$ 表示存在关键点的单元格内关键点 $(x, y)$ 坐标的预测值；$(g_x^*, g_y^*)$ 表示存在关键点的单元格内关键点 $(x, y)$ 坐标的真实值。

$$L_{\text{total}} = \alpha L_{\text{confidence}} + \beta L_{\text{offset}} \tag{2-47}$$

其中，$\alpha$、$\beta$ 分别表示上述两个损失函数的加权系数，需要根据模型训练结果对其进行不断调整，从而保持整个网络的稳定性。

因本节试验装置轮轨位置处空间狭小，无法放置标准标定板进行相机标定，故在位移计算模块中采用计算像素坐标系与世界坐标系之间的尺度转换系数来简化两者之间的换算关系。当相机光轴与待测物体平面法线之间的夹角 $\theta \neq 0$ 时，尺度转换系数 SF 的计算公式如式(2-48)所示。因相机光轴与待测物体平面法线之间的夹角 $\theta$ 无法精确测量，故本节通过待测轮轨接触平面处已知结构的物体尺寸与其对应的像素尺寸的比值来确定像素坐标系与世界坐标系之间的转换系数 SF，如式(2-49)所示。轮轨横向位移识别关键点在世界坐标系中的坐标 $(X, Y)$ 可写成式(2-50)的形式。

$$\text{SF} = \frac{Z}{f \cos^2 \theta} d \tag{2-48}$$

其中，$Z$ 表示相机到待测物体平面的实际距离；$f$ 表示所用相机镜头的焦距；$d$ 表示单个像素尺寸。

$$\text{SF} = \frac{l_{\text{world}}}{l_{\text{pixel}}} \tag{2-49}$$

$$(X, Y) = (u_r, v_r) \times \text{SF} \tag{2-50}$$

其中，$l_{\text{world}}$ 和 $l_{\text{pixel}}$ 分别表示待测轮轨横向位移平面处选定已知物理结构的实际尺寸和该已知物理结构在像素坐标系下的像素尺寸；$u_r$ 和 $v_r$ 表示通过关键点预测网络预测得到的轮轨接触边缘关键点的像素级坐标。

### 2.5.3 测量方法训练

关键点检测为轮轨横向位移测量提供了重要依据，关键点的数量和位置的恰当选择对轮轨横向位移的准确计算具有重要意义[19-22]。基于车轮和轨道都具有固定的几何形态，同时考虑到标注数据集的难易程度以及轮轨横向位移计算的便捷性，定义车轮右侧边缘中心点、车轮底部边缘点和轮轨接触边缘点三个关键点。轮轨横向位移测量关键点位置示意图如图 2-30 所示。

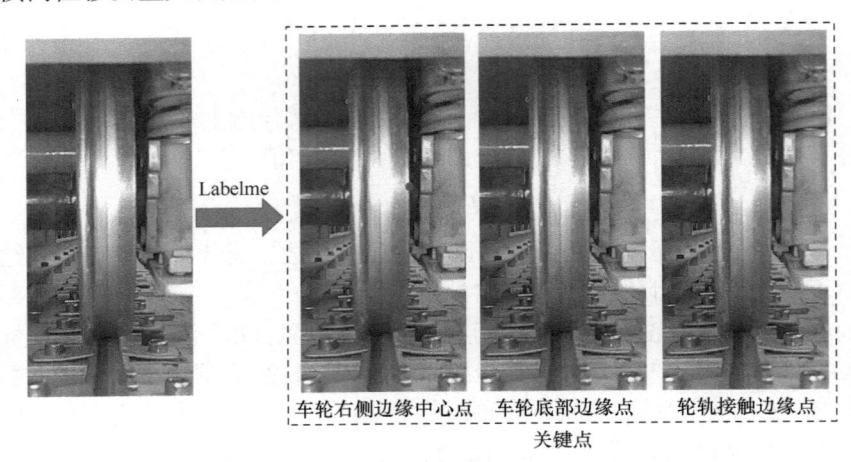

图 2-30 轮轨横向位移测量关键点位置示意图

**1. 网络输入**

原始轮轨接触图像和数据标签在网络训练过程中分别作为网络输入和监督信息。利用注释软件 Labelme 对定义的三个关键点进行标注。为增加数据集的多样性，选取了列车静止状态和列车运行状态两种状态下的轮轨接触图像进行标注。其中，列车运行状态下的图像由桥上行车试验所拍摄的真实轮轨接触视频获得，共选取 4 段试验视频，每段视频隔 5 帧选取一张图片作为数据集进行标注。最终标注的数据集共有 400 张图片，按照 4∶1 的比例划分为训练集和验证集，训练集共有 320 张图片，验证集共有 80 张图片。最终数据集的标注包含所有轮轨接触图像的关键点位置坐标信息。因此，整个网络的输入为原始轮轨接触图像 RGB(red，green，blue)数据和三种关键点位置坐标的标注，分别是车轮右侧边缘中心点、车轮底部边缘点和轮轨接触边缘点。

**2. 网络训练**

本节所采用的轮轨横向位移测量方法是在 Windows10 环境下利用 Python 语言开发的，深度学习框架采用的是 Pytorch 1.8 版本，其中已经封装了很多成熟的神经网络优化算法。由于所采用的方法大量使用卷积神经网络，模型训练计算量较大，所以使用了图形处理器加速网络训练，同时得益于网络的轻量化设计，实际网络模型训练在普通计算机平台上也能完成，具体的网络训练平台环境配置信息如表 2-6 所示。

表 2-6 网络训练平台环境配置信息

| 名称 | 型号(版本) |
| --- | --- |
| 操作系统 | Windows10 |
| 中央处理器 | Intel(R) Core(TM) i5-10400F CPU @ 2.80GHz |
| 显卡(图形处理器) | NVDIA GeForce GTX 1050 Ti |
| 语言类型 | Python 3.7 |
| 深度学习框架 | Pytorch 1.8 |

在网络训练过程中，基于前面所制作的轮轨接触图像数据集，输入图像的分辨率从原来的 384×896 缩小至 48×112，再输入到训练网络中。其中，训练数据批大小设置为 1，训练周期设置为 300，动量因子设置为 0.9，权重衰减因子设置为 0.00001，模型学习率设置为 $2\times10^{-6}$。经多次模型训练测试，在式(2-45)置信度损失中，加权系数 $\gamma_e$ 和 $\gamma_n$ 分别设置为 3 和 1，在式(2-47)的损失函数中，加权系数 $\alpha$、$\beta$ 均设置为 1，模型可以达到最佳训练状态，损失函数基本达到稳定值，终止训练并保存训练模型。

3. 网络输出

在置信度损失函数和偏移损失函数的联合监督下，训练好的网络模型可分别预测出输入轮轨接触图像的三张关键点热图。网络输入轮轨接触图像，经过逐个像素点的回归，网络最终预测出每个像素点存在关键点的概率，其中，1 表示该像素点位置存在关键点，0 表示该像素点位置不存在关键点，最终输出的轮轨接触关键点检测模型生成的概率热图如图 2-31 所示。

最终，原始轮轨接触图像经过轮轨接触关键点检测模型准确预测出前面所定义的三个关键点的像素坐标：车轮右侧边缘中心点 $A(x_1, y_1)$、车轮底部边缘点 $B(x_2, y_2)$、轮轨接触边缘点 $C(x_3, y_3)$，如图 2-32(a)所示。考虑到列车在直线运行时摇头角较小，可忽略不计，通过连线函数连接 $A$、$B$ 两点，利用点 $C$ 到直线 $l_{AB}$ 的距离公式便可求出在像素坐标系下的轮轨横向位移 $l_H$，最后结合前面所求出的像素坐标系与世界坐标系之间的转换系数 SF 便可求出轮轨横向实际位移 $l_S$，如图 2-32(b)所示。轮轨横向位移的具体计算公式如下。

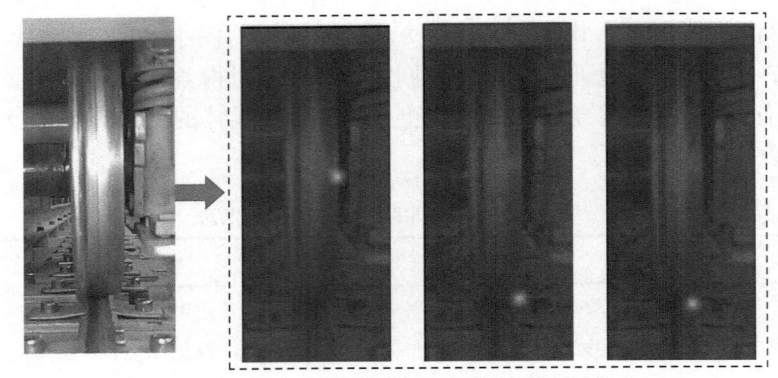

网络输入轮轨接触图像　　　网络输出轮轨接触关键点热图

图 2-31　轮轨接触关键点检测模型生成的概率热图

直线 $l_{AB}$ 的方程如式(2-51)所示。

$$\frac{y_1-y_2}{x_1-x_2}x-y+\frac{x_1y_2-x_2y_1}{x_1-x_2}=0 \tag{2-51}$$

像素坐标系下的轮轨横向位移计算公式如式(2-52)所示。

$$l_H=\left|\frac{A_0x_3+B_0y_3+C_0}{\sqrt{A_0^2+B_0^2}}\right| \tag{2-52}$$

其中，$A_0=\dfrac{y_1-y_2}{x_1-x_2}$；$B_0=-1$；$C_0=\dfrac{x_1y_2-x_2y_1}{x_1-x_2}$。

所以，最终检测得到的轮轨横向实际位移如式(2-53)所示。

$$l_s=l_H\times\text{SF} \tag{2-53}$$

需要说明的是，此时所得到的轮轨横向实际位移 $l_s$ 代表的是轮轨横向绝对位移，而本节所研究的轮轨横向位移的变化量，即轮轨横向相对位移 $l_r$，需要在检测得到的轮轨横向实际位移 $l_s$ 的基础上减去其初始值 $l_i$，如式(2-54)所示。

$$l_r=l_s-l_i \tag{2-54}$$

### 2.5.4　试验算例

1. 验证算例

作者团队基于 1.4 节所述的车-轨-桥系统设计了高速列车轮轨横向位移测量方法的准确性验证试验。通过使试验列车模型运行产生轮轨横向位移变化，采用车载相机拍摄和激光位移传感器同步测量的方式进行轮轨横向位移测量，试验装置布置如图 2-33 所示。通过对比高速列车轮轨横向位移测量方法和激光位移

第 2 章　行车安全重要影响指标及其测量技术

(a) 关键点坐标预测示意图　　(b) 轮轨横向位移计算示意图

图 2-32　基于关键点检测模型的轮轨横向位移计算示意图

传感器分别测量的轮轨横向相对位移数据，验证高速列车轮轨横向位移测量方法的准确性。

(a) 局部放大图

(b) Gopro 8 车载相机　　(c) CMOS 微型无线激光位移传感器

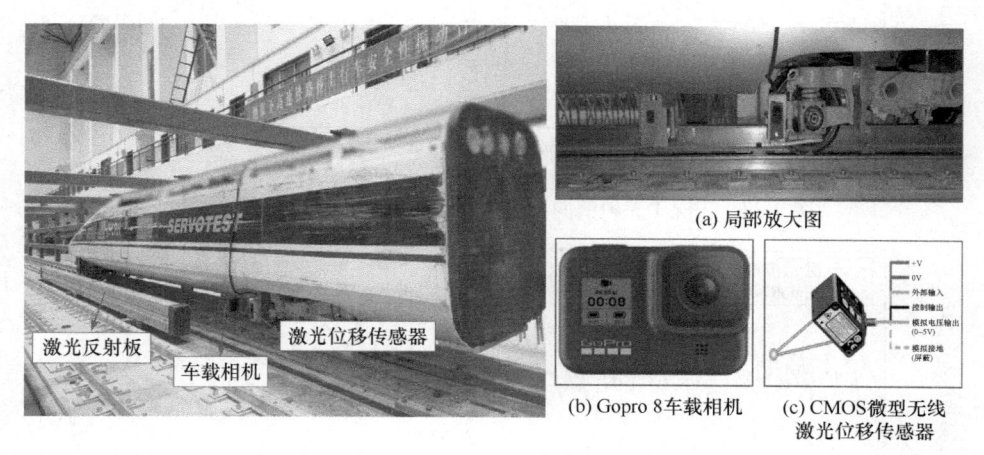

图 2-33　轮轨横向位移测量方法准确性验证试验实拍图

试验所用激光位移传感器为 10 级互补金属氧化物半导体(complementary metal oxide semiconductor，CMOS)微型无线激光位移传感器，采集频率为 512Hz。车载相机安装在车厢底部，可实时拍摄轮轨横向位移变化；激光位移传感器安装在与车轮轴体相连的附属结构上并垂直于车轮侧向平面，从而保证激光位移传感器的横向位移与车轮的横向位移保持一致。验证试验共分为两种工况，工况 1：只对列车施加前进方向推力，使列车在前进方向上平稳运行，依靠轨道不平顺产生横向位移变化，以模拟列车运行过程中轮轨横向位移平稳变化的情况；工况2：同时对列车施加前进方向推力和侧向推力，使列车在前进过程中轮轨横向位移发生剧烈变化，以模拟列车运行过程中轮轨横向位移剧烈变化的情况。两种验证工况均采用相同的拍摄设备，拍摄时间设置为5s，每个工况采集轮轨图像300幅，激光位移传感器位移数据2560个，并利用概率密度函数计算高速列车轮轨横向位移测量方法和激光位移传感器分别测量的轮轨横向相对位移在时程范围内的预测误差分布。

由于车载相机拍摄帧率和激光位移传感器采集频率不一致，所以通过三次样条插值使轮轨横向位移测量方法测量出的位移数据与激光位移传感器采集的数据保持一致，并分别绘制对比曲线，如图2-34和图2-35所示。由两种工况下轮轨横向相对位移时程对比曲线可知，轮轨横向位移测量方法测量出的轮轨横向位移数据与激光位移传感器测得的轮轨横向位移数据具有较高的一致性。这可以说明，2.4节提出的基于关键点的轮轨横向位移测量方法具有较高的测量精度，可以用于实验室地震条件下高速列车轮轨横向位移的测量场景。

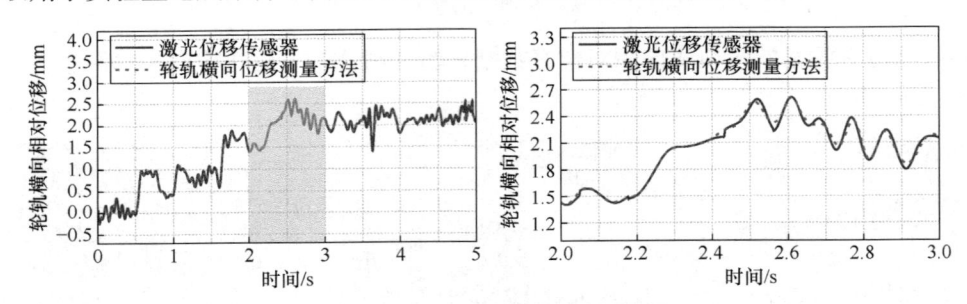

图2-34 工况1轮轨横向相对位移时程对比曲线及局部放大图

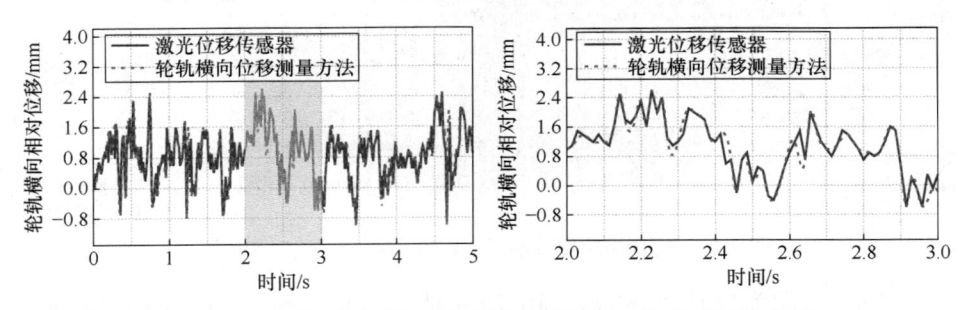

图2-35 工况2轮轨横向相对位移时程对比曲线及局部放大图

2. 试验研究

地震下高速列车轮轨横向位移响应对评估高速列车运行安全性具有重要意义，但是地震下高铁桥上行车现场试验往往很难进行，主要是因为：地震具有突发性和偶然性，当地震发生时，附近恰巧经过一辆高速列车的概率很小，往往很

# 第2章 行车安全重要影响指标及其测量技术

难获得现场的轮轨横向位移响应的实测数据；高速列车运行速度快，而且地震作用时间长，需要实际模拟的高铁轨-桥原型结构往往长达数公里，很难实现。因此，想要进行地震作用下高速列车轮轨横向位移响应的系统研究显然只能进行缩尺模型试验。

本节依托于 1.4 节所述的车-轨-桥系统，采用车载相机拍摄缩尺高速列车模型在不同试验工况下的轮轨接触图像，根据前面所提出的基于关键点的高速列车轮轨横向位移测量方法对不同工况下的高速列车轮轨接触图像进行精确的轮轨横向位移识别，并基于本试验系统采用轮轨横向相对位移指标对高铁桥上行车安全性进行了分析与探讨。

对地震下高铁桥上行车振动台试验系统分别施加 5 个频率的正弦地震波和 2 种类型的实测地震波，其中，选取的实测地震波均为太平洋地震工程研究中心 (Pacific Earthquake Engineering Research Center，PEER)的地震动记录，每条地震波均包含不同的地震强度等级，其中输入地震波方向是横向的，共有 14 个工况，输入方向是横向和竖向双向的，共有 3 个工况，共计 17 个工况。其中，原型车速分别为 100km/h、150km/h 和 180km/h，在试验中经过 $\sqrt{10}:1$ 的速度缩尺比处理后，所代表的真实试验车速分别为 8.784m/s、13.176m/s 和 15.811m/s。地震波的输入方向分别为 $y$ 向和 $z$ 向($y$ 向表示横向，$z$ 向表示竖向)，各个工况的详细信息如表 2-7 所示。

表 2-7 地震波加载工况

| 工况 | 地震名称 | 主振方向 | 地震加速度峰值/g $y$ 向 | $z$ 向 | $x$ 向 | 原型车速/(km/h) | 频率/Hz |
|---|---|---|---|---|---|---|---|
| 1 | Morgan Hill | $y$ | 0.04 | 0 | 0 | 100 | 25 |
| 2 | Morgan Hill | $y$ | 0.04 | 0 | 0 | 150 | 15 |
| 3 | Morgan Hill | $y$ | 0.04 | 0 | 0 | 180 | 10 |
| 4 | Morgan Hill | $y$ | 0.1 | 0 | 0 | 100 | 5 |
| 5 | Morgan Hill | $y$ | 0.1 | 0 | 0 | 150 | 3 |
| 6 | Northridge-01 | $y$ | 0.04 | 0 | 0 | 100 | — |
| 7 | Northridge-01 | $y$ | 0.04 | 0 | 0 | 150 | — |
| 8 | Northridge-01 | $y$ | 0.04 | 0 | 0 | 180 | — |
| 9 | Northridge-01 | $y$ | 0.1 | 0 | 0 | 100 | — |
| 10 | Northridge-01 | $y$ | 0.1 | 0 | 0 | 150 | — |
| 11 | Northridge-01 | $y$ | 0.1 | 0 | 0 | 180 | — |
| 12 | Northridge-01 | $y$ | 0.21 | 0 | 0 | 100 | — |
| 13 | Northridge-01 | $y$ | 0.21 | 0 | 0 | 150 | — |

续表

| 工况 | 地震名称 | 主振方向 | 地震加速度峰值/g |  |  | 原型车速 /(km/h) | 频率/Hz |
|---|---|---|---|---|---|---|---|
|  |  |  | $y$ 向 | $z$ 向 | $x$ 向 |  |  |
| 14 | Northridge-01 | $y$ | 0.21 | 0 | 0 | 180 | — |
| 15 | Northridge-01 | $y+z$ | 0.04 | 0.0436 | 0 | 150 | — |
| 16 | Northridge-01 | $y+z$ | 0.1 | 0.109 | 0 | 150 | — |
| 17 | Northridge-01 | $y+z$ | 0.21 | 0.2289 | 0 | 150 | — |

研究地震动频率对高铁桥上行车轮轨横向位移响应的影响，工况 1～工况 5 的轮轨横向相对位移随时间变化曲线如图 2-36 所示。

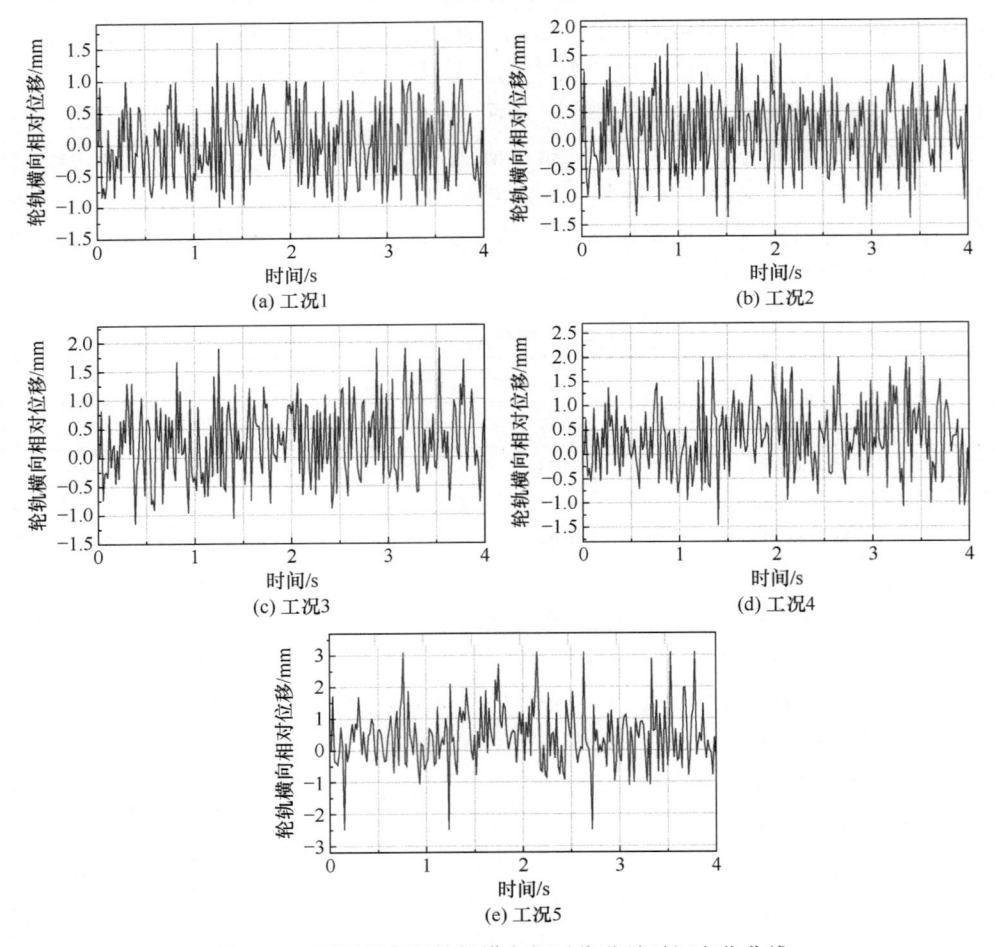

图 2-36　不同频率下轮轨横向相对位移随时间变化曲线

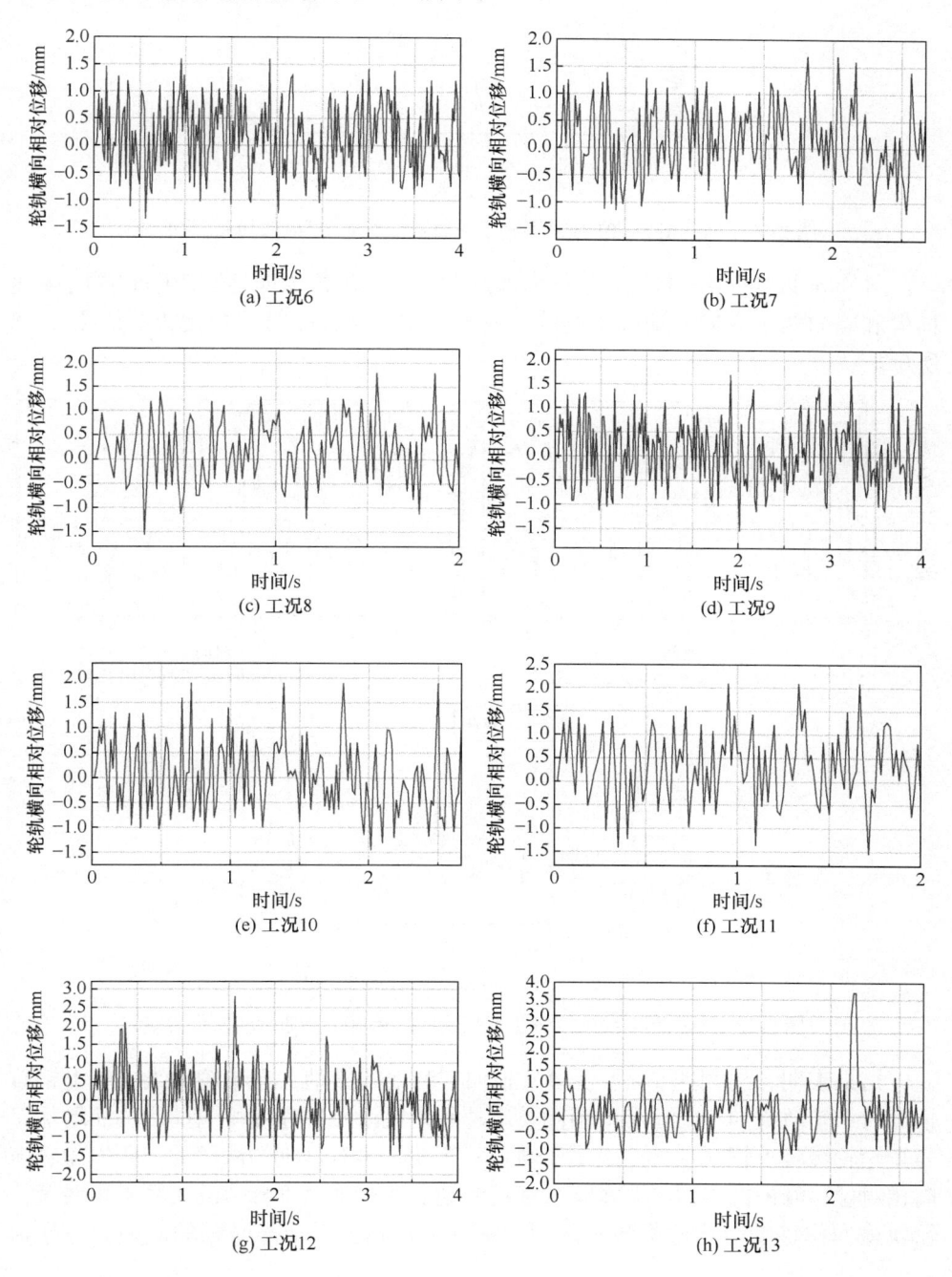

将 Northridge-01 地震激励作为单向地震激励，工况 6～工况 14 的轮轨横向相对位移随时间变化曲线如图 2-37 所示。

(a) 工况6

(b) 工况7

(c) 工况8

(d) 工况9

(e) 工况10

(f) 工况11

(g) 工况12

(h) 工况13

(i) 工况14

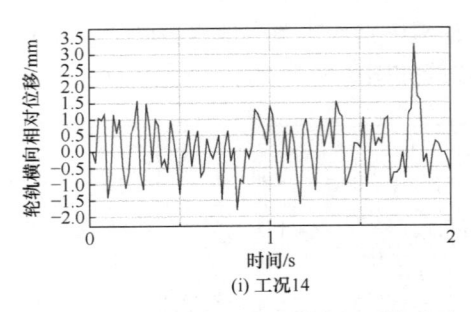

图 2-37 Northridge-01 地震激励下轮轨横向相对位移随时间变化曲线

将 Northridge-01 地震激励作为地震激励，只施加横向地震激励和同时施加横向和竖向两个方向的地震激励的轮轨横向相对位移随时间变化曲线如图 2-38 所示。

(a) Northridge-01-0.04g对比工况

(b) Northridge-01-0.1g对比工况

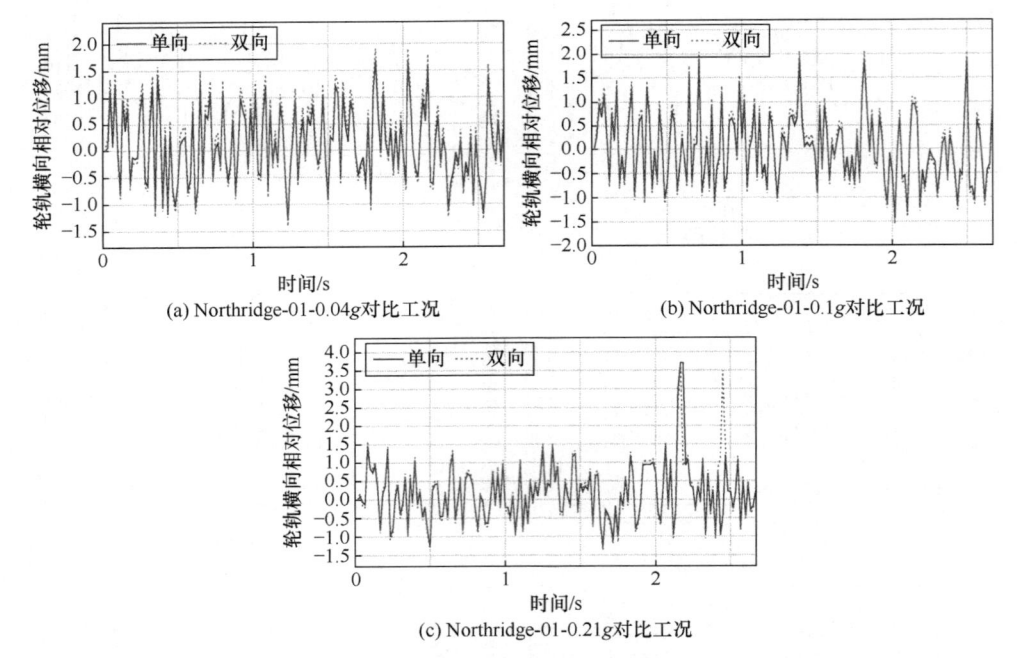

(c) Northridge-01-0.21g对比工况

图 2-38 单向和双向地震激励下轮轨横向相对位移随时间变化曲线

结果表明：对高速车-轨-桥模型施加实测地震激励，当车轮轮缘未爬上钢轨顶部时，轮轨横向相对位移峰值随着车速和地震激励加速度峰值的增加而增加；当车轮轮缘爬上钢轨顶部时，由于轨道对车轮不再有规则的法兰力，所以轮轨横向相对位移峰值的出现与列车运行速度和地震激励加速度峰值的关系不再明显；轮轨横向位移响应与地震激励的频谱特性紧密相关，地震激励的低频成分越丰富,轮轨横向位移的响应越剧烈。

当对高速车-轨-桥模型单独施加横向地震激励,以及同时施加横向和竖向两个方向的地震激励时,由两种工况下的轮轨横向位移响应对比结果可知,当地震激励加速度峰值较小,高速列车未发生爬轨行为时,轮轨横向位移响应主要受横向地震激励的影响;但当地震激励加速度峰值增加,高速列车发生爬轨行为时,竖向地震激励和横向地震激励的耦合作用会加剧轮轨横向位移响应,从而增大列车过桥运行时的脱轨风险。

## 2.6 本章小结

本章主要介绍了地震下高铁桥上行车模拟需考虑的四个重要指标:轨道不平顺、列车加速度、轮轨力、横向相对位移,以及采用的一系列高精度测量技术。

(1) 对于轨道不平顺,本章提出了一种基于梯度下降法的非滤波方法,从测得的弦参考值还原轨道不平顺。基于非对称弦参考法的基本理论建立数学模型,将轨道不平顺的恢复描述为一个未定线性系统的优化问题,并给出了一种基于梯度下降法的优化求解方法。

(2) 对于列车加速度的测量,通常在试验中采用光电测速装置,本章给出了模型轨-桥系统常规测点布置、高速摄像机测点布置以及模型列车测点布置。在试验中能较精确地测量列车加速度。

(3) 对于轮轨力的测量,从荷载反演的角度切入,引入神经网络作为反演手段,提出了两种基于嵌入物理信息的神经网络的高速列车轮轨力反演框架,并设计验证试验对两种方法的轮轨力反演结果进行反演精度对比,同时通过缩尺试验检验其泛化能力。

(4) 对于横向相对位移的测量,基于机器视觉和深度学习设计了一种基于关键点的高速列车轮轨横向位移视觉测量方法,实现了轮轨接触动态背景下的快速准确测量。同时,设计了缩尺试验,为进行地震下高速列车桥上行车轮轨横向位移响应研究提供了数据支撑,可进一步用于高速列车桥上行车安全性的评价。

### 参 考 文 献

[1] 刘汉云, 余志武, 国巍, 等. 地震作用下高速铁路桥上行车动态试验系统[J]. 中南大学学报(英文版), 2022, 29(8): 2485-2501.

[2] 国巍, 李君龙, 刘汉云. 强地震下高速铁路桥上行车精细化模拟及行车安全性分析[J]. 工程力学, 2018, 35(S1): 259-264, 277.

[3] Zeng C, Guo W, Liu H, et al. Gradient descent based reconstruction method of track irregularity in asymmetric chord-reference method[J]. Journal of Central South University, 2024, 31(1): 288-301.

[4] 陈文倩. 基于物理信息神经网络反演的高速列车轮轨力测量方法[D]. 长沙：中南大学, 2023.

[5] Zhang R Y, Liu Y, Sun H. Physics-informed multi-LSTM networks for metamodeling of nonlinear structures[J]. Computer Methods in Applied Mechanics and Engineering, 2020, 369: 113226.

[6] Ren P, Rao C P, Liu Y, et al. PhyCRNet: Physics-informed convolutional-recurrent network for solving spatiotemporal PDEs[J]. Computer Methods in Applied Mechanics and Engineering, 2022, 389: 114399.

[7] Rao C P, Sun H, Liu Y. Physics informed deep learning for computational elastodynamics without labeled data[J]. Journal of Engineering Mechanics, 2021, 147(8): 4021043.

[8] 罗金屯, 滕飞, 周亚波. 数据驱动的高速铁路轮轨作用力反演模型[J]. 南京大学学报(自然科学), 2021, 57(2): 299-308.

[9] 魏来. 高速列车相关运行安全性问题研究[D]. 成都：西南交通大学, 2016.

[10] 龚继军. 间接测量技术在轻轨车辆上的应用[D]. 成都：西南交通大学, 2016.

[11] Luo X, Miyamoto T. Method for running safety assessment of railway vehicles against structural vibration displacement during earthquakes[J]. Quarterly Report of RTRI, 2007, 48(3): 129-135.

[12] 杨桐. 基于图像处理的列车轮轨接触关系研究[D]. 兰州：兰州交通大学, 2020.

[13] 翟婉明, 陈果. 根据车轮抬升量评判车辆脱轨的方法与准则[J]. 铁道学报, 2001, 23(2):17-26.

[14] 钟莎.基于 Qt 的机车轮轨相对位移的图像检测系统设计[D].石家庄:石家庄铁道大学, 2016.

[15] 艾永军. 基于轮轨相对位移的列车脱轨监测算法研究[D]. 成都：西南交通大学, 2019.

[16] 唐建员. 地震下高速列车轮轨横向位移视觉测量及响应规律研究[D]. 长沙：中南大学, 2023.

[17] Newell A, Yang K Y, Deng J. Stacked Hourglass networks for human pose estimation[J]. Lecture Notes Computer Science, 2016, 9912: 483-499.

[18] Fang S, Yang L, Tang J, et al. Visual measurement of lateral relative displacement of wheel-rail of high-speed train under earthquake[J]. Engineering Structures, 2024, 305: 117736.

[19] 张涛, 杨小冈, 卢瑞涛, 等. 基于关键点的遥感图像舰船目标检测[J]. 系统工程与电子技术, 2022, 44(8): 2437-2447.

[20] 刘申尧. 髋关节影像关键点检测算法及其应用[D]. 长春：吉林大学, 2022.

[21] Law H, Deng J. Cornernet: Detecting objects as paired keypoints[J]. International Journal of Computer Vision, 2020, 128(3): 642-656.

[22] 余志武, 国巍, 刘汉云. 基于移动单元模型的地震作用下特大连续钢桁桥动力响应及行车安全研究[D]. 长沙：中南大学, 2019.

# 第 3 章　地震下高铁桥上行车试验系统有效性验证

## 3.1　概　　述

中国高铁发展迅速，多条高铁线路穿越高地震活动区，地震对高铁的安全构成潜在威胁。在地震期间高速列车通过桥梁的可能性很大，确保桥梁高速列车在地震激励下运行的安全十分重要[1,2]。

外部激励下的列车响应试验研究主要有三大类：振动台试验、滚振台试验、混合模拟[3,4]。

(1) 振动台试验在各种结构模型(或足尺结构)的抗震试验和重要设备的抗震性能考核中，可以很好地再现各种形式的地震波，模拟地震过程和人工施加地震波，把结构在振动作用下的反应和地震破坏机理从地震现场搬到实验室中进行，能缩短获取数据的周期，从而研究试验结构的动力特性以及抗震性能。

(2) 滚振台试验是以机车车辆为试验对象的，通过试验台模拟线路轨道状况，因此也称为轨道模拟器。它以不断滚动具有钢轨轨头型面的滚轮来代表轨道，并通过滚轮的竖向激振和横向激振来模拟轨道不平顺，可以模拟机车车辆线路运行情况的动态性能，也可以作为高铁、重载机车车辆研制的有效工具，进行与轮轨振动接触力学相关的最基础的探究方法。

(3) 混合模拟不需要在大规模的试验系统中实现完整结构的测试，将结构的某些部分(特别是难以进行精确数值模拟的)拿出来作为试验(物理)子结构，利用振动台对其进行加载，而结构余下部分作为分析(数值)子结构，在计算机中进行数值模拟。在测试过程中，通过与仿真模型的耦合来实现抗震测试以及研究的目标。

在中南大学振动台实验室建立了模拟高速列车在地震激励下通过桥梁的试验系统，即本书 1.4 节所述内容。该试验系统旨在再现高速车-轨-桥系统的动态过程，并进一步研究高速车-轨-桥系统的安全失效机制，验证试验系统能否反映和实现车-轨-桥系统在不同运行速度和不同地震激励下的实际动力特性和性能。作者团队对该试验系统进行了有效性论证，以下对关键问题进行一一阐述[5]。

(1) 动态试验配置。

作者团队利用缩尺理论设计了缩尺列车模型和桥梁模型,在中南大学振动台台阵系统的基础上搭建了高速列车桥上行车试验平台,基于该平台首次开展了地震作用下桥上行车试验,进行了多种不同地震工况的试验,采用激光扫描仪进行轨道不平顺检测,利用传感器和摄像机等测试设备进行数据采集,并基于实测的试验数据对仿真平台进行对比验证。

(2) 测试计划。

该部分阐述动态试验的一般流程,并对各步骤中涉及的计算、加载、测量进行详细叙述,以及对各种数值模型的类型和模型参数进行详细介绍。

(3) 有效性验证测试。

在振动台台阵系统上安装动态试验系统后,进行白噪声试验,进行车-轨-桥系统模型主要动态特性与理论模型的比较,并进行振动台台阵系统输出精度的评估。

## 3.2 测试计划

### 3.2.1 试验程序

动态试验的一般流程分为墩顶响应计算、振动台台阵系统加载、响应测量三个步骤,如图 3-1 所示。

1. 墩顶响应计算

简支桥桥墩在动态试验中无明确建模,振动台台阵系统产生的激励等效为墩顶加速度,而不是直接的地面运动。除了直接再现正弦信号的机理试验外,还需要提前计算振动台台阵系统的激励。因此,为了获得简支桥桥墩顶部的加速度响应,作者团队利用 OpenSees 软件建立了与原型 11 跨轨-桥模型相对应的数值模型,其中,考虑原型高度为 8m 的圆端实心桥墩[6],如图 3-1(a)所示。OpenSees 软件的数值模型仅用于生成桥墩顶部的地震加速度响应,将其时间步长按 $1/\sqrt{10}$ 的时间相似比进行伸缩,加速度幅值相似比保持为 1,采用弹性梁柱单元对桥墩和箱梁进行模拟,并离散为 16 个单元。球形钢支座采用零长度单元进行模拟。

2. 振动台台阵系统加载

将桥墩加速度响应输入到振动台台阵系统中,以均匀激励的方式产生桥墩响应,该响应可以在横向和竖向上再现。在产生的墩顶地震反应下,以规定速度运行的缩尺列车模型进行试验，如图 3-1(b)所示。

(a) 11跨轨-桥数值模型

(b) 振动台台阵系统激励加载方式

(c) 加速度传感器安装位置图

图 3-1　动态试验的一般流程

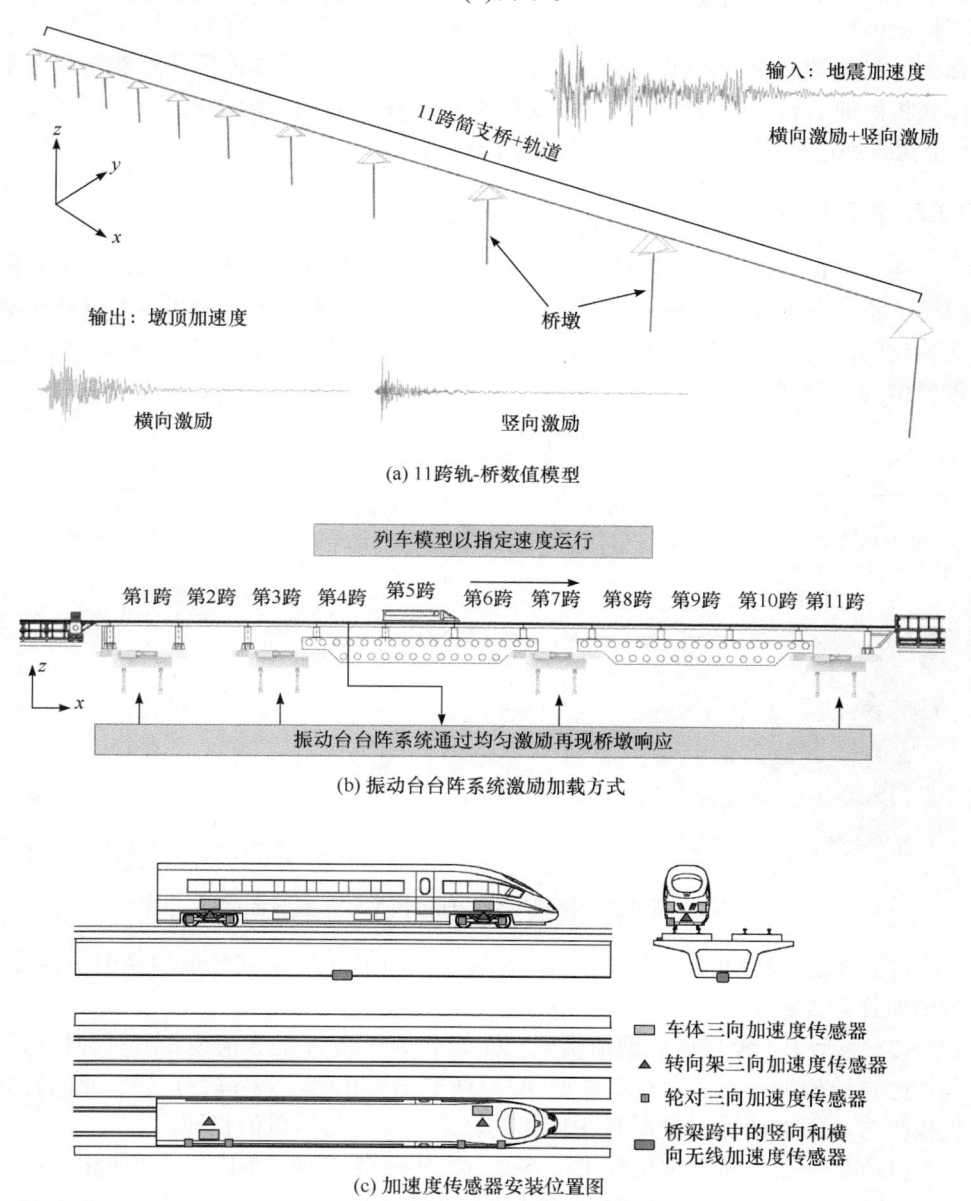

3. 响应测量

该部分重点研究列车模型和桥梁模型的加速度响应，如图 3-1(c)所示。在第

3~11 跨跨中的横向和竖向设置加速度传感器，采集在地震作用和列车荷载作用下桥梁模型的动力响应。为了测量运行列车的加速度响应，在缩尺列车模型上选择 8 个位置进行横向和纵向响应测量，具体地，2 个无线加速度传感器安装在车体底板的前后转向架位置，2 个无线加速度传感器安装在前后转向架的框架上，4 个无线加速度传感器安装在 4 个轮对的轴箱处。

### 3.2.2 数值模型建立

在实际振动台试验的基础上，同时进行了数值模拟，本试验中共采用了 4 种模型，进一步验证了数值建模技术反映缩尺车-轨-桥模型和原型车-轨-桥系统真实特性的能力。缩尺试验模型与原型理论模型的一般验证过程如图 3-2 所示。4 种模型的参数如下。

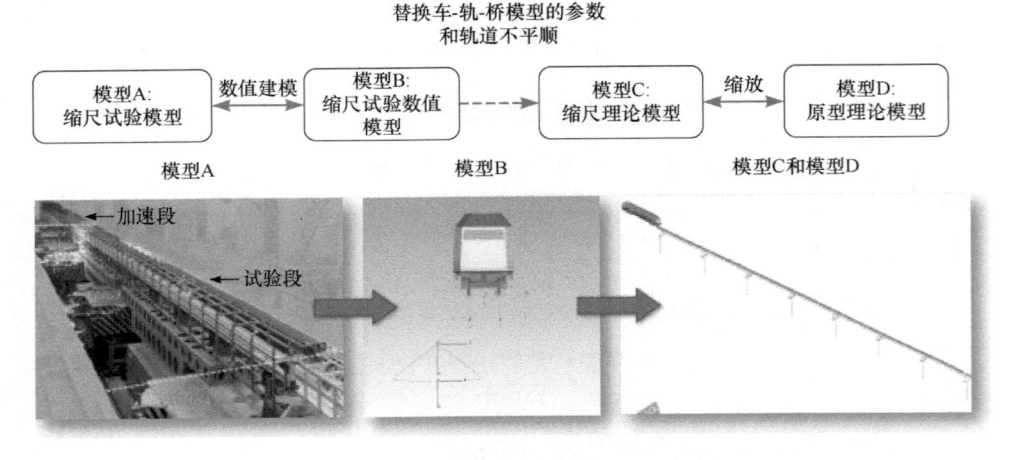

图 3-2 缩尺试验模型与原型理论模型的一般验证过程

（1）模型 A：缩尺试验模型。模型 A 是动态试验中的实际试验模型，在 1.4 节中有详细描述。

（2）模型 B：缩尺试验数值模型。模型 B 为模型 A 的数值模型，其建模参数与实际试验模型一致。通过将模型 A 与模型 B 的试验结果进行比较，来验证数值模拟方法的准确性。模型 B 中使用的轨道不平顺与测量值相同。

（3）模型 C：缩尺理论模型。模型 C 是模型 D 的缩小版，几何相似比为 1/10。模型 B 和模型 C 的建模方式相同，但模型 C 采用了不同的结构参数和从原型理论模型中获得的轨道不平顺。对于模型 C，将轨道不平顺视为外部激励，将列车视为线弹性系统，因此改变轨道不平顺和列车参数并不影响数值结果的准确性。

(4) 模型 D：原型理论模型。模型 D 是根据原型轨-桥系统建立的，模型 D 中使用的轨道不平顺是基于无砟轨道不平顺的功率谱密度生成的。

车-轨-桥交互系统仿真过程如图 3-3 所示。

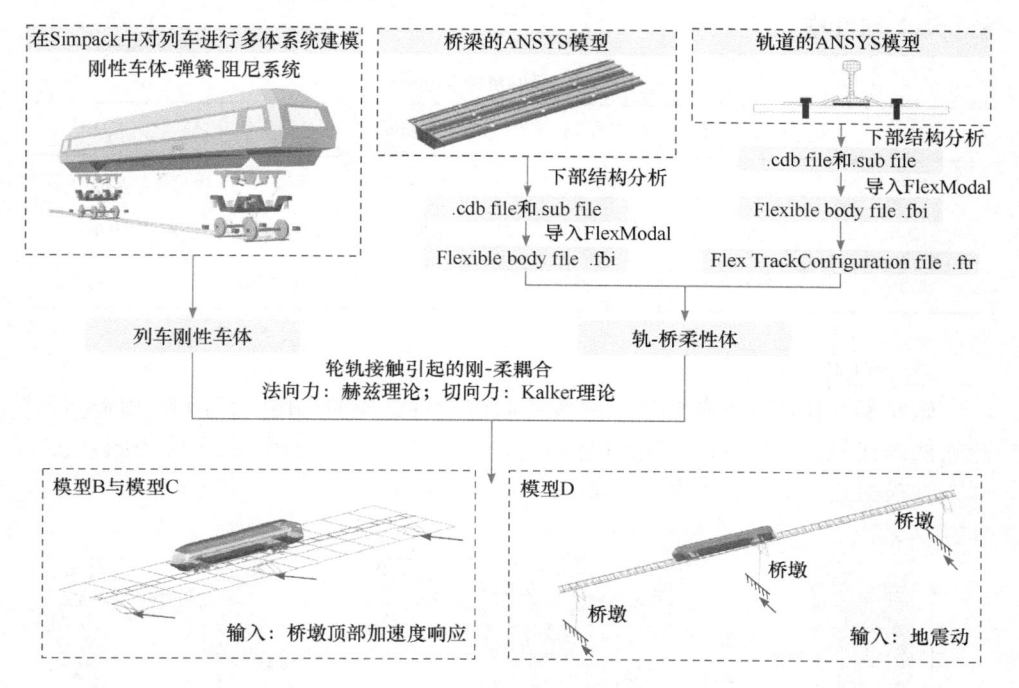

图 3-3 车-轨-桥交互系统仿真过程

1) 列车模型

该列车模型在 Simpack 软件中建立，由一个车体、两个转向架和四个轮对组成，采用阻尼和弹簧单元连接来模拟悬挂系统[7-9]。假设列车以匀速行驶，忽略沿列车运动方向的自由度。符号 $y$、$z$、$\phi$、$\theta$ 和 $\psi$ 分别表示横向运动、纵向运动、翻滚运动、俯仰运动和偏航运动。车体和每个转向架在 $y$、$z$、$\phi$、$\theta$ 和 $\psi$ 方向上各有 1 个自由度；每个轮对在 $y$、$z$、$\phi$ 和 $\psi$ 方向上各有 1 个自由度。因此，一列高速列车共有 31 个自由度。

2) 轨-桥结构

利用 ANSYS 软件建立了采用 CRTS II 型平板无砟轨道系统的多跨简支桥有限元模型[10-12]。采用空间梁单元对桥墩、箱梁和轨道板进行了有限元模拟。桥墩底部固定在地面上，本研究不考虑桩土相互作用。采用线性弹簧单元模拟支座。轨道为 CHN60 轨道，同样采用空间梁单元模拟。轨道与轨道板通过扣件连接，扣件采用弹簧-阻尼器单元进行模拟。由于高铁桥梁具有较大的侧向刚度，所以假设轨-桥结构在地震中始终保持弹性。轨-桥结构参数见表 3-1。将有限元模型的特定截面聚合为矩阵，其中.cdb 文件包含有限元模型的节点、单元和材料，.sub 文件包含质量和刚度数据，然后将这两个文件导入 Simpack 软件中。

表 3-1　轨-桥结构参数

| 构件 | 弹性模量/$10^{10}$Pa | 密度/($10^3$kg/m³) | 横截面积/m² | $I_{yy}$/m⁴ | $I_{zz}$/m⁴ |
| --- | --- | --- | --- | --- | --- |
| 桥墩 | 3.15 | 2.40 | 11.14 | 3.45 | 11.50 |
| 梁 | 4.40 | 2.72 | 8.34 | 69.28 | 9.00 |
| 轨道 | 21.0 | 7.85 | 7.74×10⁻³ | 3.22×10⁻⁵ | 6.24×10⁻⁶ |

3) 轮轨相互作用

轮轨相互作用在各模型耦合系统中起着至关重要的作用。采用赫兹理论计算轮轨法向接触力，Kalker 理论计算切向轮轨蠕变力，再使用 Shen-Hedrick-Elkins 非线性模型进行修正。数值模型示意图如图 3-4 所示[13-15]。

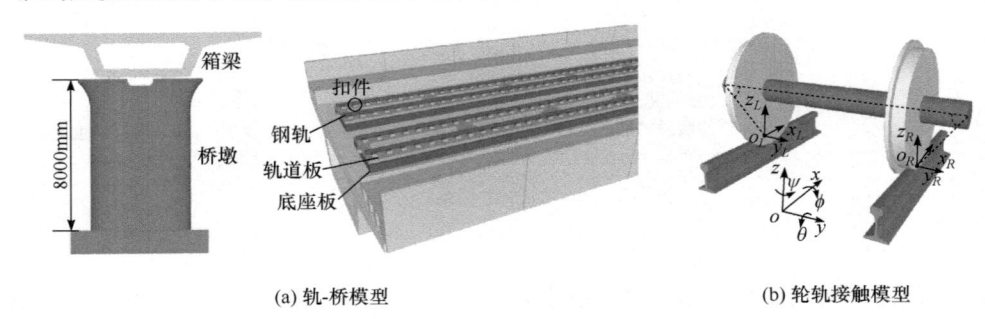

(a) 轨-桥模型　　(b) 轮轨接触模型

图 3-4　数值模型示意图

### 3.2.3　轨道不平顺获取

沿着试验段两个方向的实测剖面通过激光扫描仪在竖向和横向测量缩尺轨-桥模型的轨道不平顺，结果如图 3-5(a)和图 3-5(c)所示。这些 1mm 振幅的轨道不平顺是由模型制造和装配误差引起的。图 3-5(b)和图 3-5(d)显示了两个方向上测量剖面的功率谱密度，竖向截面的峰值为 3.25m，对应于一根缩尺简支梁的长度；横向截面的峰值为 1.55m，对应于一根缩尺轨道系统底板的 2 倍长度。

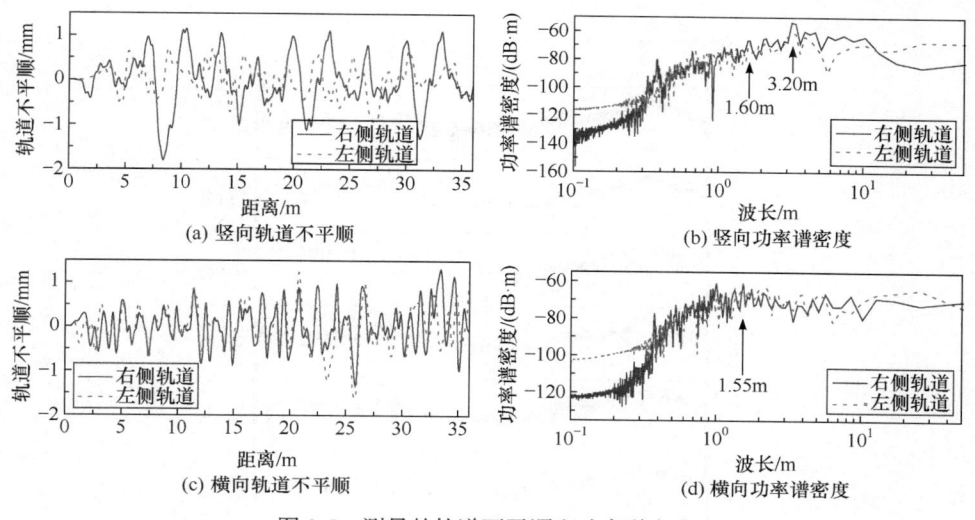

图 3-5　测量的轨道不平顺和功率谱密度

## 3.3　行车试验系统有效性验证

### 3.3.1　模态参数辨识

在振动台台阵系统上安装试验系统后，进行白噪声试验，验证车-轨-桥系统模型的动力特性。不考虑沿桥的纵向响应，在竖向和横向上分别进行白噪声试验，得到缩尺轨-桥模型和缩尺列车模型的动力特性，并与数值模型进行比较。

1. 缩尺轨-桥模型

在桥梁 1/4 跨度处安装额外的加速度传感器，以识别固有频率。该识别基于对加速度响应的快速傅里叶变换分析，识别出加速度响应的傅里叶谱中的峰值幅值为固有频率。白噪声作用下缩尺轨-桥模型响应的傅里叶频谱如图 3-6 所示，在竖向上，从第 3 跨到第 11 跨观测到第一个峰值为 32.53Hz，第二个峰值为 131.80Hz，这分别表示缩尺轨-桥模型的一阶弯曲模态和二阶弯曲模态。白噪声试验中未观察到横向弯曲模态。

不同模态间轨-桥模型固有频率的比较如表 3-2 所示。模型 A 与模型 B 固有频率的相对误差小于 5%，这说明数值模型的建模方法能够准确表征试验模型的动态特性。模型 B 的固有频率比模型 C 的固有频率大 30%左右，这可能是由附加质量不足引起的。结果表明，轨-桥试验模型的固有频率大于理论模型的设计值。

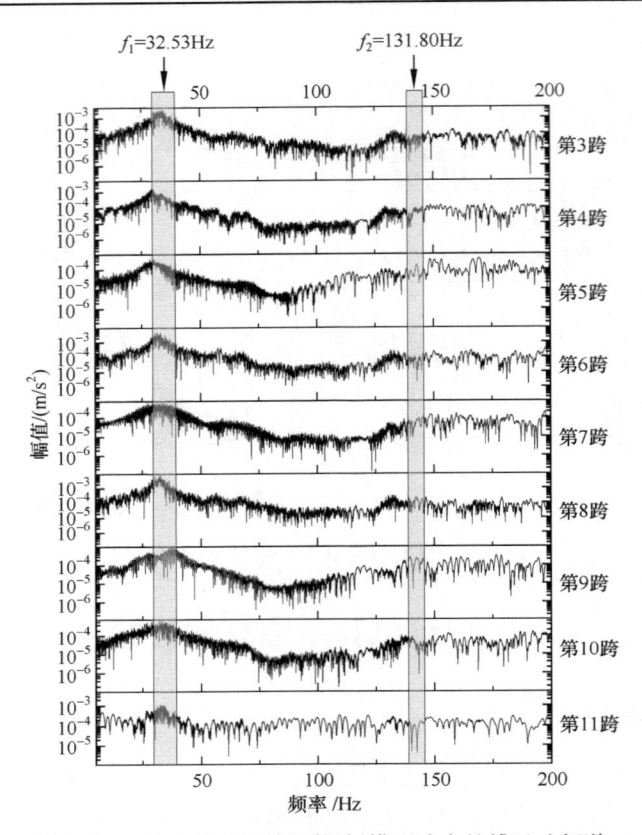

图 3-6 白噪声作用下缩尺轨-桥模型响应的傅里叶频谱

表 3-2 不同模态间轨-桥模型固有频率的比较 （单位：Hz）

| 模态 | 模型 | | | |
| --- | --- | --- | --- | --- |
| | A | B | C | D |
| 横向一阶 | 32.53 | 32.69 | 21.16 | 6.69 |
| 竖向一阶 | 131.80 | 132.89 | 74.72 | 23.12 |

2. 缩尺列车模型

采用脉冲激励进行缩尺列车模型的模态识别，在 3.2.1 节响应测量中所述位置布置加速度传感器，如图 3-7(a)所示，用以获取缩尺列车模型的模态参数[16]。利用特征系统实现算法对自由衰减响应进行模态识别。前三种确定的模态构型以及相应的固有频率 $f_i$ 和阻尼比 $\xi_i$ 如图 3-7(b)~图 3-7(d)所示。缩尺列车模型的模态主要与车体运动有关，包括滚动模态、沉浮模态和俯仰模态。

第 3 章 地震下高铁桥上行车试验系统有效性验证

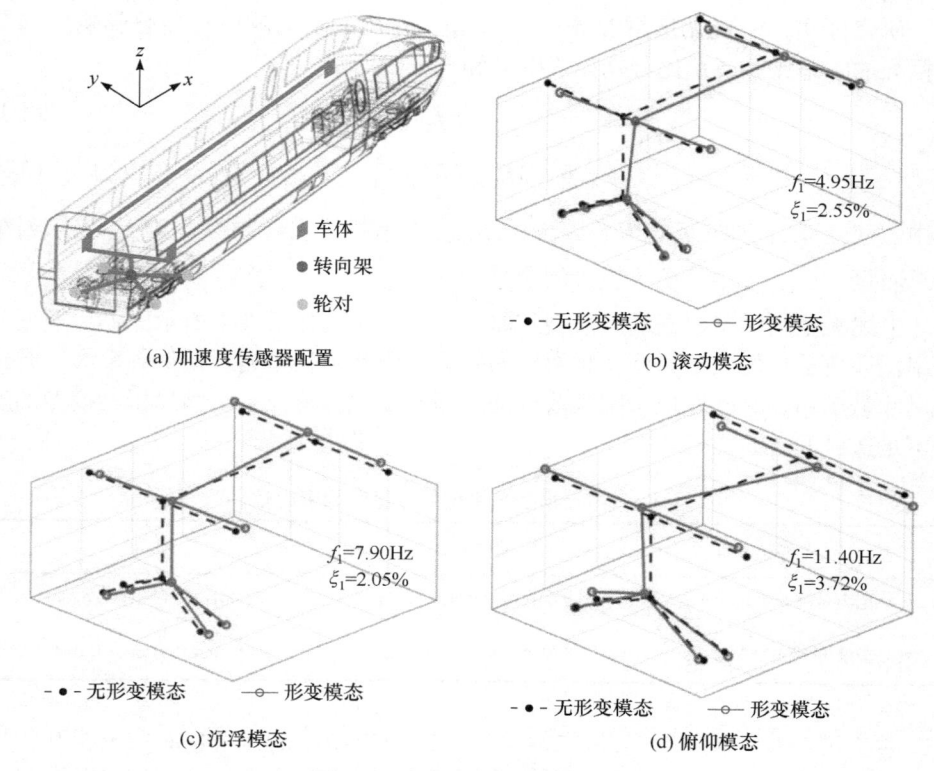

(a) 加速度传感器配置
车体
转向架
轮对

(b) 滚动模态
$f_1$=4.95Hz
$\xi_1$=2.55%
-●- 无形变模态　-○- 形变模态

(c) 沉浮模态
$f_1$=7.90Hz
$\xi_1$=2.05%
-●- 无形变模态　-○- 形变模态

(d) 俯仰模态
$f_1$=11.40Hz
$\xi_1$=3.72%
-●- 无形变模态　-○- 形变模态

图 3-7　缩尺列车模型模态识别

不同模态间列车模型固有频率的比较如表 3-3 所示。模型 A 和模型 B 的固有频率基本一致，相对误差小于 4%，验证了缩尺列车模型建模方法的正确性。但模型 B 的固有频率仍然大于模型 C 的固有频率，原因是 1/10 比例的缩尺列车模型很难精确制作，特别是缩放后的悬架弹簧尺寸很小。

表 3-3　不同模态间列车模型固有频率的比较　　　　（单位：Hz）

| 模态 | A | B | C | D |
| --- | --- | --- | --- | --- |
| 一阶滚动模态 | 4.95 | 4.94 | 1.42 | 0.45 |
| 沉浮模态 | 7.90 | 7.94 | 1.90 | 0.60 |
| 俯仰模态 | 11.40 | 11.36 | 2.47 | 0.78 |
| 二阶滚动模态 | 13.91 | 13.40 | 2.72 | 0.87 |
| 摇摆模态 | 14.98 | 14.67 | 6.16 | 1.93 |

研究证实，一些无量纲参数对车-桥相互作用的动力响应有显著影响。列车与桥梁的频率比和质量比分别如式(3-1)和式(3-2)所示。

$$\gamma = f_{\text{train}} / f_{\text{bridge}} \tag{3-1}$$

$$\mu = M_{\text{train}} / M_{\text{bridge}} \tag{3-2}$$

其中，$f_{\text{train}}$ 表示列车竖向模态频率；$f_{\text{bridge}}$ 表示桥梁主弯频率；$M_{\text{train}}$ 表示列车的总质量；$M_{\text{bridge}}$ 表示桥梁主梁的质量。

上述无量纲因素根据缩尺模型和原型计算，对比如表3-4所示。缩尺模型的频率比和质量比均大于原型。频率比的差异主要是由列车缩尺模型频率大，制造小尺寸悬架弹簧时刚度控制困难造成的。而质量比的差异是由缩尺桥梁模型的质量不足造成的。

表3-4 缩尺模型与原型的无量纲因素比较

| 名称 | 缩尺模型 | 原型 |
| --- | --- | --- |
| 列车沉浮/桥梁弯曲频率比 $\gamma$ | 7.90Hz / 32.53Hz = 0.24 | 1.90Hz / 21.16Hz = 0.090 |
| 列车质量/桥梁主梁质量比 $\mu$ | 280kg / 964.56kg = 0.29 | 56.06t / 881.60t = 0.064 |

为了进一步明确频率比和质量比对考虑地震激励的车-轨-桥系统相互作用(train-track-bridge interaction，TTBI)响应的影响，基于模型D进行了参数分析。首先，在保持质量不变的情况下，修改悬架刚度，改变列车的沉浮频率，得到频率比 $\gamma$ 为 0.05~0.25。不同频率比下的峰值响应与原型的峰值响应比如图3-8(a)所示。随着频率比 $\gamma$ 的增大，桥梁跨中加速度响应逐渐减小，而列车加速度响应显著增大。这表明，随着频率比 $\gamma$ 的增大，运动列车对桥梁的调谐效应更加明显，轮轨力的振幅基本上保持不变。其次，对列车质量进行修正，使质量比 $\mu$ 在0.05~0.30范围内变化，同时对悬架刚度进行相应调整，使频率比 $\gamma$ 保持

(a) 峰值响应比与频率比的关系

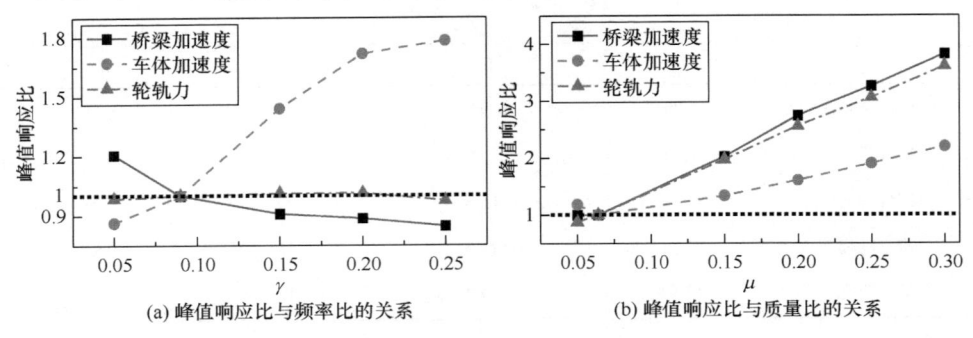

(b) 峰值响应比与质量比的关系

图3-8 峰值响应比与频率比和质量比的关系

在 0.09。从图 3-8(b)可以看出，TTBI 响应随质量比 $\mu$ 的增加而线性增加，这是因为大的质量比 $\mu$ 会引起更大的动态响应，从而增加车-轨-桥耦合响应中各分量的幅值。结果表明，频率比 $\gamma$ 和质量比 $\mu$ 较大的缩尺模型的 TTBI 效应比原型更明显，响应幅值更大。总体而言，尽管不可避免制造误差导致缩尺模型与原型之间的频率比和质量比存在差异，但仍然可以利用缩尺模型研究 TTBI 的基本影响模式和机理。

### 3.3.2 验证试验方案

从 PEER 地震运动数据库选择正弦波、不同场地类别和不同近断层脉冲类型的地震动及双向地震动来验证动态试验的有效性，将所有地震动输入到 OpenSees 建立的 11 跨轨-桥原型中，生成桥墩顶部响应[17]。将水平地震动的峰值地面加速度(peak ground acceleration，PGA)调整为 0.10$g$，缩尺列车模型在缩尺桥梁模型上运行的速度分别设置为 8.784m/s、13.176m/s 和 15.811m/s，分别对应于原型车速 100km/h、150km/h 和 180km/h。表 3-5 给出了基于动态试验的所有验证测试工况。

表 3-5 基于动态试验的所有验证测试工况

| 序号 | 地震激励 | 原型车速/(km/h) | 缩尺列车模型速度/(m/s) |
| --- | --- | --- | --- |
| E1 | 无激励 | 100 | 8.784 |
| E2 | 无激励 | 150 | 13.176 |
| E3 | 无激励 | 180 | 15.811 |
| E4 | 3Hz | 100 | 8.784 |
| E5 | 5Hz | 150 | 13.176 |
| E6 | 8Hz | 150 | 13.176 |
| E7 | 10Hz | 150 | 13.176 |
| E8 | 15Hz | 150 | 13.176 |
| E9 | RSN10 | 100 | 8.784 |
| E10 | RSN10 | 150 | 13.176 |
| E11 | RSN10 | 180 | 15.811 |
| E12 | RSN1044 | 100 | 8.784 |
| E13 | RSN1044 | 150 | 13.176 |
| E14 | RSN1044 | 180 | 15.811 |
| E15 | RSN738 | 100 | 8.784 |
| E16 | RSN738 | 150 | 13.176 |
| E17 | RSN738 | 180 | 15.811 |

所有试验均采用均匀激励实现四个振动台的同步加载，加速度是振动台的输出目标。计算每对振动台之间输出加速度的平均相关系数，采用皮尔逊相关系数量化两个序列之间的关系，1 表示完全正相关，0 表示不相关，−1 表示完全负相关。由表 3-6 可知，皮尔逊相关系数均大于 0.9，说明 4 个振动台的加速度输出具有较强的正相关性。以图 3-9(a)和图 3-9(b)为例，分别给出了 4 个振动台的加速度时程和相应频谱。

表 3-6  振动台台阵系统加速度输出的相关性分析

| 振动台 1 和 2 | 振动台 1 和 3 | 振动台 2 和 3 | 振动台 1 和 4 | 振动台 4 和 4 | 振动台 3 和 4 |
| --- | --- | --- | --- | --- | --- |
| 0.951 | 0.965 | 0.941 | 0.982 | 0.949 | 0.956 |

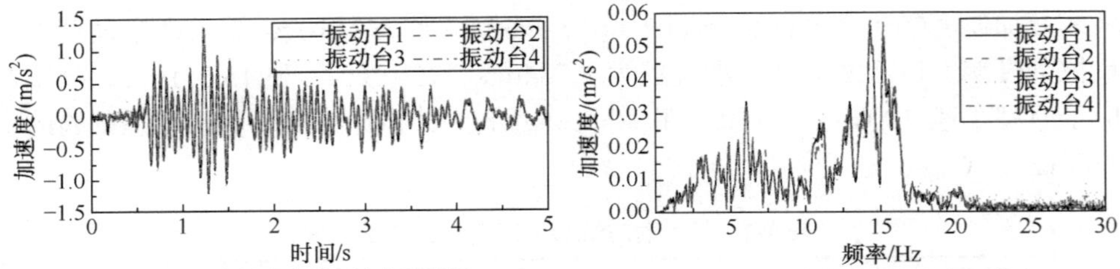

(a) 4 个振动台的加速度时程图

(b) 4 个振动台的加速度频谱图

图 3-9  4 个振动台的加速度时程和相应频谱

### 3.3.3 缩尺试验模型与缩尺试验数值模型的系统响应比较

**1. 无激励情况**

在无外部激励下运行列车的加速度响应(E1～E3 用例)如图 3-10 和图 3-11 所示。

数值和试验结果的列车横向加速度如图 3-10(a)～图 3-10(c)所示，可以看出，三种不同加速度下的试验和数值结果中一阶滚动模态为 4.40Hz 左右，随着运行速度的增加，频率峰值(8.07Hz、12.10Hz、14.76Hz)不断向高频方向变化，其他试验中的频率峰值与数值模拟按理论公式计算的结果仍然一致。

数值和试验结果的列车横向加速度连续小波分析如图 3-11(b)～图 3-11(d)所示。如图 3-11(b)的数值结果所示，三种主要波长诱导的频率响应在 24m 附近，可以观测到 4.39Hz 的显著响应(波长为 2.00m)，与 1.088m 波长的分布截面相匹配。在更高的速度下也可以观察到类似的结果，波长 1.088m 诱导的频率响应都是显著的，同时随着运行速度的增加，波长 1.088m 对应频率的幅值越来越大，这表明，随着运行速度的增加，高频响应所占比例逐渐增大。数值和试验结果的频率响应在时域上基本一致，两种模型匹配良好。

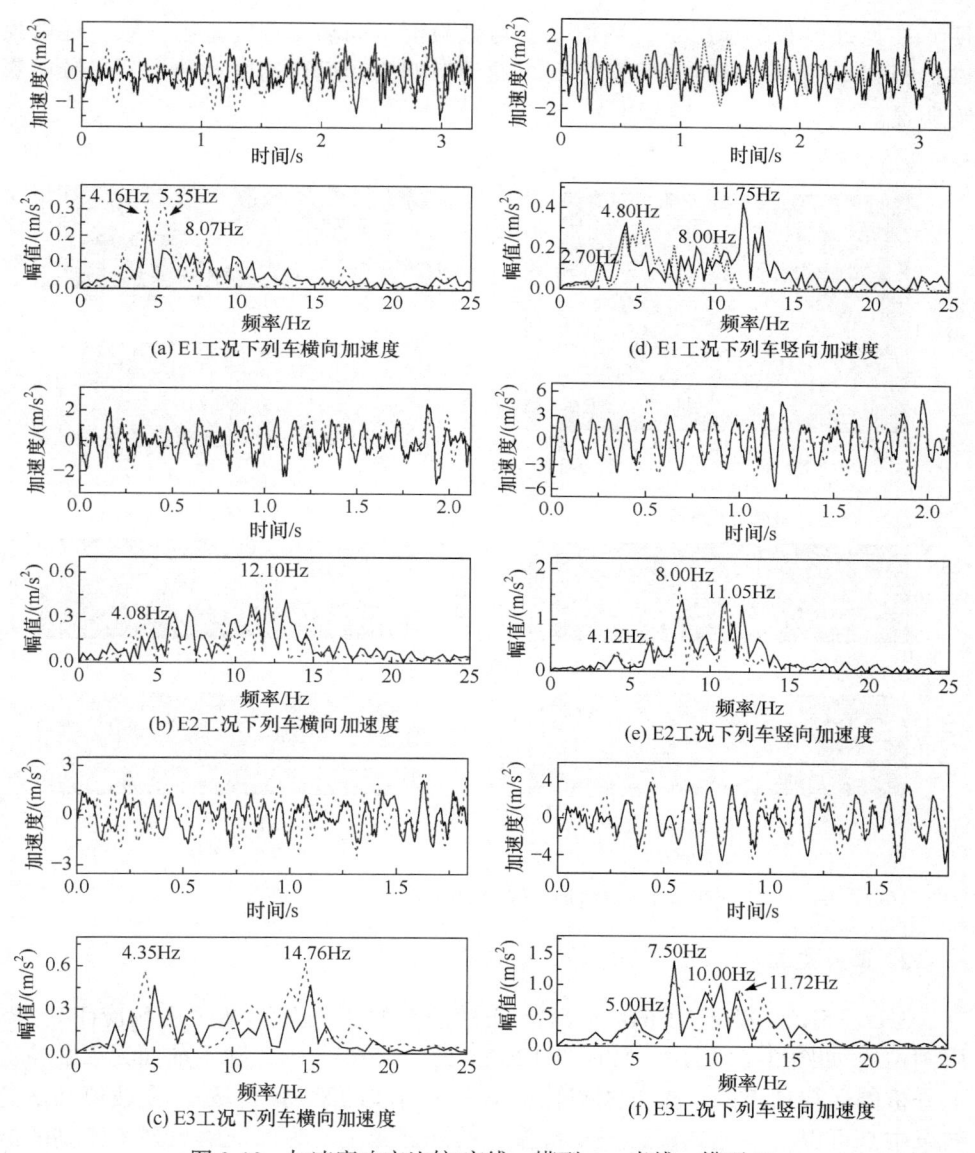

第 3 章 地震下高铁桥上行车试验系统有效性验证

图 3-10 加速度响应比较(实线：模型 A，虚线：模型 B)

对于竖向加速度，在所有三种不同的加速度下，数值和测试结果都能观察到沉浮模态(约 8Hz)和俯仰模态(约 11.50Hz)，如图 3-10(d)～图 3-10(f)所示。图中，轨道不平顺对竖向加速度响应的影响也可以观察到。总体而言，数值模型和试验模型的频率响应在横向和竖向上都吻合得较好，数值模型和试验模型都能有效反映运行列车的主要振动特性和轨道不平顺结构的激励频率。这些结果表明，在无外界激励情况下，数值模型与试验模型的动态响应基本一致，能够反映运行列车的动态特性，且运行列车的动态响应受运行速度和轨道不平顺的影响明显。

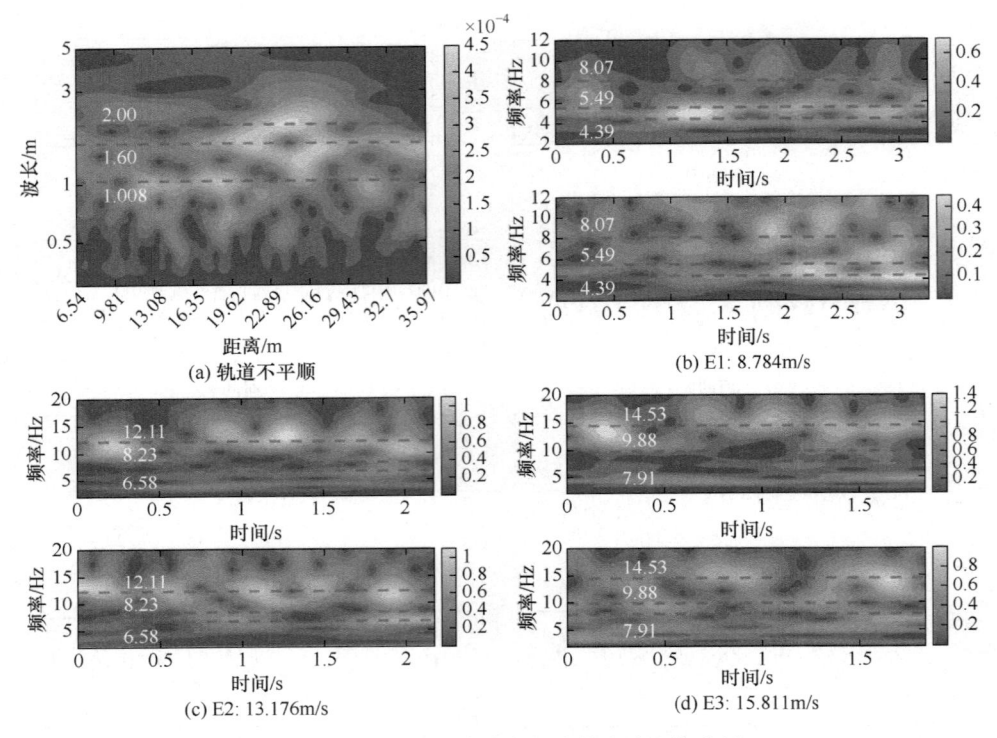

图 3-11 横向加速度响应的连续小波变换分析

**2. 正弦波激励情况**

3Hz、5Hz、8Hz、10Hz、15Hz 正弦波激励下的列车加速度响应(E4~E8 用例)结果如图 3-12 所示。如图 3-12(a)~图 3-12(e)所示，除了前面无激励情况下分析的运行列车的自振方式和轨道不平顺引起的激励频率外，在数值和试验结果中都可以清楚地观察到振动台输入的外部激励。为保证缩尺列车模型的试验安全，以相对较慢的速度 8.784m/s 进行了 3Hz 正弦波 E4 工况的试验，如图 3-12(f)所示。由图 3-12(f)可知，试验结果的竖向响应与横向响应基本一致，可以观察到 3.00Hz 的峰值，而在数值结果中没有观察到相应的峰值，这表明，在低频激励下，由连接和装配误差引起的列车模型竖向振动和横向振动存在耦合。

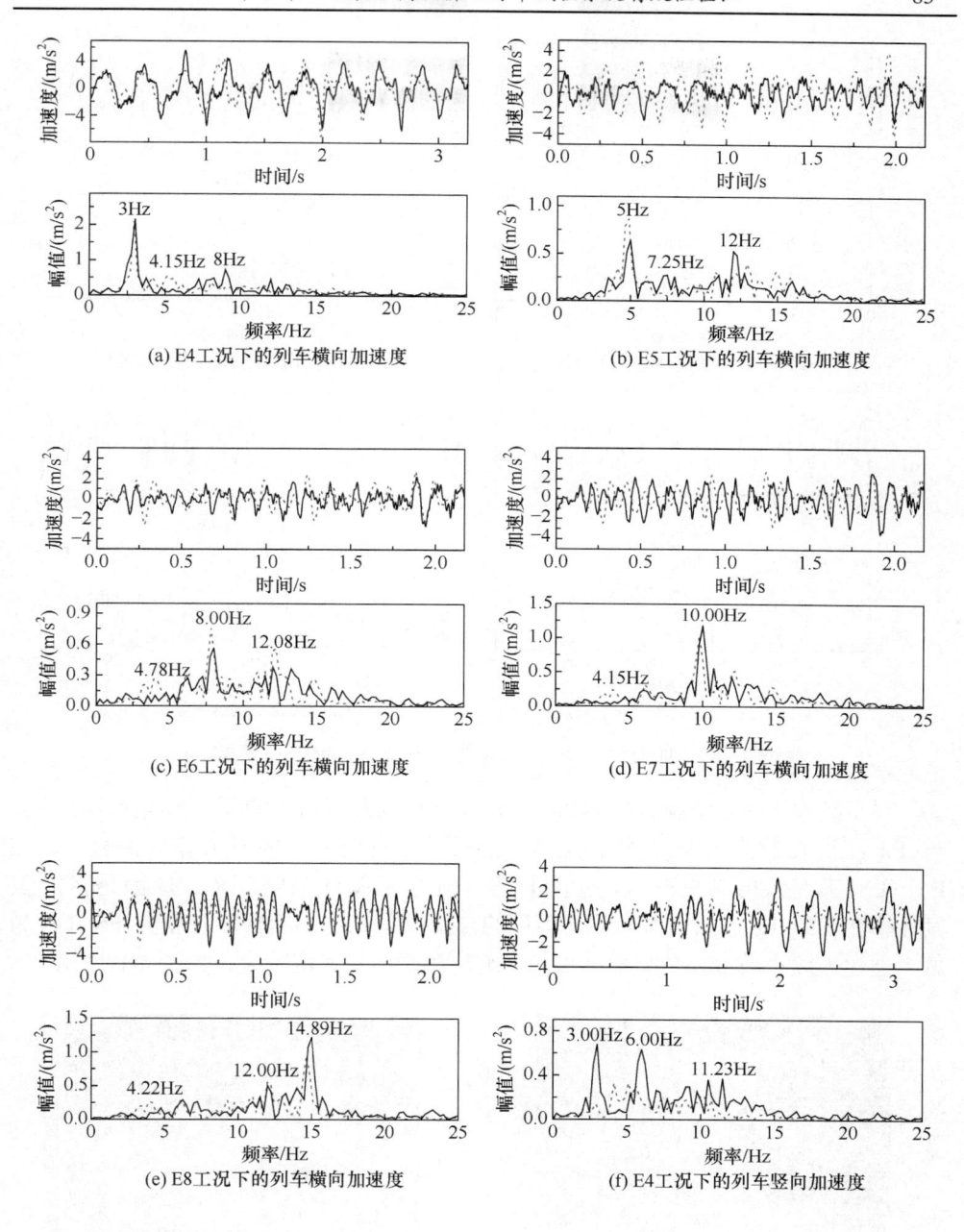

第3章 地震下高铁桥上行车试验系统有效性验证

(a) E4工况下的列车横向加速度

(b) E5工况下的列车横向加速度

(c) E6工况下的列车横向加速度

(d) E7工况下的列车横向加速度

(e) E8工况下的列车横向加速度

(f) E4工况下的列车竖向加速度

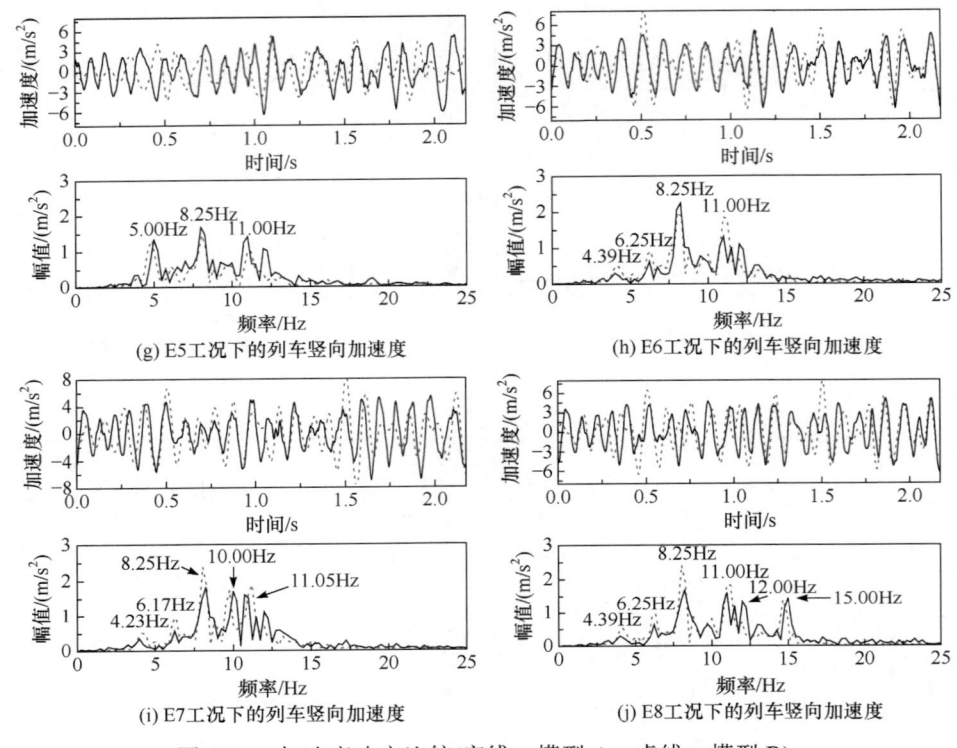

图 3-12　加速度响应比较(实线：模型 A，虚线：模型 B)

对于其他正弦波情况，数值和试验结果在横向和竖向上的频率响应基本一致。与 E4 工况在数值结果的竖向上没有观测到与横向激励对应的频率峰值相反，在 E5~E8 工况数值结果的竖向上可以发现显著的横向激励频率，原因是横向激励频率在 E5~E8 工况与缩尺列车模型的自振频率一致。以 5Hz 正弦波 E5 工况为例，通过连续小波变换分析横向加速度响应和竖向加速度响应，如图 3-13 所示。

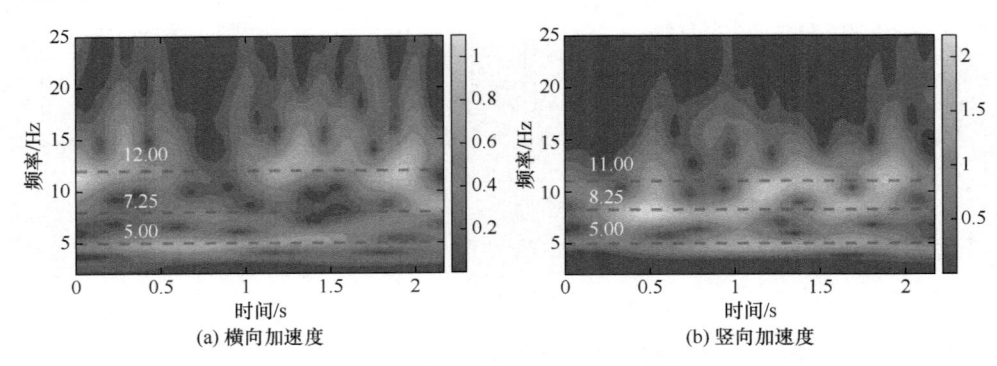

图 3-13　E5 工况数值结果加速度响应的连续小波变换分析

5Hz 分量的时域分布在横向和竖向上基本一致,进一步证明在接近运行列车主频率的外部激励下,两个方向上存在响应耦合。结果表明:在正弦波激励下,数值模型与试验模型的动态响应具有较好的一致性,当外部激励接近列车的固有频率时,在列车响应中观察到显著的激励频率成分。

3. 地震激励情况

振动台台阵系统加载的地震激励为 11 跨轨-桥系统的墩顶响应,原型墩高为 8m。本研究考虑的原型桥墩横向主频率约为 4.74Hz,相应的比例频率值约为 15Hz[18-20]。结果表明,利用桥墩模型对振动台台阵系统的地震激励输出进行滤波,除桥墩的主频外,还存在保留的地震动频率分量。本节选取三种不同频率分布的地震激励,RSN10 的主频为 15Hz 左右,RSN1044 除了主频在 15Hz 左右外,还具有 3~12Hz 的广泛频率成分,RSN738 的低频成分明显低于 5Hz。

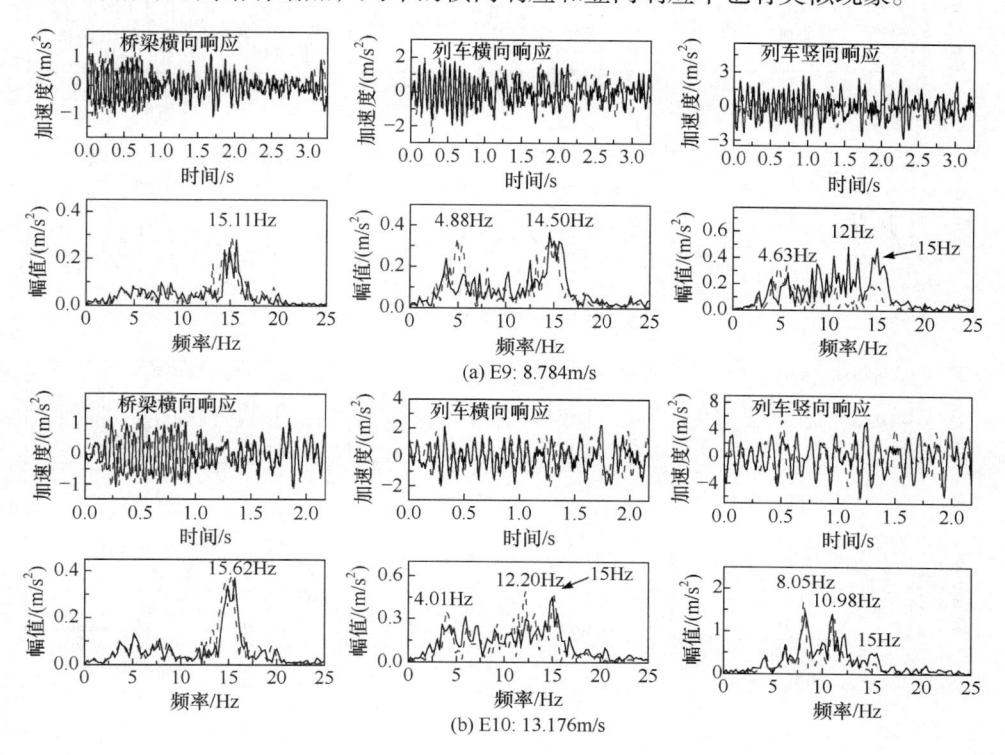

RSN10 在不同速度下的缩尺车-桥模型的加速度响应如图 3-14 所示。除了在 3.3.3 节无激励情况下观察到的响应频率外,在主频率为 15Hz 时也可以观察到幅值的显著增大,这是因为 RSN10 的主频为 15Hz,其他频率的振幅最小。在横向桥梁加速度响应中,随着运行速度的增加,有效激励持续时间缩短,导致主频 15Hz 的相对比例略有增加,列车的横向响应和竖向响应中也有类似现象。

(a) E9: 8.784m/s

(b) E10: 13.176m/s

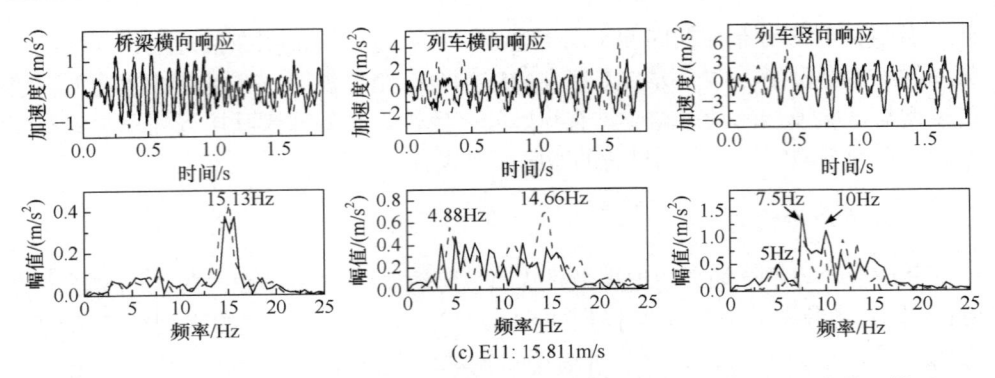

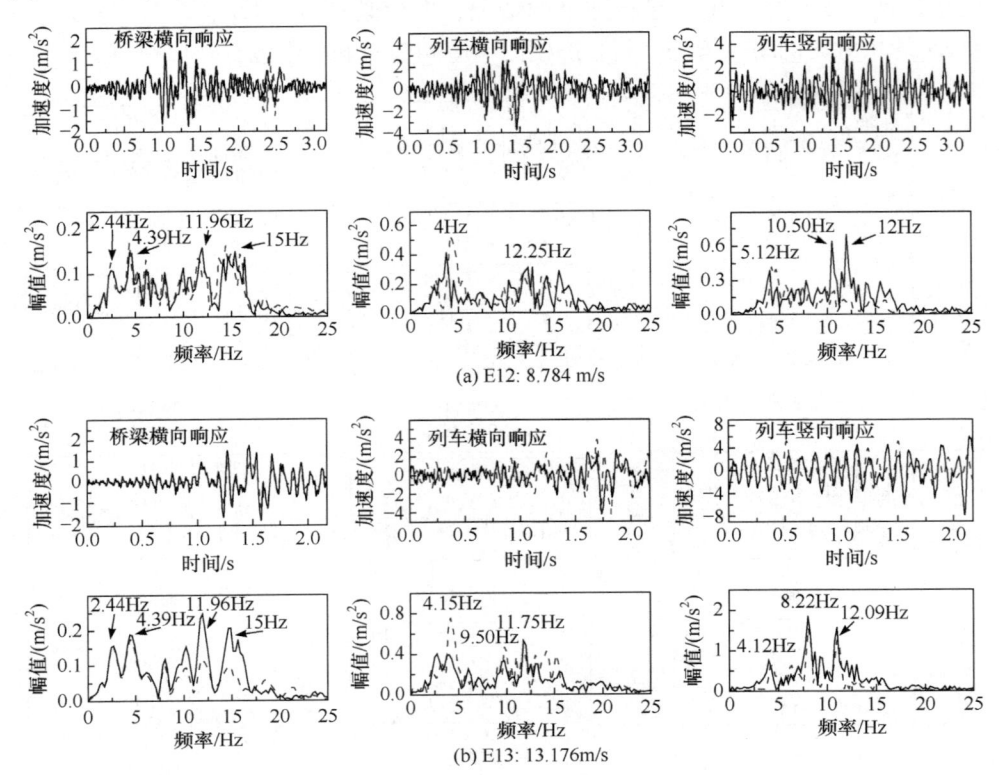

图 3-14 RSN10 在不同速度下的缩尺车-桥模型加速度响应(实线：模型 A，虚线：模型 B)

RSN1044 在不同速度下的缩尺车-桥模型加速度响应如图 3-15 所示。RSN1044 表现出更宽的激励频率范围，在 2.44Hz、4.39Hz、11.96Hz 和 15Hz 处观察到明显的峰值。由图 3-15(a)可知，列车横向响应主要有两个频率。第一主频为 4Hz，接近车体一阶滚动频率和桥梁二阶横向激励频率 4.39Hz。第二主频为 12.25Hz，接近桥梁二阶横向激励频率 11.96Hz，也接近横向轨道不平顺的激

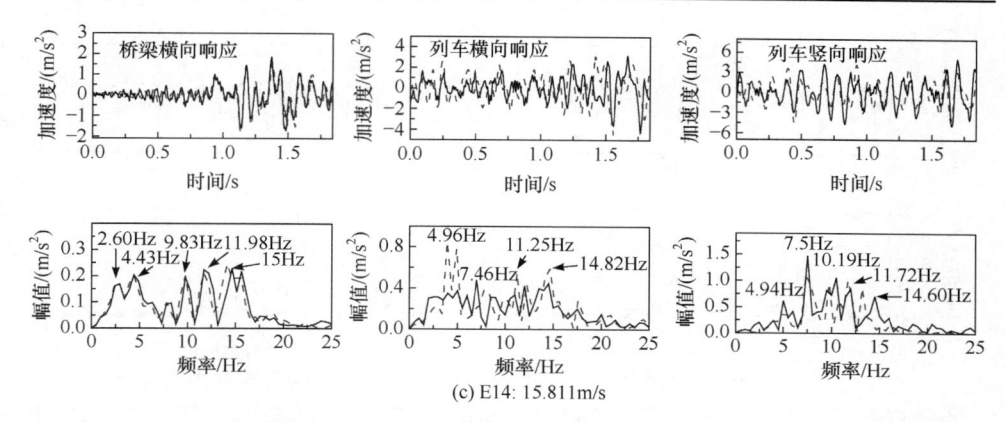

图 3-15 RSN1044 在不同速度下的缩尺车-桥模型加速度响应(实线：模型 A，虚线：模型 B)

励频率。如图 3-15(c)所示，与未加激励的响应相比，相应频率处的幅值均增大，说明当外部激励频率与列车自振频率和运行过程中轨道不平顺引起的激励频率一致时，相应频率处的响应会有明显增大。列车在高速运行时，在相应低频分量的地震激励下，车体处于较低的振动水平。三种不同速度下的列车竖向响应与无激励情况基本一致，只是在 15Hz 处频率响应略有增加。

综上所述，无论是实测结果(模型 A)还是仿真结果(模型 B)，桥梁模型和列车模型的加速度时程曲线都表现出良好的一致性，在主频响应方面也有很好的一致性。缩尺试验模型和缩尺试验数值模型的良好一致性也表明，本节所采用的缩尺车-轨-桥试验建模技术能够较好地再现列车在桥梁运行时的动力响应。

### 3.3.4 缩尺理论模型与原型理论模型的系统响应比较

缩尺理论模型和原型理论模型分别代表车-轨-桥系统的比例理论模型和原型理论模型，以评估数值模拟技术准确表征原型车-轨-桥系统实际特性的能力。3.2.2 节所述的建模技术适用于按比例的车-轨-桥动态试验仿真。此外，缩尺试验模型与缩尺试验数值模型的良好一致性也支持了轮轨接触关系的适用性，可以在相互作用分析中较好地再现列车模型与桥梁模型之间力的传递。

缩尺理论模型和原型理论模型的模拟步骤与 3.2.2 节相同。缩尺试验数值模型、缩尺理论模型、原型理论模型采用的轮轨接触结构相同，而列车模型和桥梁模型采用了不同的参数。缩尺理论模型和原型理论模型的动态特性是一致的，以 RSN10 激励和 RSN1044 激励为例，列车加速度和轮轨力时程响应如图 3-16 和图 3-17 所示。由图可知，响应结果的总体趋势是一致的，时程响应图上的每个峰值点对应较好，两种模型的频谱吻合。综合说明，缩尺模型可以有效反映原型模型的动态响应。

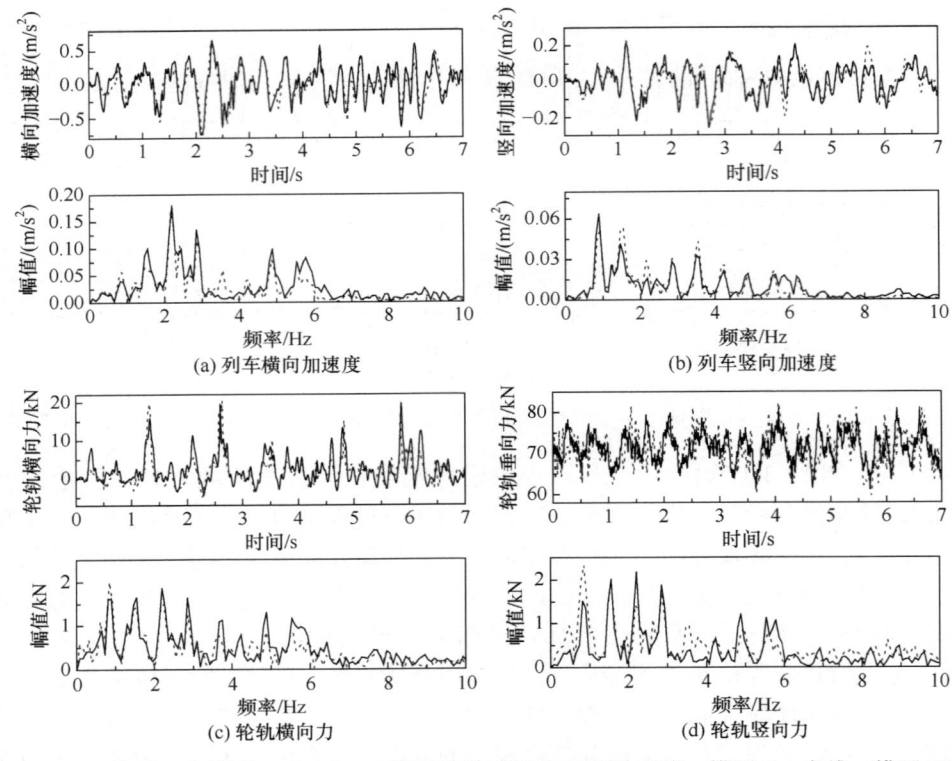

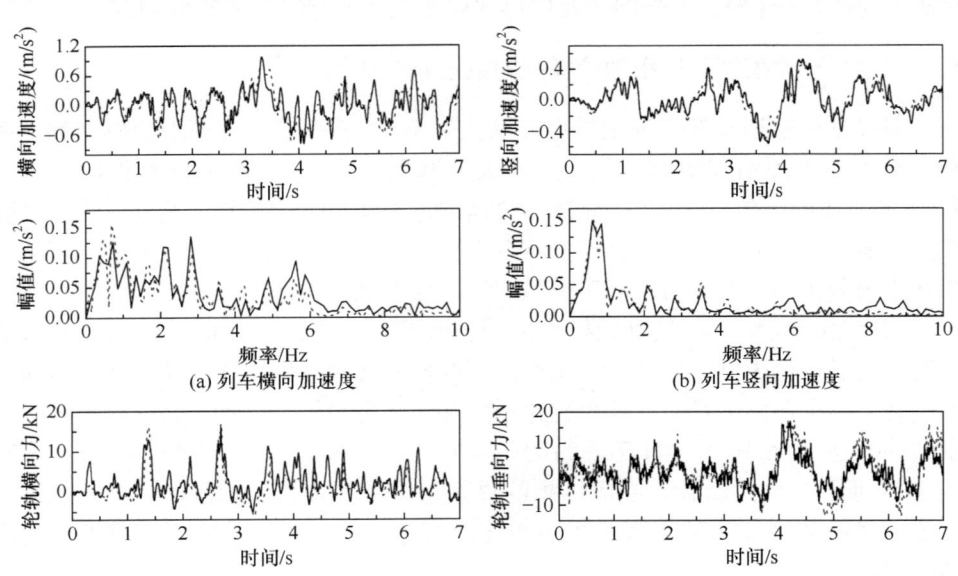

图 3-16 模型 C 和模型 D 在 RSN10 激励下的动态响应比较(虚线：模型 C，实线：模型 D)

(c) 轮轨横向力　　　　　　　　　(d) 轮轨竖向力

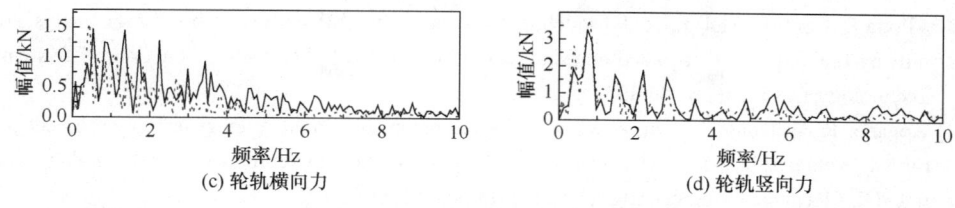

图 3-17　RSN1044 激励下的动态响应比较(虚线：模型 C，实线：模型 D)

## 3.4　本章小结

本章提出了地震下行车试验系统测试试验的方法，详细阐述了地震下行车动态试验组成和设计方法，提出了有效性验证的测试计划，并通过振动台试验和数值仿真对比试验验证模型的准确性。研究结论如下：

(1) 本章提出的地震下行车动态试验由列车模型、列车加速试验段、11 跨比例简支桥试验段、列车减速试验段和振动台台阵系统等部分组成，能够实现车-轨-桥系统在不同运行速度和不同地震激励下的实际动力特性及性能模拟，通过数值仿真对比实现行车试验系统的有效性验证。

(2) 本章提出动态试验的一般试验流程分为墩顶响应计算、振动台台阵系统加载、响应测量三个步骤，给出了各步骤中计算、加载、测量的对象和方法，根据试验需求建立缩尺试验模型、缩尺试验数值模型、缩尺理论模型、原型理论模型，验证数值建模技术反映缩尺模型和原型车-轨-桥系统真实特性的能力。

(3) 对缩尺的车-轨-桥系统进行了模态参数识别，并进行额外的数值分析验证来反映原型车-轨-桥系统的实际动态特性和性能，给出了具体的验证方案、验证工况和验证动态响应指标。

(4) 在验证工况下，对缩尺试验模型和缩尺试验数值模型、缩尺理论模型和原型理论模型进行了对比分析，以评估模拟车-轨-桥相互作用的数值建模技术的准确性，说明了该数值模拟技术的可靠性，能够对列车模型和桥梁模型产生一致而准确的结果，并通过验证建立了缩尺试验模型和原型理论模型之间的关系。

**参 考 文 献**

[1] Meymand S Z, Craft M J, Ahmadian M. On the application of roller rigs for studying rail vehicle systems[C]//Proceedings of the ASME 2013 Rail Transportation Division Fall Technical Conference, Altoona, 2013: 1-10.

[2] Allotta B, Conti R, Meli E, et al. Development of a full-scale roller-rig to test high speed trains under degraded adhesion conditions[C]//2014 IEEE/ASME 10th International Conference on Mechatronic and Embedded Systems and Applications, Senigallia, 2014: 1-6.

[3] Allotta B, Conti R, Meli E, et al. Modeling and control of a full-scale roller-rig for the analysis of railway braking under degraded adhesion conditions[J]. IEEE Transactions on Control Systems Technology, 2015, 23(1): 186-196.

[4] Koganei R, Watanabe N, Sasaki K, et al. Development of virtual running test environment for railway vehicles based on Hardware-in-the-loop simulation to reproduce actual running on a track[J]. Mechanical Engineering Journal, 2017, 4(1): 1600516.

[5] Zeng C, Guo W, Liu H, et al. Gradient descent based reconstruction method of track irregularity in asymmetric chord-reference method[J]. Journal of Central South University, 2024, 31(1): 288-301.

[6] Guo W, Fan C, Cui Y, et al. Shear strength evaluation of RC solid piers of high-speed railway bridges in China[J]. Structural Engineering and Mechanics, 2021, 78: 413.

[7] Tang J Y, Guo W, Wang Y, et al. A co-simulation method for the train-track-bridge interaction analysis under earthquake using Simpack and OpenSees[J]. Journal of Central South University, 2022, 29(8): 2791-2806.

[8] He X H, Gai Y B, Wu T F. Simulation of train-bridge interaction under wind loads: A rigid-flexible coupling approach[J]. International Journal of Rail Transportation, 2018, 6(3): 163-182.

[9] Guo W, Zeng C, Gou H, et al. Real-time hybrid simulation of high-speed train-track-bridge interactions using the moving load convolution integral method[J]. Engineering Structures, 2021, 228: 111537.

[10] Guo W, Wang Y, Zeng C, et al. Moving safety evaluation of high-speed train on post-earthquake bridge utilizing real-time hybrid Simulation[J]. Journal of Earthquake Engineering, 2021, 27(3): 284-313.

[11] Guo W, Hu Y, Hou W Q, et al. Seismic damage mechanism of CRTS-II slab ballastless track structure on high-speed railway bridges[J]. International Journal of Structural Stability and Dynamics, 2020, 20(1): 2050011.

[12] Guo W, Hu Y, Gou H Y, et al. Simplified seismic model of CRTS II ballastless track structure on high-speed railway bridges in China[J]. Engineering Structures, 2020, 211: 110453.

[13] Hu Y, Guo W. Seismic response of high-speed railway bridge-track system considering unequal-height pier configurations[J]. Soil Dynamics and Earthquake Engineering, 2020, 137: 106250.

[14] Guo W, Zhai Z P, Wang H F, et al. Shaking table test and numerical analysis of an asymmetrical twin-tower super high-rise building connected with long-span steel truss[J]. The Structural Design of Tall and Special Buildings, 2019, 28(13): e1630.

[15] Guo W, Zhai Z P, Cui Y, et al. Seismic performance assessment of low-rise precast wall panel structure with bolt connections[J]. Engineering Structures, 2019, 181: 562-578.

[16] Szafrański M. A dynamic vehicle-bridge model based on the modal identification results of an existing EN57 train and bridge spans with non-ballasted tracks[J]. Mechanical Systems and Signal Processing, 2021, 146: 107039.

[17] Goulet C A, Kishida T, Ancheta T D, et al. PEER NGA-east database[J]. Earthquake Spectra, 2021, 37: 1331-1353.

[18] Guo W, Wang Y, Liu H, et al. Seismic safety assessment of trains running on high-speed railway

bridges with chloride-induced corroding piers[J]. Science China Technological Sciences, 2023, 66(2): 320-335.

[19] Cao Y M, Xia H, Lu W L, et al. A numerical method to predict the riding comfort induced by foundation construction close to a high-speed-line bridge[J]. Proceedings of the Institution of Mechanical Engineers, Part F: Journal of Rail and Rapid Transit, 2015, 229(5): 553-564.

[20] Guo W, Zhai Z P, Yu Z W, et al. Facility performance indexes and rapid test feasibility evaluation method of shaking tables[J]. KSCE Journal of Civil Engineering, 2019, 23(7): 3097-3112.

# 第 4 章 竖向地震对高铁桥上行车安全影响探究

## 4.1 概 述

随着高速铁路网的不断扩展，高铁将不可避免地穿过高地震烈度地区。当地震发生时，高速列车直接与轨道结构产生动力作用，地震荷载通过轨-桥结构将振动传递到桥上行驶的列车，轨-桥结构发生强烈振动，极有可能使列车脱轨。可见，地震对桥上行车存在严重的威胁。

研究表明，在同一地震强度下，近断层地震往往更具破坏性，近几年曾发生近断层地震对工程结构造成严重破坏的案例，因此越来越多的学者开始探究近断层地震对高铁桥上行车安全性的影响。

在以往对强震下结构损伤和列车脱轨的调查研究中，近断层的竖向地震激励对部分桥梁结构的最终损伤和列车脱轨起着决定性的作用[1-6]，但现有许多研究通常忽略了竖向地震对桥梁和列车脱轨结构损伤的影响[7-10]，研究桥上列车脱轨的竖向地震效应时也只进行数值研究而忽略了试验研究[11,12]。另外，近年来学者对地震作用下的列车脱轨进行了局部试验研究：Miyamoto 等[13]对半列车模型进行了振动台试验，研究了考虑 5 周期正弦激励下列车的运行安全性；李昊等[14]对 1/2 列车模型进行了全尺寸振动台试验，验证了车-轨数值模型的可靠性，并指出横向地震运动对动力响应的影响大于竖向地震运动，但其试验假设列车静止，且对支撑结构进行了简化，忽略了轨道不平顺的影响。然而因轮轨间不存在竖向相对运动，故完全忽略轨道不平顺无法反映轮轨接触关系的准确特性。迄今，桥梁上列车地震脱轨试验的研究受试验设施的限制，均采用"列车不动，轮对不滚动"的试验策略，与实际情况严重不符，以往相关研究所提出的方法和理论结果缺乏物理试验验证，竖向地震对列车在桥上运行安全的影响在试验研究上还存在空白。

本章依据第 1~3 章构建的模拟测试技术与试验系统，以近断层竖向地震为切入点，分析试验工况下得到的地震下相关行车试验数据，探讨近断层竖向地震激励对高铁桥上行车安全的影响。

## 4.2 试验设计

### 4.2.1 测点布置

本试验依据 1.4 节搭建的试验平台及 3.2 节测试计划的相关内容，完成试验模型的建立，并进行试验。

在测量桥梁响应方面，基于 2.3 节模型轨-桥系统常规测点布置，对部分测点进行调整以开展本试验，具体如下：在第 3~11 跨跨中、第 7 跨墩顶和振动台顶部分别安装横向加速度传感器和竖向加速度传感器。这些加速度传感器记录的加速度信号是相对于初始状态的。另外，在第 3~9 跨跨中分别安装横向激光位移传感器和竖向激光位移传感器，这些激光位移传感器记录的位移信号是相对于振动台的。传感器的具体安装位置及对应编号如图 4-1 所示。

| 桥梁横向加速度传感器编号 | A-1 | A-4 | A-5 | A-7 | B-4 | B-10 | B-12 | B-8 | B-14 |
|---|---|---|---|---|---|---|---|---|---|
| 桥梁竖向加速度传感器编号 | A-2 | A-3 | A-6 | A-8 | B-3 | B-9 | B-11 | B-7 | B-13 |
| 桥梁横向激光位移传感器编号 | C-12 | C-2 | C-5 | C-7 | C-14 | C-16 | C-11 | | |
| 桥梁竖向激光位移传感器编号 | C-15 | C-13 | C-8 | C-17 | C-10 | C-18 | C-9 | | |

| 墩顶横向加速度传感器编号 | A-12 |
|---|---|
| 墩顶竖向加速度传感器编号 | A-11 |
| 振动台横向加速度传感器编号 | A-10 |
| 振动台竖向加速度传感器编号 | A-9 |

▲ 横向加速度传感器　● 竖向加速度传感器　■ 横向激光位移传感器　◆ 竖向激光位移传感器

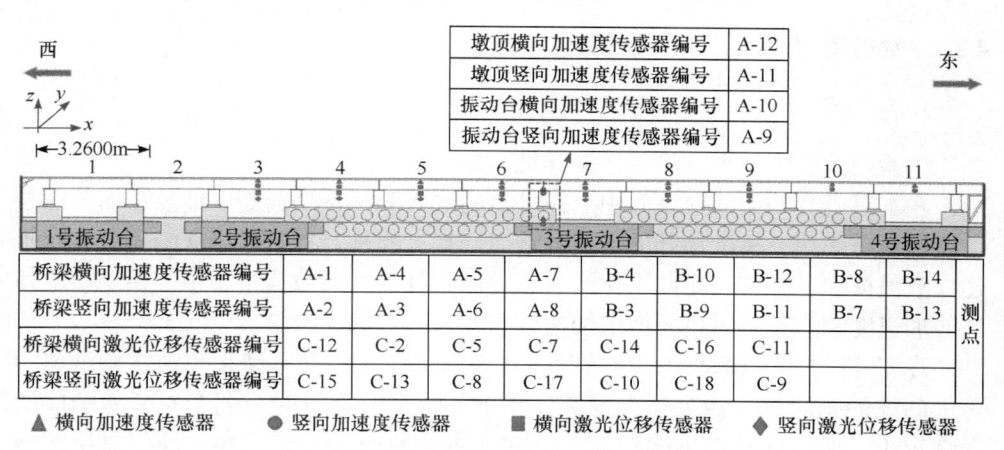

图 4-1　传感器的具体安装位置及对应编号

在测量列车运行时的加速度响应方面，基于本书 2.3 节缩尺模型位移传感器布置，对部分测点进行调整以开展本试验，具体如下：在车体内安装了 2 个标准规格的无线加速度传感器；然后，在前后转向架上安装了 2 个无线加速度传感器，在 4 个轮对上安装了 4 个无线加速度传感器。无线加速度传感器安装位置及对应编号如图 4-2 所示。列车上无线加速度传感器记录的加速度信号都是相对于初始状态的。此外，为了捕捉地震作用下列车在桥上行驶时车轮的脱轨状态，在列车左侧安装了车载摄像头，以记录轮轨接触状态，安装位置如图 4-2 所示。

| 车体无线加速度传感器 | CB-1 | CB-2 |  |  |
|---|---|---|---|---|
| 转向架无线加速度传感器 | BG-1 | BG-2 |  |  |
| 轮轴无线加速度传感器 | W-1 | W-2 | W-3 | W-4 |

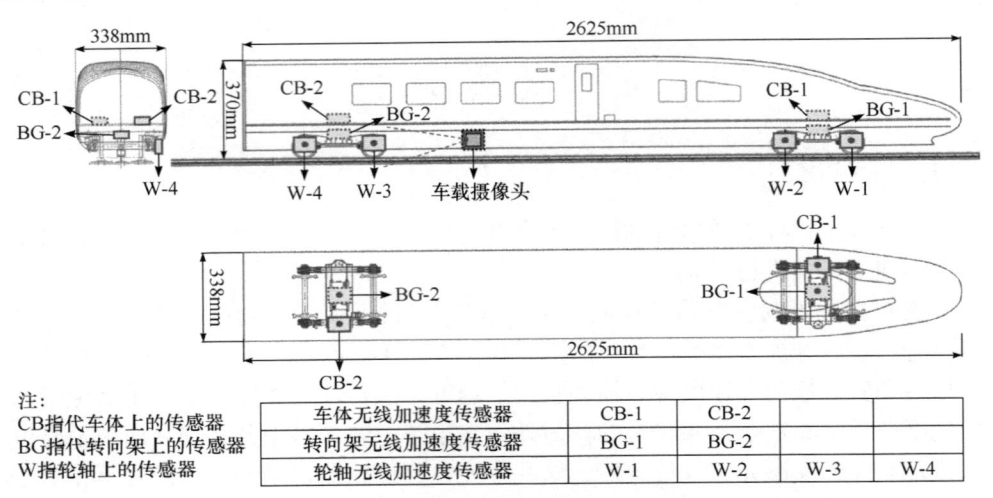

图 4-2　无线加速度传感器安装位置及对应编号

### 4.2.2　数值模型验证

1. 试验激励

试验中的轨道不平顺测量数据详见图 3-5。

在本章进行的振动台试验中，振动台的输入激励不是近断层地震数据，而是近断层地震作用下桥墩顶部的加速度响应。其过程是：首先基于 OpenSees 软件建立数值模型，并统一将归一化的近场地震数据输入到数值模型中，得到桥墩顶部的加速度响应；之后将桥墩的加速度响应输入到振动台中。

在车-桥的数值模型中，该桥为 11 跨简支桥，将列车简化为加在桥梁第 7 跨上的纯静态质量。当列车在地震作用下的桥梁上运行时，列车对桥墩响应的影响较小，而竖向地震影响较大[15]。对于本章研究的重点，列车简化对桥墩响应的影响可以忽略不计。将数值模型中墩顶的加速度作为振动台的激励输入，将振动台的输入信号与输出信号进行对比，如图 4-3 所示。振动台输入信号和输出信号的时程曲线基本接近，说明振动台台阵系统能较准确地再现数值模型中墩顶的加速度响应。在试验系统中，各跨的激励输入是一致的，振动台的输出加速度通过支撑墩传递到墩顶，如图 4-4(a)所示。图 4-4(b)为白噪声激励下振动台顶部与支撑墩墩顶加速度频率对比图。从图中可知，加速度频率基本重合，说明支撑墩刚度足够大。因此，振动台的输出加速度可以通过刚性支撑墩以 1∶1 的比例传递到支承墩的墩顶，最后将加速度传递给桥梁，完成试验系统的激励输入。

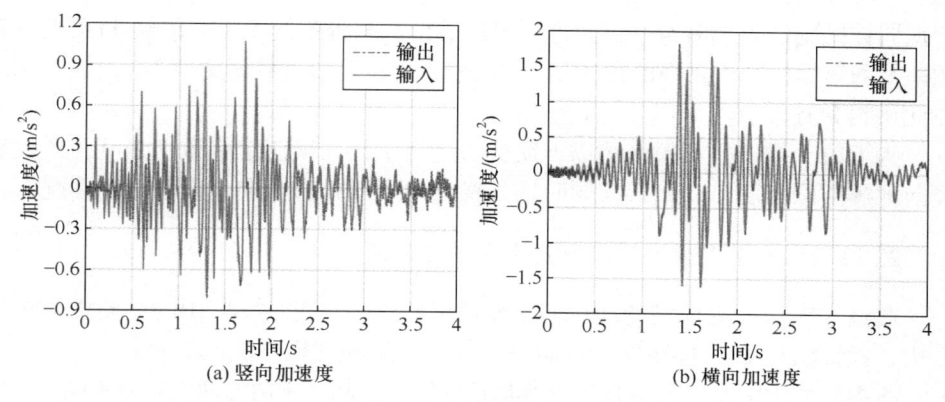

## 第 4 章 竖向地震对高铁桥上行车安全影响探究

(a) 竖向加速度

(b) 横向加速度

图 4-3 振动台加速度的输入与输出

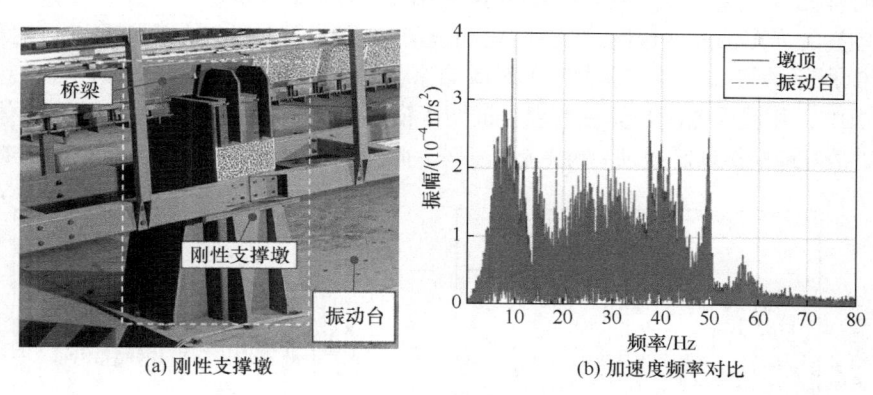

(a) 刚性支撑墩

(b) 加速度频率对比

图 4-4 试验系统刚性支撑墩

本节试验主要从 PGA 水平、竖向与横向峰值加速度比($V/H$)、列车速度三个方面设计试验条件。为了验证模型的可靠性，选取如表 4-1 所示的三条地震动，设计 7 度地震下列车速度为 150km/h 的运行试验条件，以桥梁跨中和列车加速度响应为验证指标。

表 4-1 近断层地震动记录

| 地震动编号 | 地震名称 | 地震年份 | 观测台名称 | 地震强度等级 | 原始峰值地面加速度/g | 断层距离/km | $V/H$ |
| --- | --- | --- | --- | --- | --- | --- | --- |
| RSN458 | Morgan Hill | 1984 | Gilroy Array #4 | 6.19 | 0.349 | 11.54 | 1.187 |
| RSN1044 | Northridge-01 | 1994 | Newhall-Fire Sta | 6.69 | 0.590 | 5.92 | 0.929 |
| RSN170 | Imperial Valley-06 | 1979 | EC County Center FF | 6.53 | 0.245 | 7.31 | 1.153 |

本书 3.3 节详细介绍了缩尺试验模型与原型理论模型之间的有效性验证，

依据同样的验证方式对本章试验进行再次验证。4 种不同模型间的轨-桥模型固有频率及列车模型固有频率已在 3.3.1 节中进行了详细比较(数据见表 3-2 及表 3-3),在此不再赘述。

为了便于描述,本章采用以下简称表达:$L$ 代表横向地震激励强度,$V$ 代表竖向地震激励强度,$L+V$ 代表同时输入横向地震激励和竖向地震激励的情况。

**2. 缩尺试验模型和缩尺试验数值模型的验证**

通过对缩尺试验模型(模型 A)与缩尺试验数值模型(模型 B)的试验数据进行分析,验证模型 B 的可靠性,从而保证数值模拟和建模方法的准确性。

图 4-5 为模型 A 与模型 B 的列车加速度对比。除了峰值加速度略有不同外,加速度时程曲线变化的趋势基本一致,且频谱图上的频率分量基本一致,可见模型 B 具有较高的列车加速度精度。模型 A 和模型 B 的桥梁加速度与列车加速度对比如表 4-2 所示,可知三种地震激励下对应加速度的最大相对误差绝对值为 8.88%,不超过 10%,相对误差满足验证要求,证明了模型 B 的准确性。基于以上验证,模型 B 可以很好地模拟地震激励下桥上运行列车的响应,本研究的建模方法可靠、准确。

(a) 竖向加速度时程曲线

(b) 横向加速度时程曲线

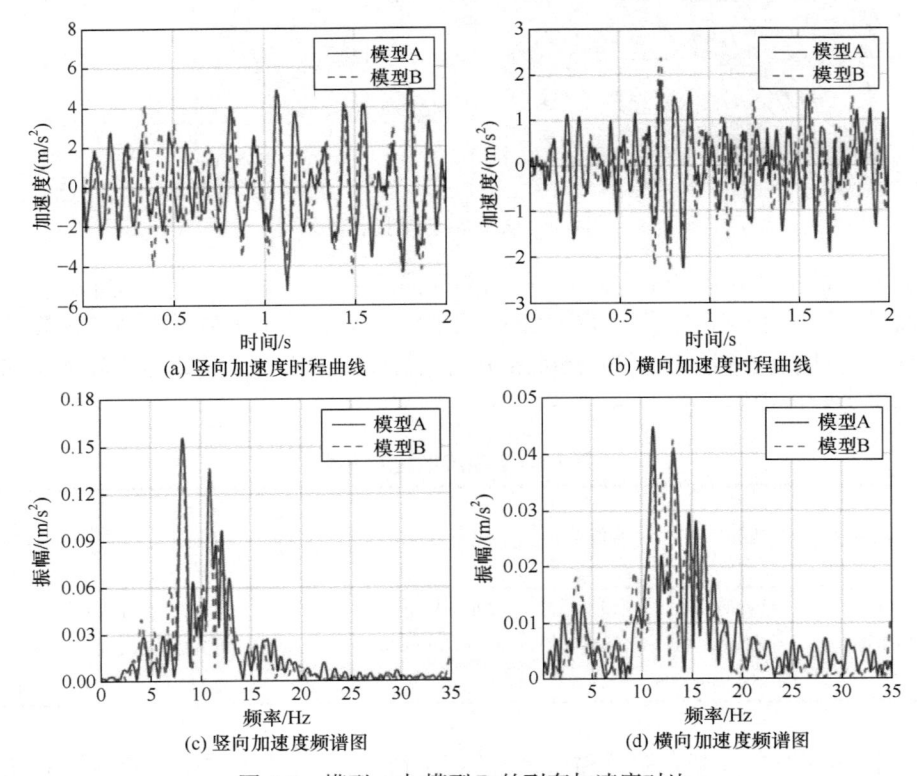

(c) 竖向加速度频谱图

(d) 横向加速度频谱图

图 4-5 模型 A 与模型 B 的列车加速度对比

表 4-2 模型 A 和模型 B 的桥梁加速度与列车加速度对比

| 地震名称 | 条件 | 模型 | 桥梁加速度 竖向 | 桥梁加速度 横向 | 列车加速度 竖向 | 列车加速度 横向 |
|---|---|---|---|---|---|---|
| Morgan Hill | $L = 0.1g$ 150km/h | 模型 A | 0.659m/s² | 1.546m/s² | 5.968m/s² | 2.291m/s² |
|  |  | 模型 B | 0.638m/s² | 1.531m/s² | 6.105m/s² | 2.397m/s² |
|  |  | 相对误差 | −3.19% | −0.97% | 2.30% | 4.63% |
|  | $L+V = 0.1g+0.109g$ 150km/h | 模型 A | 3.476m/s² | 1.604m/s² | 6.033m/s² | 2.387m/s² |
|  |  | 模型 B | 3.448m/s² | 1.550m/s² | 6.195m/s² | 2.421m/s² |
|  |  | 相对误差 | −0.81% | −3.37% | 2.69% | 1.43% |
| Northridge-01 | $L = 0.1g$ 150km/h | 模型 A | 0.736m/s² | 2.470m/s² | 4.845m/s² | 3.512m/s² |
|  |  | 模型 B | 0.711m/s² | 2.410m/s² | 4.560m/s² | 3.200m/s² |
|  |  | 相对误差 | −3.40% | −2.43% | −5.89% | −8.88% |
|  | $L+V = 0.1g+0.109g$ 150km/h | 模型 A | 3.076m/s² | 2.390m/s² | 5.986m/s² | 3.097m/s² |
|  |  | 模型 B | 2.961m/s² | 2.315m/s² | 5.950m/s² | 3.020m/s² |
|  |  | 相对误差 | −3.74% | −3.14% | −0.60% | −2.49% |
| Imperial Valley-06 | $L = 0.1g$ 150km/h | 模型 A | 0.646m/s² | 2.267m/s² | 5.154m/s² | 3.013m/s² |
|  |  | 模型 B | 0.647m/s² | 2.148m/s² | 4.942m/s² | 3.110m/s² |
|  |  | 相对误差 | 0.15% | −5.25% | −4.11% | 3.22% |
|  | $L+V = 0.1g+0.109g$ 150km/h | 模型 A | 4.597m/s² | 2.244m/s² | 5.955m/s² | 2.952m/s² |
|  |  | 模型 B | 4.407m/s² | 2.124m/s² | 5.474m/s² | 3.060m/s² |
|  |  | 相对误差 | −4.13% | −5.35% | −8.08% | 3.66% |

3. 缩尺理论模型和原型理论模型的验证

在保证模型 B 可靠性和精度的基础上，通过替换轨道不平顺及调整模型刚度建立缩尺理论模型(模型 C)。利用模型 C 验证原型理论模型(模型 D)的精度，从而确保模型按相似比调整的合理性。

图 4-6 及图 4-7 分别给出了模型 C 与模型 D 的第 7 跨桥梁加速度对比及列车加速度对比。表 4-3 列出了两种模型的桥梁加速度和列车加速度对比。结果显示，两种模型的时程曲线几乎一致，桥梁加速度只在一些峰值上存在微小差异且该差异在 10%以内；桥梁加速度的最大相对误差仅为 5.40%；列车加速度的最大相对误差为 7.47%。可见，模型 C 和模型 D 在桥梁加速度和列车加速度响应上具有较高的一致性，证明了模型 D 在加速度响应上的可靠性和准确性。

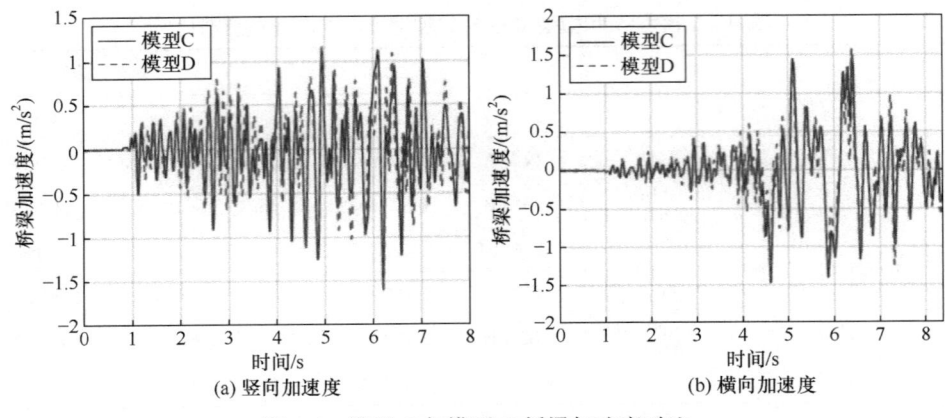

图 4-6  模型 C 与模型 D 桥梁加速度对比

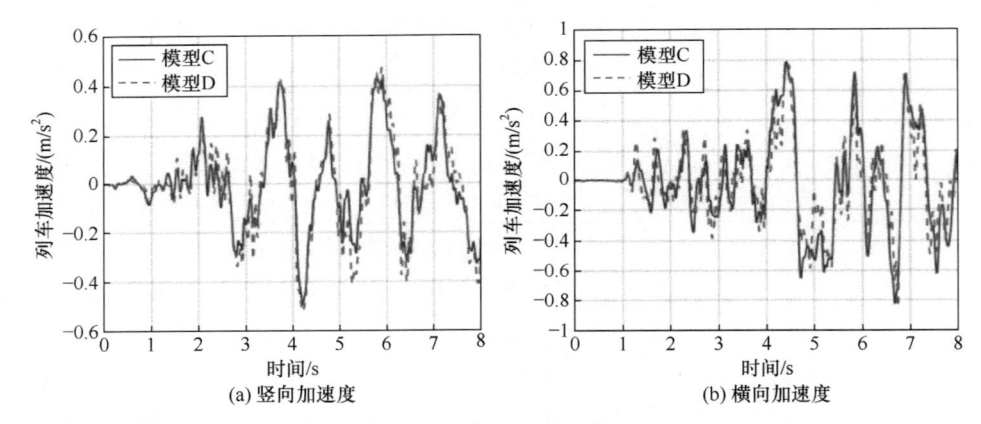

(a) 竖向加速度
(b) 横向加速度

图 4-7  模型 C 与模型 D 列车加速度对比

(a) 竖向加速度
(b) 横向加速度

表 4-3  模型 C 和模型 D 的桥梁加速度与列车加速度对比

| 地震名称 | 条件 | 模型 | 桥梁加速度 竖向 | 桥梁加速度 横向 | 列车加速度 竖向 | 列车加速度 横向 |
|---|---|---|---|---|---|---|
| Morgan Hill | $L=0.1g$ 150km/h | 模型 C | 0.323m/s² | 1.686m/s² | 0.305m/s² | 0.542m/s² |
| | | 模型 D | 0.337m/s² | 1.743m/s² | 0.320m/s² | 0.571m/s² |
| | | 相对误差 | 4.33% | 3.38% | 4.92% | 5.35% |
| | $L+V=0.1g+0.109g$ 150km/h | 模型 C | 3.413m/s² | 1.707m/s² | 0.293m/s² | 0.534m/s² |
| | | 模型 D | 3.520m/s² | 1.776m/s² | 0.311m/s² | 0.563m/s² |
| | | 相对误差 | 3.14% | 4.04% | 6.14% | 5.43% |

续表

| 地震名称 | 条件 | 模型 | 桥梁加速度 竖向 | 桥梁加速度 横向 | 列车加速度 竖向 | 列车加速度 横向 |
|---|---|---|---|---|---|---|
| Northridge-01 | $L=0.1g$ 150km/h | 模型 C | 0.266m/s² | 1.460m/s² | 0.359m/s² | 0.760m/s² |
| | | 模型 D | 0.271m/s² | 1.506m/s² | 0.373m/s² | 0.717m/s² |
| | | 相对误差 | 1.88% | 3.15% | 3.90% | −5.66% |
| | $L+V=0.1g+0.109g$ 150km/h | 模型 C | 1.605m/s² | 1.501m/s² | 0.433m/s² | 0.751m/s² |
| | | 模型 D | 1.624m/s² | 1.582m/s² | 0.454m/s² | 0.711m/s² |
| | | 相对误差 | 1.18% | 5.40% | 4.85% | −5.33% |
| Imperial Valley-06 | $L=0.1g$ 150km/h | 模型 C | 0.346m/s² | 2.093m/s² | 0.415m/s² | 0.836m/s² |
| | | 模型 D | 0.361m/s² | 2.185m/s² | 0.446m/s² | 0.870m/s² |
| | | 相对误差 | 4.34% | 4.40% | 7.47% | 4.07% |
| | $L+V=0.1g+0.109g$ 150km/h | 模型 C | 4.285m/s² | 2.575m/s² | 0.493m/s² | 0.827m/s² |
| | | 模型 D | 4.421m/s² | 2.699m/s² | 0.522m/s² | 0.850m/s² |
| | | 相对误差 | 3.17% | 4.82% | 5.88% | 2.78% |

本章研究的重要前提是获得地震作用下列车在桥上运行的安全指标，其中涉及轮轨力这一重要参数。因此，需要进一步验证轮轨力，以确保模型 D 的准确性和合理性。在进行验证之前，将模型 C 的轮轨力按照本书 1.2 节相关相似比的要求进行放大，并将两个模型的轮轨力初始归零。两种模型的轮轨力均取自后轮对，模型 C 与模型 D 轮轨力对比如图 4-8 所示。两种模型的轮轨力在大小和变化趋势上基本一致，证实了利用模型 D 计算得到的轮轨力仍然具有较高的可靠性和合理性。

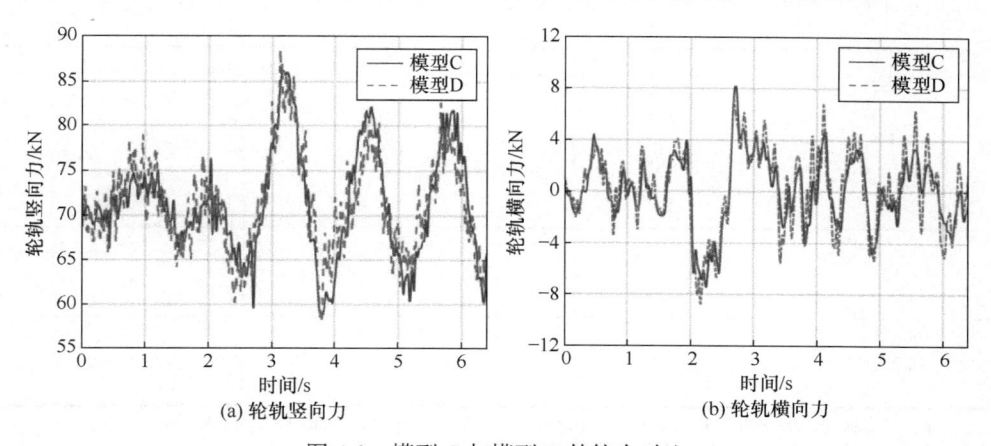

(a) 轮轨竖向力

(b) 轮轨横向力

图 4-8 模型 C 与模型 D 轮轨力对比

以上验证表明，本章采用的相似标度方法是合理的，建模方法可靠、准确，可用于全尺寸车-轨-桥系统的动力响应分析。

### 4.2.3 工况设计

在本章的运行试验中，从 PGA 水平、竖向与横向峰值加速度比($V/H$)、列车速度三个方面设计试验条件。

(1) 选取的地震与 4.2.2 节中验证过程一致。在 PGA 水平上，试验选取不同地震强度等级($0.04g$、$0.1g$、$0.15g$、$0.21g$)，对比同时输入横向地震激励和竖向地震激励，以及仅输入横向地震激励两种情况下桥上列车运行的响应，探讨竖向地震激励对桥上列车运行安全的影响。

(2) 研究不同 $V/H$(0、0.65、1.09、1.5)下竖向地震对桥梁上列车运行安全性的影响。考虑到近场区和震源区的地震运动 $V/H$ 远大于 1 的情况，取 $V/H$ 的最大值为 1.5。

(3) 当列车在高铁桥上运行时，轨道不平顺激励与地震激励的耦合效应会随着列车速度的变化而变化，从而导致不同速度下竖向地震对列车运行安全评价指标的影响发生变化。因此，本章试验将列车速度纳入考量，研究不同列车速度(100km/h、150km/h、180km/h)下竖向地震对高铁桥上列车运行安全的影响。

基于以上三个方面，通过控制变量设计了高铁桥上列车在地震作用下的运行试验条件，如表 4-4 所示，在测试用例的基础上，增加了后续数值模拟的条件。

表 4-4 高铁桥上列车在地震作用下的运行试验条件

| 地震强度等级/g | $V/H$ | 列车速度/(km/h) | | |
|---|---|---|---|---|
| | | 100 | 150 | 180 |
| 0.04 | 0 | | ○◇□ | |
| | 1.09 | | ○◇□ | |
| 0.1 | 0 | ○◇□ | ○◇□ | ○◇□ |
| | 0.65 | | ○◇□ | |
| | 1.09 | ○◇□ | ○◇□ | ○◇□ |
| | 1.5 | | ○◇□ | |
| 0.15 | 0 | | ○◇□ | |
| | 1.09 | | ○◇□ | |
| 0.21 | 0 | | ○◇□ | |
| | 1.09 | | ○◇□ | |

注：○表示 Morgan Hill 地震；◇表示 Northridge-01 地震；□表示 Imperial Valley-06 地震。

## 4.3 探究与结论

本节给出车-轨-桥系统的试验结果和数值模拟结果,研究近断层竖向地震对高铁桥上列车运行安全性的影响。

本节主要内容如下:

(1) 通过试验结果分析竖向地震对桥梁反应的影响。

(2) 因部分试验条件下的数据不足,将试验结果结合数值计算结果,分析竖向地震对桥上列车运行舒适性的影响。

(3) 由于列车运行时轮轨力测量的限制,试验数据中除了可以通过车载摄像机捕捉到轮轨相对位移外,其他准确的安全指标无法通过试验数据计算出来,故利用试验的轮轨相对位移和数值模拟的脱轨评价指标分析近断层竖向地震对桥上列车脱轨的影响,探讨列车脱轨的机理。

### 4.3.1 桥梁响应影响探究

$A_{V+L}$ 表示竖向地震和横向地震共同作用下的加速度响应,$A_L$ 表示仅横向地震作用下的加速度响应,图中的 $A_{V+L} - A_L$ 代表加速度响应增量。图 4-9 为不同地震强度等级下竖向地震作用对桥梁跨中峰值加速度的影响,图 4-10 为桥梁跨中峰值加速度随 $V/H$ 的变化情况。由图 4-9 和图 4-10 可以看出,竖向地震激励显著提高了桥梁跨中竖向峰值加速度,而且随着地震强度等级和 $V/H$ 的增大而增大,而竖向地震激励对桥梁跨中横向峰值加速度的影响较小。

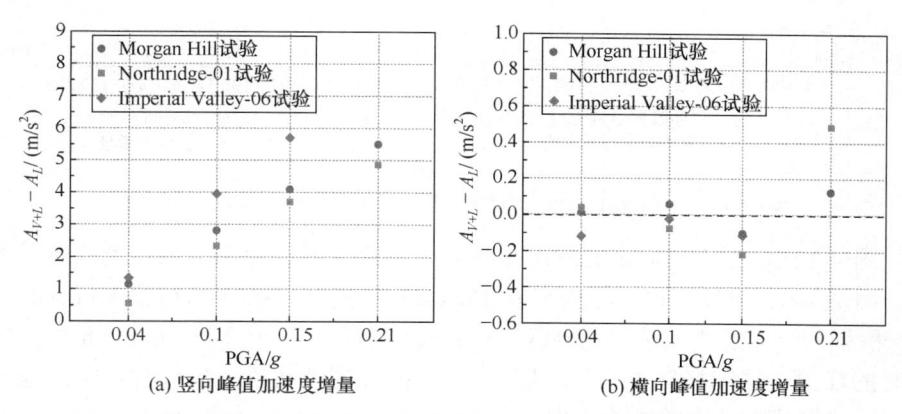

(a) 竖向峰值加速度增量  (b) 横向峰值加速度增量

图 4-9 不同地震强度等级下竖向地震作用对桥梁跨中峰值加速度的影响

(a) 竖向峰值加速度　　(b) 横向峰值加速度

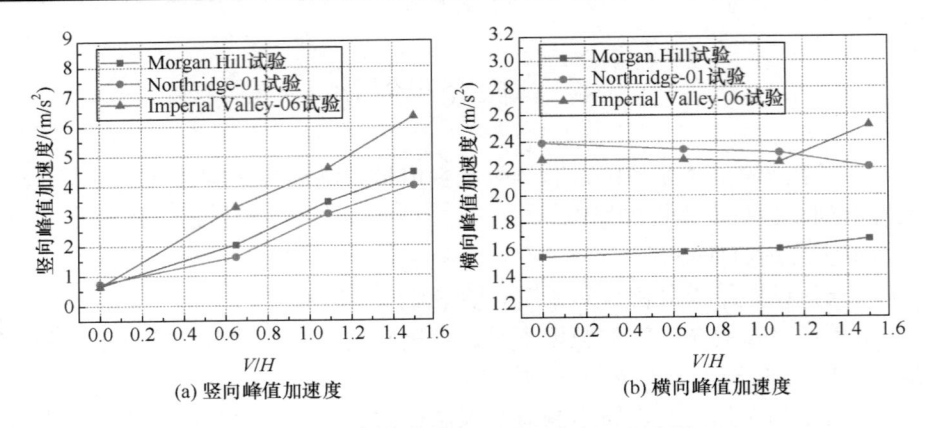

图 4-10　桥梁跨中峰值加速度随 $V/H$ 的变化情况

图 4-11 给出了不同列车速度下竖向地震对桥梁跨中峰值加速度的影响。除 Northridge-01 地震作用下桥梁竖向峰值加速度随列车速度的增加而增大外，其他地震作用下变化不大。这是因为列车通过桥梁的时间很短，只有当列车行驶在竖向加速度刚好达到峰值的桥梁上时，竖向地震激励对桥梁跨中峰值加速度的影响才最大。

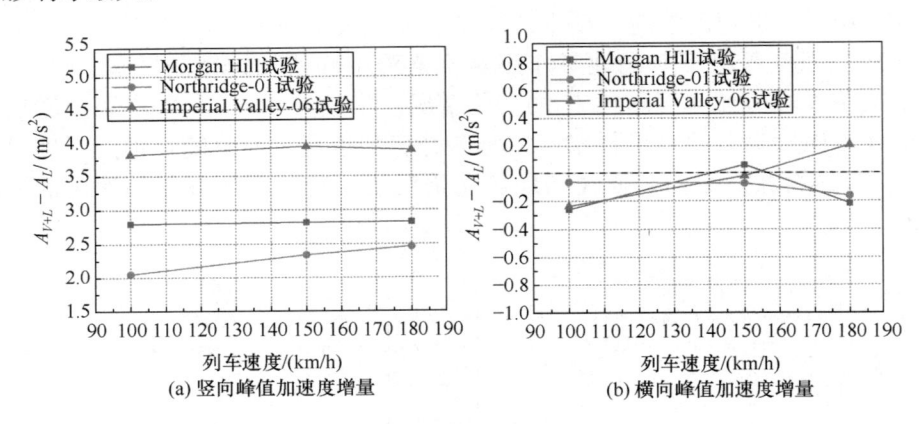

(a) 竖向峰值加速度增量　　(b) 横向峰值加速度增量

图 4-11　不同列车速度下竖向地震对桥梁跨中峰值加速度的影响

图 4-12 给出了 Northridge-01 地震激励下第 7 跨桥梁竖向加速度的时程曲线图。由图 4-12 可以看出，当列车以 180km/h 的速度在第 7 跨桥梁上行驶时，第 7 跨桥梁的竖向加速度正好达到峰值，且峰值明显大于列车以 100km/h 的速度行驶时的峰值。这间接导致当列车以 180km/h 的速度在桥上运行时，竖向地震激励对桥梁峰值加速度的影响更大。

第 4 章 竖向地震对高铁桥上行车安全影响探究

(a) 列车以100km/h的速度过桥

(b) 列车以180km/h的速度过桥

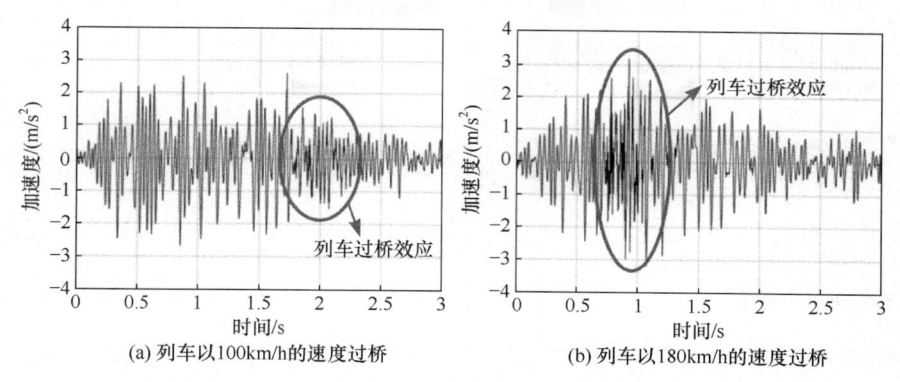

图 4-12 Northridge-01 地震激励下第 7 跨桥梁竖向加速度的时程曲线图

### 4.3.2 列车运行舒适性影响探究

本节首先通过本书 1.2 节相似比相关内容对试验结果进行调整，然后通过对试验结果和数值结果的分析研究竖向地震激励对桥梁上列车运行舒适性的影响。CB-1 传感器和 CB-2 传感器都记录了车体的响应，本节主要使用 CB-2 传感器记录的数据进行分析。为了获得竖向地震激励，本节引入一个新的指标：影响百分比(percentage of impact，Ip)，如式(4-1)所示。

$$\mathrm{Ip} = \frac{A_{Y+Z} - A_Y}{A_Y} \times 100\% \tag{4-1}$$

为了便于说明，使用 L_PGA 指代横向峰值地面加速度值，参数 $A_{Y+Z}$ 表示竖向地震和横向地震共同作用下的激励，$A_Y$ 表示仅横向地震作用下的激励。Ip<0 表示竖向地震激励效果好，Ip>0 表示竖向地震激励效果不好。

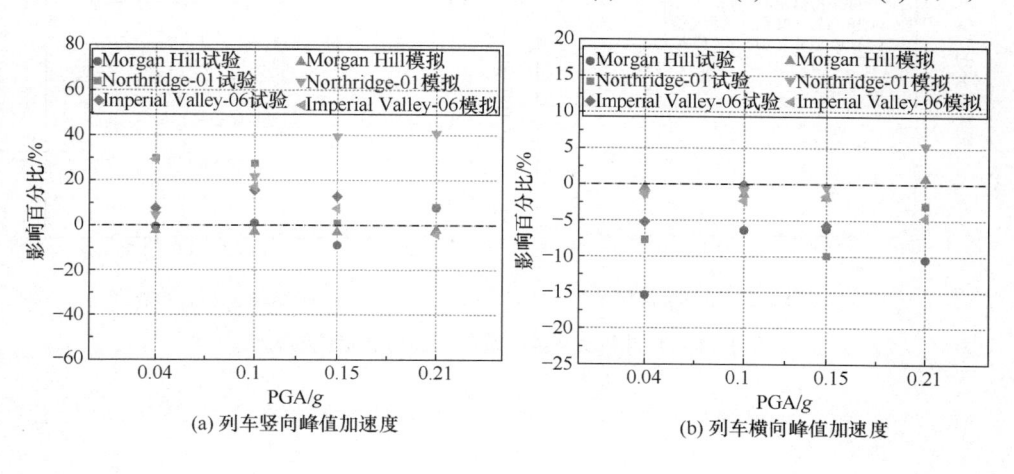

图 4-13 和图 4-14 分别为不同地震强度等级和不同 V/H 下竖向地震对桥梁上列车运行稳定性的影响。由图 4-13(a)、图 4-13(c)和图 4-14(a)、图 4-14(c)可知，

(a) 列车竖向峰值加速度

(b) 列车横向峰值加速度

(c) 列车竖向Sperling指数

(d) 列车横向Sperling指数

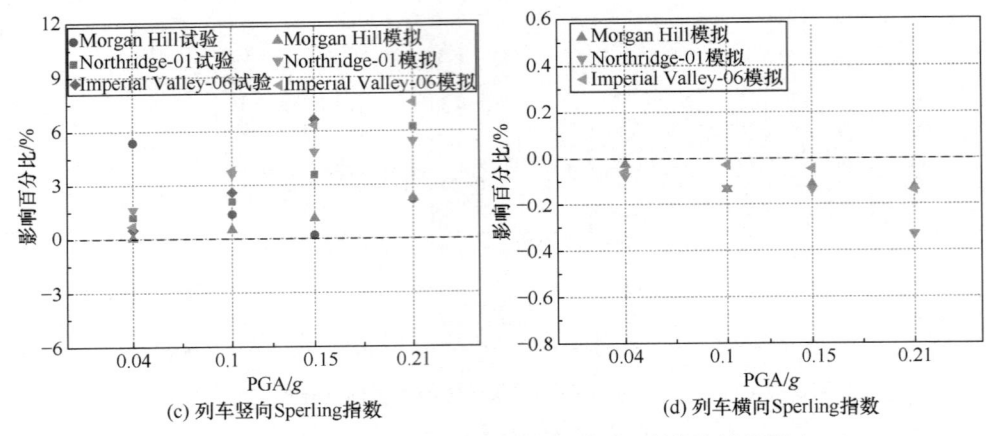

图 4-13 不同地震强度等级下竖向地震对运行稳定性的影响

(a) 列车竖向峰值加速度

(b) 列车横向峰值加速度

(c) 列车竖向Sperling指数

(d) 列车横向Sperling指数

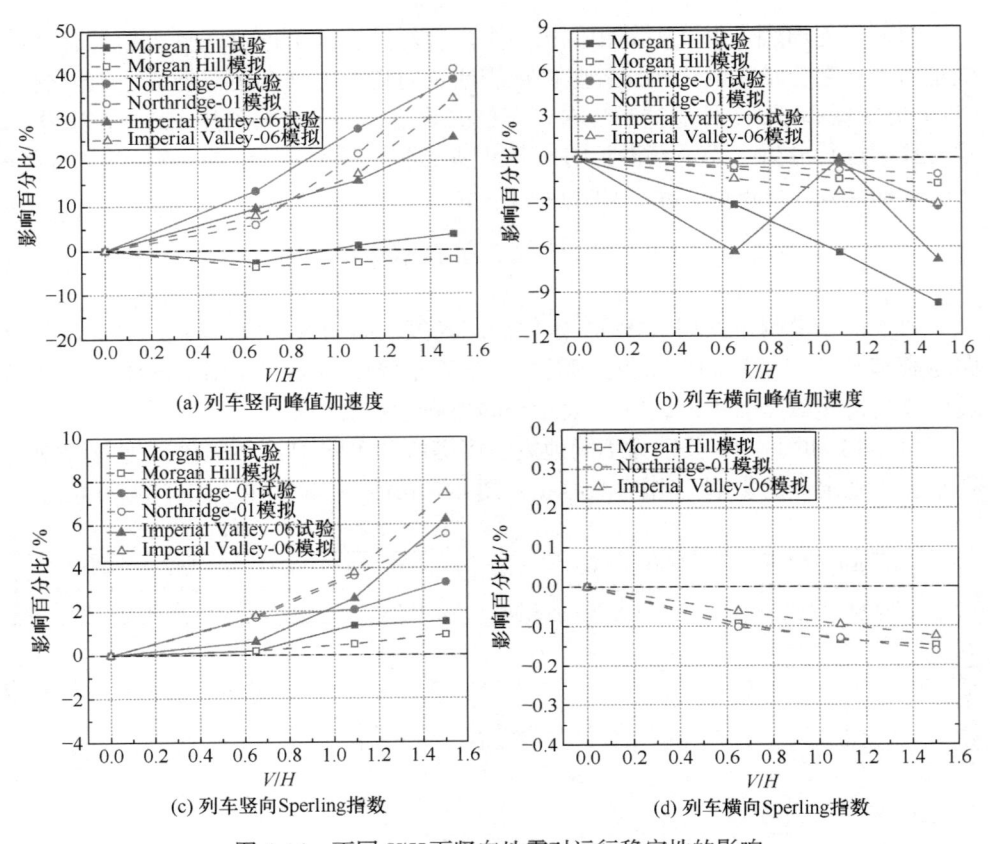

图 4-14 不同 $V/H$ 下竖向地震对运行稳定性的影响

第 4 章 竖向地震对高铁桥上行车安全影响探究 · 105 ·

除 Morgan Hill 地震激励的 21 个条件外，竖向地震激励对桥梁上列车的竖向运行稳定性有负向影响，且负向影响随 $V/H$ 的增大而增大。当 L_PGA=0.1g、$V/H$ = 1.5 时，冲击最大，达到 41%。

Morgan Hill 地震激励下竖向峰值加速度的 Ip 值往往小于 0，但垂直 Sperling 指数的 Ip 值始终大于 0，并随着 $V/H$ 的增大而逐渐增大，如图 4-13(c)和图 4-14(c)所示。其原因的可能是：当列车竖向加速度达到峰值时，Morgan Hill 竖向地震激励输入方向是向下的，桥梁和轨道受到向下的惯性力，减少了轮轨之间的碰撞，轮轨之间的法向力在这段时间内减小，从而减小了列车竖向峰值加速度。

在列车竖向加速度达到峰值时，将 Morgan Hill 竖向地震激励输入时间延迟，以保证竖向地震激励输入方向向上，如图 4-15(a)所示。图 4-15(b)为图 4-15(a)中

(a) Morgan Hill竖向地震激励输入的调整

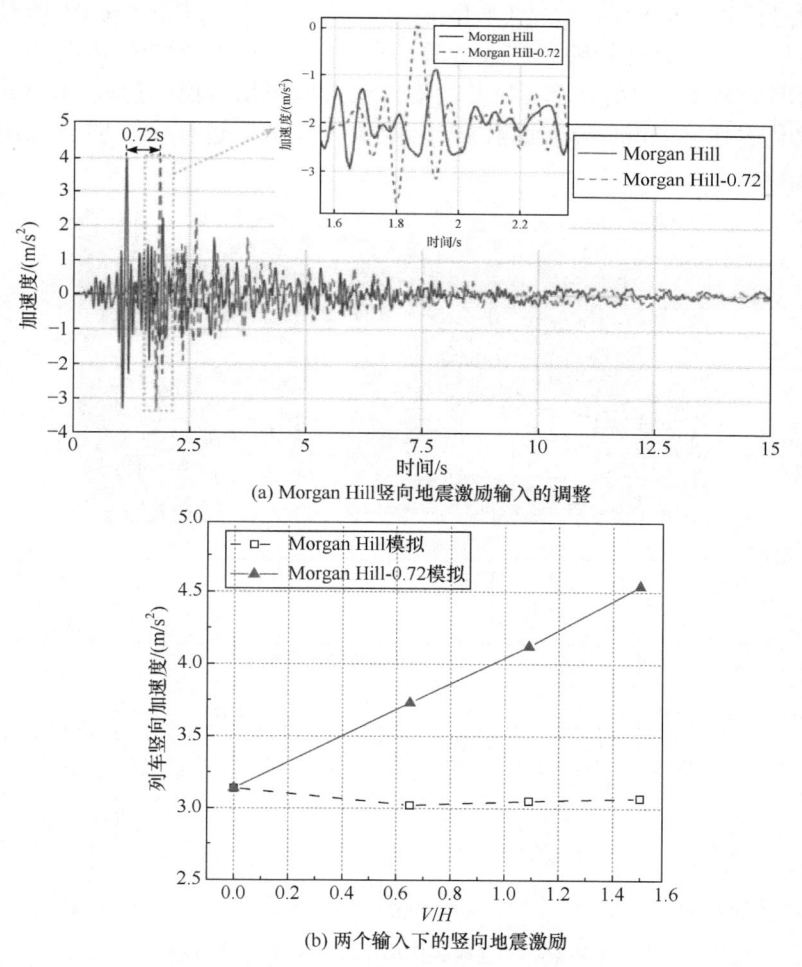

(b) 两个输入下的竖向地震激励

图 4-15　Morgan Hill 地震激励下原始竖向输入与延迟竖向输入的比较

两种输入方式下竖向地震对列车竖向峰值加速度的影响。Morgan Hill-0.72 的竖向地震输入明显增加了车体的竖向峰值加速度，当 $V/H$ 达到 1.5 时，其负面影响高达 44%。

从图 4-13(b)、图 4-13(d)和图 4-14(b)、图 4-14(d)可以看出，横向峰值加速度和横向 Sperling 指数的 Ip 值往往小于 0，说明竖向地震激励对列车在桥上运行的横向稳定性有正向影响。这证实了竖向地震激励对列车在桥上运行的横向稳定性没有负向影响，而且这种影响可能是逐渐有利的。

### 4.3.3 列车运行安全影响探究

利用车载摄像头捕捉轮轨状态的实际情况，利用视觉识别技术获取轮轨横向相对位移的时程曲线。图 4-16(a)为 7 度(0.21g) Northridge-01 地震作用下列车在桥上行驶时的轮轨状态最危险时刻，图 4-16(b)为轮轨横向相对位移时程曲线图。从图 4-16(a)可以看出，轮轨最大横向相对位移达到 3.7mm，最大竖向隆升达到 2.8mm，远远超出安全限值。在地震过程中，明显观察到翼缘爬升现象。

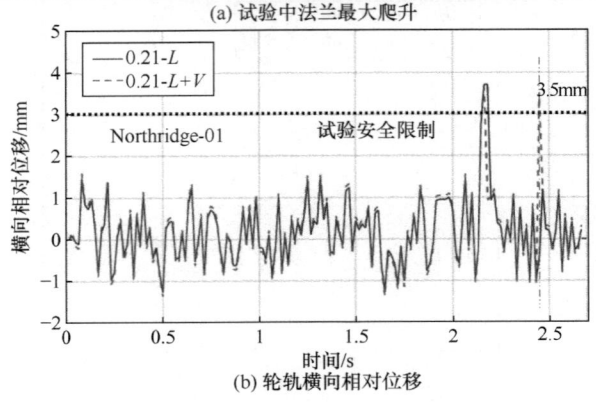

(a) 试验中法兰最大爬升

(b) 轮轨横向相对位移

图 4-16　7 度地震作用下轮轨相对状态试验

然后，对比同时输入横向地震激励和竖向地震激励，以及只输入横向地震激励两种情况下桥上列车的轮轨横向相对位移，探讨竖向地震激励对桥上列车运行安全的影响。由图 4-16(b)可知，当同时输入横向地震激励和竖向地震激励时，轮轨横向相对位移总是大于只输入横向地震激励时的相对位移。竖向地震激励在 2.45s 时最为明显。同时，当输入横向地震激励和竖向地震激励时，在 2.45s 时轮轨横向相对位移达到 3.5mm，列车轮缘顶部已完全爬上轨道，超过安全限值，脱轨风险极高。而当仅输入横向地震激励时，横向相对位移仅为 0.41mm，未超过安全限值。因此，在输入相同强度的横向地震激励下，竖向地震激励在一定程度上增加了轮轨横向相对位移，进一步促进了列车在桥上运行时的翼缘爬上脱轨。

桥上列车在地震作用下的其他安全指标都涉及轮轨力这一重要参数。由于试验中列车运行时的轮轨力难以测量，无法利用试验数据计算出准确的安全指标。因此，作者团队利用原型理论模型的数值数据计算列车在桥上运行的安全指标。基于脱轨系数(derailment factor，DF)、轮重减载率(unload ratio，UR)、轮轴横向力(wheel axle force，WAF)三个安全指标，进一步分析近断层竖向地震激励对高铁桥上列车脱轨的影响，探讨列车脱轨机理。

1. 竖向地震对安全指标的影响

图 4-17 和图 4-18 分别为不同地震强度等级和不同列车速度下近断层竖向地震激励对桥上列车运行安全指标的影响。从图 4-17 和图 4-18 可以看出，竖向地震激励对列车在桥上运行时的脱轨系数、轮轴横向力和轮重减载率有负向影响，最大负向影响分别为 18%、17.7%和 11.5%。竖向地震激励增加了列车在桥上运行的安全指标，且增量与列车速度没有直接关系。

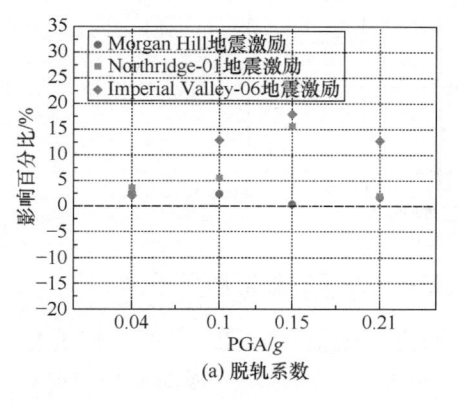

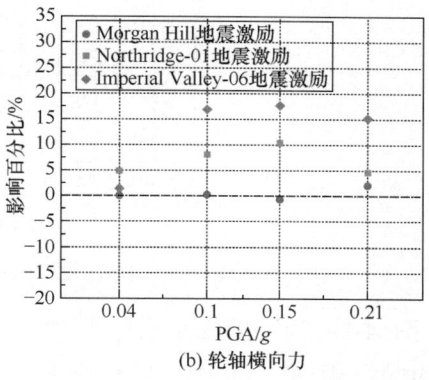

(c) 轮重减载率

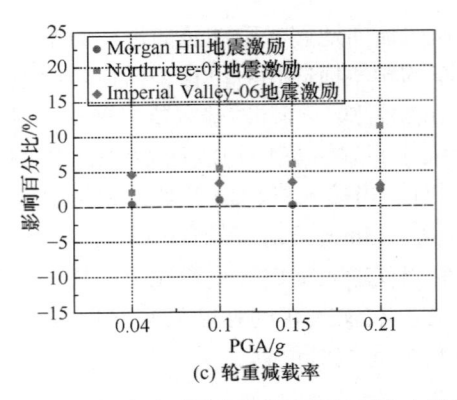

图 4-17　竖向地震激励对不同地震强度等级下安全指标的影响

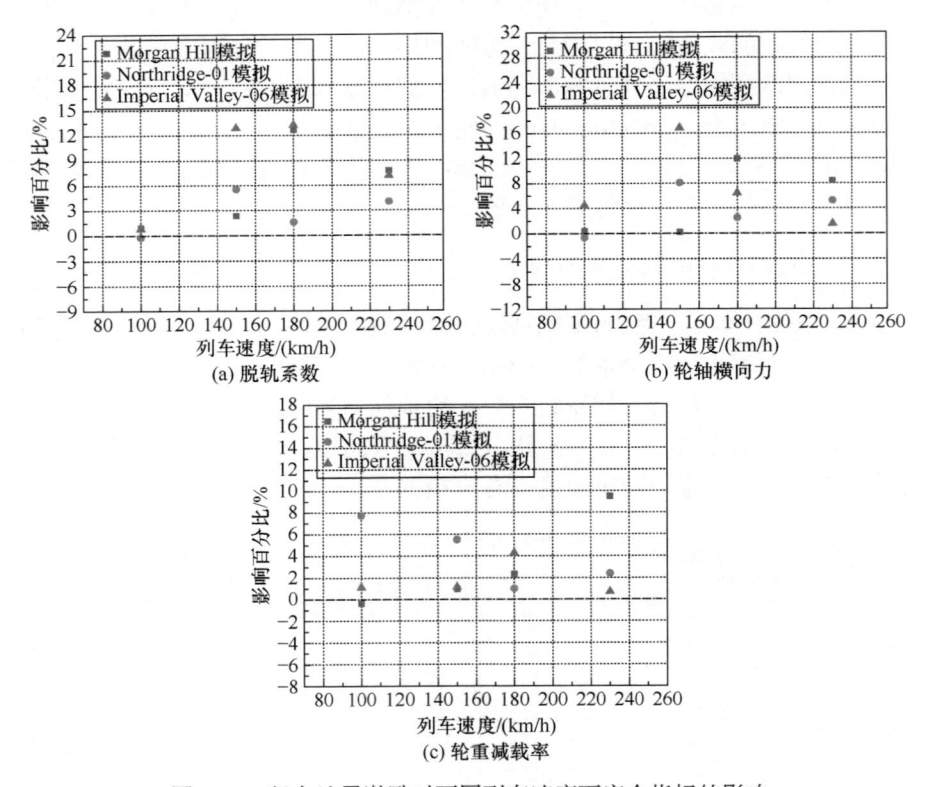

(a) 脱轨系数

(b) 轮轴横向力

(c) 轮重减载率

图 4-18　竖向地震激励对不同列车速度下安全指标的影响

图 4-19 为不同安全指标下 PGA 的安全限值。从图 4-19 可以看出，在 Northridge-01 和 Imperial Valley-06 地震激励下，同时输入横向和竖向地震激励时，脱轨系数、轮轴横向力和轮重减载率比仅输入横向地震激励的情况先达到安全限值。这表明，如果利用列车在桥上运行的安全指标来评价列车脱轨的风险，

Northridge-01 和 Imperial Valley-06 的竖向地震激励更容易使列车脱轨。竖向地震激励降低了 PGA 的安全限值，在 Northridge-01 地震激励下降低最大达 14.3%。

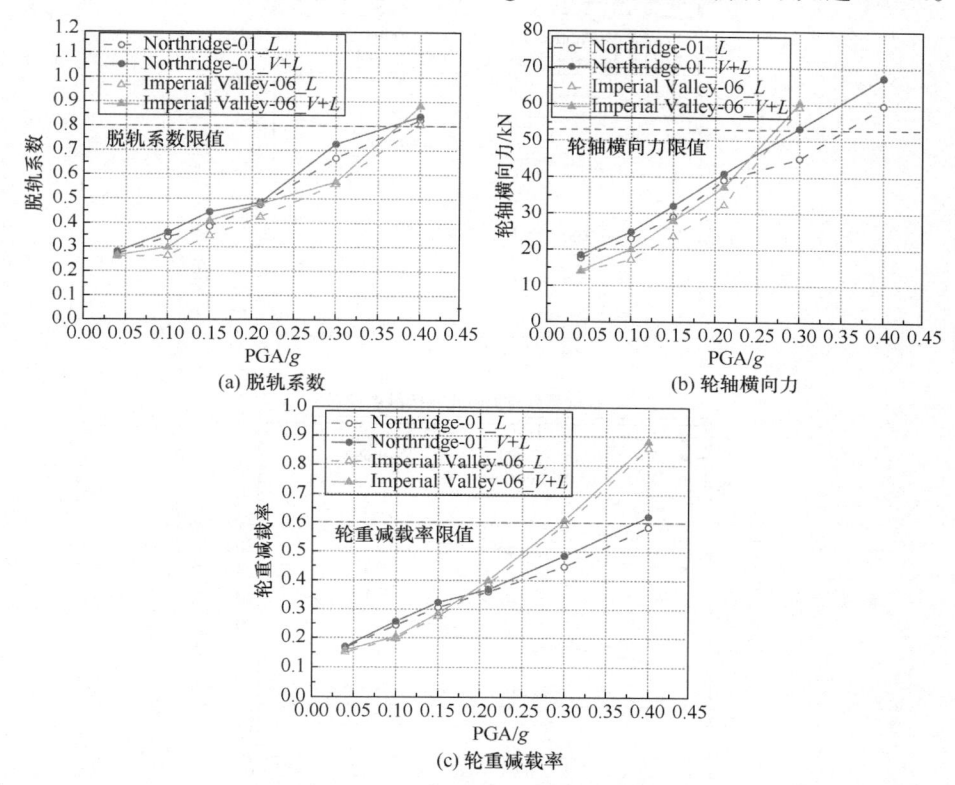

图 4-19 不同安全指标下 PGA 的安全限值

图 4-20 为不同 $V/H$ 下竖向地震激励对安全指标和轮轨参数的影响。图 4-20(a) 为不同 $V/H$ 下竖向地震激励对脱轨系数和横向轮轨接触点位置(yw)的影响。从图 4-20(a)中可以看出，随着 $V/H$ 的增大，脱轨系数 $Q/P$ 逐渐增大，轮轨接触点有向轮缘顶部移动的趋势。这表明，轮缘爬升脱轨风险随着 $V/H$ 的增大而增大。图 4-20(b)为不同 $V/H$ 下竖向地震激励对轮轴横向力 WAF 和轮轨横向力 $Q$ 的影响。由图 4-20(b)可知，随着 $V/H$ 的增大，轮轴横向力和轮轨横向力逐渐增大。由此可见，随着 $V/H$ 的增大，轨道部件的损坏程度增大，对运行安全的负面影响也随之增大。图 4-20(c)为不同 $V/H$ 下竖向地震对轮重减载率$\Delta P/P$ 和最小轮轨竖向力 $P_{min}$ 的影响。由图 4-20(c)可知，Northridge-01 同时输入横向地震激励和竖向地震激励时，$\Delta P/P$ 已超过极限值，而当仅输入横向地震激励时，$\Delta P/P$ 未超过安全限值。综上所述，随着 $V/H$ 的增大，脱轨系数、轮轴横向力和轮重减载率逐渐增大，在 Imperial Valley-06 地震激励下，当 L_PGA=0.1$g$，$V/H$ = 1.5 时，脱

轨系数、轮轴横向力和轮重减载率的增幅最大，达到27%。

(a) 脱轨系数与横向轮轨接触点位置

(b) 轮轴横向力和轮轨横向力

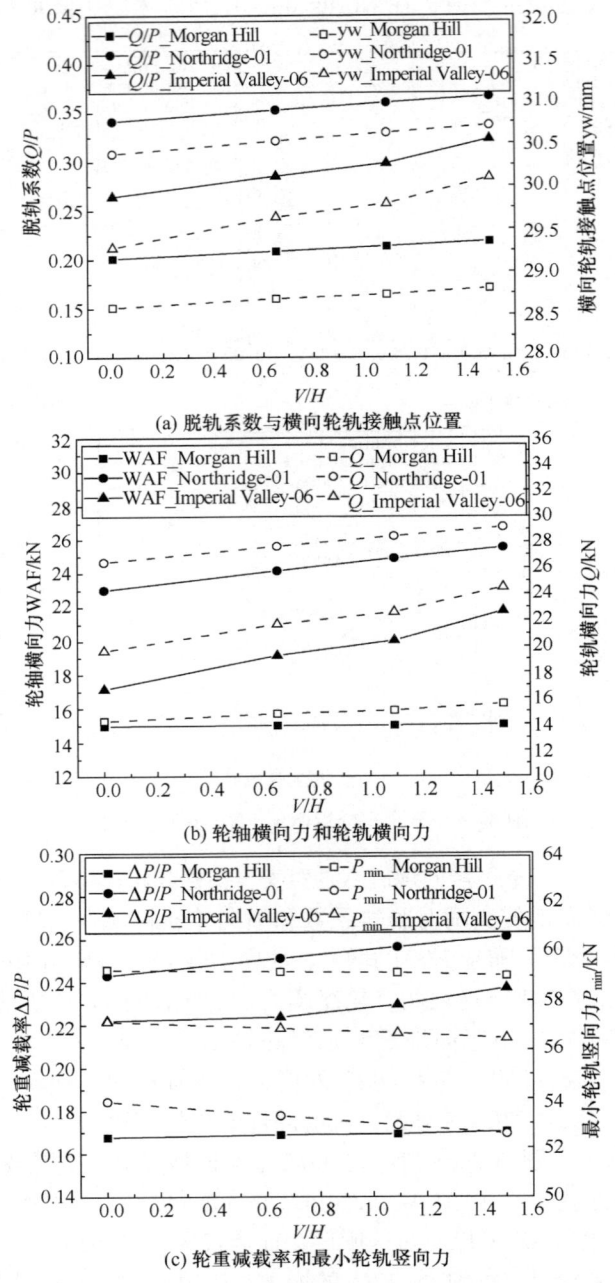

(c) 轮重减载率和最小轮轨竖向力

图 4-20　不同 $V/H$ 下竖向地震激励对安全指标和轮轨参数的影响

## 2. 脱轨机制

以 $Q$ 指代轮轨横向力，$P$ 指代轮轨竖向力，则脱轨系数的表达式($Q/P$)可转换为式(4-2)，其中 $\alpha$ 为轮缘角，$\mu$ 为摩擦系数。当 $\mu$ 为常数，$\alpha$ 在 $0\sim\pi/2$ 弧度时，脱轨系数随轮缘角弧度的增加而增大。

$$\frac{Q}{P}=\frac{\tan\alpha-\mu}{1+\mu\times\tan\alpha} \tag{4-2}$$

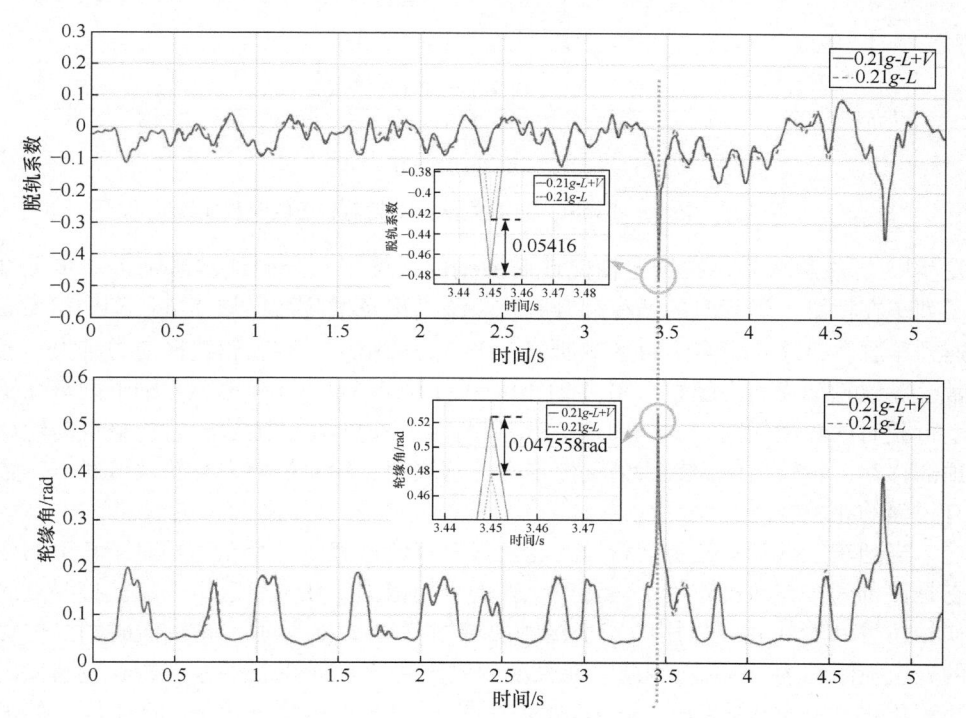

图 4-21(a)为 Imperial Valley-06 地震激励下桥上运行列车的脱轨系数、轮缘角和轮轨接触点位置。从图 4-21(a)可以看出，轮缘角随轮轨接触点横向位置的变化而变化，脱轨系数、轮缘角与轮轨接触点具有较强的相关性。当轮轨接触点向轮缘移动时，轮缘角变大，脱轨系数也变大。对比图 4-21(a)中的轮轨接触点位置，在横向地震激励和竖向地震激励下，轮轨接触点向轮缘移动的最大距离增大，使接触点有向轮缘顶部移动的趋势。需要注意的是，车轮向轨道移动会导致轮轨之间的纵向爬升和蠕滑力大幅增加，从而促进轮缘爬升脱轨情况的

(a) 脱轨系数、轮缘角和横向轮轨接触点位置

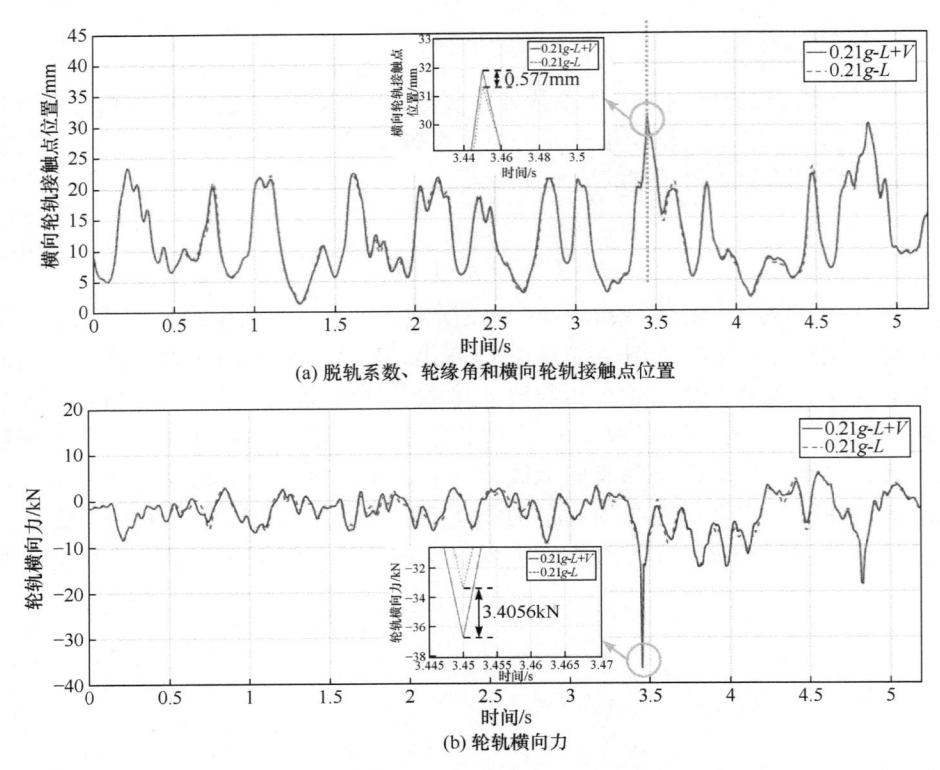

(b) 轮轨横向力

图 4-21 Imperial Valley-06 地震激励下轮对状态的时程曲线

发生[16]。这意味着，在给定横向地震激励的情况下，竖向地震激励进一步促进了列车在桥梁上运行时的凸缘爬升脱轨。该结论及试验结果与 Ling 等[12]在《高速列车脱轨机理及安全运行区域研究》中所述的结论一致。轮轨横向力越大，通常会导致轮轴横向力越大。图 4-21(b)为 Imperial Valley-06 地震激励下列车在桥上行驶时的轮轨横向力。如图 4-21(a)和图 4-21(b)所示，随着轮轨接触点向轮缘顶部移动，轮轨横向力最大值逐渐增大。这表明，轮轨横向力与轮轨接触点位置有很强的相关性。

当列车在振动轨道上运行时，轮轨接触点轨迹和 23 个轮对相对于轨道的姿态是评价列车在地震作用下运行安全性的重要依据。在本研究中，轮轨接触点的初始位置和轮轨相互作用的安全接触区域如图 4-22(a)所示，轮轨横向相对位移的安全极限约为 30cm。因此，在长度相似比为 1∶10 的试验系统中，轮轨横向相对位移的安全极限约为 3cm。如果在图 4-22(c)所示轮对状态下产生较大的纵向蠕滑力，则较大的蠕变和现有的较大摩擦系数会使左轮从轨距角向钢轨顶面滚动，造成轮缘爬升脱轨。在本研究中，由于地震的竖向分量往往比侧向分量频率更高，当输入竖向分量时，列车垂直受到高频轮轨冲击振动，这会增加轮轨间的

第 4 章 竖向地震对高铁桥上行车安全影响探究

法向力。当列车以恒定速度运行时，较高的法向力导致较大的纵向蠕滑力。此外，列车在桥上运行时，受到横向地震激励的输入和侧向轨道不平顺的影响，会出现如图 4-22(c)所示的轮对状态。因此，竖向地震激励将促使左车轮沿轨肩向上滚动，轮轨接触点向轮缘顶部移动。

(a) 轮轨安全接触区绝对坐标系

(b) 轮轨接触状态和轮缘角度

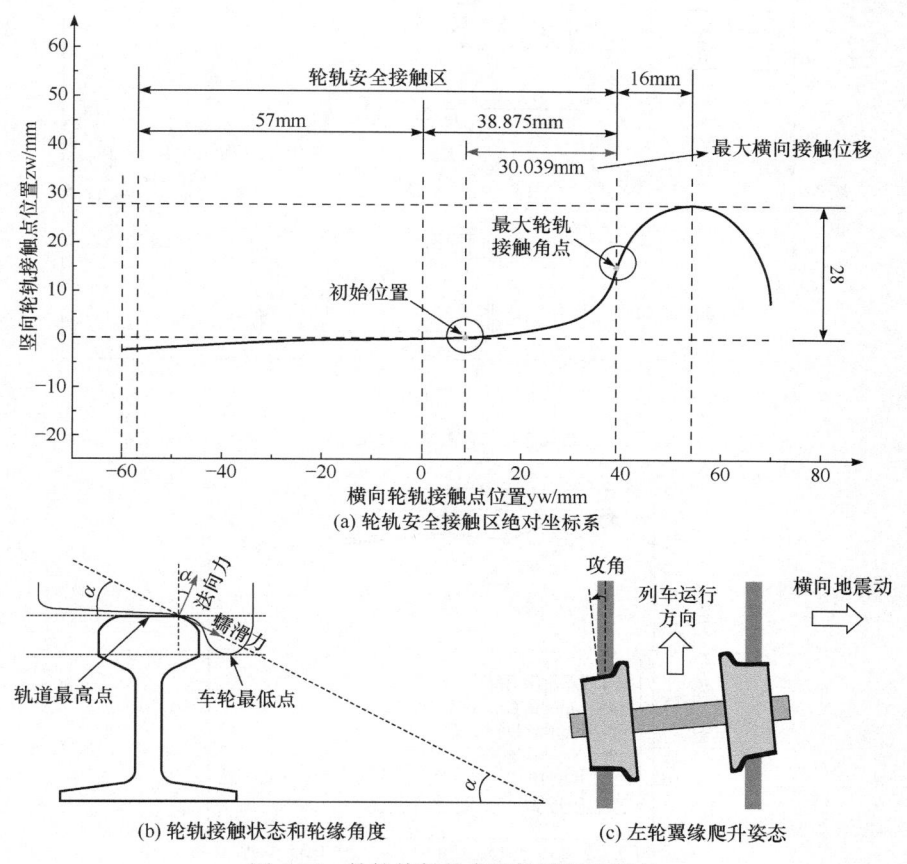

(c) 左轮翼缘爬升姿态

图 4-22 轮轨接触状态和轮缘爬升姿态

参数 $z_w$ 与 $y_w$ 分别描述如图 4-22(a)所示的轮轨相互作用的竖向轮轨接触点位置与横向轮轨接触点位置。

选取峰值地面加速度 $0.4g$ 水平下右后轮的轮轨竖向力，其时程如图 4-23 所示。从图 4-23 可以看出，当同时输入横向地震激励和竖向地震激励时，轮轨竖向力的变化更为剧烈。轮轨竖向力最大值增加 4.432kN，最小值减少 4.5542kN。另外，不同 PGA 地震激励下的最小轮轨竖向力如图 4-24 所示。

由图 4-24 可知，同时输入横向地震激励和竖向地震激励时，轮轨竖向力的最小值始终小于仅输入横向地震激励时的最小值。由图 4-20(c)和图 4-24 可以看出，随着 $V/H$ 的增大，轮重减载率逐渐增大，轮轨竖向力的最小值逐渐趋于 0。这说明，竖向地震激励促进了脱轨的发生，且脱轨的可能性随着 $V/H$ 的增大而增大。

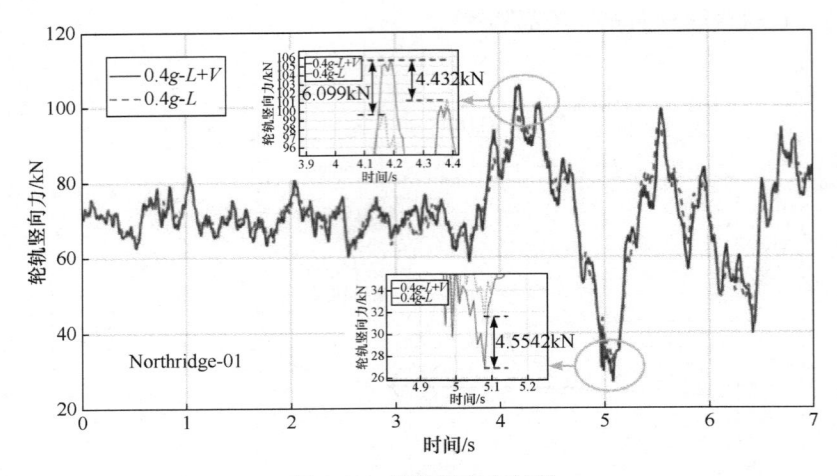

图 4-23　轮轨竖向力时程

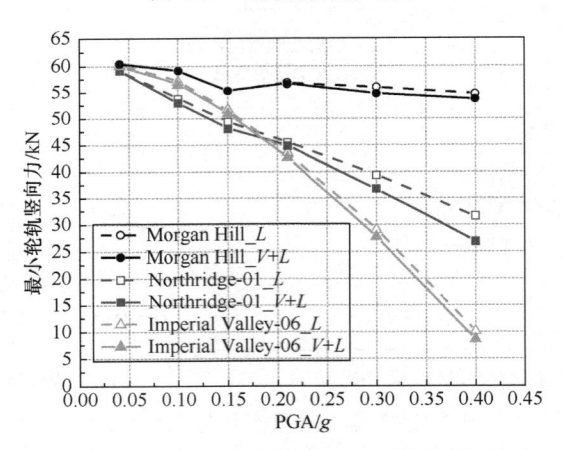

图 4-24　不同 PGA 地震激励下的最小轮轨竖向力

## 4.4　本 章 小 结

本章依据本书第 1～3 章内容，利用搭建的试验系统平台，验证了本书 3.2.2 节介绍的 A、B、C、D 四种模型在不同近断层地震工况下数值模型的可行性。然后以安全性和舒适性指标为评价标准，对试验数据和数值数据进行分析，揭示近断层竖向地震激励对桥上列车运行安全性的影响。最后，利用试验的轮轨相对

位移和数值模拟的脱轨评价指标,分析近断层竖向地震激励对桥上列车脱轨的影响,探讨列车脱轨的机理。本章主要结论如下:

(1) 近断层竖向地震激励普遍对桥上列车运行安全产生负向影响,其中 Imperial Valley-06 地震激励下的影响最大,达到 27%。负向冲击随横向峰值加速度比的增大而增大,但与列车速度的变化无直接关系。此外,由于竖向地震作用,峰值的加速度安全限值往往降低,在 Northridge-01 地震激励下,峰值的加速度安全限值最大可降低 14.3%。

(2) 在给定横向地震激励的情况下,竖向地震激励进一步增加了轮轨接触点向车轮凸缘横向移动的最大距离。由于这种现象,轮轨接触点趋于向轮缘顶部移动,增大了列车在桥上运行时轮缘爬升脱轨的风险。轮轨横向力和轮轴横向力的增大可能与轮轨接触点的侧向位移有关。

(3) 竖向地震激励使轮轨竖向力发生急剧变化,其最小值减小,最大降幅可达 12%,增大了跳跃脱轨的风险。竖向地震激励越大,跳跃脱轨的可能性越大。

(4) 近断层竖向地震激励对桥梁上列车运行的舒适性有负向影响,在 Northridge-01 地震激励下的负向影响最大,达到 41%。负向影响主要体现在垂直舒适性上,而不是侧向舒适性上。此外,竖向地震激励对列车竖向峰值加速度的影响可能与此时竖向地震激励的输入方向有关。

(5) 近断层竖向地震激励显著增加了桥梁跨中竖向峰值加速度,但对桥梁跨中横向峰值加速度影响不大。竖向地震激励对桥梁跨中加速度的影响与列车在桥上运行的速度没有直接关系。当列车行驶在竖向加速度响应刚好达到峰值的桥梁上时,竖向地震激励对桥梁跨中加速度的影响最大。

上述结论适用于有简支桥的车-轨-桥体系,但不适用于与简支桥有较大区别的其他类型桥梁体系。对于系统中不同类型的列车和轨道结构,在不考虑对轨道结构损伤的情况下,上述结论具有一定的通用性。

## 参 考 文 献

[1] Saadeghvariri M A, Foutch D A. Dynamic behaviour of R/C highway bridges under the combined effect of vertical and horizontal earthquake motions[J]. Earthquake Engineering & Structural Dynamics, 1991, 20(6):535-549.

[2] Broekhuizen D S. Effects of vertical acceleration on prestressed concrete bridges[D]. Austin: University of Texas at Austin, 1996.

[3] Yu C P, Broekhuizen D S, Roesset J, et al. Effect of vertical ground motion on bridge deck response[J]. National Center for Earthquake Engineering Research, 1997, 97: 249-263.

[4] Goel R K, Chopra A K. Evaluation of bridge abutment capacity and stiffness during earthquakes[J]. Earthquake Spectra, 1997, 13(1): 1-23.

[5] Papazoglou A J, Elnashai A S. Analytical and field evidence of the damaging effect of vertical earthquake ground motion[J]. Earthquake Engineering & Structural Dynamics, 1996, 25(10): 1109-1137.

[6] Sogabe M, Ikeda M, Yanagisawa Y. Train-running quality during earthquakes and its improvement for railway long span bridges[J]. Quarterly Report of RTRI, 2007, 48(3): 183-189.

[7] Ju S H. Nonlinear analysis of high-speed trains moving on bridges during earthquakes[J]. Nonlinear Dynamics, 2012, 69(1): 173-183.

[8] Kawanishi T, Murono Y, Miyamoto T, et al. The influence of seismic motion with ground irregularity on the dynamic behavior of railway vehicles[J]. Quarterly Report of RTRI, 2009, 50(2): 89-94.

[9] Xia H, Han Y, Zhang N, et al. Dynamic analysis of train-bridge system subjected to non-uniform seismic excitations[J]. Earthquake Engineering & Structural Dynamics, 2006, 35(12): 1563-1579.

[10] Guo W, Zeng C, Gou H Y, et al. Rotational friction damper's performance for controlling seismic response of high speed railway bridge-track system[J]. Computer Modeling in Engineering & Sciences, 2019, 120(3): 491-515.

[11] Jin Z B, Pei S L, Li X Z, et al. Effect of vertical ground motion on earthquake-induced derailment of railway vehicles over simply-supported bridges[J]. Journal of Sound and Vibration, 2016, 383: 277-294.

[12] Ling L, Xiao X B, Jin X S. Study on derailment mechanism and safety operation area of high-speed trains under earthquake[J]. Journal of Computational and Nonlinear Dynamics, 2012, 7(4): 041001.

[13] Miyamoto T, Matsumoto N, Sogabe M, et al. Full-scale experiment on the dynamic behavior of railway vehicles against heavy track vibration[J]. Journal of Environment and Engineering, 2007, 2(2):419-428.

[14] 李昊, 张鸿儒, 于仲洋, 等. 地震作用下车辆-轨道系统轮轨动态响应试验研究[J]. 振动与冲击, 2020, 39(2): 132-140.

[15] Yu J, Jiang L, Zhou W, et al. Running test on high-speed railway track-simply supported girder bridge systems under seismic action[J]. Bulletin of Earthquake Engineering, 2021, 19(9): 3779-3802.

[16] Xiao X B, Jin, X S, Deng Y Q, et al. Effect of curved track support failure on vehicle derailment[J]. Vehicle System Dynamics, 2008, 46(11):1029-1059.

# 第 5 章 场地类型对震时高铁桥上行车安全影响探究

## 5.1 概　　述

地震具有强随机性，其特性主要受到震源机制与场地特征的影响。

工程场地是地震波传播的载体，场地的滤波作用显著影响不同场地类型地震的频谱成分。国内外若干地震示例都已证明不同场地类型的震害存在显著差异，也吸引了众多学者对其进行探究：张骞[1]分析了不同频谱特性对不同场地类型地震激励下列车运行的影响，揭示了车-轨-桥系统的动力响应与场地条件密切相关，并基于列车运行安全指标得出在不同地震激励条件下允许的速度限值；王少林[2]分析和评估了不同场地类型地震激励下高速列车运行的桥梁安全性，提供了基于自编分析平台的安全列车限速建议。

本章旨在依据本书第 1~3 章构建的模拟测试技术与试验系统，以不同场地类型地震为切入点，分析不同场地类型地震试验工况下相关行车试验数据，探讨不同场地类型横向地震激励对高铁桥上行车安全的影响。

## 5.2 试 验 设 计

### 5.2.1 测点布置

本试验依据本书 1.4 节搭建的试验平台及 3.2 节测试计划相关内容，完成试验模型建立并进行试验。

基于本书 2.3 节模型轨-桥系统常规测点布置及缩尺模型位移传感器布置，对部分测点进行调整以开展本章试验，具体如下：在墩顶、第 7 跨桥顶部和列车顶部放置加速度传感器，测量并记录列车、桥梁结构的频率和加速度响应。传感器的具体位置和数量如图 5-1 所示。

图 5-1　传感器的具体位置和数量

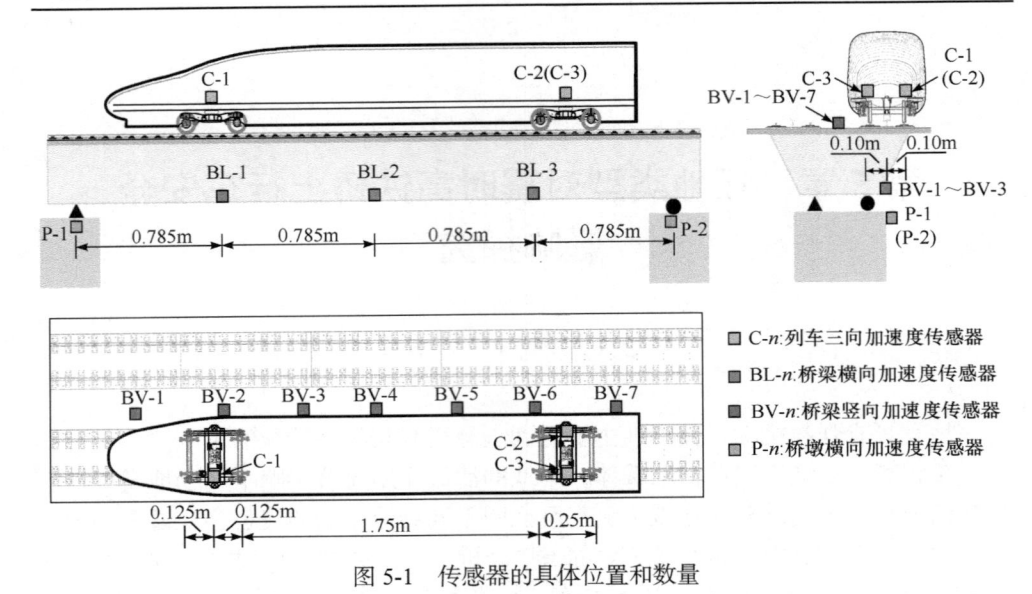

## 5.2.2　数值模型验证

### 1. 试验激励

试验中的轨道不平顺测量数据详见图 3-5。

本章试验主要研究不同场地类型、PGA 下，地震激励对行车安全性的影响。III类和IV类场地分别选择 Imperial Valley 地震和 Loma Prieta 地震，同时选取《铁路工程抗震设计规范(2009 年版)》(GB 50111—2006)[3]中对应 7 度地震设防烈度的设计地震(0.10g)和高水平地震(0.21g)，测试不同的 PGA 水平。考虑到缩尺试验段总长度(38m)，选取的列车速度分别为 8.78m/s 和 13.18m/s。具体测试条件如表 5-1 所示。

表 5-1　测试条件

| 工况 | 地震名称 | 场地类型 | 峰值地面加速度(PGA)/g | 列车速度/(m/s) |
|---|---|---|---|---|
| 1 | Imperial Valley | III型 | 0.10 | 13.18 |
| 2 | Loma Prieta | IV型 | 0.10 | 13.18 |
| 3 | Imperial Valley | III型 | 0.21 | 13.18 |
| 4 | Imperial Valley | III型 | 0.10 | 8.78 |

本书 3.3 节详细介绍了缩尺试验模型与原型理论模型之间的有效性验证，依据同样的验证方式对本章试验进行再次验证。4 种不同模态间轨-桥模型的固有

频率及列车模型的固有频率已在本书 3.3.1 节进行了详细比较(数据见表 3-2 及表 3-3),在此不再赘述。

2. 缩尺试验模型和缩尺试验数值模型的验证

验证时需要在与缩尺试验模型(模型 A)相同的试验条件下对缩尺试验数值模型(模型 B)进行模拟。列车和桥梁的加速度响应实测试验值与模拟值对比见表 5-2。对于桥梁跨中横向峰值加速度,实测值与模拟值的相对误差在 8%以内。列车横向峰值加速度和竖向峰值加速度的实测值与模拟值的相对误差基本在 10%以内。对比结果表明,在改变场地类型、PGA 和列车速度的情况下,列车和桥梁的加速度响应趋势与试验结果基本一致。

表 5-2　模型 A 与模型 B 的车-桥峰值加速度响应

| 工况 | 指标 | 试验结果 | 仿真结果 | 相对误差 |
| --- | --- | --- | --- | --- |
| 1 | 桥梁跨中横向峰值加速度 | 1.56m/s$^2$ | 1.64m/s$^2$ | 5.13% |
|   | 列车竖向峰值加速度 | 4.28m/s$^2$ | 3.96m/s$^2$ | −7.48% |
|   | 列车横向峰值加速度 | 2.16m/s$^2$ | 2.34m/s$^2$ | 8.33% |
| 2 | 桥梁跨中横向峰值加速度 | 1.21m/s$^2$ | 1.18m/s$^2$ | −2.48% |
|   | 列车竖向峰值加速度 | 5.54m/s$^2$ | 4.99m/s$^2$ | −9.93% |
|   | 列车横向峰值加速度 | 2.86m/s$^2$ | 2.70m/s$^2$ | −5.59% |
| 3 | 桥梁跨中横向峰值加速度 | 3.09m/s$^2$ | 3.15m/s$^2$ | 1.94% |
|   | 列车竖向峰值加速度 | 5.05m/s$^2$ | 4.22m/s$^2$ | −16.44% |
|   | 列车横向峰值加速度 | 4.02m/s$^2$ | 3.87m/s$^2$ | −3.73% |
| 4 | 桥梁跨中横向峰值加速度 | 1.50m/s$^2$ | 1.61m/s$^2$ | 7.33% |
|   | 列车竖向峰值加速度 | 2.02m/s$^2$ | 2.19m/s$^2$ | 8.42% |
|   | 列车横向峰值加速度 | 1.65m/s$^2$ | 1.81m/s$^2$ | 9.70% |

以工况 1 为例,试验和仿真测得的加速度响应时程曲线和频谱图如图 5-2 所示,试验和仿真的桥梁跨中横向峰值加速度分别为 1.56m/s$^2$ 和 1.64m/s$^2$,相对误差为 5.13%,时程曲线图的相位和峰值吻合良好。从频谱图可以看出,试验和仿真结果对应的主频分别为 15.64Hz 和 15.59Hz,相对误差仅为−0.32%。由图 5-2(b)和图 5-2(c)可知,试验和仿真的列车横向峰值加速度分别为 2.16m/s$^2$ 和 2.34m/s$^2$,相对误差为 8.33%。试验和仿真列车竖向峰值加速度分别为 4.28m/s$^2$ 和 3.96m/s$^2$,相对误差为−7.48%。此外,列车的试验和仿真结果表明,列车的加速度时程曲线及主频基本一致。

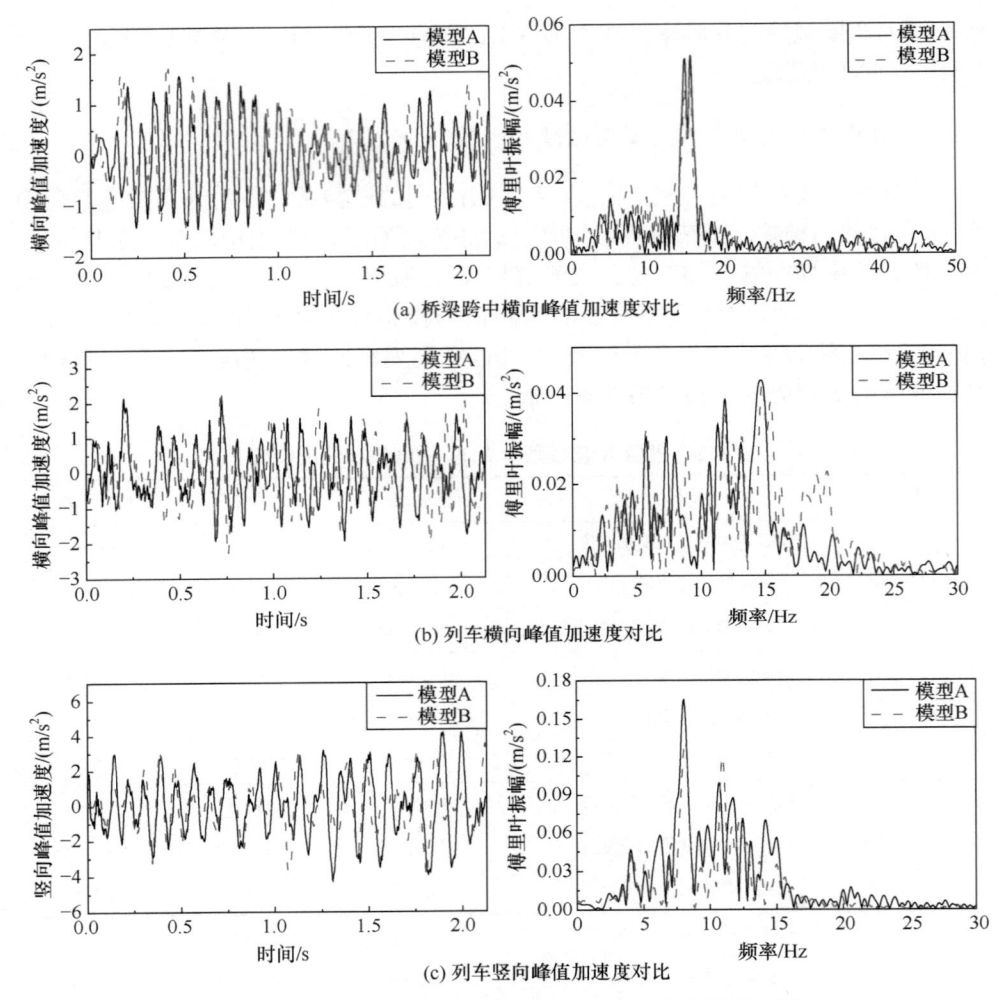

图 5-2　工况 1 条件下试验与仿真模型的加速度结果比较

综上所述，列车和桥梁的总体响应趋势是一致的，这说明试验结果(缩尺试验模型)与模拟结果(缩尺试验数值模型)是一致的。

3. 缩尺理论模型和原型理论模型的验证

以工况 1 为例，列车轮轨横向力和轮轨竖向力时程对比如图 5-3 所示。测点在第一轮对左轮轨上。缩尺理论模型(模型 C)和原型理论模型(模型 D)的轮轨竖向力范围分别为 59.88~82.21kN 和 61.03~81.02kN。模型 C 的轮轨横向力范围为–4.49~20.43kN，模型 D 的轮轨横向力范围为–4.64~19.64kN。图 5-4 和图 5-5 分别显示了列车横向加速度和竖向加速度响应的时程曲线和频谱图比较。横向峰值加速度分别为 0.65m/s² 和 0.63m/s²。竖向峰值加速度分别为 0.24m/s² 和 0.25m/s²。原型理论模型与缩尺理论模型的主加速度频率一致，响应结果总体趋势一致，各时程峰值点对应良好，因此可以认为缩尺理论模型可以反映原型理论模型经过设计后的动态响应。

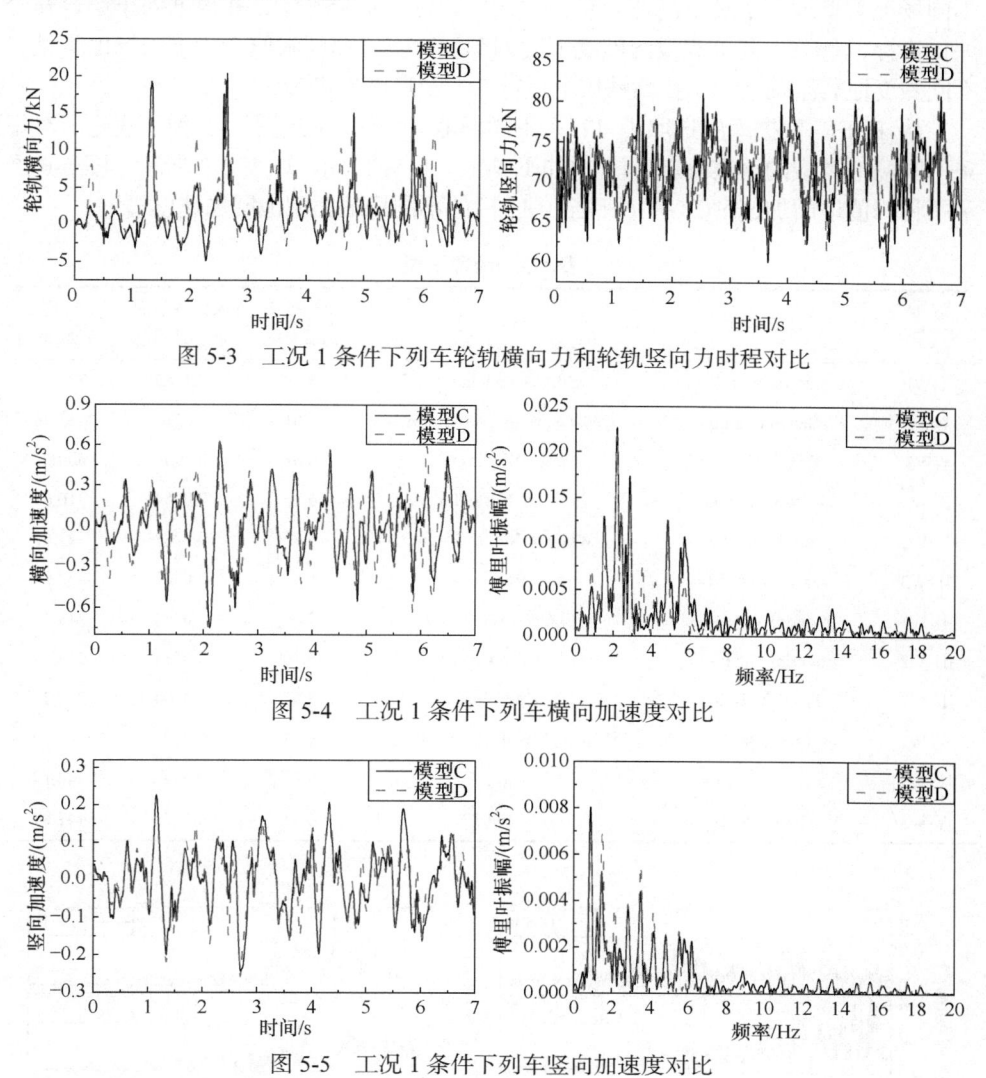

图 5-3 工况 1 条件下列车轮轨横向力和轮轨竖向力时程对比

图 5-4 工况 1 条件下列车横向加速度对比

图 5-5 工况 1 条件下列车竖向加速度对比

综上所述，通过对试验结果与数值模拟结果进行对比验证，发现仿真结果与试验结果吻合较好，能够较准确地再现实际工程现象。基于仿真技术的原型理论模型能有效地模拟和反映地震激励下高铁桥上行车实际物理状态的动力特性。

### 5.2.3 工况设计

远场地震激励的垂直分量通常较小，因此横向地震激励是影响列车安全的主要因素[4]。本试验主要关注横向地震激励下高铁桥上列车运行的安全性问题，研究不同场地类型地震激励下高速列车在桥梁上运行的安全顺序，并根据列车运行安全评价指标，计算不同抗震设防烈度下的列车运行安全速度限值，为不同场地类型、不同烈度地震激励下列车在高铁桥上运行的安全速度提供参考。

从 PEER 数据库中选取了 12 条不同场地类型的地震记录，为便于表达，对每条不同场地类型的地震设定了代号（如Ⅰ-W1、Ⅰ-W2 等），如表 5-3 所示。图 5-6 展示了将峰值地面加速度(PGA)调整至 0.1g 后的不同场地类型地震加速度谱图。

表 5-3 地震记录

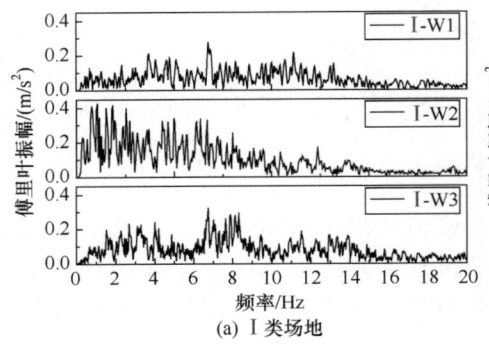

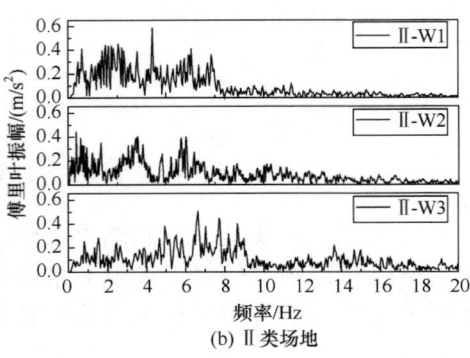

| 地震代号 | 地震名称 | 观测台名称 | 里氏地震强度等级 | 原始峰值地面加速度/g | 剪切波速/(m/s) |
|---|---|---|---|---|---|
| Ⅰ-W1 | Morgan Hill | Gilroy-Gavilan Coll | 6.19 | 0.1182 | 729.65 |
| Ⅰ-W2 | San Fernando | Cedar Springs_ Allen Ranch | 6.61 | 0.0219 | 813.48 |
| Ⅰ-W3 | San Fernando | Lake Hughes #4 | 6.61 | 0.1944 | 600.06 |
| Ⅱ-W1 | Victoria Mexico | SAHOP Casa Flores | 6.33 | 0.0954 | 316.64 |
| Ⅱ-W2 | San Fernando | Wheeler Ridge-Ground | 6.61 | 0.0283 | 347.67 |
| Ⅱ-W3 | Friuli_Italy-01 | Barcis | 6.50 | 0.0303 | 352.05 |
| Ⅲ-W1 | Imperial Valley-03 | El Centro Array #9 | 5.60 | 0.0304 | 213.44 |
| Ⅲ-W2 | Imperial Valley-05 | El Centro Array #9 | 5.40 | 0.0531 | 213.44 |
| Ⅲ-W3 | Friuli_Italy-02 | Codroipo | 5.91 | 0.0294 | 249.28 |
| Ⅳ-W1 | Loma Prieta | Alameda Naval Air Stn Hanger | 6.93 | 0.2188 | 190.00 |
| Ⅳ-W2 | Chuetsu-oki_Japan | IBRH10 | 6.80 | 0.0348 | 144.14 |
| Ⅳ-W3 | Tottori_Japan | YMG012 | 6.61 | 0.0152 | 142.87 |

(a) Ⅰ类场地

(b) Ⅱ类场地

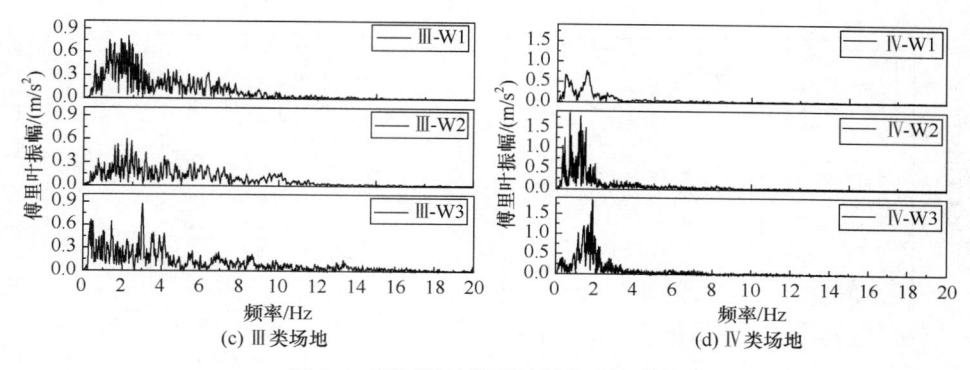

图 5-6　不同场地类型地震加速度谱图

## 5.3　探究与结论

本节给出了车-轨-桥系统的试验结果和数值结果[5]，用于研究不同场地类型横向地震激励对高铁桥上列车运行安全性的影响。

### 5.3.1　列车运行安全分析

中国高速铁路列车安全运行的评价指标包括脱轨系数(DF)、轮重减载率(UR，定义为卸载轮轨竖向力与静态轮轨竖向力的比值)、轮轴横向力(WAF，为轮对上轮轨横向力的总和)。为便于表述，以 $Q$ 指代轮轨横向力，$P$ 指代轮轨竖向力，$\Delta P$ 指代卸载轮轨竖向力，则三项指标的表达式和余量定义如下[6]：

脱轨系数为

$$\mathrm{DF} = Q/P \leqslant 0.8$$

轮重减载率为

$$\mathrm{UR} = \Delta P/P \leqslant 0.6$$

轮轴横向力为

$$\mathrm{WAF} \leqslant 0.85(15 + P_w/3) = 53\mathrm{kN}$$

其中，$P_w$ 为静轴重。

分析不同场地类型和地震烈度条件下高铁桥上列车运行的安全性，列车速度保持在 150km/h，PGA 调整为 $0.04g$、$0.10g$、$0.15g$、$0.21g$ 和 $0.25g$。以 I-W1、II-W1、III-W1 和 IV-W1 四种场地的地震激励为例，图 5-7～图 5-13 为不同场地类型和 PGA 下车-轨-桥系统结构动力响应峰值及安全指标。

图 5-7 显示了四种不同场地类型下桥梁跨中最大横向加速度随 PGA 的变化情况。在地震激励作用下，桥梁横向峰值加速度在不同场地条件下变化显著，在 II 类场地条件下，II-W1 地震激励的桥梁横向加速度响应最大。一方面，本次地震

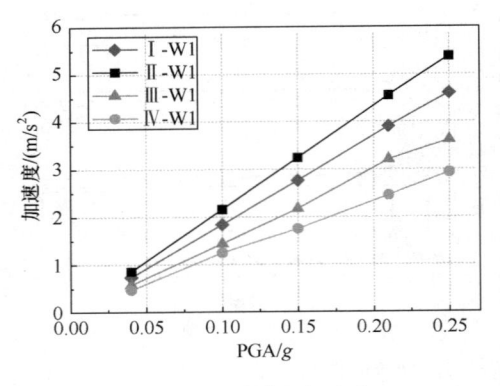

图 5-7　桥梁横向加速度

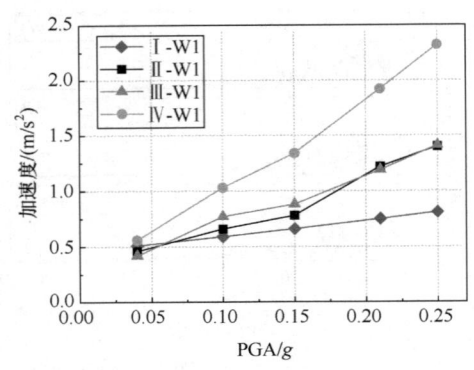

图 5-8　列车横向加速度

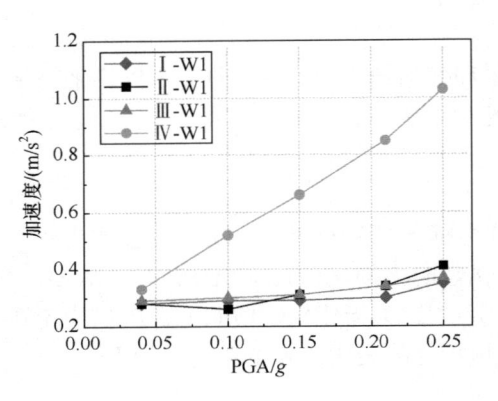

图 5-9　列车竖向加速度

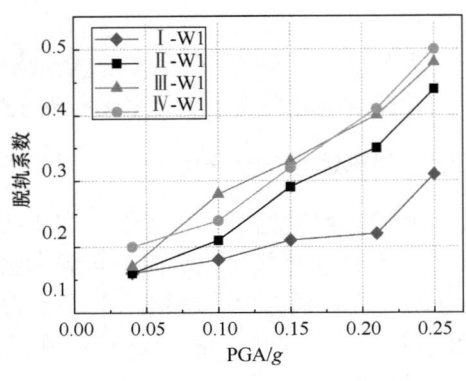

图 5-10　脱轨系数

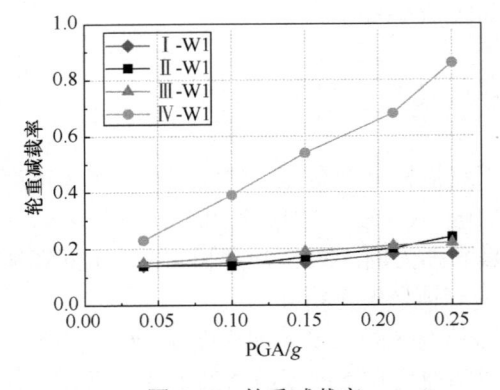

图 5-11　轮重减载率

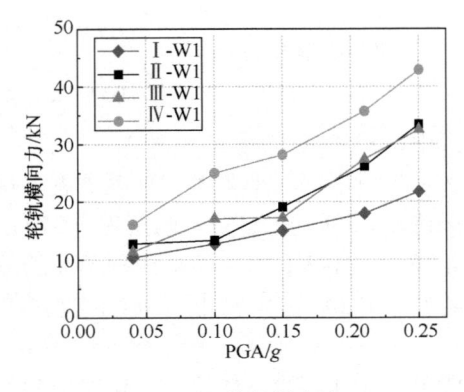

图 5-12　轮轨横向力

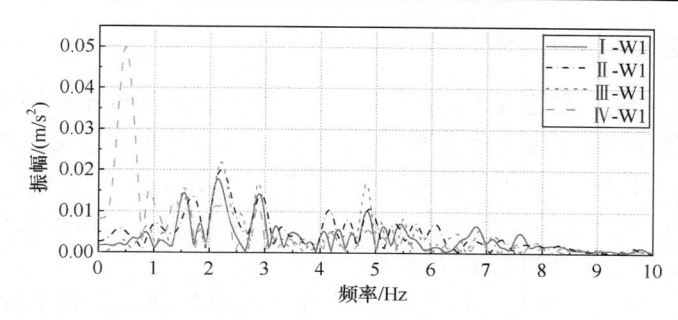

图 5-13　四种场地类型地震激励下列车的横向加速度响应

加速度主频(4.30Hz)较其他三次地震更接近桥墩横向一阶频率(5.67Hz)，桥梁横向加速度响应放大系数为 2.15。另一方面，Ⅳ类场地的Ⅳ-W1 地震激励主频与桥墩横向主频距离最远，放大系数为 1.2。结果表明：Ⅱ-W1 地震激励下桥梁结构的振动最大，Ⅳ-W1 地震激励下桥梁结构的振动最小。

四种场地类型下列车的最大横向加速度和竖向加速度随 PGA 变化如图 5-8 和图 5-9 所示。在Ⅳ类场地的Ⅳ-W1 地震激励下，列车加速度最敏感，列车峰值加速度显著高于其他 3 种场地的峰值加速度。图 5-13 为列车在四种场地类型地震激励下列车的横向加速度频谱图，运行速度为 150km/h，PGA 为 0.10$g$。与其他三种地震激励相比，Ⅳ-W1 地震激励下列车加速度响应谱的能量集中明显，为 0.46Hz。该频率与列车的一阶滚动频率相对应，说明在Ⅳ-W1 地震激励下发生了列车共振，使得该地震激励下的列车响应明显高于其他 3 次地震记录。

在四种场地类型地震激励下，不同 PGA 下的脱轨系数、轮重减载率和轮轨横向力变化曲线如图 5-10～图 5-12 所示。在 Ⅰ-W1、Ⅱ-W1 和Ⅲ-W1 地震激励下，除轮重减载率随 PGA 的增加而缓慢增加外，其余两项指标均随 PGA 的增加而显著增加。这说明，Ⅰ-W1、Ⅱ-W1 和Ⅲ-W1 地震激励下的轮重减载率受 PGA 变化的影响较小。而在Ⅳ-W1 地震激励下，列车共振引起的 PGA 变化对轮重减载率有显著影响。当 PGA 达到 0.21$g$ 时，相应的轮重减载率为 0.68，超过了 0.6 的安全限值，而在其他三种场地类型的地震激励下，该系数均未超过安全限值。在不同的地震激励下，轮轨横向力随 PGA 的增加呈明显的增大趋势。对于脱轨系数，即轮轨横向力与轮轨竖向力之比，在不同场地类型的地震激励下，其增加趋势无明显规律。

由图 5-7～图 5-12 可以看出，虽然Ⅱ类场地中桥梁的放大效应最大，但Ⅳ类场地列车在地震激励下的安全性最低，说明靠近列车主频的地震激励比靠近桥梁主频的地震激励对列车运行安全的不利影响更大。结合列车加速度与安全指标曲线，轮重减载率指标与列车竖向加速度的趋势一致，轮轨横向力指标与列车横向加速度的趋势一致。

### 5.3.2 列车速度安全限值探究

本小节以 PGA 和速度为主要参数，求出地震激励下列车在桥上运行的速度安全限值。每种场地类型选择三种地震激励，如表 4-1 所示，每种场地类型的列车速度安全限值由所选三种地震激励中最不利的限值确定。

根据每种场地类型的所有地震激励的限值线，可以得到在所选地震激励下保证列车在桥上安全运行的速度限值图。

本小节分别以 Ⅰ-W1、Ⅱ-W1、Ⅲ-W1、Ⅳ-W1 地震激励下的试验结果为例，根据安全限值，将整个区域分别划分为低于安全限值的安全区和高于安全限值的危险区，从而得到不同场地类型对应地震激励下系由脱轨系数、轮重减载率、轮轨横向力指标确定的列车速度安全限值，见图 5-14～图 5-17 各图中的(a)、(b)、(c)。为研究不同场地类型地震激励下列车速度安全限值，又采用相似方法结合不同场地类型下其他地震记录得到试验结果，绘制出不同场地类型地震激励下列车在桥上运行的速度安全限值，见图 5-14～图 5-17 各图中的(d)。

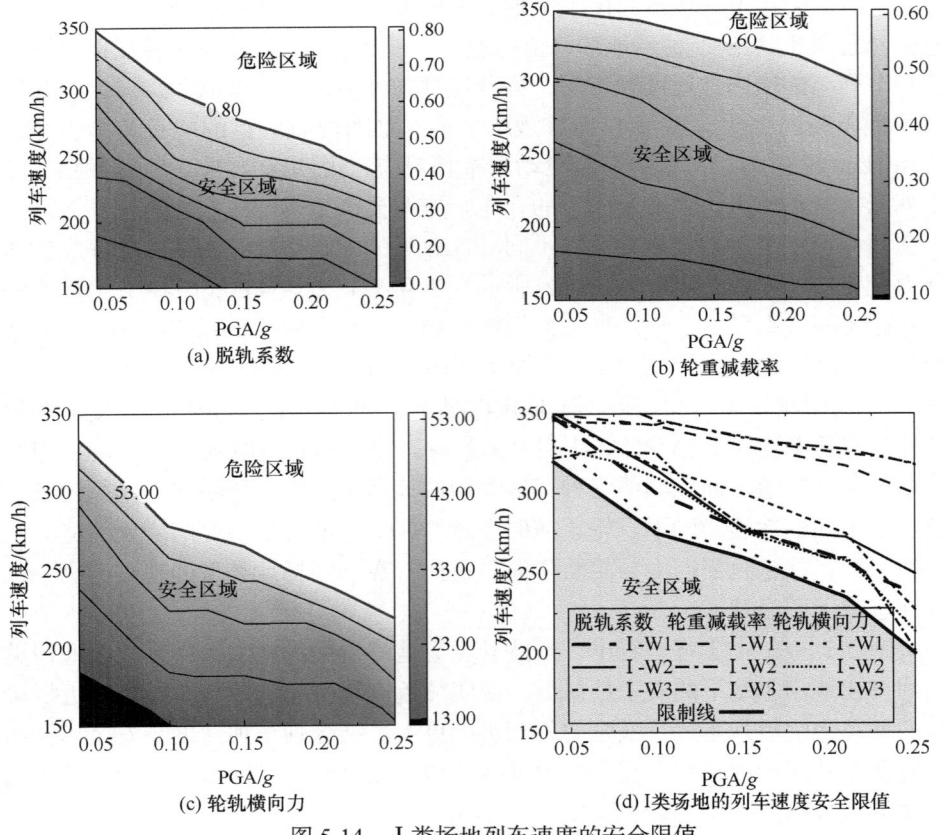

(a) 脱轨系数

(b) 轮重减载率

(c) 轮轨横向力

(d) Ⅰ类场地的列车速度安全限值

图 5-14　Ⅰ类场地列车速度的安全限值

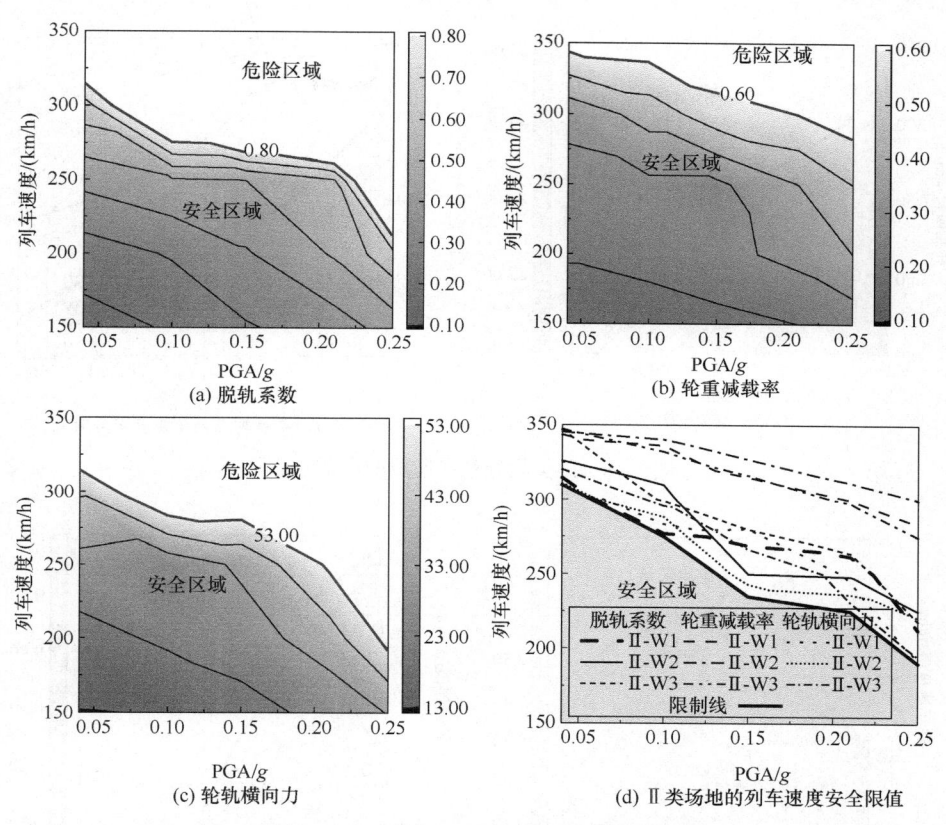

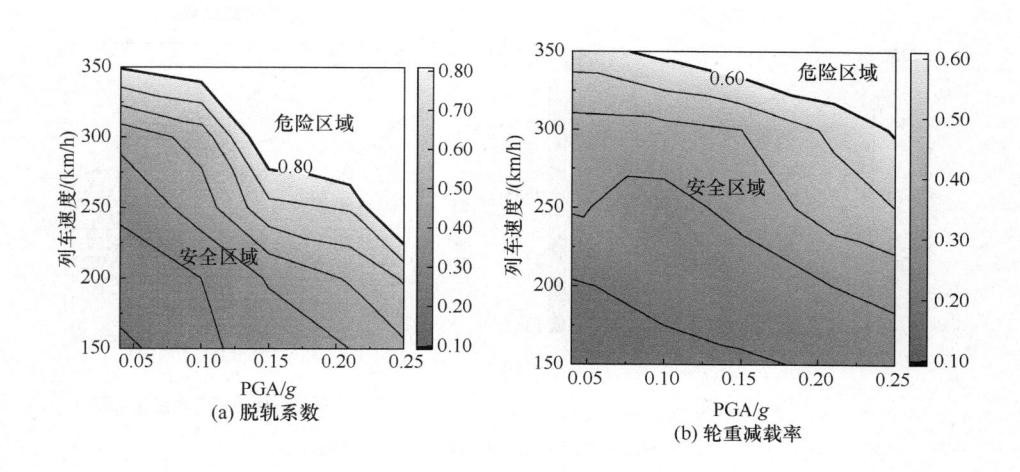

第 5 章　场地类型对震时高铁桥上行车安全影响探究

(a) 脱轨系数
(b) 轮重减载率
(c) 轮轨横向力
(d) Ⅱ类场地的列车速度安全限值

图 5-15　Ⅱ类场地列车速度的安全限值

(a) 脱轨系数
(b) 轮重减载率

(c) 轮轨横向力

(d) III类场地的列车速度安全限值

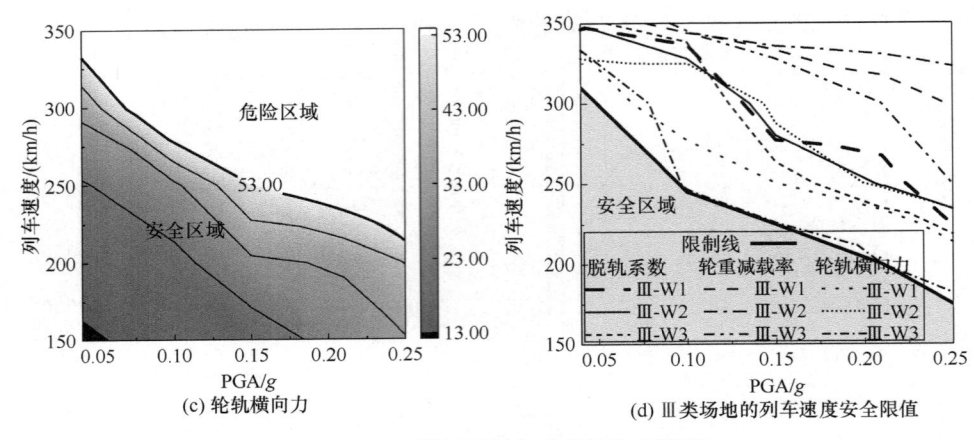

图 5-16　III类场地列车速度的安全限值

(a) 脱轨系数

(b) 轮重减载率

(c) 轮轨横向力

(d) IV类场地的列车速度安全限值

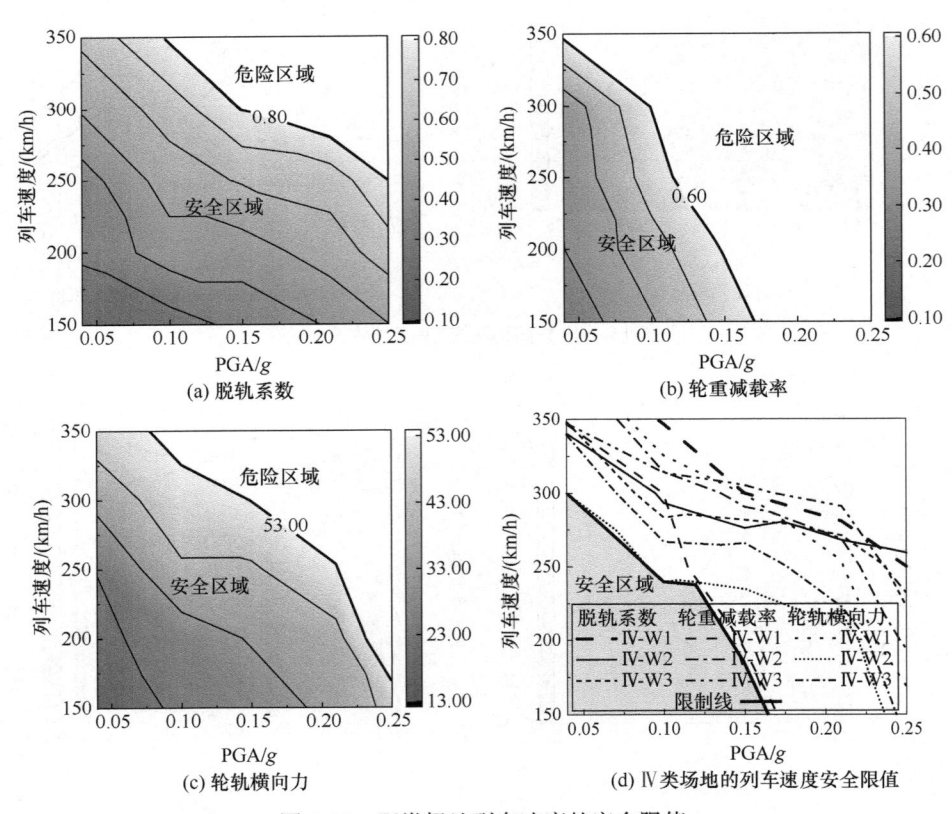

图 5-17　IV类场地列车速度的安全限值

试验结果表明，在相同的 PGA 下，与列车速度相关的三个安全指标均有所增加，随着列车速度的增加，安全指标等高线趋于密集，即列车速度越快，对地震激励越敏感。

Ⅰ类场地在相关地震激励下，脱轨系数和轮轨横向力随 PGA 的增大而以相同的速度显著增大。当列车速度低于 200km/h 时，轮重减载率随 PGA 的增加而缓慢增加，而当列车速度超过 200km/h 时，轮重减载率有明显的增加趋势。

Ⅱ类场地各安全指标的主要规律与Ⅰ类场地一致，但与Ⅰ类场地相比，地震激励下的速度和 PGA 限值线较低。其原因是Ⅱ类场地的地震激励主频更接近桥墩横向主频，对桥梁动力响应有明显的放大效应，如图 5-7 所示。这种放大效应使激励传递到列车上的作用更加显著，从而提高了列车的动力响应和运行安全指标。

Ⅲ类场地与前两种类型场地相比，桥梁的动力放大效应较小，但地震激励下的速度和 PGA 限值线普遍较低。这可能是由于选择的Ⅲ类场地的地震激励主频为 2~3Hz，更接近列车的偏航频率(1.54Hz)，列车横向振动如图 5-13 所示，这种振动降低了列车的安全性。

上述三种类型场地的列车速度安全限值主要取决于轮轨横向力和脱轨系数指标。而由轮重减载率指标确定的列车速度安全限值是相对安全的，与前面的探究结果一致。

而Ⅳ类场地的主要规律与上述三种类型场地有显著差异。这主要体现在脱轨系数上，脱轨系数在场地地震激励下随着 PGA 的增大而急剧增大。在上述分析中，在Ⅳ-W1 地震激励下，列车发生共振，使列车振动剧烈，轮重减载率显著提高。当地震激励主频与列车主频距离较远时，列车主要受到地震激励的强迫振动。因此，上述前三种场地类型地震激励下的轮重减载率明显低于Ⅳ类场地地震激励下的轮重减载率，进一步说明列车对低主频地震激励较为敏感。

根据试验结果，计算了不同场地类型在不同 PGA 下列车速度的安全限值，计算结果见表 5-4。

表 5-4 不同场地类型在不同 PGA 下列车速度的安全限值

| PGA/g | 场地类型 | | | |
| --- | --- | --- | --- | --- |
| | Ⅰ类场地/(km/h) | Ⅱ类场地/(km/h) | Ⅲ类场地/(km/h) | Ⅳ类场地/(km/h) |
| 0.04 | 320 | 310 | 310 | 300 |
| 0.10 | 275 | 270 | 245 | 240 |
| 0.15 | 260 | 235 | 225 | 180 |
| 0.21 | 235 | 225 | 200 | — |
| 0.25 | 200 | 190 | 175 | — |

Ⅳ类场地的列车速度安全限值与上述三种类型场地不同。对于本节选取的Ⅳ类场地的地震激励，列车速度安全限值主要取决于轮轨横向力和轮重减载率指标。然而当 Loma Prieta 地震的 PGA 达到 0.21g 时，地震的主频(0.46Hz)接近 CRH380A 型列车的一阶滚动频率(0.45Hz)，导致列车发生剧烈的滚动振动。当列车速度为 50km/h 时，最小轮轨竖向力达到 18.55kN，相应的轮重减载率在 0.68 时超过了 0.60 的安全限值。

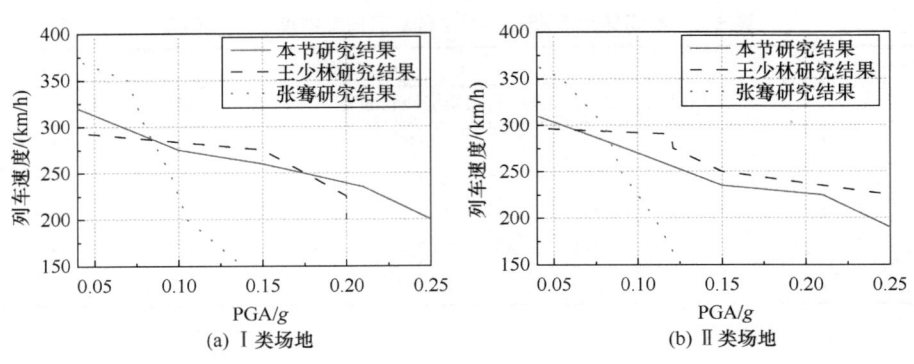

综合四种场地类型，绘制出不同场地类型下的列车速度安全限值，如图 5-18 所示。

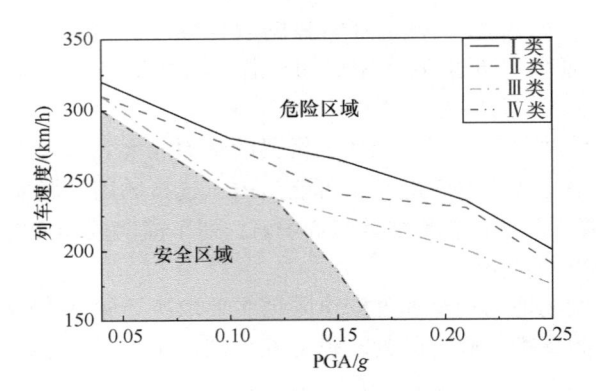

图 5-18 四种场地类型列车速度的安全限值

### 5.3.3 不同场地类型列车速度安全限值对比

王少林[2]和张骞[1]也曾对不同场地类型地震激励下列车速度安全限值进行过研究，将本节的研究结果与他们的研究成果进行对比，图 5-19(a)～图 5-19(d)为三者对比曲线图。

从对比曲线可以看出，本节得出的安全速度限值与王少林的研究结果在同一范围内比较接近。分析其具体工况，王少林的研究涉及Ⅰ、Ⅱ、Ⅲ和Ⅳ类场地地震，分别选取 San Fernando 地震、Northridge 地震(Los Angeles 站)、Northridge

(a) Ⅰ类场地

(b) Ⅱ类场地

(c) Ⅲ类场地

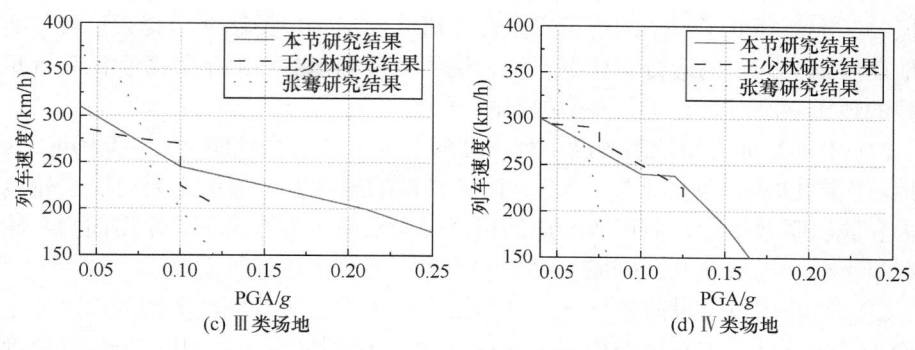

(d) Ⅳ类场地

图 5-19　不同研究下的列车速度安全限值

地震(Newhall 站)和 Loma Prieta 地震。其中，王少林的研究使用的Ⅰ类和Ⅳ类场地的地震激励与本章试验一致，本节主要确定了这两种场地的限值。然而，其Ⅱ类和Ⅲ类场地的地震激励与本章试验不同，这可能是导致数值差异的原因。

而张骞的研究成果得出的列车速度安全限值与本节较为不同，但其同样遵循列车速度安全限值从Ⅰ类场地到Ⅳ类场地不断减小的规律。当Ⅲ类场地的 PGA 为 0.10g、列车速度为 300km/h 时，本节和张骞的研究结果得到的桥梁响应相同，说明从桥梁传递到列车的激励一致。这说明，结果的差异是由不同的列车产生的。

通过比较，本节和王少林的研究中使用的列车都是 CRH380A，而张骞的研究中使用的列车是 CRH2。因 CRH380A 型列车的二次悬架刚度和阻尼明显小于 CRH2 型列车，从列车在地震激励下的响应可以看出，CRH2 型列车比 CRH380A 型列车更容易受到地震的影响，以致相较于本节研究结果，张骞研究中得到的限值曲线随着 PGA 的增加而下降的速度更快。

## 5.4　本章小结

本章依据本书第 1～3 章内容，利用搭建的试验系统平台，验证了本书 3.2.2 节介绍的 A、B、C、D 四种模型在不同场地类型工况下数值模型的可行性，从而探讨不同场地类型横向地震激励对高铁桥上行车安全的影响，研究了不同场地类型地震激励下列车在桥上运行的安全指标，得到了运行速度安全限值。本章主要结论如下：

(1) 车-轨-桥结构的动力响应和列车运行的安全指标均随着 PGA 和列车速度的提高而增加。由于不同场地类型地震激励的频谱特征不同，在Ⅱ类场地地震激励下，桥梁的响应放大最大，达到 2.15 倍。

此外，发现主频较低的Ⅳ类场地的地震激励容易引起 CRH380A 型列车的滚动振动,大大降低了列车的运行安全性。研究发现,Ⅳ类场地地震激励较Ⅱ类场地地震激励对列车的运行安全更不利,说明靠近列车主频的地震激励比靠近桥梁主频的地震激励对列车运行安全的影响更大。

(2) 不同场地类型地震激励下列车在桥上运行的安全顺序为:Ⅰ类场地>Ⅱ类场地>Ⅲ类场地>Ⅳ类场地。Ⅰ、Ⅱ、Ⅲ类场地的速度安全限值主要取决于轮轨横向力和脱轨系数指标,而Ⅳ类场地的速度安全限值主要取决于轮轨横向力和轮重减载率指标,导致在 0.21$g$ PGA 以下的低速下无法保证运行安全。

(3) 在 6 度抗震设防烈度下,基于安全性考虑,所有场地类型的速度安全限值均为 290km/h。本章试验得出在 7 度抗震设防烈度下,Ⅰ、Ⅱ类场地的速度安全限值为 270km/h,Ⅲ、Ⅳ类场地的速度安全限值为 240km/h。在 8 度抗震设防烈度下,Ⅰ、Ⅱ类场地的速度安全限值为 230km/h,Ⅲ类场地的速度安全限值为 200km/h。而对于Ⅳ类场地,Loma Prieta 地震的主频与 CRH380A 型列车的主频相似,导致列车发生严重的滚动振动。

## 参 考 文 献

[1] 张骞. 基于耦合系统动力学仿真的高速铁路地震监测预警阈值研究[D]. 北京: 中国铁道科学研究院, 2014.

[2] 王少林. 地震作用下高速列车-轨道-桥梁耦合振动及行车安全性分析[D]. 成都: 西南交通大学, 2013.

[3] 中华人民共和国建设部. 铁路工程抗震设计规范(2009 年版): GB 50111—2006[S]. 北京: 中国计划出版社, 2009.

[4] 曾鹏毅, 张建经, 刘飞成. 地震作用下基于场地条件的高速列车行车安全性[J]. 铁道建筑, 2017, 57(8): 128-132.

[5] Fang S J, Huang R Q, Guo W, et al. Safety speed threshold of high-speed train running on bridges under seismic excitation of different soil types[J]. Structures, 2023, 58: 105429.

[6] 国家铁路局. 高速铁路设计规范: TB 10621—2014[S]. 北京: 中国铁道出版社, 2015.

# 第6章 不同频谱特性对震时高铁桥上行车安全影响探究

## 6.1 概 述

地震动频谱特性是地震动的三大要素之一，是指组成地震动的各简谐振动的振幅特性和相位特性。频谱以显示不同频率分量强度分布的参数来反映地震动的动力特性[1]。因此，地震动不同，其所包含的频谱特性也会不同，而不同的频谱特性影响下的结构振动响应自然也是不同的。不同频谱特性对车-轨-桥系统及列车运行安全的影响仍需要进一步探究。

目前的研究主要围绕数值模拟展开。Nishimura 等[2, 3]开发了由 1/2 列车模型和轨道组成的 13 自由度动力模型，研究了在不同频率正弦波激励下列车的动力响应和脱轨机理。文献[4]~[6]提出了一种车-桥模型，用于研究车-桥系统在轨道不平顺、结构变形和非均匀地震激励作用下的动态响应。Li 等[7]研究了列车在均匀地震作用下在大跨度斜拉桥上行驶的动力响应，发现地震的不同频谱特性对列车动力响应有不同的影响。李娆饶等[8]从频域角度强调了不同频谱特性的地震作用对高速列车振动的影响，结果表明，低频分量的地震波会增大列车本体的振动响应。此外，众多学者[9-14]利用动力模型对地震下高铁车-轨-桥系统的动态响应和列车运行安全进行了广泛研究，然而其数值结果的准确性和有效性仍然需要通过试验来验证。

此外，由于车-轨-桥系统在地震时很难获得现场数据，所以一些学者在振动台上进行了缩尺试验或足尺试验，来模拟高速列车运行中突发地震的现象。Miyamoto 等[15]采用足尺 1/2 车体和三轴振动台进行了试验，验证了模拟的有效性。李昊等[16]采用足尺车-轨模型进行了振动台试验，研究了高铁在地震激励下的地震预警限值。Cao 等[17]采用 1∶10 缩尺模型和大型振动台，研究了不同地震作用下列车-有砟轨道-路基体系的脱轨机理。但是，在这些测试中，列车模型往往是静止的，并且都忽略了移动列车对车-轨-桥系统的影响。

故本章以 1.4 节搭建的车-轨-桥振动台地震试验系统为基础，利用 A、B、C、D 模型理论探究了不同频谱特性对车-轨-桥系统振动及列车运行安全的影响。

## 6.2 试验设计

### 6.2.1 测点布置

试验依据本书 1.4 节搭建的试验平台及 3.2 节地震下行车动态测试系统总体配置相关内容。为了获得桥梁响应，基于本书 2.3 节常规测点的布置，本试验测点有所调整，具体如下：在桥梁第 3~11 跨的跨中及刚性支承墩处均布置了加速度传感器，用于记录桥梁横向加速度和竖向加速度信号；再选取车体内部的两个无线加速度传感器，用来测量车体横向、竖向和纵向三个方向的加速度。这样便记录了运动列车在轨道不平顺和地震激励下的加速度响应。加速度传感器布置图如图 6-1 所示。

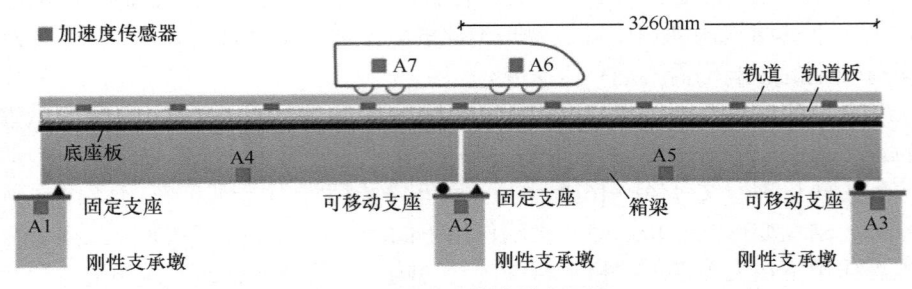

图 6-1 加速度传感器布置图

### 6.2.2 数值模型验证

1. 试验激励

1) 选择地震动

从 PEER 数据库中选取 4 条具有不同频谱特性的地震动，地震动的详细信息如表 6-1 所示。所选地震动经过调整，将振幅为 0.21g(中国 7 度设防区内发生的罕遇地震的峰值加速度)作为代表值[18]。为模拟列车运行过程中的突发地震场景，将列车模型在模型试验中所能达到的最大速度 15.81m/s 作为每种情况下的列车速度。

表 6-1 地震动的详细信息

| 地震代号 | 地震名称 | 观测台名称 | 地震年份 | 里氏地震强度等级 | 编号 |
|---|---|---|---|---|---|
| SFL | San Fernando | Lake Hughes #4 | 1971 | 6.61 | 72 |
| SFW | San Fernando | Wheeler Ridge-Ground | 1971 | 6.61 | 92 |
| IVE | Imperial Valley-03 | El Centro Array #9 | 1951 | 5.60 | 10 |
| LPA | Loma Prieta | Alameda Naval Air Stn Hanger | 1989 | 6.93 | 738 |

## 第 6 章 不同频谱特性对震时高铁桥上行车安全影响探究

为了方便说明,对所选地震动进行简称(取所选地震动的名称及台站首字母作为简称),即 SFL (San Fernando + Lake Hughes #4);SFW (San Fernando + Wheeler Ridge-Ground);IVE (Imperial Valley-03 + El Centro Array #9);LPA (Loma Prieta + Alameda Naval Air Stn Hanger)。

2) 输入激励

已有研究表明,横向地震激励是列车脱轨的主要原因,因此,在本试验中只考虑横向地震激励。

由于试验设施的限制,未将桥墩比例模型纳入试验中,因此,必须将地震时墩顶的加速度响应作为振动台阵列输入。为了获得地震时墩顶加速度响应,作者团队利用 OpenSees 软件建立了桥墩高度为 8m 的 11 跨简支桥的比例模型(具体内容详见本书 3.2 节)。最后将调整后的地震动输入数值模型中,得到刚性支承墩顶部的加速度响应,如图 6-2 所示。

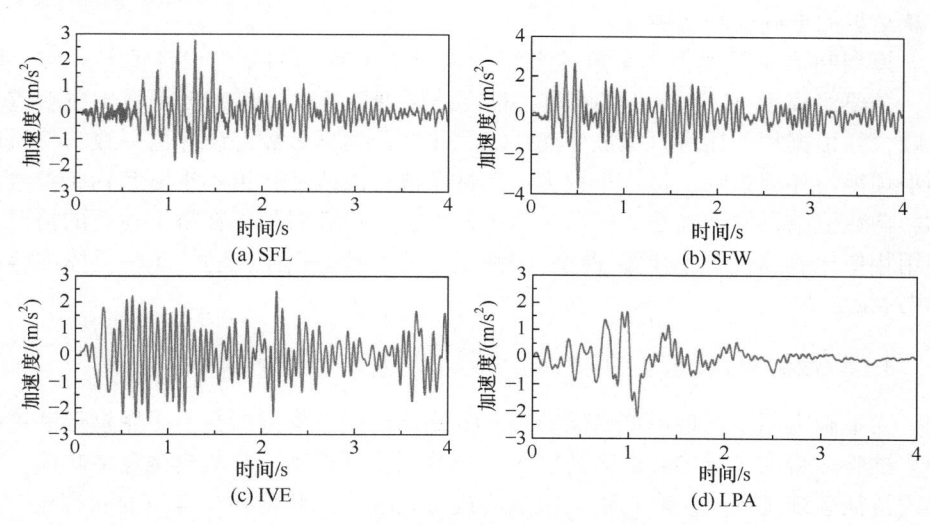

图 6-2 不同地震下墩顶横向加速度时程曲线图

图 6-3 为 SFW 地震作用下振动台与刚性支承墩顶部的加速度和频谱对比

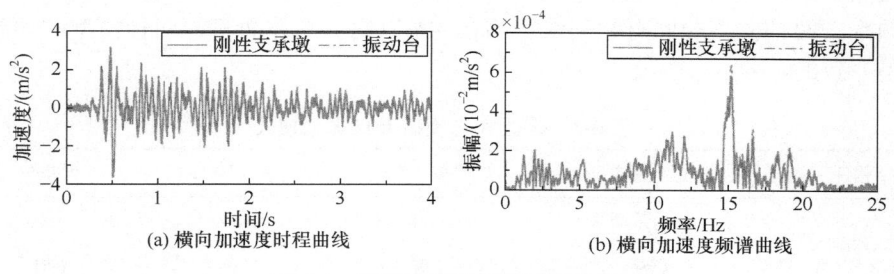

图 6-3 刚性支承墩与振动台对比

图。刚性支承墩和振动台的横向加速度及频谱曲线相同,说明刚性支承墩具有足够的刚度,并且可以将振动台输出的墩顶响应以1∶1的比例传递到桥梁。

3) 轨道不平顺激励

在缩尺物理模型试验中,还需要考虑轨道不平顺引起的激励。为了测量轨道不平顺度,为每条轨道设置了一个带有两个激光扫描传感器的轨道检查小车。采用梯度下降的轨道重建方法对缩尺模型的轨道不平顺度进行测量和处理,具体内容见本书3.2.3节。

2. 数值模型的建立

由于在缩尺物理模型试验中轮轨横向力、轮轨竖向力等指标难以测量,所以要进一步建立数值模型进行研究。在 Simpack 软件中建立了基于缩尺试验模型(模型 A)的缩尺试验数值模型(模型 B)。通过与试验结果进行对比,验证了数值计算结果的准确性和有效性。

模型制造误差使得列车悬挂系统的轨道不平顺和刚度与设计值不一致,因此,需要对模型 B 进行一些修改:根据德国低干扰功率谱密度函数生成轨道不平顺,并根据相似比进行缩放(模型 C)。此外,列车参数与设计值一致,将轨道不平顺视为外部激励,将列车视为线弹性系统,故改变轨道不平顺和列车参数并不影响数值结果的准确性。最后,为了模拟实际地震时列车在桥上运行的情况,利用相似比将缩尺理论模型(模型 C)恢复为原型理论模型(模型 D),具体内容见本书3.2.2节。

3. 数值模型的验证

为了确定用于物理模型试验的1∶10比例的列车模型参数,采用楔形法进行静止试验。将列车从 3mm 高的楔子上释放而受到振动,收集自由衰减响应。再利用特征系统实现算法对自由衰减响应进行处理,以获得列车自身的固有频率。表 6-2 列出了模型 A 与模型 B 的振动模式。之后,根据车体的固有频率计算出列车的一系悬挂和二系悬挂,然后应用到数值模型中。由于类似设计后桥梁侧刚度过高,所以振动台能达到的最大频率为 60Hz,试验中未测量主桥梁的横向自振频率,两种模型的固有频率误差均在 4%以内。总体而言,两种模型的动态特性是一致的。

表 6-2 模型 A 与模型 B 的振动模式

| 构件 | 振动模式 | 模型 A/Hz | 模型 B/Hz | 误差/% |
| --- | --- | --- | --- | --- |
| 列车 | 一阶滚动 | 4.95 | 4.94 | −0.20 |
|  | 沉浮 | 7.90 | 7.94 | 0.51 |

续表

| 构件 | 振动模式 | 模型 A/Hz | 模型 B/Hz | 误差/% |
|---|---|---|---|---|
| 列车 | 俯仰 | 11.40 | 11.36 | -0.35 |
|  | 摇摆 | 14.98 | 14.67 | -2.07 |
|  | 二阶滚动 | 13.91 | 13.40 | -3.67 |
| 桥梁 | 横向一阶 | — | 132.89 | — |
|  | 竖向一阶 | 32.04 | 32.69 | 2.03 |

模型 B 的数值模拟与模型 A 的试验工况一致，二者的对比结果主要在于列车的横向 Sperling 指数和列车、桥梁跨中最大横向加速度上，模型 A 和模型 B 试验结果比较如表 6-3 所示。结果表明，对于不同频谱特性的地震动，数值模拟结果与试验结果的误差均在 10%以内，验证了数值模拟结果的准确性和有效性。图 6-4 为缩尺试验模型(模型 A)和缩尺试验数值模型(模型 B)之间列车横向加速度时程曲线对比。可以看出，不同地震条件下模型试验和数值模拟的列车加速度时程曲线总体趋势一致，进一步验证了数值结果的准确性。

表 6-3 模型 A 和模型 B 试验结果比较

| 地震代号 | 指标 | 模型 A | 模型 B | 误差 |
|---|---|---|---|---|
| SFL | 桥梁跨中横向加速度 | 3.55m/s² | 3.76m/s² | 5.92% |
|  | 列车横向加速度 | 2.41m/s² | 2.58m/s² | 7.05% |
|  | 横向 Sperling 指数 | 2.90 | 2.83 | -2.41% |
| SFW | 桥梁跨中横向加速度 | 4.13m/s² | 4.21m/s² | 1.94% |
|  | 列车横向加速度 | 2.89m/s² | 3.06m/s² | 5.88% |
|  | 横向 Sperling 指数 | 3.24 | 3.38 | 4.32% |
| IVE | 桥梁跨中横向加速度 | 3.96m/s² | 3.84m/s² | -3.03% |
|  | 列车横向加速度 | 3.53m/s² | 3.69m/s² | 4.53% |
|  | 横向 Sperling 指数 | 3.30 | 3.47 | 5.15% |
| LPA | 桥梁跨中横向加速度 | 2.52m/s² | 2.64m/s² | 4.76% |
|  | 列车横向加速度 | 4.20m/s² | 4.42m/s² | 5.24% |
|  | 横向 Sperling 指数 | 4.14 | 4.21 | 1.69% |

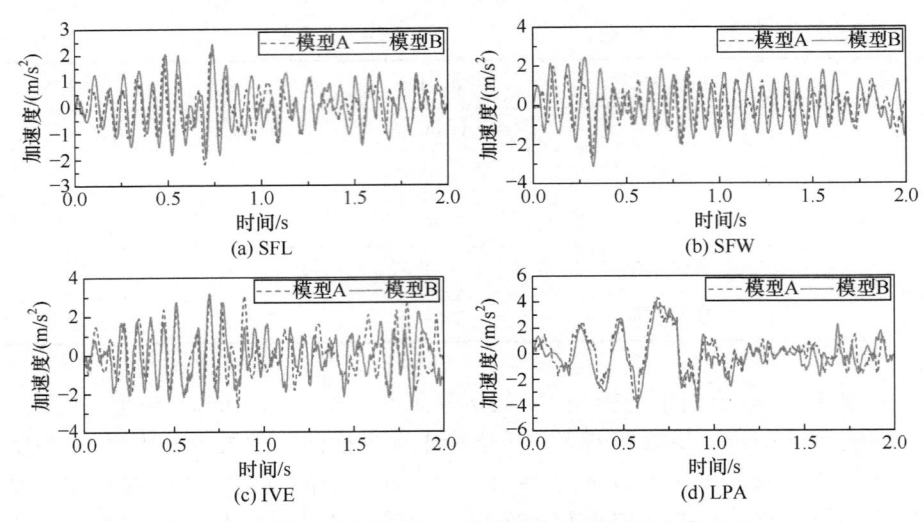

图 6-4　模型 A 和模型 B 列车横向加速度时程曲线对比

利用模型 A 试验中的相似比，将模型 C 恢复为模型 D，得到实际尺寸下地震期间桥梁上运行的高速列车的动力响应，表 6-4 为模型 C 与模型 D 的振动模式，二者频率相似比为 $\sqrt{10}:1$，并且可以发现，转变后两种模型的振动模式最大误差为 2.20%。因此，二者的动态特性基本一致。

表 6-4　模型 C 与模型 D 的振动模式

| 构件 | 振动模式 | 模型 C/Hz | 模型 D/Hz | 误差/% |
| --- | --- | --- | --- | --- |
| 列车 | 一阶滚动 | 1.42 | 0.45 (1.42) | 0.00 |
|  | 沉浮 | 1.89 | 0.60 (1.90) | 0.53 |
|  | 俯仰 | 2.46 | 0.78 (2.47) | 0.41 |
|  | 摇摆 | 4.94 | 1.54 (4.87) | −1.42 |
|  | 二阶滚动 | 2.72 | 0.87 (2.75) | 1.10 |
| 桥梁 | 横向一阶 | 21.16 | 6.69 (21.09) | −0.33 |
|  | 竖向一阶 | 74.72 | 23.12 (73.11) | −2.15 |

注：使用频率相似比转换的频率在括号中显示。

表 6-5 给出了模型 C 和模型 D 试验结果比较。两种模型的横向 Sperling 指数和列车、桥梁跨中横向加速度误差均在 7%以内，可见转换后的结果足够准确。不同地震作用下列车横向加速度时程曲线对比如图 6-5 所示。总体而言，两种模型的时程曲线几乎相同，在某些峰值上差异不大。

通过对数值模型进行转换，进一步验证了试验设计的有效性，说明了原型数值试验的有效性和准确性。

表 6-5　模型 C 和模型 D 试验结果比较

| 地震代号 | 对照指标 | 模型 C | 模型 D | 误差 |
|---|---|---|---|---|
| SFL | 桥梁跨中横向加速度 | 3.88m/s² | 3.78m/s² | −2.58% |
|  | 列车横向加速度 | 0.84m/s² | 0.88m/s² | 4.76% |
|  | 横向 Sperling 指数 | 2.33 | 2.42 | 3.86% |
| SFW | 桥梁跨中横向加速度 | 4.18m/s² | 4.38m/s² | 4.78% |
|  | 列车横向加速度 | 1.05m/s² | 0.99m/s² | −5.71% |
|  | 横向 Sperling 指数 | 2.44 | 2.36 | −3.28% |
| IVE | 桥梁跨中横向加速度 | 3.16m/s² | 3.02m/s² | −4.43% |
|  | 列车横向加速度 | 1.20m/s² | 1.27m/s² | 5.83% |
|  | 横向 Sperling 指数 | 2.70 | 2.81 | 4.07% |
| LPA | 桥梁跨中横向加速度 | 2.18m/s² | 2.27m/s² | 4.13% |
|  | 列车横向加速度 | 1.83m/s² | 1.91m/s² | 4.37% |
|  | 横向 Sperling 指数 | 2.95 | 3.05 | 3.39% |

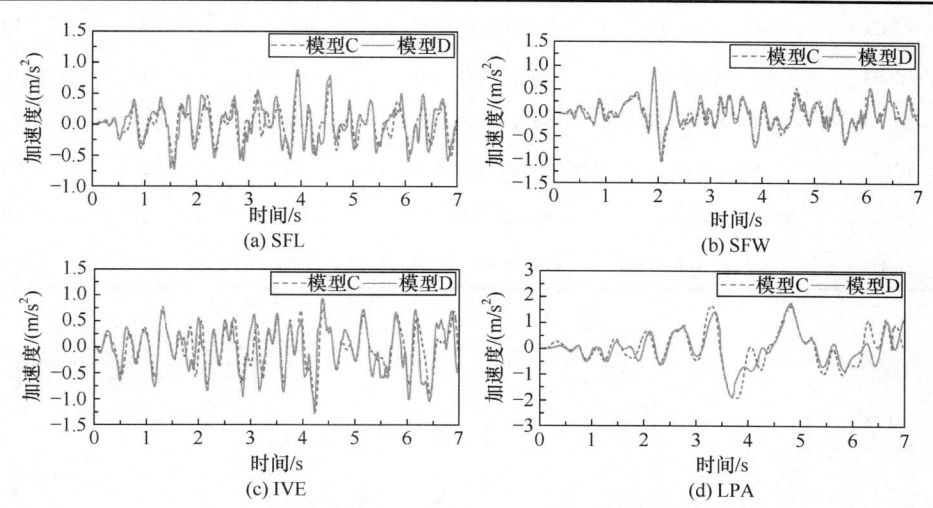

图 6-5　模型 C 和模型 D 列车横向加速度时程曲线对比

## 6.2.3　工况设计

采用模型 D 模拟了不同频谱特性的地震作用下桥上运行的列车。从 PEER 数据库中选择了 12 条地震动记录，其中只考虑了横向地震激励。所有工况是在列车速度为 150km/h、200km/h 和 250km/h 的情况下进行计算的。

为了更好地研究地震频谱特性对车-轨-桥系统响应和列车运行安全的影响，将12条地震动根据频谱成分的分布分为4组(Ⅰ～Ⅳ)。所选地震动的相关信息见表6-6。抗震设防烈度为7度，峰值地面加速度(PGA)调整为0.04g、0.1g和0.21g，分别对应中国铁路设计规范中的多遇地震、设防地震、罕遇地震的峰值地面加速度[19]。图6-6展示了将PGA调整到0.1g后所选地震动的傅里叶频谱。在Ⅰ～Ⅳ组地震动之间，主频段由5～10Hz变为0～2Hz。地震动的高频成分逐渐减小，而地震动的主频随着振幅的增大而减小。

表6-6 所选地震动的相关信息

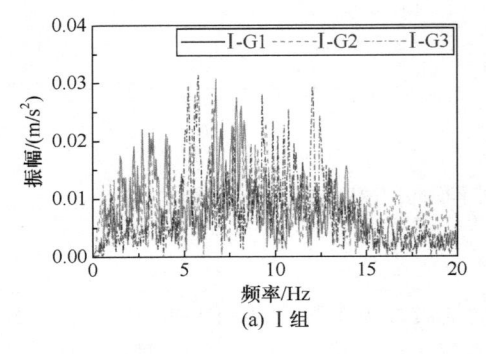

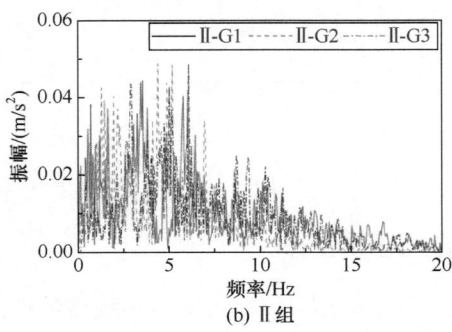

| 地震代号 | 地震名称 | 观测台名称 | 地震年份 | 里氏地震强度等级 | 编号 |
|---|---|---|---|---|---|
| Ⅰ-G1 | San Fernando | Lake Hughes #4 | 1971 | 6.61 | 72 |
| Ⅰ-G2 | San Fernando | Lake Hughes #9 | 1971 | 6.61 | 73 |
| Ⅰ-G3 | N. Palm Springs | Murrieta Hot Springs | 1986 | 6.06 | 528 |
| Ⅱ-G1 | San Fernando | Wheeler Ridge-Ground | 1971 | 6.61 | 92 |
| Ⅱ-G2 | San Fernando | Fort Tejon | 1971 | 6.61 | 64 |
| Ⅱ-G3 | San Fernando | Puddingstone Dam | 1971 | 6.61 | 83 |
| Ⅲ-G1 | Imperial Valley-03 | El Centro Array #9 | 1951 | 5.6 | 10 |
| Ⅲ-G2 | Northern Calif-01 | Ferndale City Hall | 1941 | 6.4 | 8 |
| Ⅲ-G3 | Southern Calif | San Luis Obispo | 1952 | 6.0 | 17 |
| Ⅳ-G1 | Loma Prieta | Alameda Naval Air Stn Hanger | 1989 | 6.93 | 738 |
| Ⅳ-G2 | Northern Calif-03 | Ferndale City Hall | 1954 | 6.5 | 20 |
| Ⅳ-G3 | Borrego Mtn | El Centro Array #9 | 1968 | 6.63 | 36 |

(a) Ⅰ组

(b) Ⅱ组

(c) Ⅲ组  (d) Ⅳ组

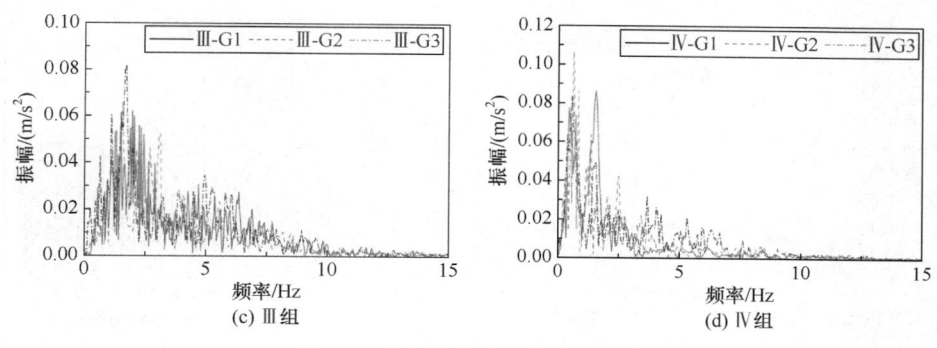

图 6-6　选定地震动的傅里叶频谱

## 6.3　探究与结论

### 6.3.1　桥梁加速度响应分析

图 6-7(a)显示了不同列车速度下无地震情况桥梁跨中最大横向加速度和竖向加速度。由于轨道不平顺的存在，桥梁受到列车荷载竖向冲击的影响，列车速度越快，轮轨相互作用越强；相应地，桥梁跨中加速度也随着列车速度的增加而增大。由于高铁桥梁具有较高的横向刚度，所以列车荷载对桥梁跨中横向加速度响应的影响不显著。桥墩高度为 8m 的 11 跨简支桥的固有频率和模式见表 6-7。

表 6-7　桥梁固有频率和模式

| 序号 | 频率/Hz | 模式 |
| --- | --- | --- |
| 1 | 4.06 | 刚性支承墩，纵向对称 |
| 2 | 5.11 | 墩-梁，横向对称 |
| 3 | 6.68 | 梁，竖向对称 |
| 4 | 7.43 | 墩-梁，横向不对称 |

图 6-7(b)为在 PGA 为 $0.21g$ 的地震作用下，桥梁跨中最大横向加速度。地震频谱的分布是影响桥梁响应的一个重要因素。地震能量集中的频率范围与桥梁横向固有频率范围的重叠越多，结构的共振响应越大。第Ⅰ组和第Ⅱ组地震的能量集中范围包含了桥梁横向固有频率，第Ⅱ组地震的振动幅值高于第Ⅰ组地震，因此第Ⅱ组地震对桥梁反应的影响最大，第Ⅰ组地震次之。随着地震频谱范围逐渐收窄，第Ⅲ组地震作用下桥梁反应减小，未检测到第Ⅳ组地震作用下对

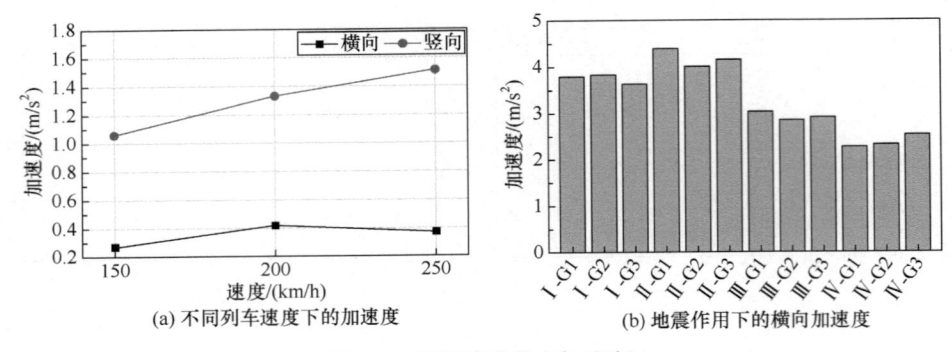

图 6-7 桥梁跨中最大加速度

桥梁反应的放大效应。本研究未考虑轨道结构与桥梁之间的损伤，因此在地震作用下，轨道的反应与桥梁的反应相同。

### 6.3.2 列车加速度响应分析

为强调地震不同频谱特性对列车响应的影响，选取地震烈度较高的案例进行讨论。当 PGA 为 0.21g、列车速度为 150km/h 时，列车在地震作用下的横向加速度频谱曲线如图 6-8 所示。

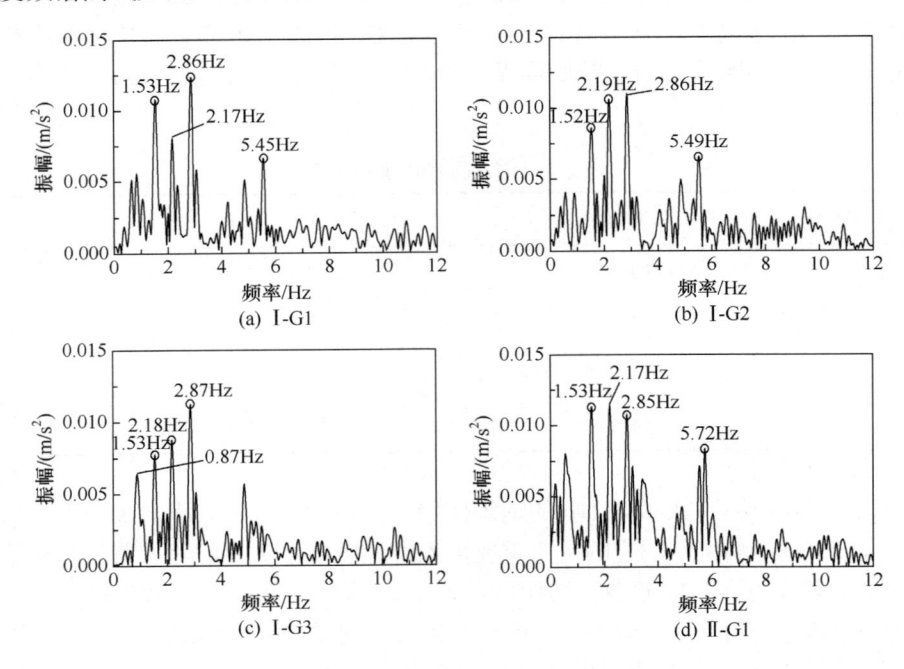

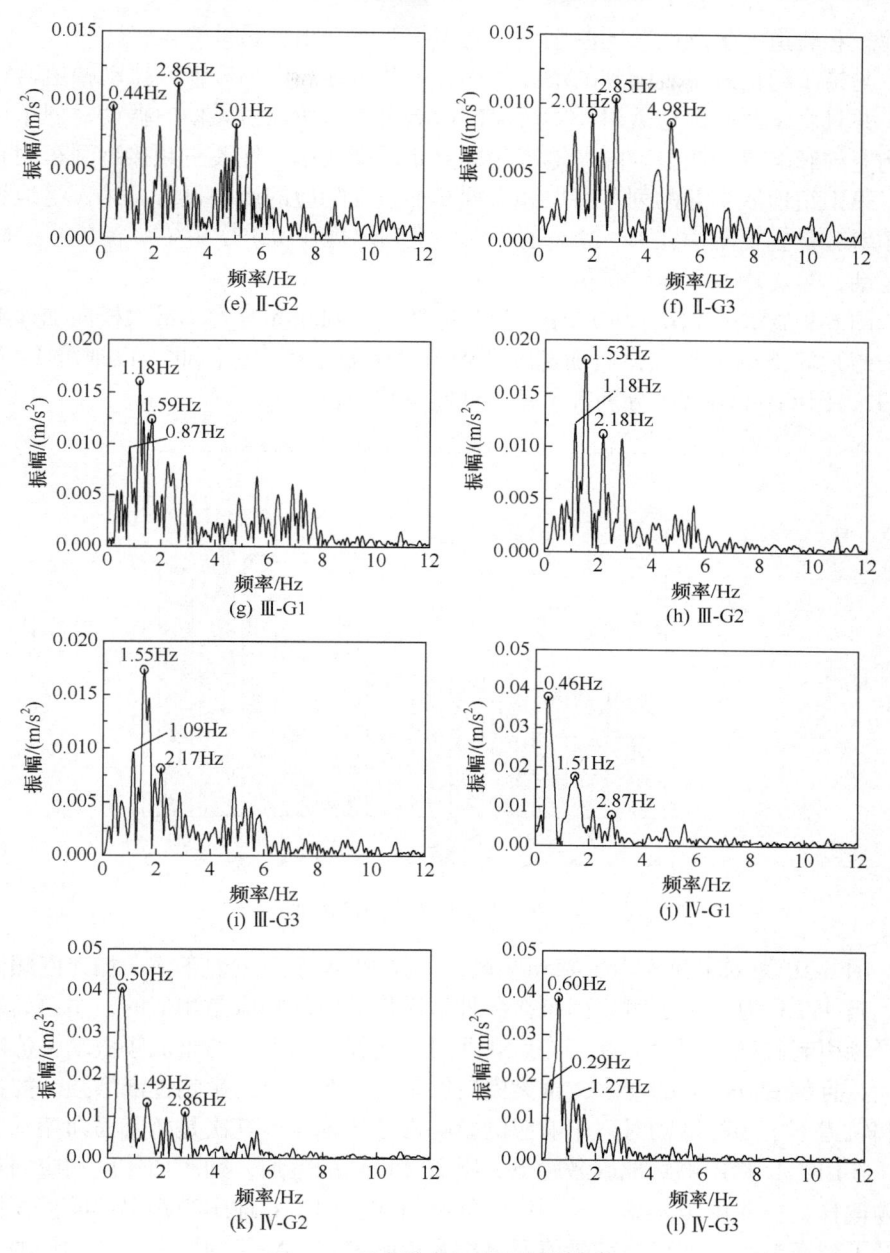

第 6 章　不同频谱特性对震时高铁桥上行车安全影响探究

图 6-8　列车横向加速度频谱曲线

在第Ⅰ组地震下，列车存在三个显著的振动频率，其中幅值较高的为 2.87Hz 和 2.17Hz。这些频率与列车以 150km/h 的速度行驶时轨道不平顺造成的横向振动频率相对应。列车摇摆运动频率(1.55Hz)在列车固有频率中相对较高，在地震和轨道不平顺的共同激励下，列车摇头运动很容易被激发。

与第Ⅰ组地震下观测到的情况相比，第Ⅱ组地震下列车低频振动幅值略有增大，并且由于第Ⅱ组地震对桥梁反应的影响更大，所以桥梁横向振动对列车加速度响应的影响更为明显。随着地震频率分布逐渐变窄，地震主频接近列车固有频率，第Ⅲ组地震引起的列车共振和对列车加速度响应的影响显著。第Ⅳ组地震动的频率分量主要集中在 0～2Hz 范围内，主频出现在 0.5Hz 左右，激发了一阶滚动运动，显著增大了振动幅值。

图 6-9 显示了 PGA 为 0.21$g$、列车速度为 150km/h 时列车最大横向加速度。同一组地震下列车最大横向加速度和频率分量分布相似。因此，以地震Ⅰ-G1、Ⅱ-G1、Ⅲ-G1 和Ⅳ-G1 分别表示每组地震的代表。

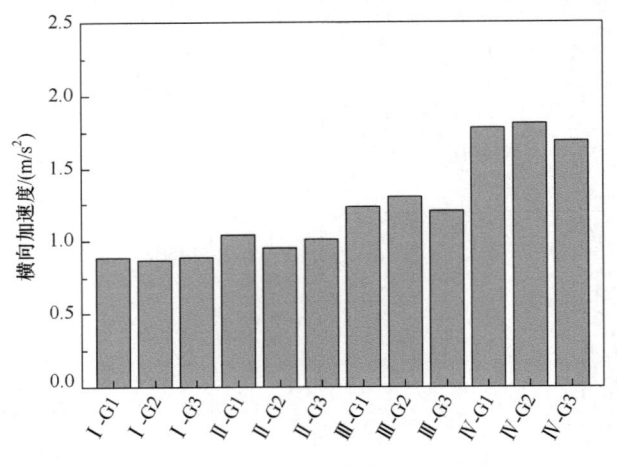

图 6-9　列车最大横向加速度

图 6-10 为列车速度为 150km/h 时，不同 PGA 水平下列车横向加速度频谱曲线。当 PGA 为 0.04$g$ 时，列车在各种地震作用下的响应是相似的，主要是轨道不平顺引起的横向振动。在Ⅰ-G1 和Ⅱ-G1 地震激励下，列车低频振动幅值略有增大，且随着 PGA 的增大，桥梁横向振动对列车响应的影响逐渐增强。摇摆运动和轨道不平顺的激励对列车响应的影响占主导地位，其次是桥梁横向振动的影响。在Ⅲ-G1 和Ⅳ-G1 地震激励下，随着 PGA 的增加，列车加速度响应向相对低频偏移，主要由 0～2Hz 范围内的低频组成。Ⅲ-G1 地震激励引起的强迫振动主导了列车响应，列车振动幅值明显增大。随着 PGA 值的增大，Ⅳ-G1 地震激励引起列车一阶滚动共振，横向振动幅值显著增大。

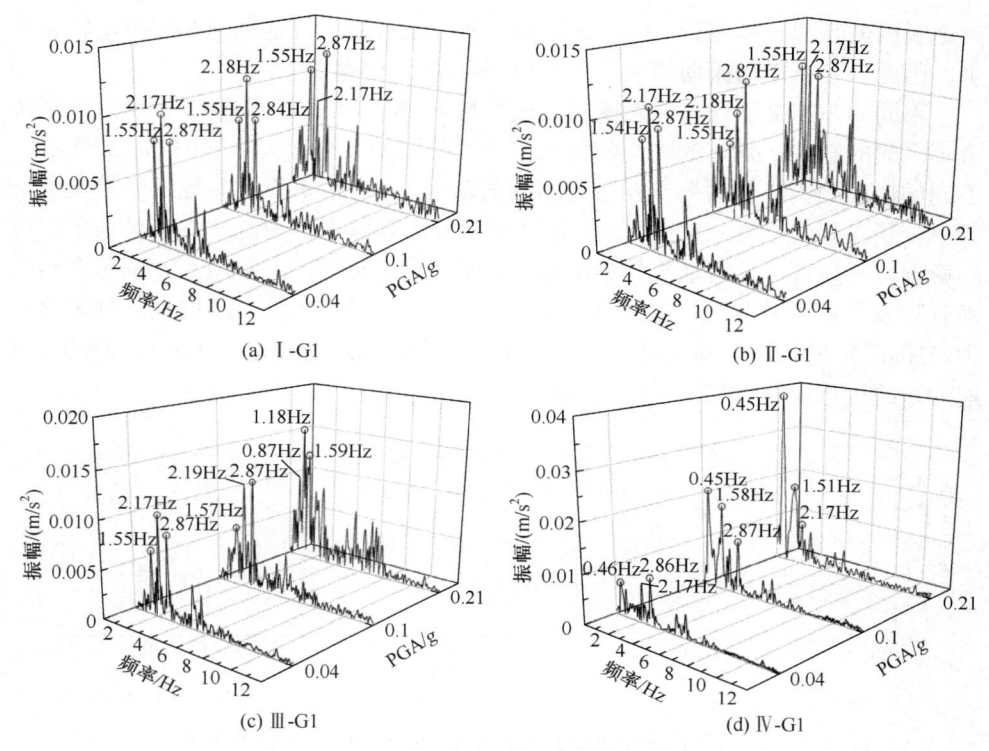

# 第6章 不同频谱特性对震时高铁桥上行车安全影响探究

图 6-10 不同 PGA 水平下列车横向加速度频谱曲线

之后研究了列车速度对列车响应的影响。图 6-11 为Ⅳ-G1 地震激励时不同速度下列车横向加速度频谱曲线。随着列车速度的增加，轨道不平顺引起的列车横向振动频率逐渐增大，从而使得列车以较高速度通过桥梁所需的时间更短，并

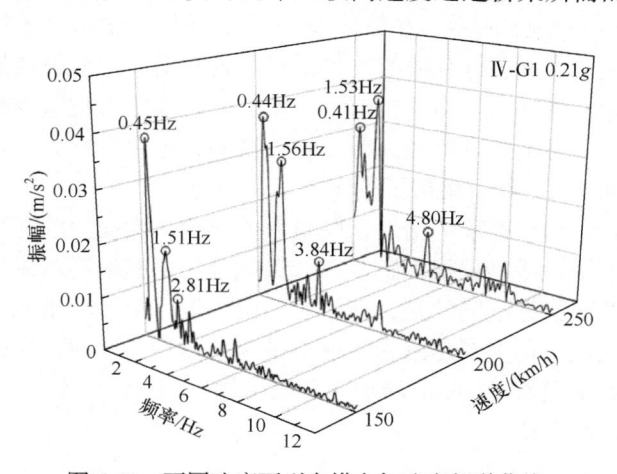

图 6-11 不同速度下列车横向加速度频谱曲线

且地震的低频部分具有较长的自振周期，所以地震向上传递到列车的能量就会减少。因此，列车横向振动的主频向更高频偏移。

不同列车速度下列车最大横向加速度与 PGA 的关系如图 6-12 所示。由于轨道不平顺的影响，列车的响应随着列车速度的增加逐渐增大。如图 6-12 所示，不同的地震频谱特性对列车响应有不同的影响。Ⅰ-G1 和Ⅱ-G1 地震频带较宽，频率分量主要集中在 5Hz 以上，远高于列车固有频率。因此，它们对列车响应的影响并不显著。随着地震的频率范围逐渐变窄，地震的主频减小，列车在横向固有频率下更容易共振，导致列车响应明显增大。在 PGA 为 0.21g、列车速度为 250km/h 的Ⅳ-G1 地震激励下，列车最大横向加速度接近 2.5m/s$^2$，因此对高速列车的运行稳定性构成了巨大威胁。

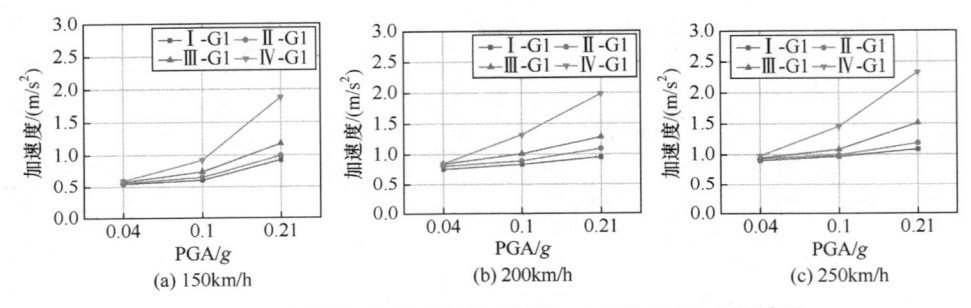

图 6-12　不同列车速度下列车最大横向加速度与 PGA 的关系

### 6.3.3　列车运行安全性分析

安全系数是选取轮轨横向力、脱轨系数和轮重减载率作为控制指标的。

不同 PGA 下的最大轮轨横向力、脱轨系数和轮重减载率与列车速度的关系分别如图 6-13～图 6-15 所示。在较低 PGA 下，不同频谱特性地震作用下的轮轨横向力差异不显著，随着 PGA 的增加，最大轮轨横向力显著增加，尤其是以低频成分为主的轮轨横向力。由于轨道不平顺，轮轨横向力也随列车速度的增加而逐渐增大。另外，在地震烈度较高时，轮轨横向力也将会增大，在某些情况下甚至超过了 0.8 的限制，严重阻碍了列车的运行安全。

随着 PGA 和列车速度的增加，脱轨系数与轮轨横向力的变化趋势相似，且对地震和轨道不平顺激励也很敏感，以低频成分为主的地震对脱轨系数也有显著影响。与其他两项指标不同的是，在第Ⅰ～Ⅲ组地震中，轮重减载率随 PGA 的增加没有明显变化，这主要是因为轨道不平顺的影响。然而，在第Ⅳ组地震的激励下，轮重减载率随着 PGA 的增加而急剧增加，当 PGA 为 0.1g 时，轮重减载率甚至接近 0.6 的极限。

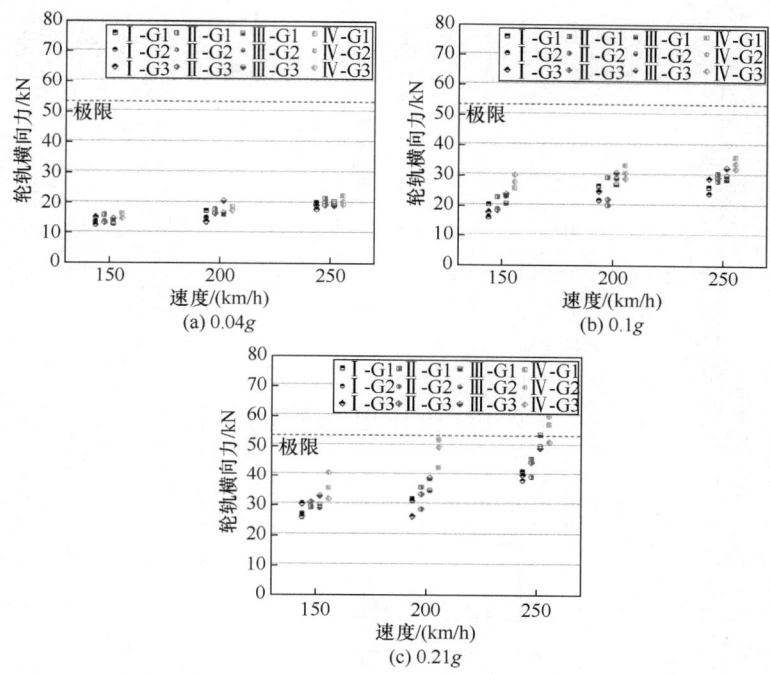

图 6-13 不同 PGA 下最大轮轨横向力与列车速度的关系

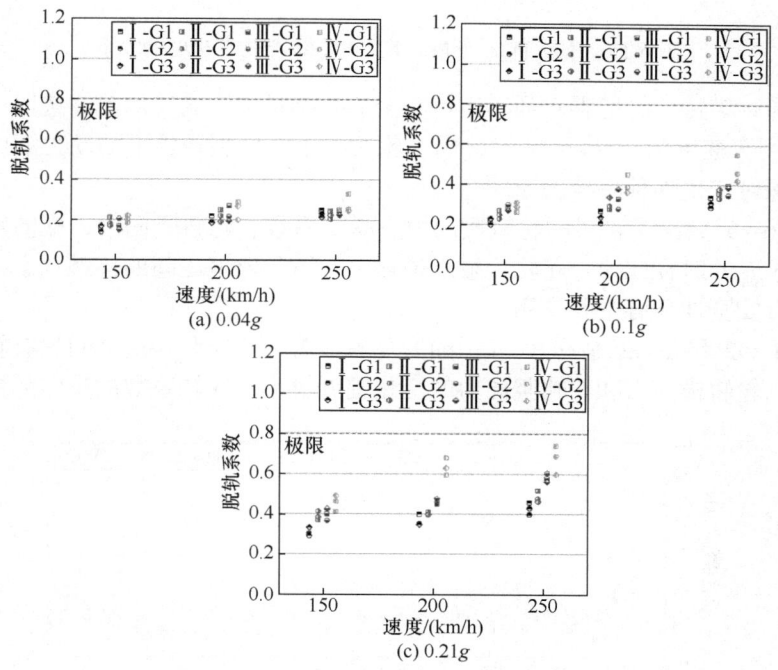

图 6-14 不同 PGA 下最大脱轨系数与列车速度的关系

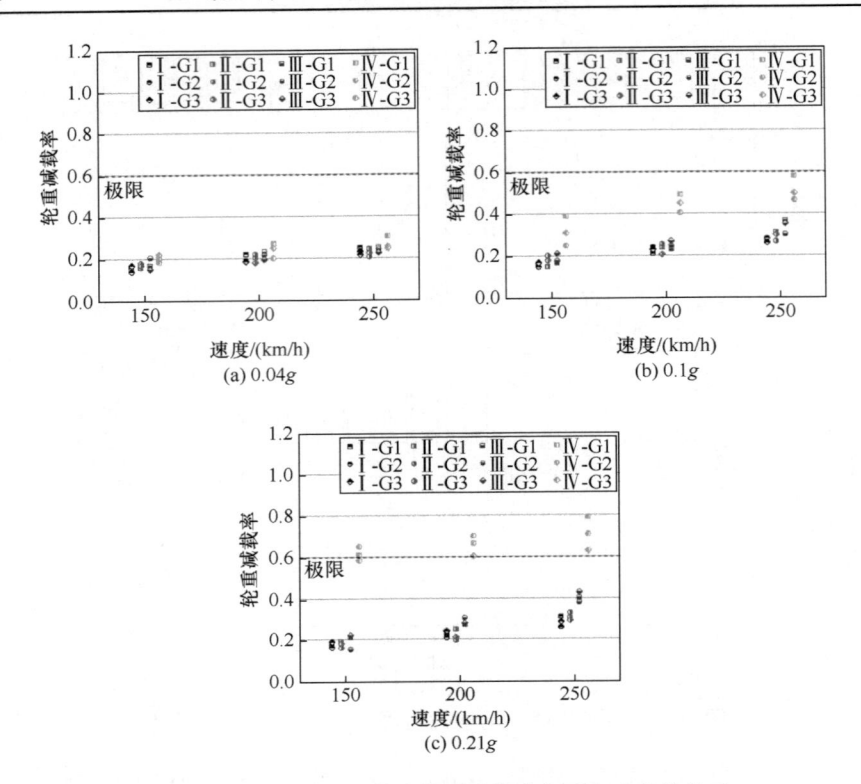

图 6-15 不同 PGA 下最大轮重减载率与列车速度的关系

不同频谱特性的地震对列车运行安全的影响是不同的。因此，选取 PGA 为 0.21g、列车速度为 150km/h 时，同一轮对在不同地震条件下的动力响应进行讨论，以探讨产生这种差异的原因。

图 6-16 给出了轮对的轮轨横向力、脱轨系数、轮轨竖向力、横向轮轨接触点位置 $y_{con}$ 的时程曲线。轮轨接触点描述了轮对与轨道之间的接触状态，对评价列车运行安全性具有重要作用。

在 Ⅰ-G2 和 Ⅱ-G2 地震下，$y_{con}$ 的变化不显著，轮对和轨道之间只有轻微的相对位移。轮轨横向力和轮轨竖向力的变化幅度较小，脱轨系数的整体趋势与轮轨

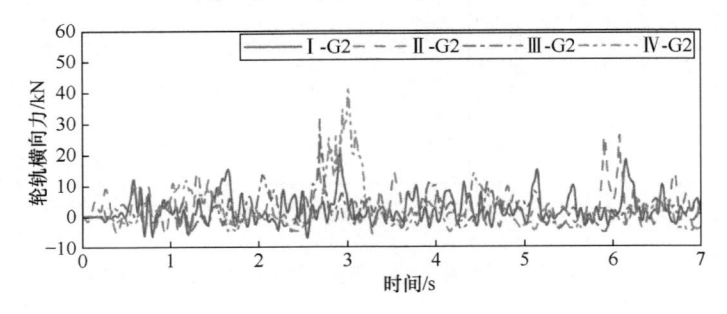

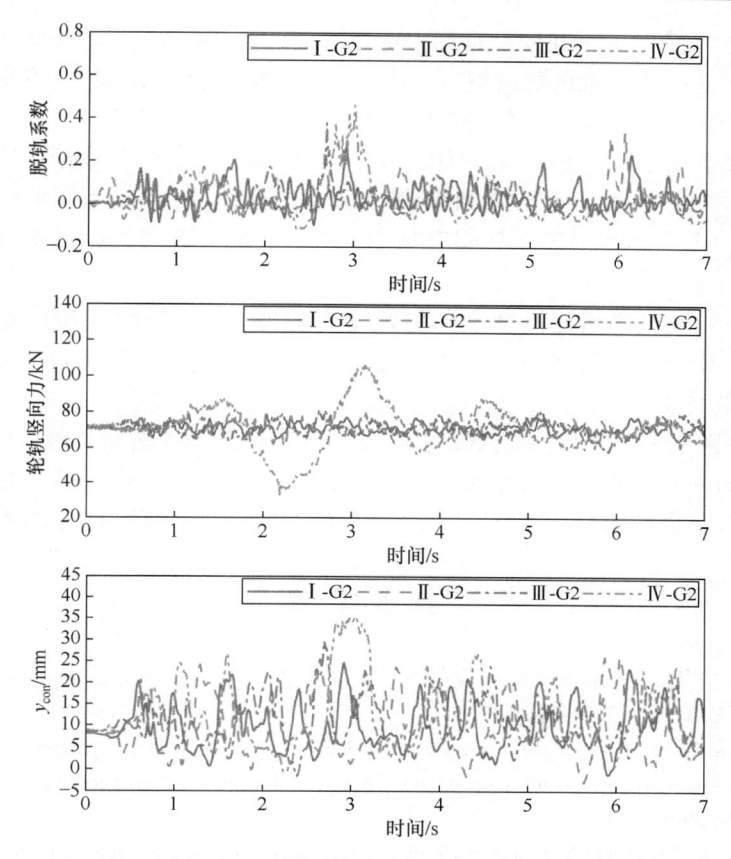

图 6-16 不同地震作用下轮对动力响应时程曲线图

横向力相似,远低于极限值。随着地震的主频逐渐降低,$y_{con}$ 显著增加,特别是在Ⅳ-G2 地震下,$y_{con}$ 接近踏面安全范围边界。随后,轮轨接触点趋于向轮缘顶部移动。随着轮轨接触点横向位移的增加,轮轨横向力和脱轨系数显著增加。根据前面的分析,第Ⅳ组地震引起了列车强烈的一阶滚动,轮轨竖向力的波动主要是由剧烈的滚动运动引起的,导致车载严重下降。这就可以解释各种地震下轮重减载率的差异。只有第Ⅳ组地震引起列车一阶滚动共振,随后,随着 PGA 的增加,滚动运动加剧,导致轮重减载率显著增加。

## 6.4 本章小结

本章利用搭建的试验系统平台探究了不同频谱特性对高铁车-轨-桥系统的耦合振动和列车运行安全的影响。利用 A、B、C、D 模型理论验证了数值模拟结果的准确性。然后从 PEER 数据库中选择了 12 条地震动记录，按频率成分分布分为四组，进行了详细的数值模拟，依次分析了桥梁加速度响应、列车加速度响应以及列车的运行安全性，最终得出以下结论：

（1）频率成分在 0.5~2Hz 范围内的地震更容易引起列车共振，使列车运行状况恶化。桥墩高度为 8m 的 11 跨简支桥在主频率 5~8Hz 范围内的地震影响显著，但由于主频率远离车体固有频率，对列车响应和列车运行安全的影响相对较低。

（2）随着地震频带逐渐变窄，主频逐渐减小，轮对轮轨接触点侧向位移增大。轮轨接触点有向轮缘顶部移动的趋势，轮轨横向力和脱轨系数明显增大，列车脱轨风险增大。

（3）主频率在 0.5Hz 左右的地震容易引起车体低心的滚动共振。列车的剧烈滚动运动引起轮轨竖向力的波动，降低了轮轨竖向力的最小值。在选定的地震条件下，最大轮重载减率达到 0.8，相应地，极大地降低了列车的安全运行。

## 参 考 文 献

[1] 防灾科技学院·土木工程学院·地震科技展览馆. 地震动特性[EQ/OL]. http://quake.cidp.edu.cn/ n238 C18. aspx [2021-11-25].

[2] Nishimura K, Terumichi Y, Morimura T, et al. Development of vehicle dynamics simulation for safety analyses of rail vehicles on excited tracks[J]. Journal of Computational and Nonlinear Dynamics, 2009, 4(1): 270-278.

[3] Nishimura K, Terumichi Y, Morimura T, et al. Analytical study on the safety of high speed railway vehicle on excited tracks[J]. Journal of System Design and Dynamics, 2010, 4(1): 211-225.

[4] Du X T, Xu Y L, Xia H. Dynamic interaction of bridge-train system under non-uniform seismic ground motion[J]. Earthquake Engineering & Structural Dynamics, 2012, 41:139-157.

[5] Xia H, Han Y, Zhang N, et al. Dynamic analysis of train-bridge system subjected to non-uniform seismic excitations[J]. Earthquake Engineering & Structural Dynamics, 2006, 35: 1563-1579.

[6] Zhang N, Tian Y, Xia H. A train-bridge dynamic interaction analysis method and its experimental validation[J]. Engineering, 2016, 2: 528-536.

[7] Li Y L, Zhu S Y, Cai C S, et al. Dynamic response of railway vehicles running on long-span cable-stayed bridge under uniform seismic excitations[J]. International Journal of Structural Stability and Dynamics, 2016, 16(5): 1550005.

[8] 李晓饶, 郭恩栋, 孙逊. 地震频谱特性对高速列车车体振动的影响分析[J]. 地震工程与工程振动, 2019, 39(1): 189-198.

[9] Chen Y J, Jiang L Z, Li C Q, et al. An efficient computing strategy based on the unconditionally stable explicit algorithm for the nonlinear train-track-bridge system under an earthquake[J]. Soil Dynamics and Earthquake Engineering, 2021, 145: 106718.

[10] Liu X, Jiang L Z, Xiang P, et al. Dynamic response limit of high-speed railway bridge under

earthquake considering running safety performance of train[J]. Journal of Central South University,2021, 28: 968-980.

[11] Yu J, Jiang L Z, Zhou W B, et al. Study on the influence of trains on the seismic response of high-speed railway structure under lateral uncertain earthquakes[J]. Bulletin of Earthquake Engineering, 2021, 19(7): 2971-2992.

[12] Zeng Q, Dimitrakopoulos E G. Seismic response analysis of an interacting curved bridge-train system under frequent earthquakes[J]. Earthquake Engineering & Structural Dynamics,2016, 45(7): 1129-1148.

[13] Ju S H. Improvement of bridge structures to increase the safety of moving trains during earthquakes[J]. Engineering Structures, 2013, 56: 501-508.

[14] Yang X, Wang H H, Jin X L. Numerical analysis of a train-bridge system subjected to earthquake and running safety evaluation of moving train[J]. Shock and Vibration, 2016, 2016: 9027054.

[15] Miyamoto T, Matsumoto N, Sogabe M, et al. Full-scale experiment on the dynamic behavior of railway vehicles against heavy track vibration[J]. Journal of Environment and Engineering, 2007, 2(2): 419-428.

[16] 李昊, 张鸿儒, 于仲洋, 等. 地震作用下车辆-轨道系统轮轨动态响应试验研究[J]. 振动与冲击, 2020, 39(2): 132-140.

[17] Cao L C, Yang C W, Zhang J J. Derailment behaviors of the train-ballasted track-subgrade system subjected to earthquake using shaking table[J]. KSCE Journal of Civil Engineering, 2020, 24(10): 2949-2960.

[18] 中华人民共和国铁道部. 铁路工程抗震设计规范(2009 年版): GB 50111—2006[S]. 北京: 中国计划出版社, 2009.

[19] Ministry of Railway of the People's Republic of China. Testing of high-speed eclectic multiple unit on completion of construction: Transport bureau of ministry of railway[R]. Beijing: General Office of the Ministry of Railways, 2008.

# 第 7 章　墩高对震时高铁桥上行车安全影响探究

## 7.1　概　　述

随着"以桥代路"的理念在高铁中不断运用,我国高铁中的桥梁占比越来越大,桥梁结构的性能也被纳入影响高铁桥上行车安全的考虑中。而在桥梁结构中,桥墩是桥梁梁体的支撑构件,也是主要抗侧力构件,其刚度变化会影响行车安全性。

目前,各学者对于桥墩性能的研究较为成熟,认为桥墩性能会影响行车的安全性。在高铁桥梁中,桥墩刚度受截面形式与高度的影响,因此桥墩形式的选择需要考虑多个方面[1]。桥墩截面形式主要包括圆端形实体墩、圆端形空心墩、矩形实体墩及矩形空心墩等[2,3]。依据高度不同,桥墩可分为矮墩与高墩。矮墩一般采用实体墩,有多项研究[4]集中于此。而综合考虑国内外桥墩类型[5,6],根据高铁桥梁特征,考虑建造及运行要求,圆端形空心墩成为高墩的主要截面形式。由于与矮墩的性能差异,学者针对固定高度桥墩进行了研究,认为空心高墩的破坏可能从中部开始[7]。也有学者[8]研究了不同高度桥墩的性能差异。以往墩高对高铁桥上行车安全性的影响主要采用理论与数值研究,墩高变化会影响刚度,进而影响行车安全性,但墩高对行车安全性的影响缺少试验验证,有必要进一步针对墩高对列车的桥上行车安全性进行试验研究。

本章旨在依据本书第 1~3 章内容,以不同墩高为切入点,分析不同墩高试验工况下得到的地震下相关行车试验数据及数值模型结果,以探究墩高对地震下高铁桥上行车安全性的影响。

## 7.2　试　验　设　计

### 7.2.1　测点布置

本试验依据本书 1.4 节搭建的试验平台及 3.2 节测试计划相关内容,完成试验模型建立并进行试验。

基于本书 2.3 节模型轨-桥系统常规测点布置及缩尺模型位移传感器布置,对部分测点进行调整以开展本试验,具体如下:在进行地震下高铁桥上行车安全性试验时，采用有线传感器测量桥梁主梁第 6 跨跨中横向加速度，作为梁体加速度；用无线传感器测量列车内部后转向架右侧位置的横向加速度，作为列车加速度。行车试验加速度传感器测点布置图如图 7-1 所示。由于列车入桥和出桥时有剧烈振荡，所以删除第 1 跨与最后一跨数据。

(a) 列车俯视图         (b) 列车侧视图

图 7-1　行车试验加速度传感器测点布置图(符号 ●：加速度传感器)

## 7.2.2　桥墩模拟与参数选取

由于地震下桥上行车安全试验系统梁体与振动台刚性连接，为模拟墩高变化，首先建立全桥数值模型，保持桥梁结构其余部分不变，仅改变桥墩。由于单节列车质量远小于全桥质量，同时列车与桥梁间的蠕滑力较小，为考虑地震时列车对桥梁响应的影响，将单节列车作为集中质量加于桥梁模型中。采用以上方式模拟震时桥梁系统的振动情况。

本研究采用在高铁桥梁中大量使用的圆端形桥墩截面形式。当墩高大于 30m 时，变坡度空心墩能够更好地满足性能要求。因此，本试验以 30m 为界限，将桥墩设置为实心墩与空心墩：实心墩选择 8m、16m、24m 高度；空心墩选择 30m、40m、50m 高度。除 8m 高的桥墩是等截面圆端形桥墩，其余高度的桥墩皆为变截面。桥墩具体参数见表 7-1、表 7-2，示意图见图 7-2～图 7-7。

表 7-1　实心墩参数

| 墩高/m | 横向/cm | | 纵向/cm | | 坡率 $n$/% |
|---|---|---|---|---|---|
| | $A$ | $A'$ | $B$ | $B'$ | |
| 8 | 600 | 600 | 200 | 200 | — |
| 16 | 600 | 670 | 230 | 300 | 45 |
| 24 | 600 | 710 | 280 | 390 | 45 |

表 7-2　空心墩参数

| 墩高/m | 横向/cm | | 纵向/cm | | 上实体高/cm | 下实体高/cm | 壁厚/cm | | 坡率/% | |
|---|---|---|---|---|---|---|---|---|---|---|
| | $A$ | $A'$ | $B$ | $B'$ | $h_1$+100 | $h_2$ | $t_0$ | $t_0'$ | $n_1$ | $n_2$ |
| 30 | 800 | 971.4 | 300 | 471.4 | 250 | 200 | 50 | 86.4 | 35 | 70 |
| 40 | 850 | 1078.6 | 340 | 568.6 | 300 | 200 | 50 | 106.3 | 35 | 80 |
| 50 | 850 | 1135.7 | 400 | 685.7 | 300 | 250 | 50 | 127.7 | 35 | 90 |

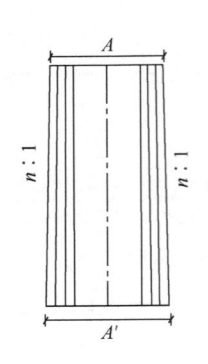

图 7-2 实心墩正面图 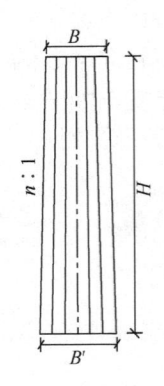　　图 7-3 实心墩侧面图 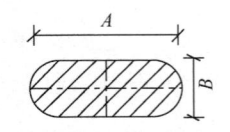　　图 7-4 实心墩顶面图

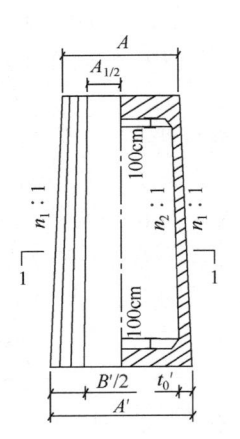

图 7-5 空心墩半正面与半 2-2 截面图 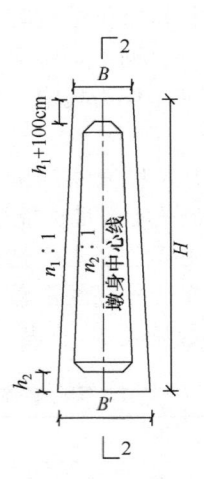　　图 7-6 空心墩侧剖面图 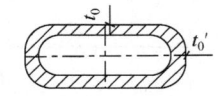　　图 7-7 空心墩 1-1 截面图

模型中对桥墩分段建模，利用 MIDAS 软件计算桥墩各段截面参数。模型缩尺比与试验系统相同，依据 MIDAS 软件所得的截面参数，在 OpenSees 软件中建立顶部包含梁体质量的单墩模型。单墩模型的前四阶自振频率如表 7-3 所示，加粗数据代表横桥向振动。

表 7-3　单墩模型的前四阶自振频率

| 模态阶数 | 桥墩高度 | | | | | | 备注 |
| --- | --- | --- | --- | --- | --- | --- | --- |
| | 0.8m | 1.6m | 2.4m | 3.0m | 4.0m | 5.0m | |
| 一阶频率/Hz | 9.44 | 6.14 | 4.87 | 4.76 | 4.04 | 3.63 | 顺桥向 |

续表

| 模态阶数 | 桥墩高度 ||||||  备注 |
| --- | --- | --- | --- | --- | --- | --- | --- |
|  | 0.8m | 1.6m | 2.4m | 3.0m | 4.0m | 5.0m |  |
| 二阶频率/Hz | 17.23 | 10.78 | 8.23 | 8.12 | 6.80 | 5.95 | 横桥向 |
| 三阶频率/Hz | 103.64 | 68.90 | 41.59 | 42.94 | 30.03 | 23.66 | 顺桥向 |
| 四阶频率/Hz | 173.31 | 80.81 | 70.35 | 54.23 | 49.05 | 39.06 | 主要为顺桥向 |

由于横向振动对行车安全影响大,本研究横桥向地震对行车安全性的影响,不考虑顺桥向及竖向振动。为满足行车性能要求,高铁桥梁横向刚度大,仅高烈度地震下(明显大于 0.1g)桥梁结构可能发生破坏。应选择的地震峰值加速度为 0.1g,桥梁不易进入塑性,因此桥梁模型采用线弹性单元建立。

采用与地震下桥上行车安全试验系统相同的缩尺比,利用 OpenSees 软件建立双线简支桥梁数值模型。模型中采用多个单元建立桥墩,支座和梁体、支座和桥墩采用刚臂连接。建模时将底座板、轨道板与钢轨的刚度贡献并入主梁,分别考虑底座板、轨道板及钢轨的质量贡献。高速铁路 11 跨简支桥梁数值模型各部件及材料参数见表 7-4、支座刚度见表 7-5。高速铁路 11 跨简支桥梁数值模型示意图如图 7-8 所示,图中桥墩编号从左到右为 P1～P12。由于列车与桥梁的蠕滑力较小,为考虑列车对桥梁响应的影响,将 50%单节列车质量均匀分布于模型第 6 跨。

表 7-4 高速铁路 11 跨简支桥梁数值模型各部件及材料参数

| 构件 | 主梁 | 底座板 | 轨道板 | 钢轨 | 桥墩 |
| --- | --- | --- | --- | --- | --- |
| 面积/m$^2$ | 8.343 |||| 依据墩高变化 |
| 线密度/(kg/m) | 22691 | 1497 | 1371 | 60.64 |  |
| 弹性模量/(N/mm$^2$) | 4400 |||| 31500 |

表 7-5 支座刚度 (单位:kN/mm)

| | 支座 | 刚度 |
| --- | --- | --- |
| 滑动支座 | 竖向 | 1388.89 |
|  | 横桥向 | 38.22 |
|  | 顺桥向 | 38.22 |
|  | 固定支座 | 3.75×10$^5$ |

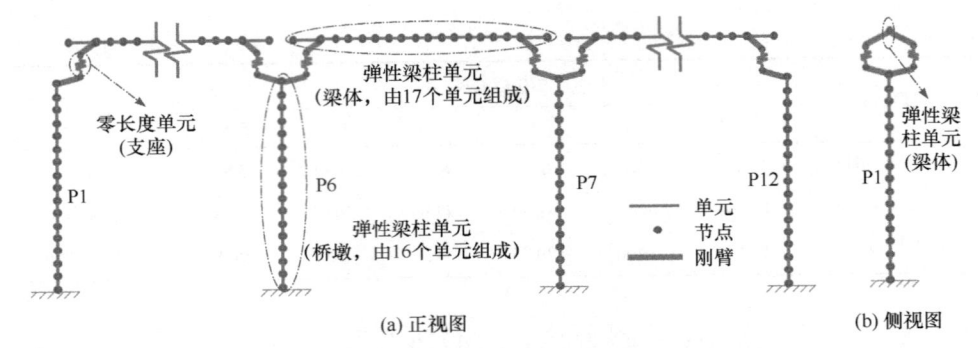

图 7-8　高速铁路 11 跨简支桥梁数值模型示意图

### 7.2.3　数值模型验证

1. 试验激励

将墩顶响应作为地震下桥上行车安全试验系统的激励来进行行车试验。试验中的轨道不平顺测量数据详见图 3-5。

地震选择主要考虑幅值、持续时间与场地类型。因Ⅱ类场地在我国适用范围最广，故采用Ⅱ类场地；7 度抗震设防要求；选用 0.1g 的常遇峰值地面加速度。结合以上条件，从 PEER 数据库中选取 San Fernando、Morgan Hill 地震数据，基本信息见表 7-6。研究关注墩高变化对行车安全性的影响，不同地震用于结果对比，验证行车安全性的变化规律。为便于后面描述，本章为两种地震分别设定了代号，SF 指代 San Fernando 地震，MH 指代 Morgan Hill 地震。

表 7-6　地震基本信息

| 地震代号 | 地震名称 | 地震年份 | 观测台名称 |
| --- | --- | --- | --- |
| SF | San Fernando | 1971 | Wheeler Ridge-Ground |
| MH | Morgan Hill | 1984 | Gilroy Array #4 |

为获得地震下桥上行车安全试验系统的激励，从数值模型的墩顶节点中提取横向振动加速度。在此试验研究中，桥墩是主要变量，需要保证桥墩模型有效。

由于实体墩的横桥向刚度大，研究中桥墩高度低于 25m，一般认为其在 7 度抗震设防烈度且峰值地面加速度为 0.1g 时未进入塑性，因此采用线弹性单元建立模型。

空心墩的高度高（试验研究中设定墩高 $h \geqslant 30$m 为空心墩），其振动主要由一阶振型控制，在整个桥墩中墩顶位移最大。先采用线弹性单元建模计算墩顶峰值位移，若墩顶峰值位移超过文献[9]中试验所得最小屈服位移(表 7-7)，则认为桥墩进入塑性，必须采用弹塑性单元来建立模型。表 7-8 为采用线弹性单元建模计算的墩顶峰值位移。可知,墩顶峰值位移为 1.175mm,小于 1.5mm(文献[9]中相同缩尺比桥墩的最小屈服位移),因此认为空心墩没有进入塑性,在数值模拟时采用线弹性单元建立桥墩模型。

表 7-7 屈服位移[9]

| 墩高<br>/m | 最小屈服位移/mm ||  均值/mm |
|---|---|---|---|
| | 负方向 | 正方向 | |
| 30 | −13.6 | 12.5 | 13.05 |
| 40 | −16.8 | 14.6 | 15.70 |
| 50 | −18.9 | 17.9 | 18.4 |

表 7-8 空心墩墩顶峰值位移　　　　　　　　(单位:mm)

| 地震代号 | 缩尺墩高 ||| 均值 |
|---|---|---|---|---|
| | 3m | 4m | 5m | |
| SF | 0.473 | 0.464 | 0.513 | 0.483 |
| MH | 0.645 | 0.940 | **1.175** | 0.920 |
| 均值 | 0.559 | 0.702 | 0.844 | 0.702 |

本书 3.3 节详细介绍了缩尺试验模型与原型理论模型之间的有效性验证,由于墩高会发生变化,所以本节依据同样的验证方式对不同墩高工况下的试验进行再次验证。

2. 缩尺试验模型和缩尺试验数值模型的验证

数值模拟时的测点布置与试验系统相同。缩尺试验模型(模型 A)的参数详见本书 1.2 节。采用列车加速度与梁体加速度来检验模型的正确性,工况之一如图 7-9~图 7-12 所示。从图 7-9、图 7-11 可以看出,在 0~0.5s 时,缩尺试验数值模

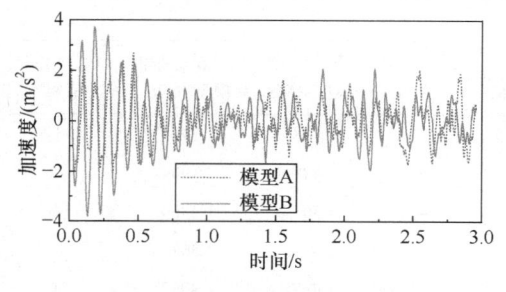

图 7-9　列车加速度时程曲线

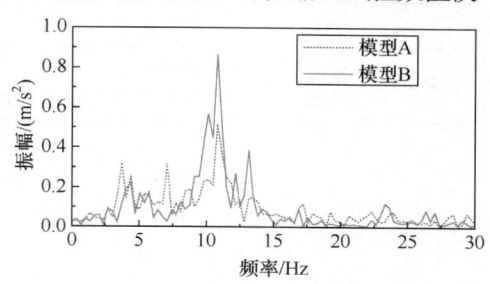

图 7-10　列车加速度频谱图

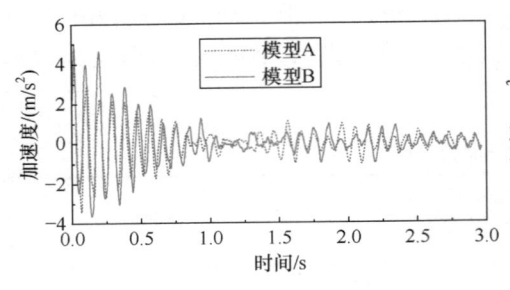

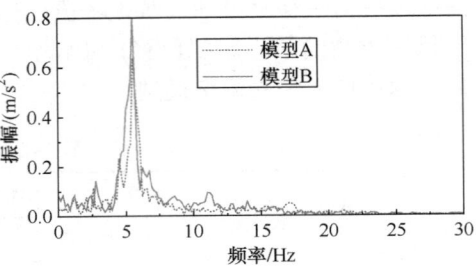

图 7-11　梁体加速度时程曲线　　　图 7-12　梁体加速度频谱图

型(模型 B)响应稍大于模型 A 响应，这是由于试验时，列车轨道上防止列车脱轨的限位器减小了列车响应。从图 7-10、图 7-12 可知，模型 B 响应与模型 A 响应的频谱分布基本一致，两者主频吻合较好。

此外，从缩尺模型的检验中可以发现(图 7-9～图 7-12)，模型 A 和模型 B 在小部分响应上存在差别。这主要是由于模型 B 对极端情况的模拟不够准确，如列车脱轨；而模型 A 反映物理实际，并不受此影响。试验系统轨道不平顺见图 3-5，可以发现，轨道不平顺峰值接近 2mm，导致列车加速度有时偏大，不符合实际。因此，模型对一般情况的行车模拟足够准确，后续将更换轨道不平顺后再进行行车安全性分析。

以上为一个工况的缩尺试验模型与缩尺试验数值模型对比，接下来进行全工况的模型检验。在行车安全性研究中，一般认为列车横向加速度越大越危险，因此采用出现在同一时间的大加速度值来检验模型的有效性。加速度响应受多种因素的影响，单个数值容易突变导致不准确。因此，选择各工况中 3 个较大加速度，计算其均方根作为有效加速度值，并进行误差分析。缩尺试验数值模型有效加速度检验见表 7-9。

表 7-9　缩尺试验数值模型有效加速度检验

| 工况 | | | 梁体 | | | 列车 | | |
|---|---|---|---|---|---|---|---|---|
| 地震代号 | 速度/(km/h) | 墩高/m | 缩尺试验模型 RMS | 缩尺试验数值模型 RMS | 均方根差值/% | 缩尺试验模型 RMS | 缩尺试验数值模型 RMS | 均方根差值/% |
| SF | 100 | 8 | 1.4448 | 1.4148 | −2 | 1.7385 | 1.7157 | −1 |
| | | 16 | 2.2940 | 2.7020 | 18 | 2.4981 | 2.1904 | −12 |
| | | 24 | 1.8461 | 1.6062 | −13 | 1.3016 | 1.4860 | 14 |
| | | 30 | 1.5797 | 1.7231 | 9 | 1.4218 | 1.3676 | −4 |
| | | 40 | 0.5957 | 0.6654 | 12 | 1.4685 | 1.4097 | −4 |
| | | 50 | 0.8285 | 0.8653 | 4 | 1.1850 | 1.2628 | 7 |

续表

| | 工况 | | 梁体 | | | 列车 | | |
|---|---|---|---|---|---|---|---|---|
| 地震代号 | 速度/(km/h) | 墩高/m | 缩尺试验模型 RMS | 缩尺试验数值模型 RMS | 均方根差值/% | 缩尺试验模型 RMS | 缩尺试验数值模型 RMS | 均方根差值/% |
| SF | 180 | 8 | 1.6618 | 1.6530 | −1 | 1.8571 | 1.7818 | −4 |
| | | 16 | 2.7750 | 2.8052 | 1 | 2.8361 | 2.7741 | −2 |
| | | 24 | 0.9528 | 0.9014 | −5 | 1.3968 | 1.3169 | −6 |
| | | 30 | 1.2272 | 1.0611 | −14 | 2.3228 | 2.4347 | 5 |
| | | 40 | 0.9684 | 0.8002 | −17 | 1.6296 | 1.7254 | 6 |
| | | 50 | 0.8352 | 0.7549 | −10 | 0.9405 | 0.7847 | −17 |
| MH | 100 | 8 | 1.4462 | 1.4170 | −2 | 1.4782 | 1.6010 | 8 |
| | | 16 | 1.3126 | 1.2475 | −5 | 1.9134 | 1.9735 | 3 |
| | | 24 | 1.3633 | 1.3659 | 0 | 1.1529 | 1.2427 | 8 |
| | | 30 | 1.7112 | 1.5426 | −10 | 1.3877 | 1.4451 | 4 |
| | | 40 | 1.8484 | 1.8528 | 0 | 1.2864 | 1.3857 | 8 |
| | | 50 | 1.7878 | 1.8100 | 1 | 1.4141 | 1.4328 | 1 |
| | 180 | 8 | 0.9823 | 0.9518 | −3 | 2.0929 | 2.1285 | 2 |
| | | 16 | 0.8216 | 0.7047 | −14 | 2.6981 | 2.7054 | 0 |
| | | 24 | 1.4606 | 1.2582 | −14 | 1.9064 | 1.9077 | 0 |
| | | 30 | 1.2856 | 1.1523 | −10 | 1.4412 | 1.3935 | −3 |
| | | 40 | 1.5768 | 1.5179 | −4 | 2.1701 | 2.2355 | 3 |
| | | 50 | 1.6407 | 1.5761 | −4 | 2.1027 | 1.9583 | −7 |

由表 7-9 可知，在所有工况中，最大有效加速度误差在 20%以内，大部分情况低于 10%。最大有效加速度值代表行车时的危险状态，该数值相似说明模型可用于行车安全性分析。结合以上模型检验分析可知，缩尺试验数值模型与试验系统的加速度响应相似程度高，采用的建模方式有效。

3. 缩尺理论模型和原型理论模型的验证

由于试验系统有不符合设计的参数，采用上述验证的建模方式，更换数值模型中的列车与轨道不平顺，建立符合设计的缩尺理论模型(模型 C)，并将该模型按缩尺比放大建立原型理论模型(模型 D)。模型中的轨道不平顺使用德国谱，如图 7-13 所示。列车采用 CRH380A 型，参数详见第 1 章。在行车安全性研究中，轮轨接触关系最为重要，而以上修改的本质在于修改列车行车时的外部激励，并不改变整个模型的正确性。

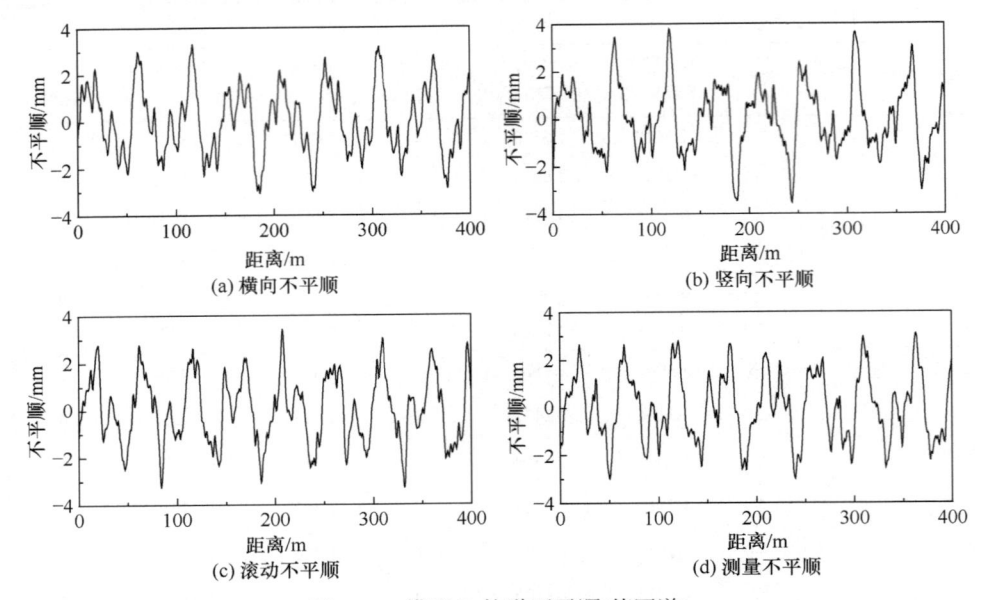

(a) 横向不平顺

(b) 竖向不平顺

(c) 滚动不平顺

(d) 测量不平顺

图 7-13　模型 D 轨道不平顺(德国谱)

建立符合设计的模型 C 与模型 D 后，依旧采用列车加速度与梁体加速度进行两模型的检验，其中一个工况检验结果如图 7-14 和图 7-15 所示。从图中可以发现，模型 C 与模型 D 的加速度响应相似，验证了模型 D 的正确性，其余工况相似程度相同，这里不再赘述。以上是对模型响应的检验。在检验模型模态方面，模型 D 的模态参数见表 7-10，应当注意的是，表 7-10 中全桥模型频率为横桥向一阶自振频率；当进行模态分析时，桥梁与列车分别进行分析，因此桥梁结构频率未考虑列车质量。此外，表 7-10 是 11 跨简支桥梁的模态分析结果，不同于前面所述单墩模型。由表 7-10 可知，模型 D 模态与 CRH380A 型列车模态相似。

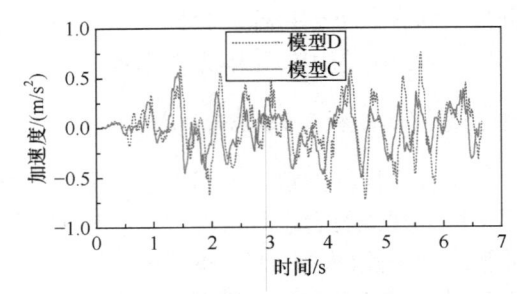

图 7-14　列车加速度时程曲线

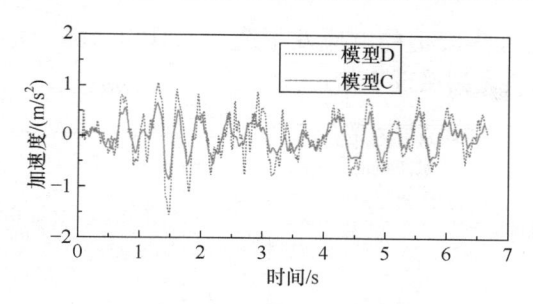

图 7-15 梁体加速度时程曲线

**表 7-10 模型 D 自振频率参数**

| 部件 | 模态 | 自振频率/Hz |
| --- | --- | --- |
| 列车 | 一阶滚动 | 0.45 |
| | 沉浮 | 0.6 |
| | 俯仰 | 0.78 |
| | 二阶滚动 | 0.87 |
| | 摇头 | 1.93 |

| 部件 | 桥墩高度/m | 自振频率/Hz |
| --- | --- | --- |
| 全桥模型 | 8 | 5.52 |
| | 16 | 3.70 |
| | 24 | 2.85 |
| | 30 | 2.80 |
| | 40 | 2.33 |
| | 50 | 2.01 |

### 7.2.4 工况设计

试验工况与 7.2.3 节内数值模型采用工况一致，详细内容参见 7.2.3 节。

## 7.3 探究与结论

本节给出车-轨-桥系统的试验结果和数值结果，以研究不同墩高对震时高铁桥上列车运行安全性的影响。

### 7.3.1 墩顶加速度与位移响应分析

MH 地震与 SF 地震下空心墩与实心墩墩顶的加速度响应见图 7-16～图 7-19。从模型计算的墩顶加速度中可以发现，MH 地震下桥墩响应都有放大；对于 SF

地震，不同桥墩对地震峰值的响应并不统一，其中 16m 实心墩的响应放大最大，将原地震峰值放大到接近 3 倍。

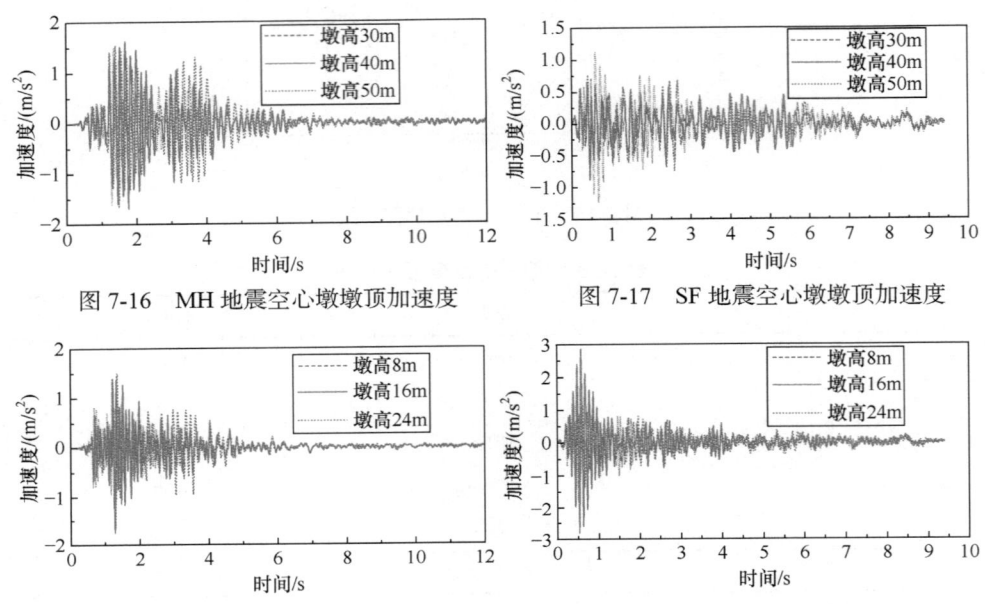

图 7-16  MH 地震空心墩墩顶加速度

图 7-17  SF 地震空心墩墩顶加速度

图 7-18  MH 地震实心墩墩顶加速度

图 7-19  SF 地震实心墩墩顶加速度

桥梁结构加速度与位移是墩高变化的主要影响结果之一。因此，首先分析墩顶的加速度与位移响应。图 7-20、图 7-21 为行车试验前采用 OpenSees 软件建立的数值模型墩顶峰值加速度及峰值位移。峰值地面加速度为 0.1g，因此从墩顶峰值加速度的比较中可以看出不同墩高的响应放大效果。从图 7-20 中可以发现，总体而言，空心墩对地震的放大效果更小。分析结构响应对每条地震的放大效果，对于 SF 地震，实心墩的响应放大接近到 2 倍，而空心墩的响应几乎没有放大；对于 MH 地震，空心墩与实心墩结构的响应皆放大到 1.6 倍。此外，墩顶的峰值加速度出现时间与原地震基本一致。

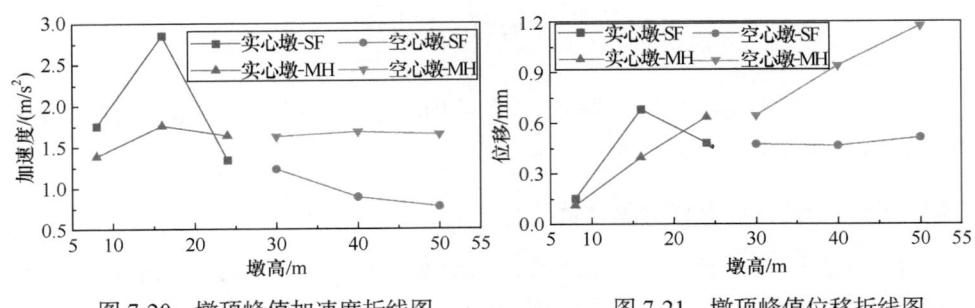

图 7-20  墩顶峰值加速度折线图

图 7-21  墩顶峰值位移折线图

MH 和 SF 缩尺地震频谱图分别如图 7-22 和图 7-23 所示。结合图 7-22、图 7-23 可知，MH 地震的主频在 5Hz 左右；SF 地震有多个主频，分别接近 2.5Hz、11Hz、18Hz。SF 地震的多个主频覆盖了实心墩的自振频率范围，因此实心墩对 SF 地震的响应放大明显；空心墩结构较柔，虽然桥墩下部会随着地震产生高频振动，但当振动传到顶部时，高频振动成分被过滤，因此响应放大不明显。MH 地震的频率分布集中于低频，只有少量频率成分与各结构的自振频率重合(包括实心墩与空心墩)，因此对于不同桥墩的桥梁结构，响应放大倍数相近。

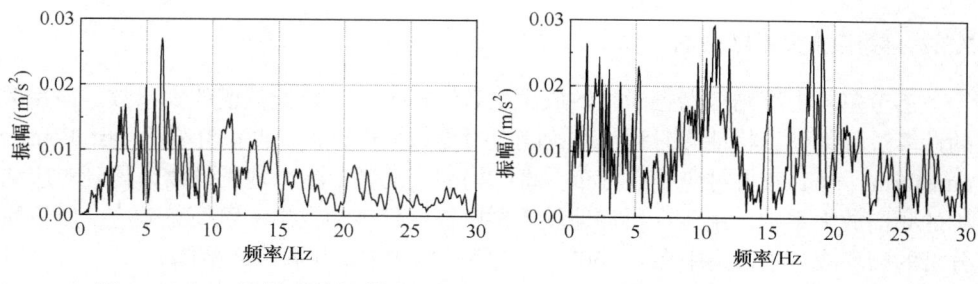

图 7-22　MH 缩尺地震频谱图

图 7-23　SF 缩尺地震频谱图

由图 7-21 可知，墩顶峰值位移与峰值加速度变化趋势并不相同。两条地震进行对比，在 MH 地震下，墩顶峰值位移随墩高的增加而增大；在 SF 地震下，墩顶位移先增大后减小，且空心墩的墩顶峰值位移基本一致。将墩顶峰值位移与地震位移反应谱进行比较，如图 7-24 和图 7-25 所示。由图 7-24、图 7-25 可知，二者较为吻合，可采用位移反应谱判断地震下不同结构的峰值位移变化规律。

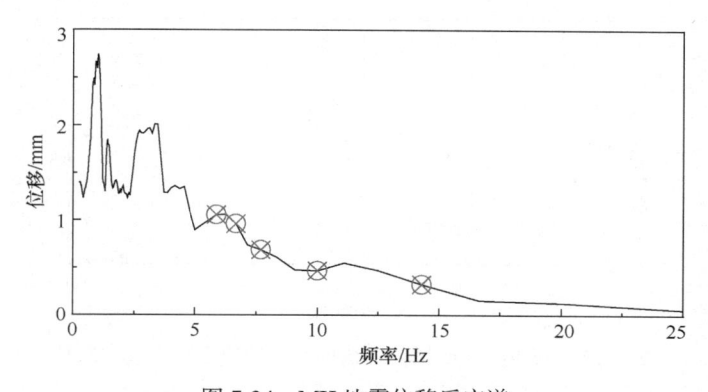

图 7-24　MH 地震位移反应谱

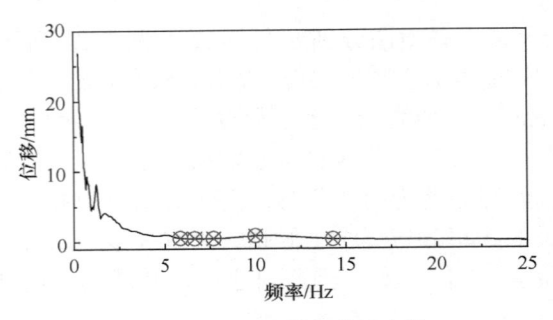

图 7-25　SF 地震位移反应谱

## 7.3.2　频谱放大系数分析

参考单自由度结构谐振激励的放大系数计算公式，研究频谱放大系数。该系数的计算过程如下：将地震时程与结构响应时程数据进行快速傅里叶变换(fast Fourier transform，FFT)获得对应频谱分布，将结构响应的频谱除以地震频谱，得到对应结构的频谱放大系数。由于在所加地震下桥墩横向仅被激发出一阶模态响应，所以所分析的频率成分主要集中在 0~30Hz，包络结构的主要频率响应范围。

SF 地震 8m 墩高结构的墩顶加速度频谱放大系数如图 7-26 所示。从图中可以发现，对于墩高 8m 的 11 跨高铁桥梁墩顶响应，放大系数在 15.5Hz 左右达到最大，此频率与单墩模型的一阶横向自振频率相近。在小于 15.5Hz 的频率范围内，结构一开始按照 1∶1 复现激励频率，之后越接近 15.5Hz，结构响应放大幅度越大；超过 15.5Hz 的频率，结构响应迅速降低，到 20Hz 后响应衰减近乎为 0，基本不对激励做出响应。综上所述，结构响应仅在基频左右放大；当激励频率低于结构基频时，结构振动与激励同步；对于高于结构基频的激励，结构基本不响应。

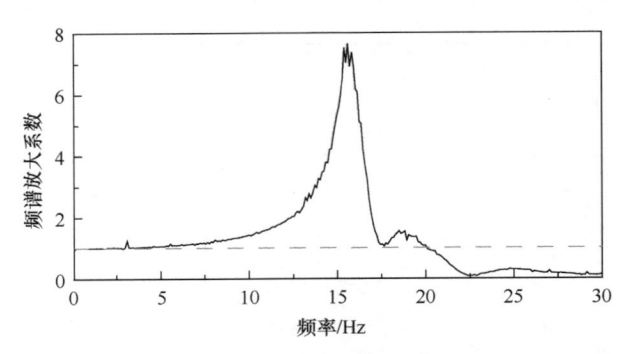

图 7-26　SF 地震 8m 墩高结构的墩顶加速度频谱放大系数

将不同结构的频谱放大系数绘制如图 7-27 所示。由图 7-27 可知，墩高增高，频谱放大系数峰值向低频方向移动。此外，虽然结构建模时统一采用 5%阻尼比，但频谱放大系数峰值并不一致。结构越柔，峰值越大，从 8m 墩高到 50m

墩高，峰值增大约 50%。

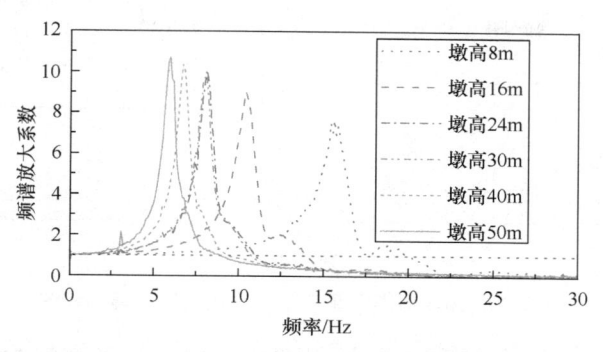

图 7-27 SF 地震下墩顶加速度频谱放大系数

频谱放大系数曲线充分表明结构对激励的低通滤波效果，即仅允许特定频率以下的振动成分通过，高于结构自振频率的振动经过结构后衰减至 0。在阻尼比相同的情况下，结构响应放大效果随着刚度的降低而增大。MH 地震下不同结构的频谱放大规律与 SF 地震下的变化规律完全相同。将频谱放大系数与地震频谱共同绘制，可显示出不同结构对地震的过滤效果，解释前面所述结构加速度响应峰值变化规律。将不同地震下频谱放大系数与原地震比较图绘制如图 7-28、图 7-29 所示。

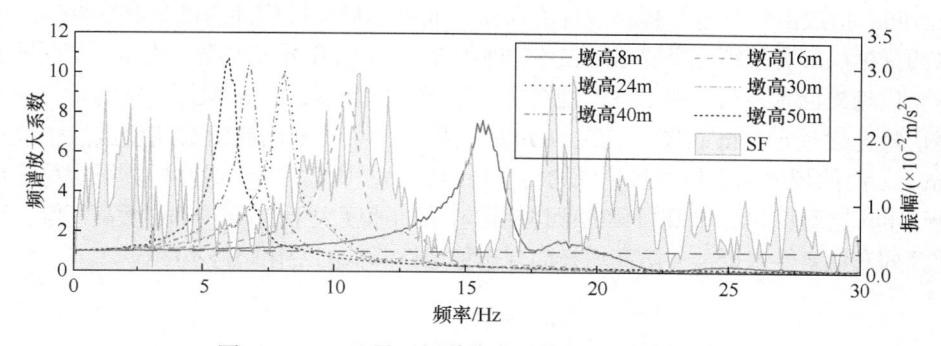

图 7-28 SF 地震下频谱放大系数与原地震比较图

在分析时，主要关注放大系数为 1 以上的部分。若频谱放大部分与地震主频重合，则表示结构放大地震的主频，重合面积代表响应放大效果。由图 7-28 可知，16m 墩高桥梁响应放大最大，此时结构的频率放大部分和原地震主频十分接近，因此在所有墩高中峰值加速度最大；8m 墩高桥梁放大频率也与地震的频率小峰值重合，但重合的面积小于 16m 墩高结构，因此其峰值加速度小；其余墩高结构的重合面积更小，对应的峰值加速度进一步降低。对比 MH 地震下的频谱放大系数与原地震可知(图 7-29)，其变化规律与 SF 地震一致。地震频谱与

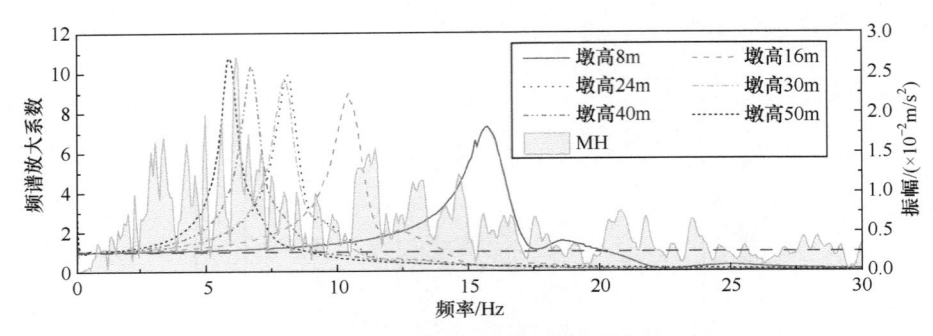

图 7-29 MH 地震下频谱放大系数与原地震比较图

50m 墩高的桥梁结构放大系数重合面积最大，但与其余墩高结构的重合面积相差不大，因此不同墩高结构的峰值加速度十分接近。

### 7.3.3 原型理论模型下行车性能分析

1. 稳定性指标分析

列车运行主要关注安全性与稳定性，稳定性变化从侧面反映了安全性变化。原型理论模型计算所得的行车稳定性指标见图 7-30、图 7-31。由图可知，不同工况下两类稳定性指标的整体变化趋势一致：随着墩高的增长，稳定性指标变大。由于 Sperling 指数由列车全时程响应计算所得，而列车横向峰值加速度具有变异性，所以两指标局部有差别，主要体现在 SF 地震下 30m 墩高桥梁工况。此外，不同地震的变化趋势也有差别。由于 SF 地震主频接近结构基频，24m 墩高桥梁的梁体横向峰值加速度接近 5m/s²(图 7-32)，8m 墩高桥梁的梁体横向峰值加速度虽然也接近 5m/s²，但低频振动容易导致更低的行车稳定性[10]，所以 24m 墩高桥梁行车稳定性低于 8m 墩高；24m 墩高桥梁的梁体横向峰值加速度大于 30m、40m 墩高桥梁，因此其列车稳定性最低，使墩高增长而列车稳定性降低的变化趋势不明显。

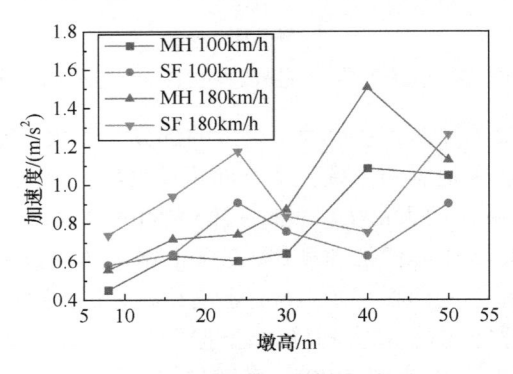

图 7-30 列车横向峰值加速度

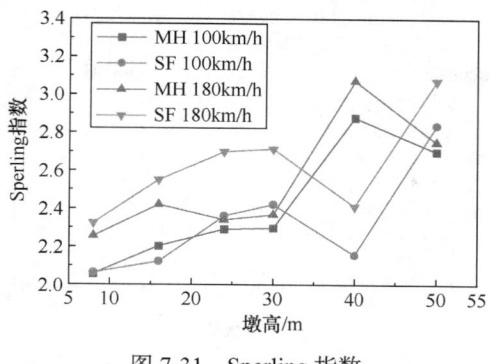

图 7-31 Sperling 指数

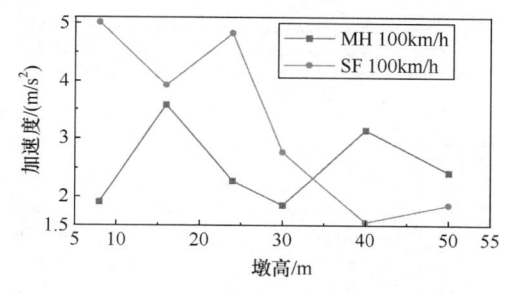

图 7-32 梁体横向峰值加速度

**2. 轮重减载率与轮轴横向力分析**

原型理论模型模拟的轮重减载率变化曲线如图 7-33 所示,轮轴横向力变化曲线如图 7-34 所示。从图 7-33、图 7-34 可以发现,轮重减载率与轮轴横向力整体变化趋势一致。在所有地震下,180km/h 速度下的安全指标都大于 100km/h 速度下的,即列车速度越高越危险;相同地震不同列车速度下的安全指标变化规律基本一致;而不同地震下的安全指标变化规律有局部差别。在 MH 地震下,桥梁梁体加速度在 $2\sim 3\text{m/s}^2$ 范围内(图 7-32),不同墩高下的梁体加速度较为相近,因此能够明显表现出随着墩高增高行车安全性降低的整体趋势;而 SF 地震主频与部分结构基频相近,因此在全桥模型中,24m 墩高桥梁梁体加速度达 $4\text{m/s}^2$ 以上;同时,由于 24m 墩高桥梁的自振频率更低,低频振动容易导致更低的行车安全性,最终 24m 墩高桥梁 2 个行车安全指标显著增大,表现出最低的行车安全性,尤其是 180km/h 速度工况。因此,SF 地震下的两个安全指标没有表现出与 MH 地震相同的变化趋势。

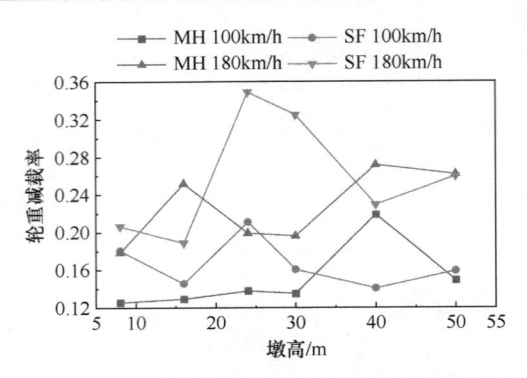

图 7-33 原型理论模型模拟的轮重减载率变化曲线

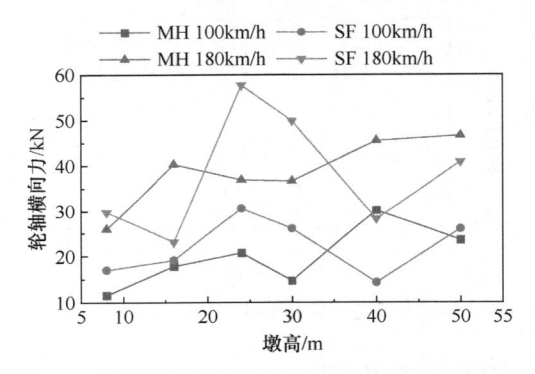

图 7-34 原型理论模型模拟的轮轴横向力变化曲线

**3. 脱轨系数与 SI 指标分析**

在行车试验中采集到的结构顶部响应有两处：一是轨道板；二是梁体。轨道板响应包含较多列车激励，而梁体响应方便测量。因此，考虑是否可以选择梁体响应计算 SI 指标。图 7-35 为主梁跨中与轨道板响应时程图。

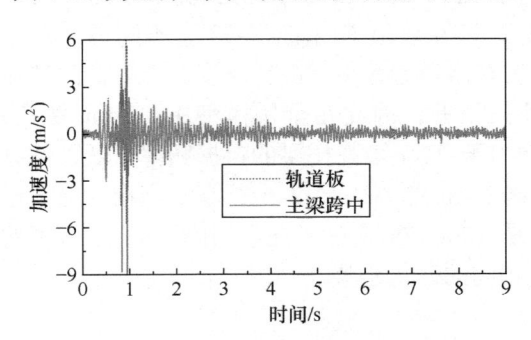

图 7-35 主梁跨中与轨道板响应时程图

对比轨道板与主梁跨中响应时程图可知，与主梁跨中响应相比，轨道板响应大部分与主梁相等，但另有大幅值的高频响应。结合列车实际行驶速度15.81m/s，高频振动出现的时间恰好是列车经过试验系统第 6 跨桥梁的时间，因此认为该振动由列车激励产生。为确定高频振动的频率范围，绘制时频域分析的小波变换图，见图 7-36。在小波变换图上，高频响应在极短的时间间隔内出现两次，对应前后轮对对轨道的激励。由于没有地震时该响应仍然存在，所以认为响应由轨道不平顺导致的轮轨相互作用造成。

由上述分析可知，列车行进给结构带来了高频激励；对于不同高度的桥梁构件，离列车越近，响应越明显。轨道板是轨道下最接近列车的部分，直接受列车振动影响，由于质量小，受高频激励的影响明显；梁体质量远大于列车质量，振动传到主梁底部时不明显。由于行车导致的高频激励对应的频率范围在 100Hz 以上，低于 SI 指标的周期范围，且在列车运行时轨道板响应不方便测量；梁体响应受轨道不平顺与列车影响较小，避免了试验系统在该方面与设计的偏差，其 SI 指标结果也与轨道板相同，能够反映行车安全性的变化规律。因此，采用梁体响应计算 SI 指标。偏于安全考虑，使用作者此前研究[11]中的最大车速 150km/h 下的 SI 指标限值判断行车安全性。

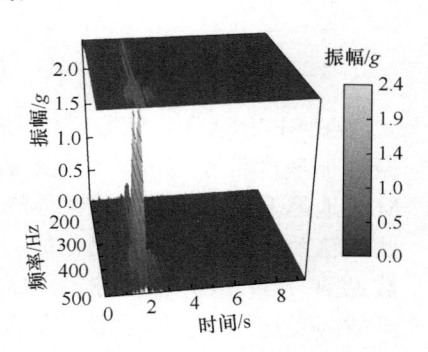

图 7-36　SF 地震下 100km/h 8m 墩高结构轨道板响应小波变换图

SF 地震下列车 100km/h 时脱轨系数见图 7-37，图中拟合直线的确定性系数为 0.69，可以认为 SF 地震下梁体加速度表现出明显的下降趋势，而对应的脱轨系数并未下降。在 SF 地震下，24m 墩高桥梁梁体振动加速度接近 5m/s$^2$，此时列车脱轨系数为 0.3803；而 50m 墩高桥梁梁体振动加速度不到 2m/s$^2$，脱轨系数为 0.3754，相差仅 0.005，不到 2%。此外，桥墩越高，桥梁横向一阶振动频率越接近列车摇头频率，使列车前后位置的横向位移增大，降低了行车安全性(图 7-38)。因此，SF 地震说明了随着墩高增高行车安全性降低的变化趋势。

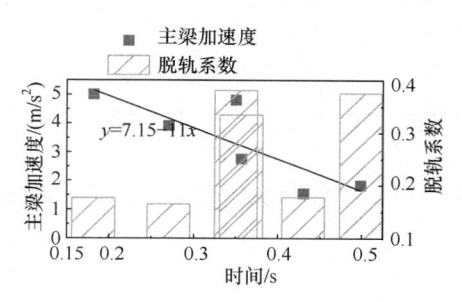

图 7-37　SF 地震下列车脱轨系数

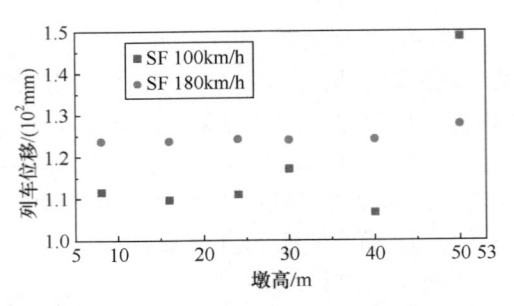

图 7-38 SF 地震下列车横向峰值位移

在 SF 地震下，实心墩桥梁梁体振动加速度大于 4m/s²，而空心墩桥梁梁体振动加速度低于 3m/s²，导致脱轨系数具有变异性，但变化规律不明显。在 MH 地震下，不同墩高的梁体峰值加速度在 2~3m/s²，差别小于 SF 地震，因此脱轨系数的变化规律更明显。MH 地震下原型理论模型计算所得列车脱轨系数见图 7-39。为更好地描绘墩高对行车安全性影响的规律，选择函数拟合脱轨系数的变化规律。有学者[12]研究了不同结构与地震下的行车安全性变化。参考文献[12]中的折线图，选用对数函数进行拟合。图 7-39 中拟合曲线的确定性系数分别为 0.76 与 0.65。可以发现，从 8m 墩高到 50m 墩高，脱轨系数指标随墩高的增高而增大，100km/h 速度下该值增大 109%；180km/h 速度下该值增大 50%；不同列车速度下平均增大 75%。这主要是因为墩高越高，结构越柔，桥梁自振频率也越接近列车横向自振频率，其中最接近 1.93Hz 的摇头频率，列车摇摆角随之增大(图 7-40)。结合不同的地震数据可知，从 8m 墩高到 50m 墩高，在 100km/h 速度下，摇摆角峰值增大 15%以上；其在 180km/h 速度下增大 45%以上。随着墩高增高，摇摆角峰值平均增大 35%，导致行车安全性降低，说明低频振动容易导致行车安全性降低[10]。

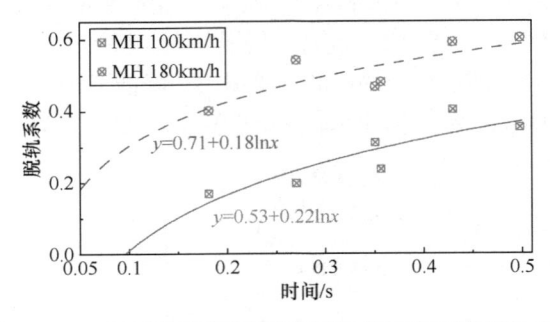

图 7-39 MH 地震下原型理论模型计算所得列车脱轨系数

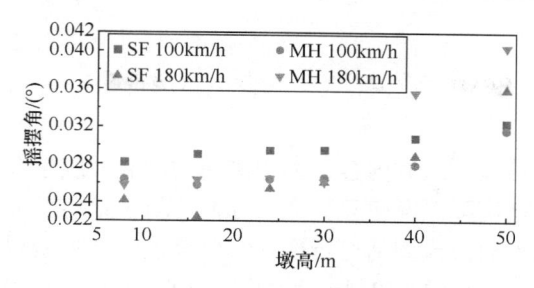

图 7-40　列车摇摆角峰值变化图

由变化曲线可知，脱轨系数随墩高的变化并非线性过程。在墩高较低时(8m 左右)，脱轨系数变化更剧烈；当墩高进一步增高时，脱轨系数变化放缓。该规律与过往研究的 SI 指标限值($SI_L$)的变化规律相似。

使用行车试验数据进行 SI 指标分析。将 SI 指标减去限值得到比较值，负值代表安全，正值代表不安全，绝对值代表离限值的距离。如图 7-41 所示的 SI 指标与限值 $SI_L$ 比较值图可以更加清晰地表示出行车安全性变化。MH 地震下曲线的确定性系数为 0.98；由于地震主频与结构基频接近，SF 地震下该系数为 0.43。试验系统刚度大于原型理论模型，导致 SI 指标反映的整体变化规律为向低墩方向移动，指标变化更剧烈。分析数据可知，从 8m 墩高到 50m 墩高，MH 地震下 SI 指标增大 140%，SF 地震下 SI 指标增大 100%，不同地震下平均增大 120%。由图 7-41 可知，SI 指标的整体变化规律仍然符合对数曲线，验证了规律的正确性；同时，8~16m 墩高范围的 SI 指标变化最剧烈；不同地震下 SI 指标的局部区别主要由结构振动大小差异导致。

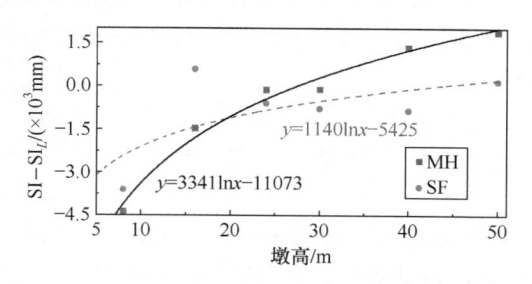

图 7-41　SI 与 $SI_L$ 比较值图

结合上述分析可知，在地震作用下，从 8m 实心墩到 50m 空心墩桥梁，墩高越高行车安全性越低，其中脱轨系数与 SI 指标表现出对数变化规律。8m 墩高左右是两指标变化最剧烈的范围；在高于 16m 墩高后，脱轨系数与 SI 指标变化放缓。

## 7.4 本章小结

本章依据本书第 1~3 章内容，利用搭建的试验系统平台，选择我国分布最广的两类地震，根据实际工况建立了本书 3.2.2 节的 A、B、C、D 四种模型并验证了不同墩高工况下数值模型的可行性。结合该模型模拟所得的稳定性指标、安全性指标与行车试验所得的 SI 指标，共同分析墩高变化对列车行车性能的影响。本章的主要结论如下：

（1）在阻尼比相同的情况下，桥墩越高，频谱放大系数峰值越大，放大区域越集中；当激励频率低于结构基频时，越靠近基频，频谱放大系数越大；当激励频率高于结构基频时，结构振动迅速衰减，趋近于 0。

（2）当采用试验系统检验数值模型时，系统和对应模型的梁体与列车有效加速度的均方根差值低于 20%，大部分低于 10%，在轨道不平顺较大时，二者加速度响应峰值差别较大；缩尺理论模型与原型理论模型的检验效果同上。由于采用的建模方式相同，所以实现了从缩尺理论模型到原型理论模型的过渡。

（3）采用试验验证后的原型理论模型模拟发现，从 8m 实心墩到 50m 空心墩，11 跨双线简支桥梁横向一阶自振频率越来越接近列车横向自振频率，最接近摇头频率；不同工况下，列车摇摆角峰值平均增大 35%，影响行车性能。

（4）在总体趋势上，墩高增高，列车横向加速度、Sperling 指数、轮轴横向力与轮重减载率降低；当桥墩基频与地震主频接近时，以上指标的变化趋势会有局部突变。此外，从 8m 实心墩到 50m 空心墩，在不同工况下，数值模拟所得的脱轨系数平均增大 75%，行车试验所得的 SI 指标平均增大 120%；两指标都表现出对数变化规律。

## 参 考 文 献

[1] He X, Wu T, Zou Y, et al. Recent developments of high-speed railway bridges in China[J]. Structure and Infrastructure Engineering, 2017, 13(12): 1584-1595.

[2] Liang F, Liang X, Wang C. Simplified added-mass model for evaluating the response of rectangular hollow bridge piers under earthquakes[J]. Journal of Bridge Engineering, 2021, 26(10): 04021076.

[3] Yan B, Dai G L, Hu N. Recent development of design and construction of short span high-speed railway bridges in China[J]. Engineering Structures, 2015, 100: 707-717.

[4] Guo W, Fan C, Cui Y, et al. Shear strength evaluation of RC solid piers of high-speed railway bridges in China[J]. Structural Engineering and Mechanics, 2021, 78(4): 413-423.

[5] Schneider S, Marx S. Design of railway bridges for dynamic loads due to high-speed traffic[J].

Engineering Structures, 2018, 174: 396-406.

[6] Kang C, Schneider S, Wenner M, et al. Development of design and construction of high-speed railway bridges in Germany[J]. Engineering Structures, 2018, 163: 184-196.

[7] Qi Q, Shao C, Wei W, et al. Seismic performance of railway rounded rectangular hollow tall piers using the shaking table test[J]. Engineering Structures, 2020, 220: 110968.

[8] Guo W, Hu Y, Liu H, et al. Seismic performance evaluation of typical piers of China's high-speed railway bridge line using pushover analysis[J]. Mathematical Problems in Engineering, 2019, 2019: 1-17.

[9] Jiang L Z, Kang X, Chen L K. Mega-earthquake response of benchmark high-speed rail bridge piers based on shaking table tests[J]. Engineering Failure Analysis, 2022, 140: 106608.

[10] Lin Y S, Xin L H, Xiang M. Parameters analysis of train running performance on high-speed bridge during earthquake[J]. Advanced Materials Research, 2021, 163-167: 4457-4463.

[11] Guo W, Wang Y, Liu H, et al. Running safety assessment of trains on bridges under earthquakes based on spectral intensity theory[J]. International Journal of Structural Stability and Dynamics, 2021, 21(14): 2140008.

[12] Ju S H. Improvement of bridge structures to increase the safety of moving trains during earthquakes[J]. Engineering Structures, 2013, 56: 501-508.

# 第8章 地震作用下列车车体对桥梁影响探究

## 8.1 概 述

当高速列车通过桥梁时偶然遇到地震，列车往往会停滞不前，以静止的状态停留在轨道桥梁上。然而这种地震作用下列车在桥上熄火的现象以及车体对桥梁结构可能产生的影响，目前还没有得到足够重视及深入研究。

在我国现有的《铁路桥涵设计规范》(TB 10002—2017)中，通常将列车带来的活荷载以固定的转换值施加到桥梁主梁上，用于抗倾覆稳定性计算。根据目前已有的研究理论及振动试验结果，发现车-轨-桥系统处于一个相互耦合的状态，它们往往通过轮轨关系进行复杂的相互作用。因此，这种简化的简单荷载规范逐渐不能满足现在的需求。

高铁列车在地震作用下会对桥梁产生怎样的影响，内外部因素又会对这种影响产生怎样的干扰，影响的具体取值范围又如何确定，亟待研究。在以往的研究中，学者对公路桥梁体系中车辆对桥梁的影响更为关注。Kim 等[1]将带悬挂弹簧和不带悬挂弹簧的 11 自由度车辆模型放置在高速公路高架桥上，并施加两次中强地震，观察了车体对桥梁动力特性的影响。结果表明，纯质量增加了桥梁的响应，而带悬挂弹簧的车辆则显著降低了桥梁的响应。Zhou 等[2]通过数值平台研究了大跨度桥梁的环境影响，其研究考虑了桥面粗糙度和其他外部动荷载，还观察了移动车辆的影响。结果表明，车-桥耦合在竖向上的影响比横向上的影响更为显著，与横向相比，竖向带来的动态响应增大将严重威胁行车安全。然而列车和公路车辆与桥梁的接触关系完全不同，因为公路车辆与桥梁之间不存在轮轨接触关系。这些针对公路桥梁的研究成果能否直接用于高铁列车与桥梁之间的相互作用，还需要进一步研究。

在铁路桥梁的研究中，Kim 等[3,4]分析了钢单轨桥梁在中强地震和强地震作用下车-桥相互作用的动力响应。研究表明，列车系统对桥梁起到了阻尼作用，因此将列车视为附加质量是一种保守的方法。Xia 等[5]基于轮轨动力相互作用理论，考虑不同地基地震波的影响，建立了地震作用下车-轨-桥系统的动力模型。研究表明，桥梁的最大横向位移和加速度随列车速度变化，列车速度为 280km/h 时出现峰值。Wang 等[6]分析了速度和不同曲率半径对单轨列车车-桥系统动力响应的影响。研究表明，桥梁的横向加速度不受荷载条件的影响。

总体来说，以往的研究应用[7-15]的地震类型相对单一，对地震作用下列车对桥梁的影响没有进行深入讨论，特别是在静态列车情况下；并且由于试验条件限制，研究方法主要通过数值模拟；此外，也没有明确列车弹簧悬挂系统和纯质量的不同影响。因此，本章重点研究地震作用下高速列车对桥梁的影响。

## 8.2 试验设计

### 8.2.1 系统布置

由于试验条件的限制，本章研究主要采用试验与仿真结合的方法，重点探究地震作用下高速列车车体对桥梁的影响。试验依旧采用 1.4 节搭建的试验平台、2.3 节测点布置及 3.2 节地震下行车动态测试系统总体配置相关内容，并进行不同行车速度下的地震试验。

### 8.2.2 模型构建

1. 振动台复现

为了准确反映地震作用下车-轨-桥系统的真实相互作用，作者团队同样从数值模型中提取墩顶加速度响应输入到振动台。在 OpenSees 软件中构建的数值模型与本书 3.2 节一致，不同的是列车以两种方式建模，即带悬挂弹簧和不带悬挂弹簧。振动台输入输出加速度时程曲线及频谱对比如图 8-1 所示。图中两个加速度时程曲线是一致的，说明地震再现的一致性。

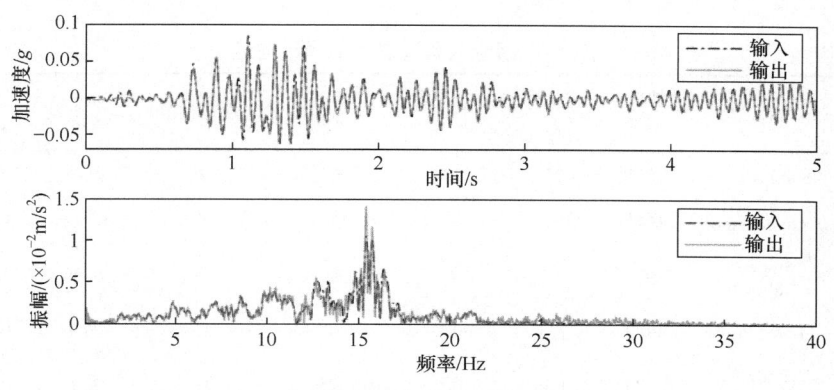

图 8-1 振动台输入输出加速度时程曲线及频谱对比

2. 轨道不平顺激励

轨道不平顺激励具体内容见本书 3.2.3 节。Xia 等[5]的研究成果表明，主梁最大响应值所在位置的行驶速度与轨道不平顺的峰值波长和桥梁主梁的固有频率有关。右轮横向轨道不平顺时程曲线如图 8-2 所示。

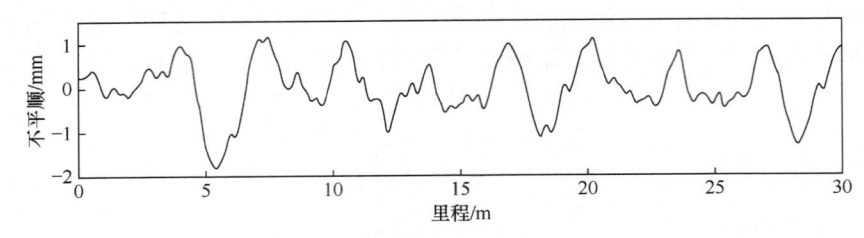

图 8-2 右轮横向轨道不平顺时程曲线

### 8.2.3 工况设计

在选择地震动时，将场地类型作为地震动划分的主要依据。根据《建筑抗震设计规范》(GB 50011—2010)(2024 年版)，场地类型应按土层等效剪切波速和场地覆盖层划分为四种类型。

以标识 T72、T92、T10、T38 为代表的地震可以覆盖全部四种场地土。它们的主要区别体现在频谱上，即从类型Ⅰ到类型Ⅳ的频带不断收窄。此外，分析表明，近断层地震速度脉冲可以显著增加车-桥系统的动力响应，故 T70 和 T44 地震主要考虑的是近断层地震的脉冲效应。所选六种地震动的详细信息如表 8-1 所示。地震加速度时程曲线和傅里叶振幅频谱如图 8-3 所示。地震 PGA 是评估地震灾害程度的重要指标之一。通过调整上述六类地震的振幅，再根据铁路抗震规范中 7 度设防烈度对应的多遇地震、设防地震和罕遇地震，探究中设定了 $0.04g$、$0.1g$ 和 $0.21g$ 三种振幅。

表 8-1 所选六种地震动的详细信息

| 地震代号 | 地震名称 | 地震年份 | 记录序列 | Arias 烈度 /(m/s) | 频率 /Hz | 场地类型 | $R_{jb}$ /km | $V_{s30}$ /(m/s) |
|---|---|---|---|---|---|---|---|---|
| T72 | San Fernando | 1971 | 72 | 0.3 | 0.25~30 | Ⅰ | 19.45 | 600.06 |
| T92 | San Fernando | 1971 | 92 | 0 | 0.125~12 | Ⅱ | 68.38 | 347.67 |
| T10 | Imperial Valley-03 | 1951 | 10 | 0 | 0.5~8 | Ⅲ | 24.58 | 213.44 |
| T38 | Loma Prieta | 1989 | 738 | 0.5 | 0.125~3 | Ⅳ | 70.9 | 190.00 |
| T70 | Imperial Valley-06 | 1979 | 170 | 0.8 | 0.1075~3 | Ⅳ | 7.31 | 192.05 |
| T44 | Northridge-01 | 1994 | 1044 | 5.7 | 0.12~5 | Ⅲ | 3.16 | 269.14 |

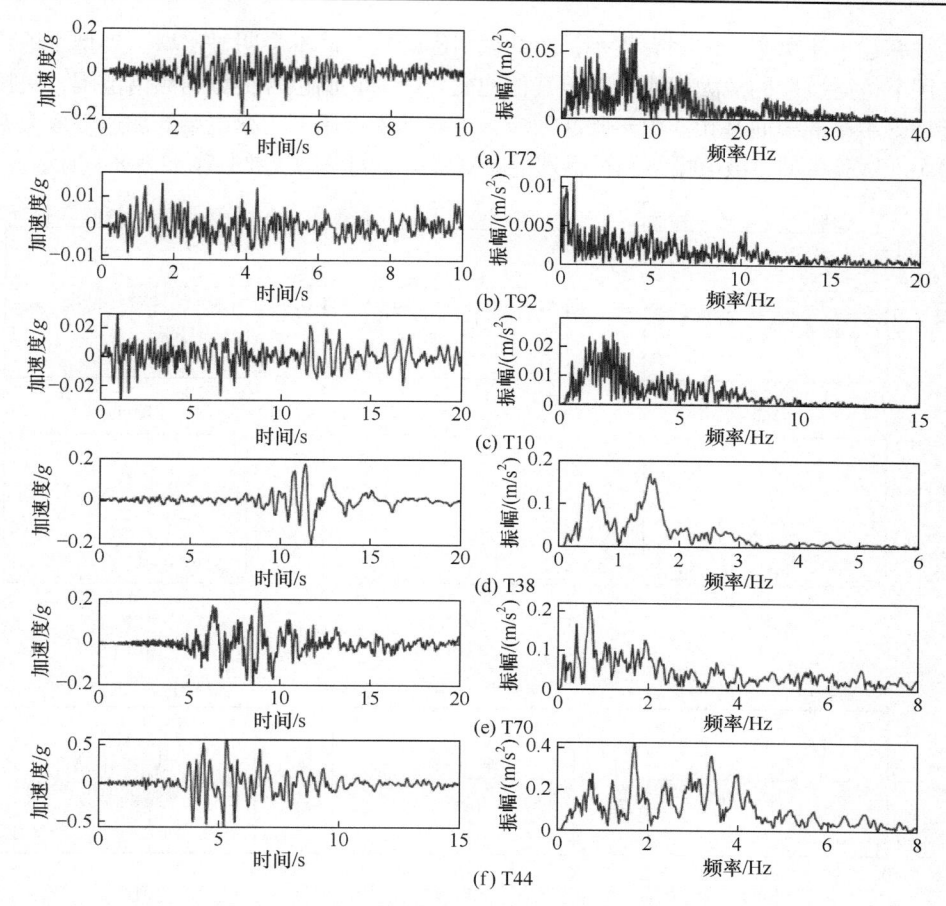

第 8 章 地震作用下列车车体对桥梁影响探究 ·177·

图 8-3 地震加速度时程曲线和傅里叶振幅频谱

## 8.3 探究与结论

### 8.3.1 结构固有振动特性分析

在本试验中，首先沿桥梁的横向和纵向施加多个正弦激励。试验激励的频率范围为 1.6～25Hz，加速度恒定为 0.1g 和 0.2g。鉴于模型的理论基频高达 132Hz，故采用噪声和正弦激励来确定桥梁模型的基本周期和阻尼。试验数据表明，振动台测得的响应与输入地震的响应一致，误差范围在 5%以内。梁跨中、墩顶、振动台台面横向加速度响应及频谱如图 8-4、表 8-2 所示。与墩顶响应相比，振动台的峰值加速度变化幅度在 10%以内，梁跨中峰值加速度比振动台峰值加速度大 60%左右。根据施加正弦波和噪声测得的梁的基本特性，在横向范围内施加的激励频率远小于梁本身的固有频率,由共振引起的响应值不会明显倍增。类型Ⅰ地震作用下桥梁反应的放大率明显高于其他地震,因为它们包含更宽的频谱范围,更接近桥梁主梁的横向基频。由于脉冲效应,近场地震作用下桥梁主梁的加速度放大率增大。试验模型、数值模型和桥梁理论原型桥梁与列车的主要频率如表8-3所示。

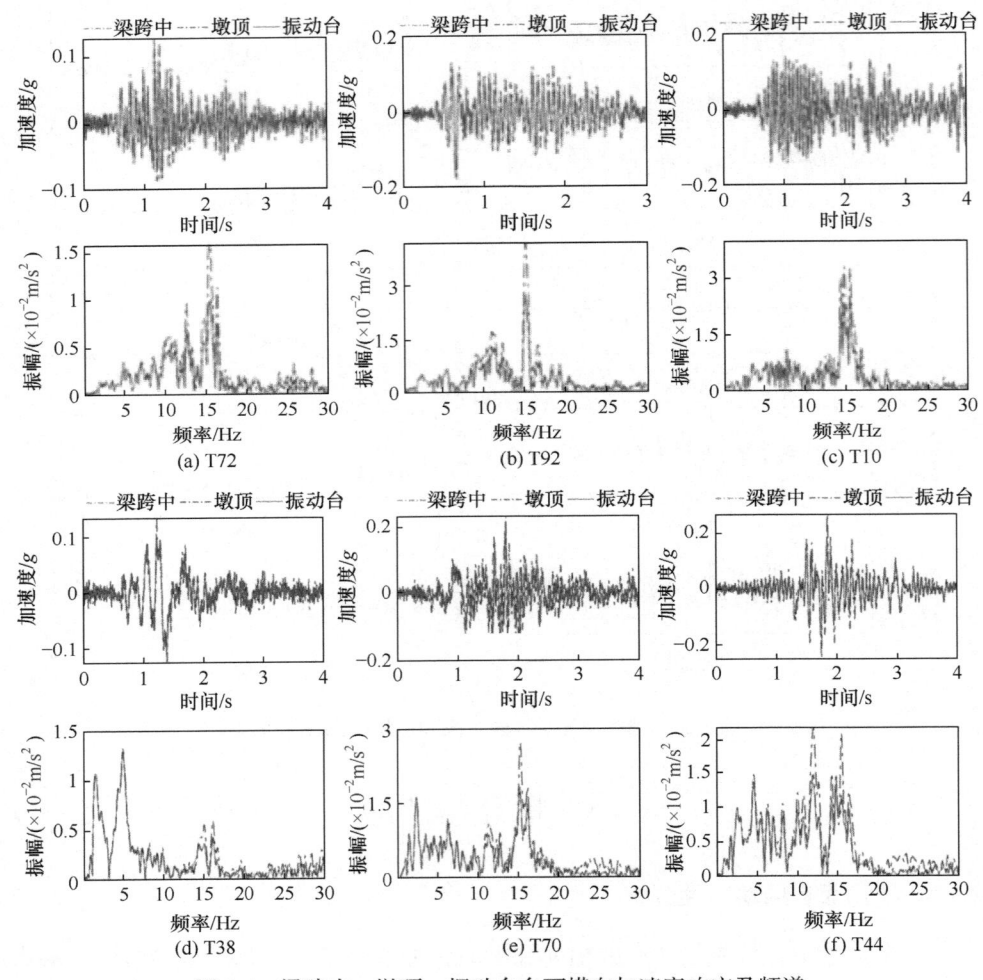

图 8-4 梁跨中、墩顶、振动台台面横向加速度响应及频谱

表 8-2 加速度响应详细信息

| 地震代号 | PGA/g | 桥梁横向加速度 ||||| 
|---|---|---|---|---|---|---|
| | | 振动台台面/(m/s²) | 墩顶/(m/s²) | 放大率/% | 梁跨中/(m/s²) | 放大率/% |
| T72 | 0.10 | 0.082 | 0.090 | 9.76 | 0.124 | 51.22 |
| T92 | 0.10 | 0.147 | 0.154 | 4.76 | 0.178 | 21.09 |

续表

| 地震代号 | PGA/g | 桥梁横向加速度 ||||
|---|---|---|---|---|---|---|
| | | 振动台台面/(m/s²) | 墩顶/(m/s²) | 放大率/% | 梁跨中/(m/s²) | 放大率/% |
| T10 | 0.10 | 0.125 | 0.131 | 4.80 | 0.145 | 16.00 |
| T38 | 0.10 | 0.112 | 0.119 | 6.25 | 0.131 | 16.96 |
| T70 | 0.10 | 0.202 | 0.216 | 6.93 | 0.235 | 16.34 |
| T44 | 0.10 | 0.190 | 0.208 | 9.47 | 0.270 | 42.11 |

表 8-3 试验模型、数值模型和桥梁理论原型桥梁与列车的主要频率　　　(单位：Hz)

| 构件 | 车桥主频率 | 试验模型 | 数值模型 | 桥梁理论原型 |
|---|---|---|---|---|
| 桥梁 | 竖向一阶 | 32.04 | 32.69 | 6.69 |
| | 横向一阶 | 138.65 | 132.89 | 24.56 |
| 列车 | 一阶滚动 | 4.95 | 4.94 | 0.45 |
| | 沉浮 | 7.90 | 7.94 | 0.60 |
| | 俯仰 | 11.40 | 11.36 | 0.78 |
| | 摇摆 | 14.98 | 14.67 | 1.93 |
| | 二阶滚动 | 13.91 | 13.40 | 0.87 |

在无外部激励的试验中，主梁横向加速度响应时程曲线和峰值如图 8-5 所示。在无环境激励时，列车与桥梁之间的相互作用由轮对产生，桥梁则由行驶列车受轨道不平顺激励而产生激励。主梁横向加速度幅值随速度的增加而增大，但速度增长率不一致。当速度从 160km/h 增加到 180km/h 时，变化率达到最大值，试验中的速度与最大响应值所在的速度相差甚远。考虑到试验中的最大速度仅为 180km/h，故主梁的响应与速度的非正相关也可归因于地震引起的变化。

### 8.3.2 车辆影响下桥梁响应变化分析

所有地震动下桥梁的横向加速度峰值见表 8-4，部分工况的加速度时程曲线及傅里叶频谱图见图 8-6。在试验过程中，桥梁结构未出现损伤，所有结构构件(包括车体结构)都处于线弹性状态，并且没有刚度降低。

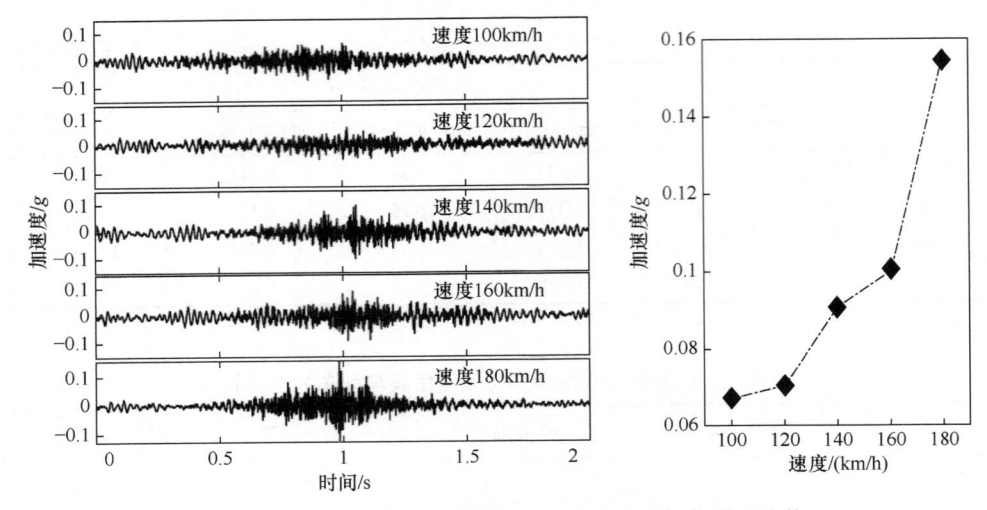

图 8-5 无地震作用下主梁横向加速度响应时程曲线和峰值

表 8-4 所有地震动下桥梁的横向加速度峰值

| 地震代号 | PGA /g | 加速度峰值/g 无车 | 加速度峰值/g 有车 | 变化率 /% | 速度100km/h 加速度峰值/g | 变化率 /% | 速度150km/h 加速度峰值/g | 变化率 /% | 速度180km/h 加速度峰值/g | 变化率 /% |
|---|---|---|---|---|---|---|---|---|---|---|
| T72 | 0.04 | 0.084 | 0.078 | −7.14 | 0.081 | −3.57 | 0.083 | −1.19 | 0.085 | 1.19 |
|  | 0.1 | 0.124 | 0.137 | 10.48 | 0.120 | −3.23 | 0.140 | 12.90 | 0.134 | 8.06 |
|  | 0.21 | 0.203 | 0.193 | −4.93 | 0.196 | −3.45 | 0.191 | −5.91 | 0.211 | 3.94 |
| T92 | 0.04 | 0.081 | 0.090 | 11.11 | 0.100 | 23.46 | 0.093 | 14.81 | 0.107 | 32.10 |
|  | 0.1 | 0.178 | 0.181 | 1.69 | 0.185 | 3.93 | 0.197 | 10.67 | 0.198 | 11.24 |
|  | 0.21 | 0.339 | 0.317 | −6.49 | 0.359 | 5.90 | 0.428 | 26.25 | 0.402 | 18.58 |
| T10 | 0.04 | 0.096 | 0.088 | −8.33 | 0.082 | −14.58 | 0.083 | −13.54 | 0.083 | −13.54 |
|  | 0.1 | 0.145 | 0.142 | −2.07 | 0.144 | −0.69 | 0.159 | 9.66 | 0.144 | −0.69 |
|  | 0.21 | 0.270 | 0.265 | −1.85 | 0.252 | −6.67 | 0.283 | 4.81 | 0.282 | 4.44 |
| T38 | 0.04 | 0.053 | 0.048 | −9.43 | 0.057 | 7.55 | 0.068 | 28.30 | 0.056 | 5.66 |
|  | 0.1 | 0.130 | 0.119 | −8.46 | 0.125 | −3.85 | 0.125 | −3.85 | 0.128 | −1.54 |
|  | 0.21 | 0.283 | 0.252 | −10.95 | 0.268 | −5.30 | 0.247 | −12.72 | 0.266 | −6.01 |
| T70 | 0.04 | 0.142 | 0.119 | −16.20 | 0.145 | 2.11 | 0.134 | −5.63 | 0.138 | −2.82 |
|  | 0.1 | 0.234 | 0.195 | −16.67 | 0.243 | 3.85 | 0.238 | 1.71 | 0.211 | −9.83 |
|  | 0.15 | 0.388 | 0.327 | −15.72 | 0.375 | −3.35 | 0.443 | 14.18 | 0.445 | 14.69 |
| T44 | 0.1 | 0.270 | 0.250 | −7.41 | 0.224 | −17.04 | 0.281 | 4.07 | 0.284 | 5.19 |
|  | 0.18 | 0.417 | 0.349 | −16.3 | 0.442 | 6.00 | 0.407 | −2.40 | 0.424 | 1.68 |
|  | 0.21 | 0.456 | 0.385 | −15.57 | 0.463 | 1.54 | 0.413 | −9.43 | 0.477 | 4.61 |

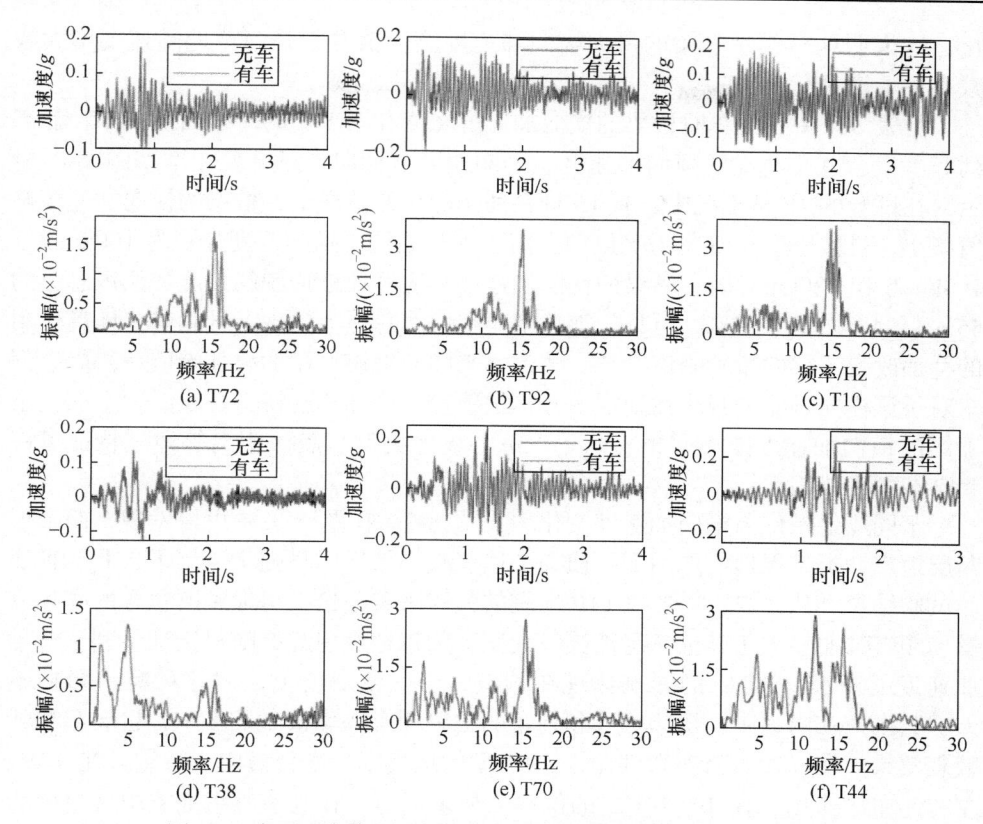

第8章　地震作用下列车车体对桥梁影响探究

图 8-6　有无列车作用下桥梁的加速度时程曲线和傅里叶频谱图

一般来说，加速度和位移响应是研究受影响结构的首选指标。图 8-7 为 T72、T10、T70 地震动下，梁的横向加速度峰值随速度的变化情况，可以明显看出二者存在非纯正相关关系。可见，不同的 PGA 也影响着横向加速度的变

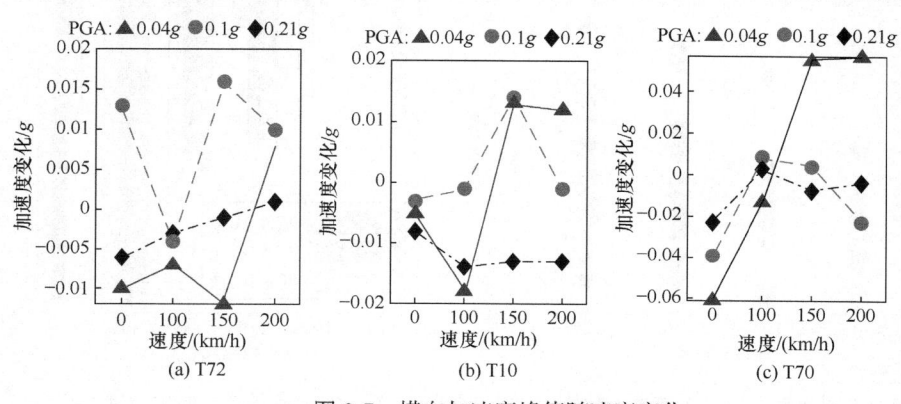

图 8-7　横向加速度峰值随速度变化

化，这说明地震作用下梁的最大横向加速度响应值并不是简单地随速度增大或减小。

由表 8-4 中有无车时桥梁的横向加速度峰值和图 8-6 的时程曲线可知，静态列车一般会减小桥梁的横向加速度。不同速度下横向加速度变化率如图 8-8 所示，在试验的 18 种工况中，有 15 种在列车静止的情况下，桥梁的横向加速度峰值减小，且减小率大概在 16%以内。而当列车运行，列车速度分别为 100km/h、150km/h 和 180km/h 时，桥梁的横向加速度响应峰值被抑制的工况数仅占总数的 55.6%、44.4%和 33.3%。可见，加速度时程曲线总体上呈现上升趋势，地震作用的叠加改变了梁的激励峰值波长。轨道不平顺与地震作用的叠加响应使得静态列车对桥梁横向响应的减小在地震中基本被覆盖。当列车在桥上静止时，不同记录下梁的横向加速度减小率也不同。PGA、场地类型、震源距离等地震特征可视为潜在的影响因素。

不同场地条件下横向加速度变化率见图 8-9。在图 8-9 中可以发现，两个近断层地震和类型Ⅳ地震作用下，横向加速度减小效果明显强于类型Ⅰ、Ⅱ、Ⅲ地震试验结果。从 T72、T92 和 T10 地震的频谱来看，这三组地震所包含的高频分量和频带都明显大于其他三组地震，说明宽频带地震引起的随机振动不利于桥梁加速度的减小。PGA 的影响体现在响应本身的绝对值上，对这种减小影响不大。其次，在内因中，桥梁构件和列车的主要固有频率被激发多少，也会影响到减震效果。在 T72、T92 和 T10 三种类型的地震中，墩台横向一阶主频在 15Hz 左右起主导作用，在 0~10Hz 的低频无显著峰值。在其余三组地震中，主梁的响应以低频分量为主。考虑到列车的基频集中在 6~14Hz，这意味着在 T38、T70 和 T44 地震的影响下，列车的动力响应能得到很好的激发，列车的响应比桥梁更强烈。

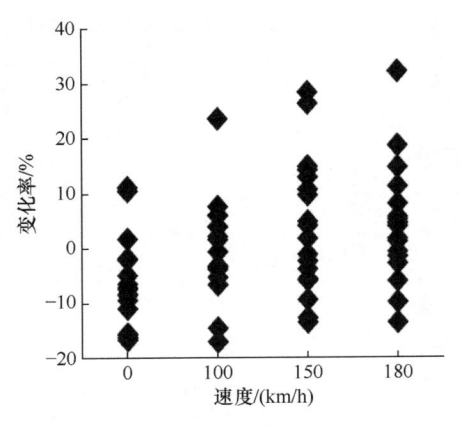

图 8-8　不同速度下横向加速度变化率 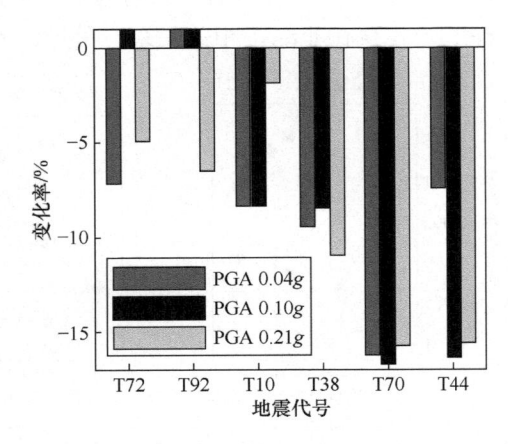　　图 8-9　不同场地条件下横向加速度变化率

由于没有单独对桥梁上的附加质量进行测试,所以不能确定列车在桥梁上的减震是由质量还是弹簧阻尼系统的作用引起的。同时,试验装置不包含完整的桥墩,通过提取模型墩顶响应的方式意味着观测到的桥梁响应同时受到数值列车和真实试验列车的影响。后面将数值模拟结果与试验结果进行对比后,进一步分析了这种减小的来源和确切的减小范围。

### 8.3.3 数值模拟分析

本节针对上述研究中的工作环境,建立了两种不同的模型进行数值模拟分析。

第一类模型(以下简称模型 1)是与试验装置完全拟合的模型。该模型不包含完整的桥墩和轴承。因此,模型 1 的地震激励输入也使用了振动台试验中提取到的墩顶响应时程。模型 1 力求实现对试验结构的精确再现,并与试验数据形成对比。它决定了建模的正确性,同时也确认了测试数据的有效性。

第二类模型(以下简称模型 2)是完整的车-桥系统模型。在模型 1 的基础上,通过板式橡胶支座将梁体与 C35 圆端实心墩顶部在 8m 高度处连接,墩底与地面固定。第二个输入模型中的地震激励为振幅调整后的原始地震。模型 2 恢复了完整的桥梁结构,也弥补了模型 1 结构验证后试验装置的缺陷。

在两种数值模型中,都引入了将整个列车简化为附加质量荷载的对照组,均质质量块固定在列车的轮轨接触点。值得注意的是,振动台试验中桥梁的响应受到模型列车的影响,再次受到真实列车的影响。模型 1 中的桥梁受真实列车影响 2 次,而模型 2 中的桥梁仅受到 1 次影响。这意味着振动台试验中的桥梁响应不是简单的车-桥系统在地震作用下的响应结果,而是在数值列车影响叠加下的响应结果。

模型 1 的时程曲线与试验结果如图 8-10、图 8-11 所示。在静态列车存在的情况下,桥梁在各种地震作用下的横向加速度时程试验结果与模拟结果的趋势吻合较好。同时,从表 8-5 所列各种工况下桥梁的横向加速度峰值可以看出,两者的平均差值为 6%。除一种特殊工况外,最大差值均不超过 13%。结合试验装置与表 8-3 模型的基频比较可知,有限元建立的两类模型能够反映真实振动台试验中的情况。

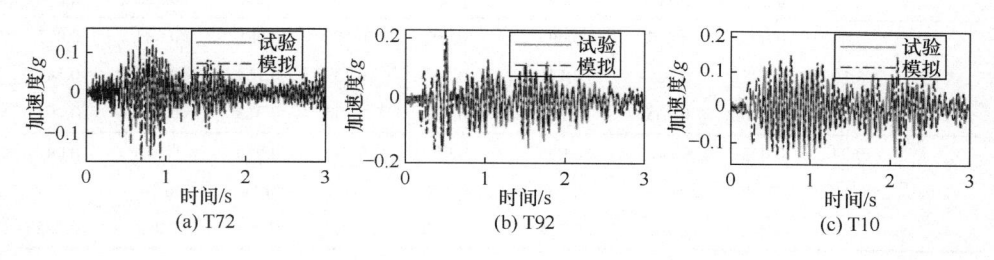

(a) T72　　　　　　　　(b) T92　　　　　　　　(c) T10

图 8-10 横向加速度试验结果与分析结果对比

图 8-11 不同列车荷载的横向加速度对比

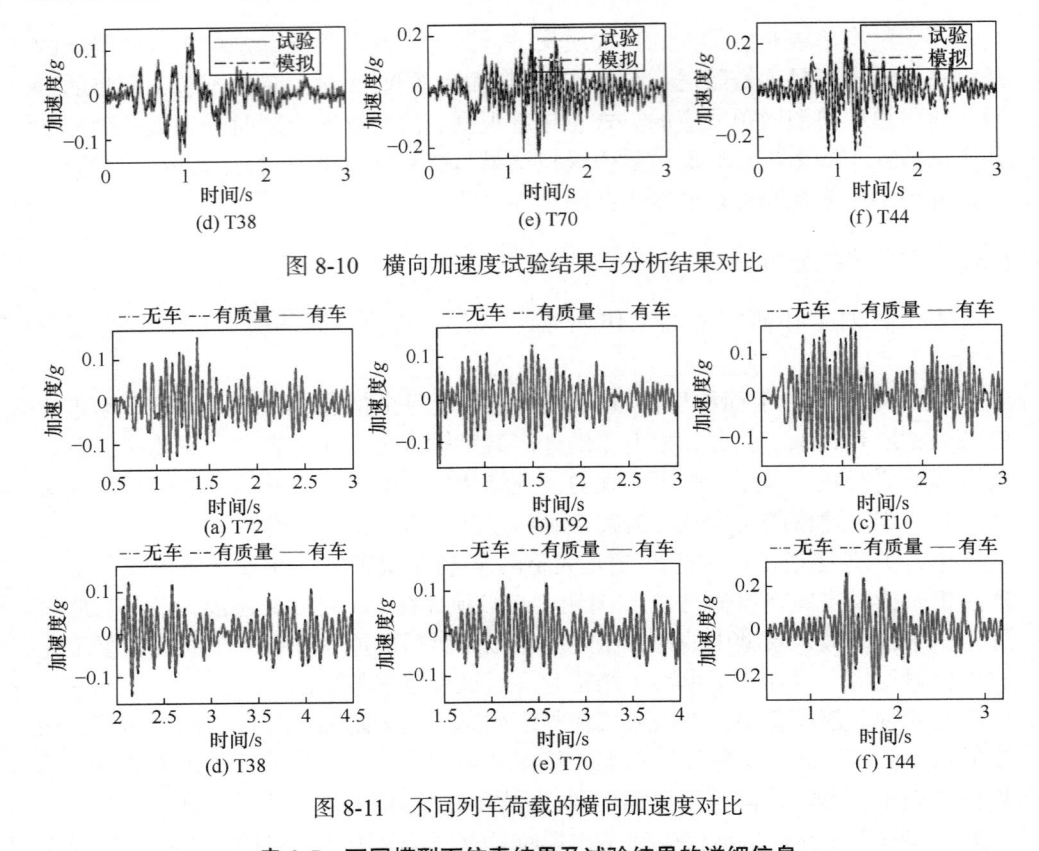

表 8-5 不同模型下仿真结果及试验结果的详细信息

| 地震代号 | PGA /g | 试验/(m/s²) 无车 | 有车 | 模型1模拟结果/(m/s²) 无车 | 有质量 | 有车 | 模型2模拟结果/(m/s²) 无车 | 有质量 | 有车 |
|---|---|---|---|---|---|---|---|---|---|
| T72 | 0.04 | 0.084 | 0.078 | 0.079 | 0.079 | 0.072 | 0.074 | 0.074 | 0.068 |
|  | 0.10 | 0.124 | 0.137 | 0.139 | 0.139 | 0.136 | 0.139 | 0.139 | 0.13 |
|  | 0.21 | 0.203 | 0.193 | 0.231 | 0.231 | 0.225 | 0.261 | 0.261 | 0.245 |
| T92 | 0.04 | 0.081 | 0.09 | 0.077 | 0.077 | 0.075 | 0.076 | 0.076 | 0.071 |
|  | 0.10 | 0.178 | 0.181 | 0.174 | 0.174 | 0.171 | 0.181 | 0.181 | 0.176 |
|  | 0.21 | 0.339 | 0.317 | 0.341 | 0.341 | 0.337 | 0.352 | 0.352 | 0.339 |
| T10 | 0.04 | 0.096 | 0.088 | 0.093 | 0.093 | 0.092 | 0.085 | 0.085 | 0.077 |
|  | 0.10 | 0.145 | 0.142 | 0.141 | 0.141 | 0.139 | 0.164 | 0.164 | 0.148 |
|  | 0.21 | 0.270 | 0.265 | 0.324 | 0.323 | 0.315 | 0.323 | 0.323 | 0.294 |
| T38 | 0.04 | 0.053 | 0.048 | 0.053 | 0.053 | 0.048 | 0.056 | 0.056 | 0.049 |
|  | 0.10 | 0.13 | 0.119 | 0.136 | 0.136 | 0.132 | 0.14 | 0.14 | 0.121 |
|  | 0.21 | 0.283 | 0.252 | 0.281 | 0.280 | 0.271 | 0.293 | 0.293 | 0.262 |

续表

| 地震代号 | PGA/g | 试验/(m/s²) 无车 | 试验/(m/s²) 有车 | 模型1模拟结果/(m/s²) 无车 | 模型1模拟结果/(m/s²) 有质量 | 模型1模拟结果/(m/s²) 有车 | 模型2模拟结果/(m/s²) 无车 | 模型2模拟结果/(m/s²) 有质量 | 模型2模拟结果/(m/s²) 有车 |
|---|---|---|---|---|---|---|---|---|---|
| T70 | 0.04 | 0.142 | 0.119 | 0.116 | 0.116 | 0.108 | 0.114 | 0.114 | 0.098 |
|  | 0.10 | 0.234 | 0.195 | 0.226 | 0.226 | 0.212 | 0.208 | 0.208 | 0.187 |
|  | — | — | — | 0.419 | 0.419 | 0.402 | 0.422 | 0.422 | 0.371 |
| T44 | — | — | — | 0.120 | 0.120 | 0.115 | 0.110 | 0.110 | 0.103 |
|  | 0.10 | 0.270 | 0.250 | 0.279 | 0.279 | 0.268 | 0.261 | 0.261 | 0.245 |
|  | 0.21 | 0.456 | 0.385 | 0.459 | 0.458 | 0.446 | 0.496 | 0.496 | 0.461 |

在两种模型和真实振动台试验中,桥梁在不同工况下的峰值加速度变化率如表 8-6 所示。通过对比可以清楚地看到,在纯质量代替列车的情况下,梁体的横向响应几乎没有变化,峰值变化几乎可以忽略不计,加速度时程和频谱也没有显著差异。虽然重力作用下质量的存在会大大增加梁体的竖向响应,但在横向响应中,列车质量对桥梁的固有频率没有显著影响,也不会改变梁的阻尼特性。考虑到试验中桥梁主梁的横向固有频率达到 138.65Hz 且未受到明显激励,仅列车质量几乎不会影响高铁车-桥系统。

表 8-6 不同模型与试验间的变化率

| 地震代号 | PGA/g | 变化率% 试验 | 变化率% 模型1模拟结果 | 变化率% 模型2模拟结果 |
|---|---|---|---|---|
| T72 | 0.04 | −7.25 | −8.86 | −8.11 |
|  | 0.10 | 10.48 | −2.16 | −6.47 |
|  | 0.21 | −4.93 | −2.60 | −6.13 |
| T92 | 0.04 | 11.11 | −2.60 | −6.58 |
|  | 0.10 | 1.69 | −1.72 | −2.76 |
|  | 0.21 | −6.49 | −1.17 | −3.69 |
| T10 | 0.04 | −8.33 | −1.08 | −9.41 |
|  | 0.10 | −2.07 | −1.42 | −9.76 |
|  | 0.21 | −1.85 | −2.78 | −8.98 |
| T38 | 0.04 | −9.43 | −9.43 | −12.50 |
|  | 0.10 | −8.46 | −2.94 | −13.57 |
|  | 0.21 | −10.95 | −3.56 | −10.58 |

续表

| 地震代号 | PGA /g | 变化率% |||
|---|---|---|---|---|
| | | 试验 | 模型1模拟结果 | 模型2模拟结果 |
| T70 | 0.04 | −16.20 | −6.90 | −14.04 |
| | 0.10 | −16.67 | −6.19 | −10.10 |
| | — | — | −4.06 | −12.09 |
| T44 | — | — | −4.17 | −6.36 |
| | 0.10 | −7.41 | −3.94 | −6.13 |
| | 0.21 | −15.57 | −2.83 | −7.06 |

在采用悬挂弹簧的完整车体情况下，梁体的横向加速度峰值有不同程度的减小。试验中的减小量集中在 6%～10%，平均减小量在 7%左右。模型 2 的结果一般降低了 6%～12%，平均降低幅度在 8%以内，而模型 1 结果的降低幅度集中在 10%以内，平均降低幅度小于 4%。这说明，桥墩在减小车-桥耦合引起的梁响应方面起着重要作用。学者 Stefanidou 等[16]的研究也表明，虽然桥梁桥墩在地震中不易损坏，但考虑到地震作用下列车的影响，桥墩本身的基频较低，相对于桥梁的横向更容易发生共振。在车-桥耦合研究中，桥墩是一个不可忽视的构件。不同场地条件下横向加速度变化率仿真结果，以及试验和不同仿真模型下横向加速度变化率如图 8-12 和图 8-13 所示。

试验结果和模拟结果共同表明，列车在桥上的横向减震确实存在，仅依靠附加质量无法做到这一点。这种减小是由类似的车身质量阻尼效应造成的。在图 8-14 中，由列车与桥梁位移的局部时程可以发现，列车位移相对于桥梁位移具有明显的迟滞性，在某些时段出现了异相共振。

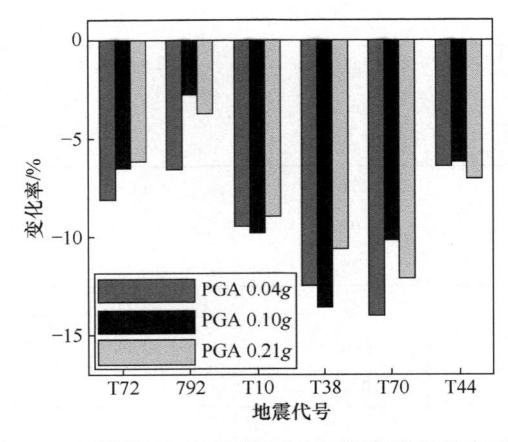

图 8-12　不同场地条件下横向加速度变化率仿真结果

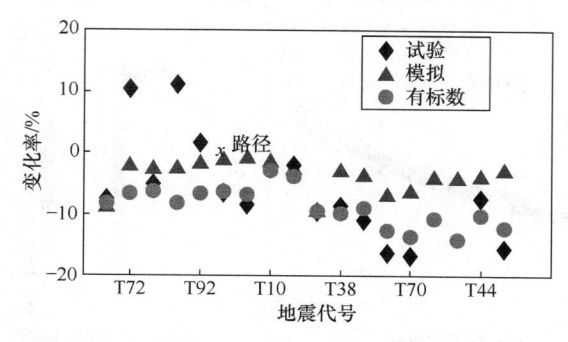

图 8-13 试验和不同仿真模型下横向加速度变化率

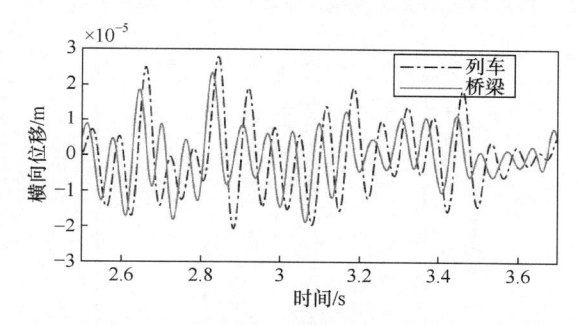

图 8-14 列车与桥梁主梁横向位移时程曲线(T38)

### 8.3.4 多次地震下模拟统计结果分析

从以上章节可以看出，列车的类质量阻尼效应对桥梁横向反应的减小效果显著，但具体的减震值受诸多因素的影响。在桥梁结构统一、高铁列车相似的前提下，为了增强试验结果的真实性，作者团队希望在数值模拟中增加地震次数，探索试验条件下的变化率分布，并给出地震作用下列车对桥梁振动响应减小率的参考区间。

因此，本节在上述研究的基础上增加了地震动数量。在选取了 4 个站点的 200 次地震后(即不同的横波速度，在频谱中反映为不同的频率带宽)，将它们输入到完整的车-桥模型(前面的模型 2)中，统计结果如图 8-15 所示。

图 8-15(a)为 200 次地震作用下桥梁横向加速度变化率分布图。图 8-15(b)为不同场地类型下，即不同横波波速下的响应情况。从图中可以观察到，随着场地类型的改变，车-桥耦合引起的桥梁响应减小在场地类型Ⅳ类场地较为理想，即频带集中在低频时减小更为显著。

同时，地震的不同场地类型并不能决定减震效果的大小。各场地下减震值的重叠部分更为明显，车辆的结构因素不容忽视。从图 8-16 的统计结果也可以得出，在地震作用下，列车对桥梁横向加速度的减小率一般为 4%~8%。

(a) 从小到大排列

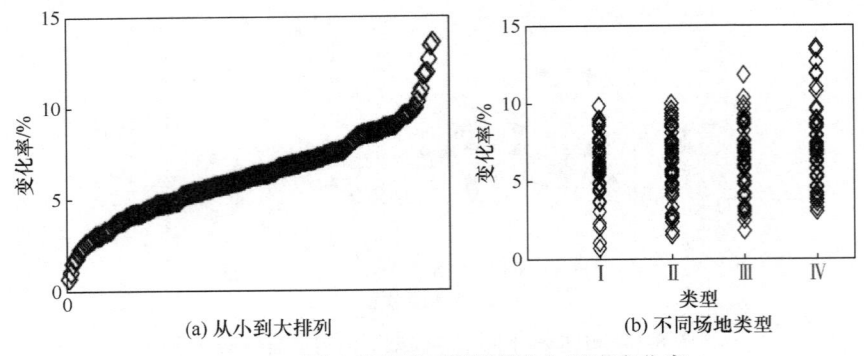

(b) 不同场地类型

图 8-15 不同地震条件下桥梁横向加速度变化率

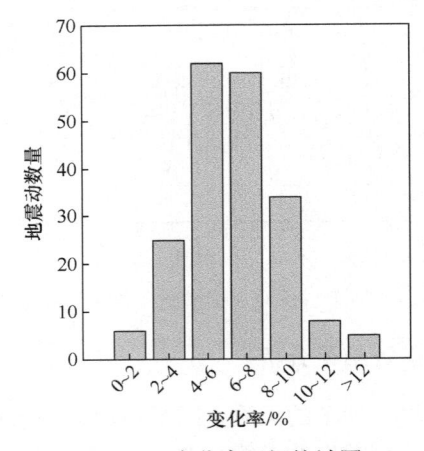

图 8-16 变化率区间统计图

## 8.4 本章小结

  本章基于高铁车-桥振动台试验，考虑了 4 种场地类型和不同列车速度下的地震。选取了 6 种近场和远场不同类型的地震，每种地震考虑 3 种不同的峰值加速度，并设置无地震的空白对照组作为对比研究。列车的状态包括静止、低速、中速、高速。与数值模拟相比，采用 OpenSees 软件建立了跨钢筋混凝土简支箱梁和牵引车辆模型。讨论了车辆不同建模方法的影响，即完全弹簧悬挂的车辆模型和纯质量的车辆模型。论证了高铁列车的减震对桥梁响应的影响，类似于质量阻尼器的作用。为了增强试验结果的真实性，对 200 种不同地震作用下的模拟结果进行了统计，并给出了地震作用下列车对桥梁振动响应减小率的参考区间。大量的数值模拟结果表明：

(1) 静载列车在地震作用下确实能引起桥梁横向反应的减小。尺度试验中减小幅度明显，最大减小率达到无车时的 16%，但在竖向上无法观察到这种影响。对行驶列车作用下桥梁横向响应的影响，并没有被不规则性和结构动力特性的双重作用绝对抑制或促进。

(2) 地震的 PGA 能有效影响主梁响应的绝对值，但对列车对桥梁响应的抑制作用没有影响。地震的场地类型，即不同横波速度引起的谱差，对减震效果有显著影响。地震高频分量引起的随机激励不利于这种减震效果，低频地震更有利于车体结构的共振，有利于降低列车对桥梁横向反应的影响。

(3) 附加质量只能引起桥梁竖向挠度的变化，而不能改变桥梁结构的横向动力特性，因此不会产生其他的响应消减。列车对桥梁主梁横向响应的减小是由于质量与弹簧悬挂之间的质量阻尼类效应。列车对桥墩的影响更为显著，有无完整的桥墩结构，减小率的平均差约 3%。

(4) 虽然地震的场地类型对减震效果有显著影响，但统计结果表明，这种影响不是绝对的。地震和结构本身的动力特性共同决定了减震的大小。地震作用下，列车对桥梁横向加速度减小率一般在 4%~8%。从设计角度来看，由于列车停留在桥上的情况是一个小概率事件，所以在考虑列车荷载时，仍应将列车荷载作为不利影响因素考虑。

## 参 考 文 献

[1] Kim C W, Kawatani M, Konaka S, et al. Seismic responses of a highway viaduct considering vehicles of design live load as dynamic system during moderate earthquakes[J]. Structure and Infrastructure Engineering, 2011, 7(7-8): 523-534.

[2] Zhou Y F, Chen S R. Dynamic simulation of a long-span bridge-traffic system subjected to combined service and extreme loads[J]. Journal of Structural Engineering, 2015, 141(9): 04014215.

[3] Kim C W, Kawatani M. Effect of train dynamics on seismic response of steel monorail bridges under moderate ground motion[J]. Earthquake Engineering & Structural Dynamics, 2006, 35(10): 1225-1245.

[4] Kim C W, Kawatani M, Kanbara T, et al. Seismic behavior of steel monorail bridges under train load during strong earthquakes[J]. Journal of Earthquake and Tsunami, 2013, 7(2): 1350006.

[5] Xia H, Han Y, Zhang N, et al. Dynamic analysis of train-bridge system subjected to non-uniform seismic excitations[J]. Earthquake Engineering & Structural Dynamics, 2006, 35(12): 1563-1579.

[6] Wang H L, Zhu E Y, Chen Z. Dynamic response analysis of the straddle-type monorail bridge-vehicle coupling system[J]. Urban Rail Transit, 2017, 3(3): 172-181.

[7] Li C S, Lam S, Zhang M Z. Shaking table test of a 1:20 scale high-rise building with a transfer plate system[J]. Journal of Structural Engineering, 2006, 132(11):1732-1744.

[8] Tsai M H, Wu S Y, Chang K C, et al. Shaking table tests of a scaled bridge model with rolling-type seismic isolation bearings[J]. Engineering Structures, 2007, 29(5): 694-702.

[9] Johnson N, Ranf R T, Saiidi M S, et al. Seismic testing of a two-span reinforced concrete bridge[J]. Journal of Bridge Engineering, 2008, 13(2): 173-182.

[10] Li Y, Yan W M, Liu J B, et al. Study and development on shake table tests of scaled models of bridge engineering [J]. Earthquake Resistant Engineering and Retrofitting, 2013, 35(5):10.

[11] Jiang X L, Deng Z D, Han Y, et al. Large-scale shaking table test and finite element model for Tianjin library [J]. Journal of Tianjin University (Science and Technology), 2013, 46(2):5.

[12] Yu J, Jiang L Z, Zhou W B, et al. Running test on high-speed railway track-simply supported girder bridge systems under seismic action[J]. Bulletin of Earthquake Engineering, 2021, 19(9): 3779-3802.

[13] Guo W, Zeng C, Gou H Y, et al. Real-time hybrid simulation of high-speed train-track-bridge interactions using the moving load convolution integral method[J]. Engineering Structures, 2021, 228: 111537.

[14] Zhai W M, Liu P F, Lin J H, et al. Experimental investigation on vibration behaviour of a CRH train at speed of 350km/h[J]. International Journal of Rail Transportation, 2015, 3:1-16.

[15] Liu H Y, Yu Z W, Guo W, et al. Novel dynamic test system for simulating high-speed train moving on bridge under earthquake excitation[J]. Journal of Central South University, 2022, 29(8): 2485-2501.

[16] Stefanidou S P, Paraskevopoulos E A. Seismic fragility analysis of railway reinforced concrete bridges considering real-time vehicle-bridge interaction with the aid of co-simulation techniques[J]. Earthquake Engineering & Structural Dynamics, 2022, 51(9): 2137-2161.

# 第 9 章 SI 指标法评估地震下桥上行车安全性

## 9.1 概 述

本书第 4~8 章探究了不同因素影响下地震对桥上行车安全的影响。结果表明，地震的断层距、频谱特性、墩高、场地类型、列车动力特性等因素的变化都会导致车-轨-桥系统的动力响应发生变化。由于铁路线路频繁穿越地震带，且地震动特性非常复杂，多因素耦合会产生复杂的动力响应。实际地震下列车存在脱轨的可能性，保障桥上行车安全性是桥梁性能化设计的重要目标之一，因此有必要在桥梁设计过程中进行行车安全性评价。然而地震下车-轨-桥系统的计算成本较高且需要大量参数来确定，大多数桥梁抗震设计标准如《Eurocode 8：结构抗震设计》[1]和《高速铁路设计规范》(TB 10621—2014)[2](2024 年局部修订)都不涵盖地震下行车安全设计准则。为填补该领域的空白，众多学者开始对脱轨机理和非直接脱轨指标进行研究。Miyamoto 等[3]将地震动简化为一个五周期的正弦波，利用数值模型研究了正弦波的振幅、频率对行车安全性的影响。Nishimura 等[4]在将地震动简化为正弦波后研究了列车速度对行车安全性的影响。

但是把一个随机地震动简化为正弦波不能反映地震动的随机特性。地震下列车脱轨具有较强的随机性，适宜于从能量角度出发分析列车的行车安全性：当系统抗力做功 $\delta_{cr}$ 小于外界输入能量 $\delta_{pr}$ 时，列车出现失稳；当 $\delta_{cr} = \delta_{pr}$ 时，列车处于临界稳定状态；当 $\delta_{cr} > \delta_{pr}$ 时，列车不会出现失稳[5]。日本铁道科学研究院[6,7]从速度谱与最大势能、最大动能之间的关系出发，建立了评估地震下行车安全性的速度谱强度指标，经过试验验证与数值仿真对比了桥梁结构响应的 SI 指标峰值速度评估地震下行车安全性的效果，说明该指标评估准确度较高，从能量角度看该指标建立了一个基于能量的评估指标来衡量抗力做功与输入能量之间的关系，该方法写入了日本铁路设计规范。Luo[6]利用 SI 指标建立了静止状态下日本新干线列车安全与随机地震动下轨道响应之间的映射关系。Liu 等[8]也建立了一个车-轨-桥模型，并验证了在随机地震动下 SI 指标与脱轨系数的高度相关性。上述 SI 指标体系是在列车静止状态下提出的，未考虑列车速度对 SI 限值($SI_L$)指标的影响，当实际地震来临时，尽管有地震预警系统的存在，但是列车仍有可能在桥上未减速至零。列车运行状态下随机轨道不平顺和动态轮轨关系对行车安全性有明显影响，因此有进行不同车速下行车安全性评价的必要性。本章将建立一个考虑列车速度的 SI 指标作为研究对象，验证 SI 指标是否能正确评估桥上行车的安全性。

## 9.2 考虑列车速度的 SI 指标建立

### 9.2.1 指标建立

假设体系质量为 $M$，刚度为 $K$，基频为 $\omega = \left(\dfrac{K}{M}\right)^{0.5}$，最大位移响应为 $x_{\max}$，速度谱为 $S_V$，位移谱为 $S_D$，则最大势能为 $\dfrac{1}{2}(Kx_{\max}^2)$。由于 $x_{\max} = S_D$，且 $S_V = \omega S_D$，所以当列车发生脱轨，处于临界稳定状态时，其势能最大。由能量守恒定律可知，列车开始倾覆的最大动能与临界势能相等，单位质量的最大势能如式(9-1)所示，由此可以看出，系统的最大势能与速度谱之间有直接的关系，系统临界势能可由速度谱表示。

$$\frac{1}{2}\left(\frac{K}{M}\right)S_D^2 = \frac{1}{2}S_V^2 \tag{9-1}$$

此外，地震动具有随机性，并且不同类型场地卓越周期不同，不同结构的基频也不相同，因而地震下铁路结构响应频率成分较为复杂，但响应周期仍有一定范围(日本铁路设计规范取值为 0.1～2.5s)，经分析验证大多数中国高铁桥梁的响应频率区间也在该周期范围内。之后计算系统输入的能量大小 $\delta_{pr}$，由于指标需要涵盖各个频率段的结构响应，所以对关心频率区段的能量求和，对速度谱进行积分处理，求得速度谱强度大小，其表达式如(9-2)所示。

$$\mathrm{SI}(\xi,T) = \int_{0.1}^{2.5} S_V(\xi,T)\mathrm{d}T \tag{9-2}$$

其中，$\xi$ 表示结构阻尼比，当高铁桥梁为钢筋混凝土结构时，取 0.05；$S_V$ 表示速度反应谱；$T$ 表示结构响应包含周期范围(s)。

### 9.2.2 限值求解

列车受轨道横向正弦激励的分析模型如图 9-1(a)所示，该模型利用多刚体系统动力学软件 Simpack 进行模拟，如图 9-1(b)所示。日本铁路设计规范在确定正弦激励限值时保持列车静止不动，并进行了台架试验验证，试验与模拟结果吻合度较高，本节为与新干线列车的结果进行对比，首先将列车速度 $v$ 设定为一个较小的值(20km/h)。

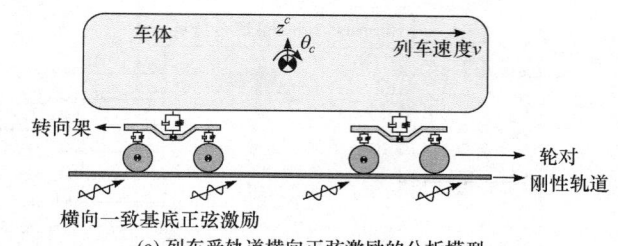

## 第 9 章 SI 指标法评估地震下桥上行车安全性

(a) 列车受轨道横向正弦激励的分析模型

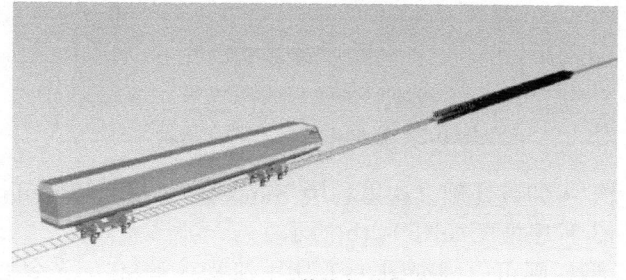

(b) Simpack 软件车-轨模型

图 9-1 列车受轨道激励动力学模型

基底正弦激励以位移形式施加，波形如图 9-2(a)所示，包括稳定段、过渡段和正弦段三部分。由于计算开始时列车通常会有初始振动，在开始施加轨道正弦激励之前，先设置一段激励大小为 0 的阶段，以使列车运行状态稳定，并在稳定段与正弦段之间设置一段斜率较小的过渡段，以避免突加荷载的冲击。不同频率的正弦波需取相同的周期数(这里取 5 个周期)，激励幅值逐级增加(5mm)，直至列车评估指标超出限值，此时的正弦波幅值为该频率的基底位移限值。为了实现轨道的横向运动，在 Simpack 软件中采用了可移动标记点 6-Dof Marker。6-Dof Marker 的输入可以是 Simpack 软件中自定义的 Excitation，但为了方便

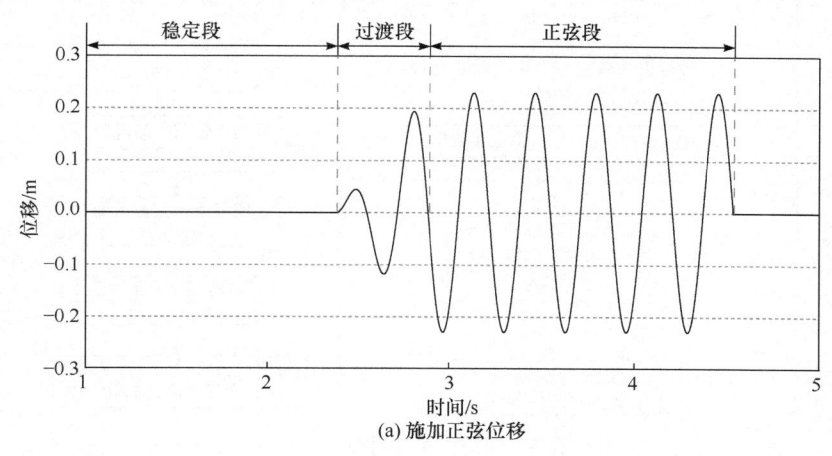

(a) 施加正弦位移

(b) Simpack-Simulink联合仿真

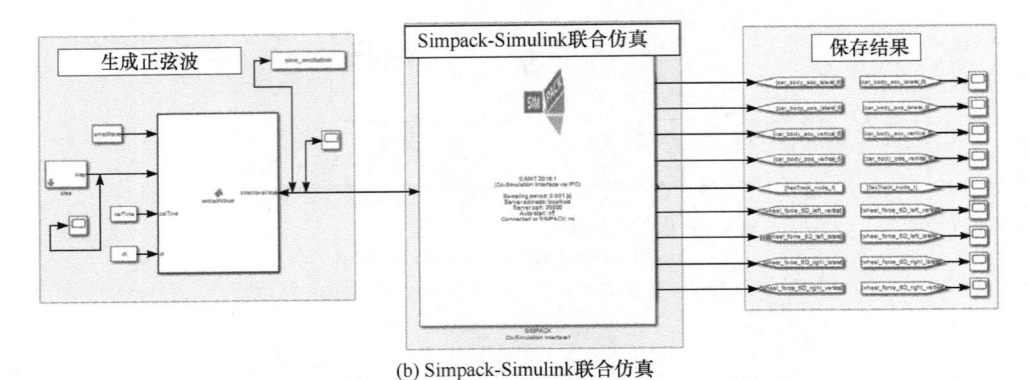

图 9-2 施加正弦激励联合仿真

自定义位移时程输入和后处理，这里利用 Simpack 软件与 Simulink 联合仿真得到轨道位移激励，程序框图如图 9-2(b)所示。

利用上述模型，则可以根据图 9-3 所示流程求解$SI_L$。先令$T_{sine}=T_{down}$，计算该频率下正弦激励极限位移$d_l$，随后以一个固定步长增加$T_{sine}$，重复过程直到$T_{sine}>T_{up}$时停止。在循环过程中，地震下行车平稳性为次要要求，因此暂不考虑，且在基于列车横向加速度、脱轨系数、轮重减载率和轮轨横向力指标评估行车安全性过程中往往出现一个指标超限而其余三个指标未超限的情况。从保障行

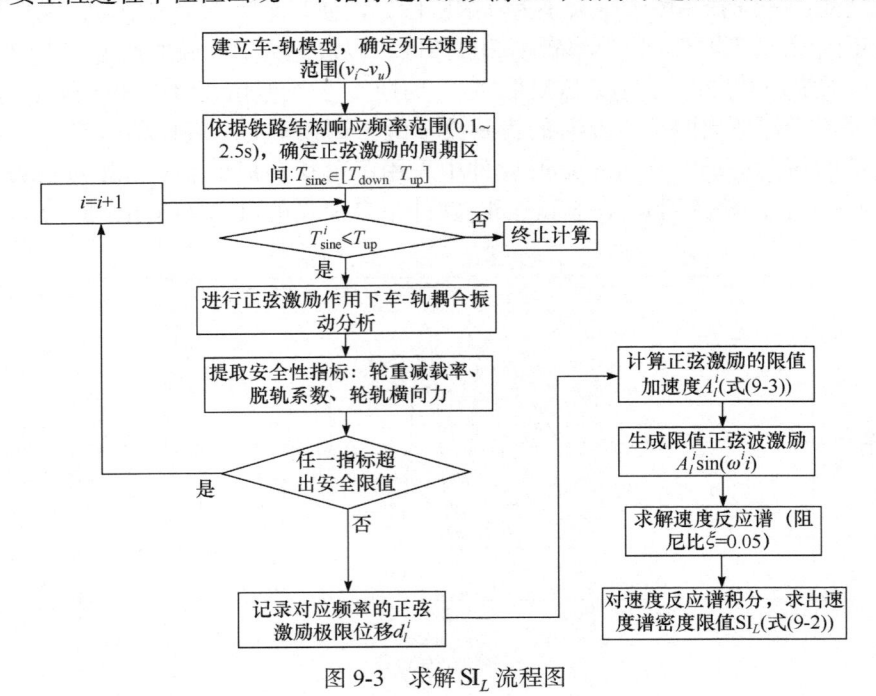

图 9-3 求解 $SI_L$ 流程图

车安全性的角度出发，认为当任意一个指标超限时，列车即发生脱轨，对不同规范中相似的限值取最严格的要求，以考虑行车中的最不利情况。循环完毕后将不同频率下的 $d_l^i$ 汇总绘制为一条曲线，如图 9-4 所示，至此得到了关心频率区间内的位移限值。

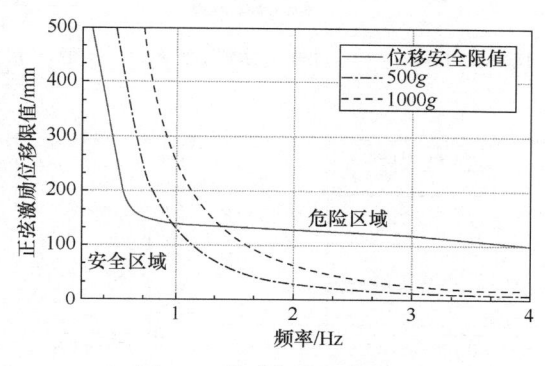

图 9-4 激励位移限值曲线

根据得到的 $d_l^i$ 可以计算对应频率的加速度安全限值 $A_l^i$，如式(9-3)所示。

$$A_l^i = \omega_i^2 d_l^i \tag{9-3}$$

其中，$\omega_i$ 为 $d_l^i$ 对应频率。

汇总 $A_l^i$ 可以得到正弦激励绝对加速度安全限值曲线，如图 9-5 所示。曲线之上为危险区域，曲线之下为安全区域。由 $A_l^i$ 可以进一步计算 $SI_L$，如图 9-6 所示。首先将 $A_l^i$ 和对应的 $T_{\text{sine}}^i$ 作为输入的限值正弦波幅值与周期，正弦波作用时长共五个周期($5T_{\text{sine}}^i$)。之后求解限值正弦波的反应谱(阻尼比 $\xi = 0.05$)，对速度反应谱在 0.1~2.5s 周期范围内利用式(9-2)进行积分，即得到周期为 $T_{\text{sine}}^i$ 的安全限值 $SI_L^i$，汇总 $SI_L^i$ 可以绘制 $SI_L$ 在关心频率范围内的曲线。

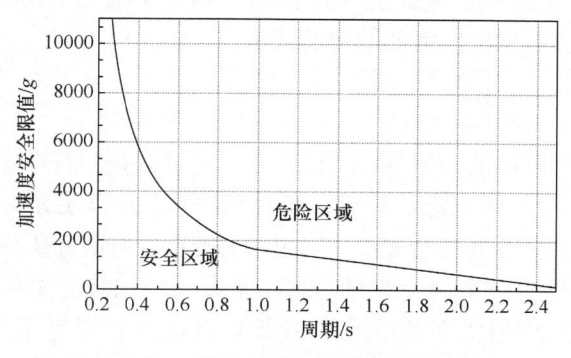

图 9-5 正弦激励绝对加速度安全限值曲线

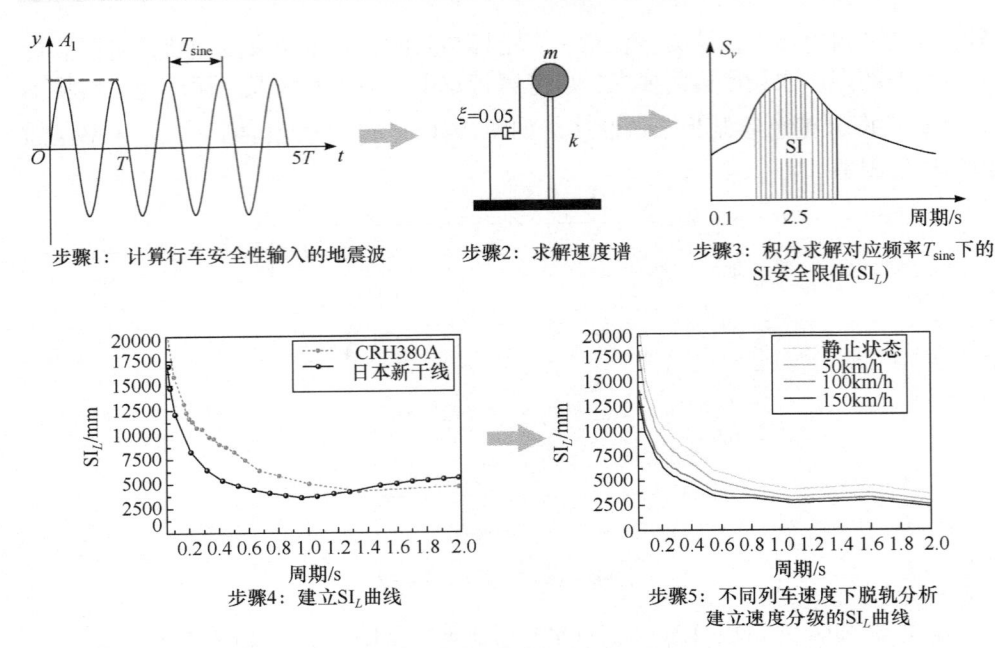

图 9-6 由 $A_I$ 计算 $SI_L$ 步骤

将 CRH380A 型列车的 $SI_L$ 曲线与日本新干线列车限值进行对比，曲线随激励周期增加而下降的趋势基本相同。CRH380A 型列车的限值在高频下稍高，在低频下稍低，其可能原因是 CRH380A 型列车的二系悬挂刚度较小，导致其滚摆频率较小。尽管列车在地震突发时会立即减速，然而仍有一定的可能性列车在地震突发时还没有减速至零。行驶列车相较于静止列车除地震导致的结构动力响应外，还会受到轨道不平顺的激励。此外，它们之间的轮轨关系也不同。为建立速度分级的 $SI_L$ 曲线，需要分级加载进行不同列车速度下的脱轨临界分析。由于地震预警系统在地震来临时列车仍运行在其设计速度的概率非常小，本研究中未考虑高速下的 $SI_L$。低速到中速的 $SI_L$ 曲线如图 9-6 中步骤 5 所示，可以发现 $SI_L$ 在全频率范围内都会随列车速度的增加而减小。

### 9.2.3 评价过程

将桥梁响应计算出的 SI 指标与 $SI_L$ 进行对比可以判断行车安全性，原则上应在结构响应前 $k$ 阶主频上进行对比，在所有频率上均满足 $SI < SI_L(T_i)$ 时，认为行车安全性满足要求，其判断流程如图 9-7(a)所示。但该方法需要求出前 $k$ 阶频率反复对比，根据本书第 4～8 章的结论来看，结构响应主频段在结构基频附近，因此工程实践中绝大多数情况下 SI 指标可以在基频 $T_e$ 下与 $SI_L$ 进行对比，

如图 9-7(b)所示。

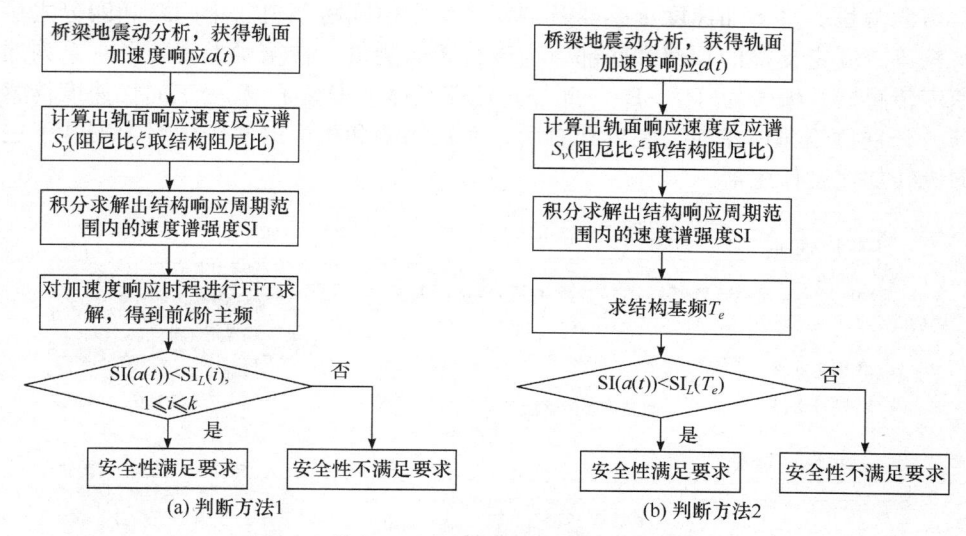

图 9-7 依据 SI 指标判断行车安全性的流程图

SI 指标法评价行车安全性的过程可概括如下：
(1) 进行振动分析并提取桥梁跨中的轨面加速度响应 $a(t)$。
(2) 根据 $a(t)$ 和结构的阻尼比 $\xi$ 计算 $S_v(\xi)$。
(3) 在关注的频率范围内对 $S_v(\xi)$ 积分得到 SI 指标。
(4) 模态分析求出结构基频，根据图 9-6 所示的速度分级 $SI_L$ 曲线确定限值。
(5) SI 指标与 $SI_L$ 对比评价行车安全性，当 $SI > SI_L(T_e)$ 时，列车在地震作用下可能脱轨。

## 9.3 极限激励下桥上行车安全性试验

为验证所建立的 SI 指标限值和基于结构动力响应的 SI 指标法的准确性，本节开展多组地震激励和正弦激励下的桥上行车安全性试验，并对极限脱轨工况的限值和过程进行分析。

### 9.3.1 传感器布置

缩尺 CRTS-Ⅱ型无砟钢轨[9-11]安装在箱梁上，如图 9-8 所示。其中，底座板、轨道板和钢轨在纵向连续，轨道部件通过层间连接构件相互连接。中间夹层从下到上分别是滑动层、CA 砂浆层和扣件。为了限制中间夹层的横向位移，轨道结构安装了横向挡块。传感器布置方式已在图 9-8 上进行标注。为进行横向测量，多个加速度传感器分别安装在了中间跨钢轨、中间跨和四分之一跨箱梁、固定支撑的顶部和底部。为进行竖向测量，在箱梁上安装了一系列加速度传感器，编号为 B1～B7。此外，还在车体上安装了 3 个三向加速度传感器，分别位于车体左前、左后和右后；在转向架和相应的两个轮对上安装了三向无线加速度传感器。

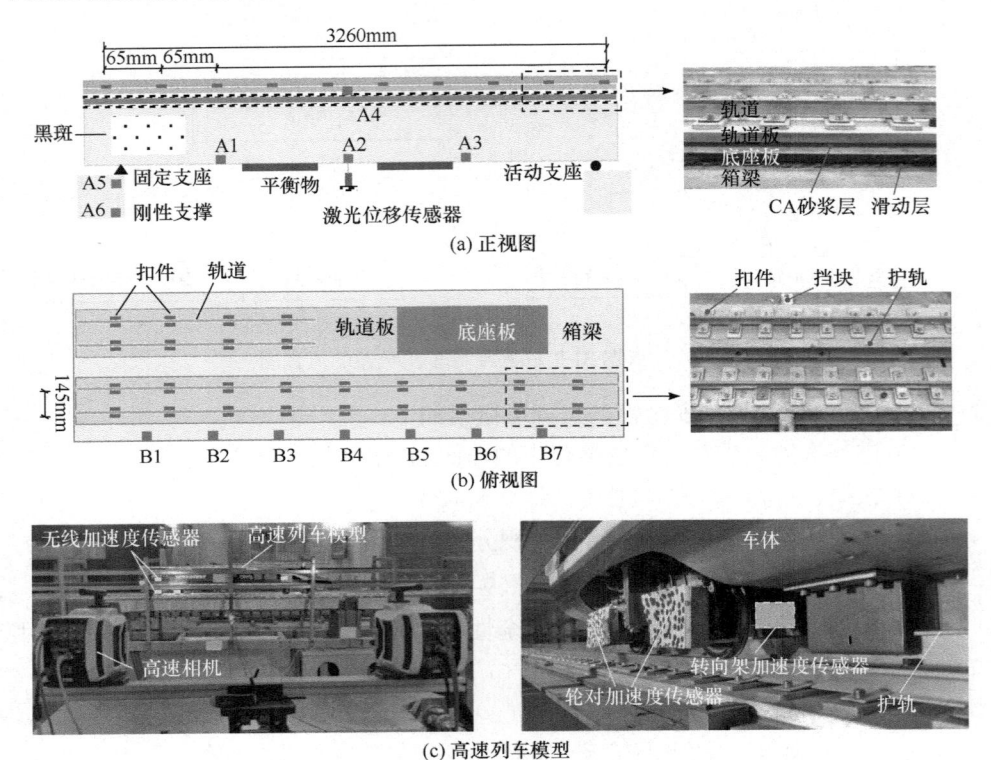

图 9-8 传感器布置图

### 9.3.2 地震动选择

根据《高速铁路设计规范》(TB 10621—2014)[2](2024 年局部修订)，选取场地地震烈度为 7 度。该规范明确规定了将峰值地面加速度为 0.1g 作为设计地震，高铁桥梁在该等级下表现出良好的抗震性能，未出现明显的结构损坏。鉴于实际线路上高速列车的空间分布可能会相当分散，在地震发生时不同列车可能在多种场地类型的桥梁上行驶，本节研究将会尽可能多地选择不同场地类型的地震动。多数被记录的脱轨事件的里氏地震强度等级都落在了 5～7 级，因此在挑选地震动时也将震级控制在这个范围内。可以将被挑选的地震动分为不同场地类型的近场地震动和远场地震动。其中，近场地震动的选择考虑了不同的断层机理。对于每种场地类型，在 PEER 数据库中基于设计谱选择了三条地震动记录。地震动信息汇总于表 9-1 中。

**表 9-1　PEER 数据库地震动信息汇总**

| 地震代号 | 地震动编号 | 地震名称 | 观测台名称 | 断层距离/km | 断层机理 | $V_{s30}$ /(m/s) | 里氏地震强度等级 | 地震年份 | 类型 |
| --- | --- | --- | --- | --- | --- | --- | --- | --- | --- |
| G1 | RSN1044 | Northridge-01 | Newhall-Fire | 3.16 | Reverse | 269.14 | 6.69 | 1994 | 近断层 |
| G2 | RSN458 | Morgan Hill | Gilroy Array | 11.53 | Strike slip | 221.78 | 6.19 | 1984 | 近断层 |
| G3 | RSN170 | Imperial Valley-06 | EC County Center | 7.31 | Strike slip | 192.05 | 6.53 | 1979 | 近断层 |
| G4 | RSN2624 | Chi-Chi | TCU073 | 19.06 | Reverse | 473.65 | 6.2 | 1999 | 近断层 |
| I-G1 | RSN454 | Morgan | Gilroy-Gavilan Coll | 14.83 | Strike slip | 729.65 | 6.19 | 1984 | 场地类型 I |
| I-G2 | RSN59 | San Fernando | Cedar Springs, Allen Ranch | 89.37 | Reverse | 813.48 | 6.61 | 1971 | 场地类型 I |
| I-G3 | RSN72 | San Fernando | Lake Hughes | 19.45 | Reverse | 600.06 | 6.61 | 1971 | 场地类型 I |
| II-G1 | RSN268 | Victoria, Mexico | SAHOP Casa Flores | 39.1 | Strike slip | 316.64 | 6.33 | 1980 | 场地类型 II |
| II-G2 | RSN92 | San Fernando | Wheeler Ridge-Ground | 68.38 | Reverse | 347.67 | 6.61 | 1971 | 场地类型 II |
| II-G3 | RSN121 | Friuli, Italy-01 | Barcis | 49.13 | Reverse | 352.05 | 6.5 | 1976 | 场地类型 II |
| III-G1 | RSN10 | Imperial Valley-03 | El Centro Array #9 | 24.58 | Strike slip | 213.44 | 5.6 | 1951 | 场地类型 III |
| III-G2 | RSN21 | Imperial Valley-05 | El Centro Array #9 | 13.78 | Strike slip | 213.44 | 5.4 | 1955 | 场地类型 III |
| III-G3 | RSN131 | Friuli, Italy-02 | Codroipo | 41.37 | Reverse | 249.28 | 5.91 | 1976 | 场地类型 III |
| IV-G1 | RSN738 | Loma Prieta | Alameda Naval Air Stn Hanger | 70.9 | Reverse Oblique | 190.0 | 6.93 | 1989 | 场地类型 IV |
| IV-G2 | RSN5106 | Chuetsu-oki, Japan | IBRH10 | 183.23 | Reverse | 144.14 | 6.8 | 2007 | 场地类型 IV |
| IV-G3 | RSN6421 | Tottori, Japan | YMG012 | 240.63 | Strike slip | 142.87 | 6.61 | 2000 | 场地类型 IV |

选定地震动的原尺加速度响应谱($S_a$)和平均$S_a$，如图 9-9(a)所示。研究中使用的幅值缩尺(时间未缩尺)近场地震动的加速度时程图和频谱图分别如图 9-9(b)、图 9-9(c)所示，图中数据均已放大至原尺量纲。结果表明，三条近场地震动的加速度频率组成有明显区别。G3 主要由低于 1Hz 的长周期频率组成，最大峰值频率为 0.726Hz。G1 存在两个加速度峰值，分别位于 0.739Hz 和 1.44Hz 处。G2 的主频段位于中高频区域，峰值频率在 2Hz 附近。

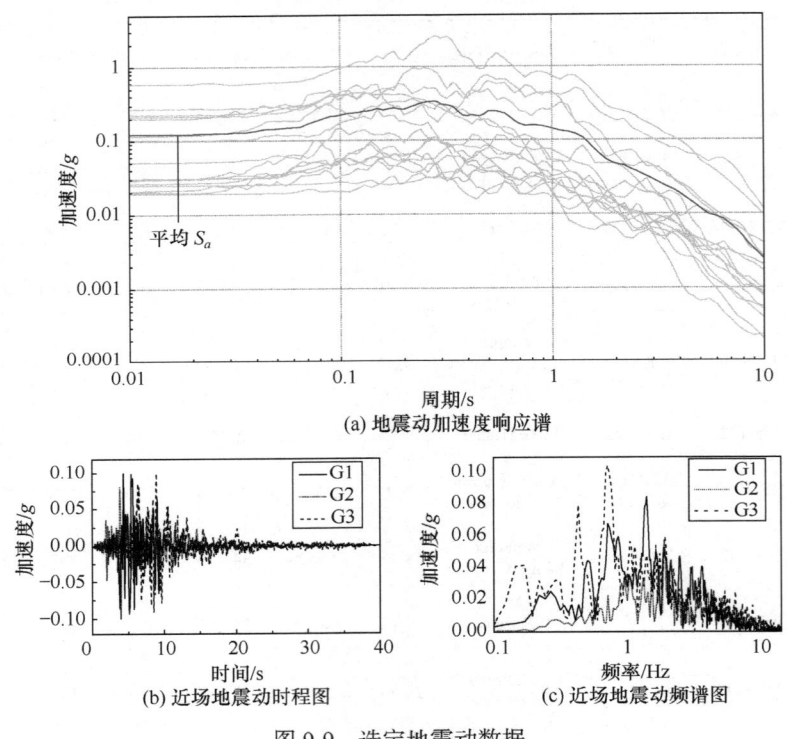

图 9-9 选定地震动数据

### 9.3.3 列车脱轨试验

列车脱轨是一种具有高随机性的动力过程，当轮缘爬上轨顶时，在外界扰动下列车有很高的概率脱轨。与脱轨系数等其他行车安全评价指标相比，轮轨接触位置在表明实时接触情况中更加直观，可以作为评价行车安全性的重要准则[6,12]。考虑到列车脱轨可能造成的巨大损失，应该采用一种更为严苛的脱轨评判标准。根据中国 $LM_A$ 型车轮形状，准静态爬升脱轨的临界位置(最大轮缘接触角)取为轮轨横向相对位移 30mm 限值。同时，当轮对抬升超过最大轮缘高度 28mm 时也视作列车脱轨。

1. 静止状态

在列车静止状态下，逐渐增加地震动的 PGA，当 PGA 大于 0.14$g$ 且小于 0.20$g$ 时，每级增加 0.02$g$，当 PGA 大于 0.20$g$ 时，每级增加 0.05$g$。试验持续进行直到列车脱轨或者达到加载系统的能力上限。表 9-2 汇总了静止状态下列车脱轨状况。其中，"○"代表试验进行且列车未脱轨；"\"代表试验未进行；脱轨的评判标准为轮对抬升超过 2.8mm。结果表明，当列车受到 3Hz、5Hz 的正弦激励和 G1 地震动激励时，存在轮对抬升超过限值的情况。在 1.5Hz、0.14$g$ 和 2.1Hz、≤0.21$g$ 工况下，轮对抬升均未超过轮缘高度。值得注意的是，尽管存在轮对抬升超过限值的情况，但并未出现列车摔落的严重事故。

在 3Hz、≥0.16$g$ 时，列车脱轨，在 5Hz、≥0.40$g$ 时，轮对抬升达到限值。在高频正弦激励(8Hz、10Hz)下，PGA 分别达到 0.45$g$ 和 0.40$g$ 时轮对都未明显抬升，考虑其原因为：列车共振频率主要集中在低频段，高频激励很难使列车发生共振，所以发生脱轨的峰值加速度限值得以提高。此外，G1、G2、G3 地震动分别以 0.10$g$ 和 0.21$g$ 两种工况加载。其中，只有 G1 0.21$g$ 工况下轮对抬升超过限值，这主要是由于 G1 地震动的低频成分接近列车滚动频率。

表 9-2 静止状态下列车脱轨状况

| 频率 | PGA (0.10$g$) | PGA (0.14$g$) | PGA (0.16$g$) | PGA (0.18$g$) | PGA (0.20$g$/0.21$g$) | PGA (0.25$g$) | PGA (0.30$g$) | PGA (0.35$g$) | PGA (0.40$g$) | PGA (0.45$g$) |
|---|---|---|---|---|---|---|---|---|---|---|
| 1.5Hz | ○ | ○ | \ | \ | \ | \ | \ | \ | \ | \ |
| 2.1Hz | ○ | ○ | ○ | ○ | ○ | \ | \ | \ | \ | \ |
| 3Hz | ○ | ○ | 脱轨 | 脱轨 | 脱轨 | \ | \ | \ | \ | \ |
| 5Hz | \ | \ | \ | \ | \ | ○ | ○ | ○ | 脱轨 | \ |
| 8Hz | \ | \ | \ | \ | \ | \ | \ | \ | \ | ○ |
| 10Hz | \ | \ | \ | \ | \ | ○ | ○ | ○ | ○ | \ |
| G3 | ○ | \ | \ | \ | ○ | \ | \ | \ | \ | \ |
| G2 | ○ | \ | \ | \ | ○ | \ | \ | \ | \ | \ |
| G1 | ○ | \ | \ | \ | 脱轨 | \ | \ | \ | \ | \ |

注：1.5～10Hz 均为正弦激励频率。

为分析静止状态下列车脱轨，选择一些具有代表性的列车脱轨情况，如图 9-10 所示，包括 3Hz、0.20$g$，5Hz、0.40$g$，G1、0.21$g$。在上述脱轨情况下，车体发生明显滚动振动，并且在车体巨大的横向惯性力下，轮对在左、右侧交替抬升，当轮对落到轨道上时，未发生明显的撞击现象。在轮对落到轨道上时，由于车体巨大的横向惯性力，轮对在轨道上横向滑动，接触关系由轮-轨踏面接触变为轮缘接触。横向滑动还会导致轮对抬升，这种现象在 3Hz 正弦激励下最为明显。轮对在 5Hz、0.35g 时并未抬升，但仅当 PGA 增加了 0.05g 后，轮对剧烈抬升，超过 2.8mm 限值。这种现象表明，脱轨指标与 PGA 的正相关为非线性，在 PGA 超过一个关键值时会剧烈增加。此外，轮轴滚动的角度表明，3Hz 的滚动振动比 5Hz 更加剧烈。

由于地震动频率组成的复杂性，地震下的轮轨横向相对位移不像正弦激励下具有周期性。在 G1 地震动下，车体振动由刚体横向振动(主要由高频激励)和滚动振动(主要由低频激励)耦合而成。列车出现明显的绕接触点的滚动(同时接触点会横移)，使得轮对以长周期左、右交替抬升。在 0.21g 下，轮对抬升超过了轮缘高度。

(a) 3Hz、0.20g

(b) 5Hz、0.40g

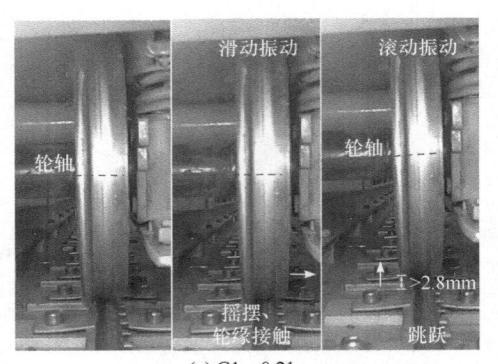

(c) G1、0.21g

图 9-10 静止状态列车脱轨状况

2. 行驶状态

行驶中的列车脱轨通常会造成重大损失，因此本节选取一种相对保守的脱轨准则(即轮轨横向相对位移限值 30mm 或轮对抬升限值 28mm)。表 9-3 汇总了行驶状态下受正弦激励和地震动激励列车的脱轨状况。其中，"○"代表试验进行且列车未脱轨;"\"代表试验未进行。爬上脱轨的评判标准为轮对爬上轨顶,掉轨的评判标准为列车脱离轨道并掉落至桥面。

在 3Hz、0.10g、100km/h 工况下出现爬上脱轨。在 5Hz、0.35g、100km/h 工况下出现了掉轨。在以往研究中低估了列车速度对行车安全性的影响。在发生掉轨后,由于转向架的损坏,无法进行低频激励下更高列车速度的测试。在 8Hz、0.40g、100km/h 工况下,列车依然满足轮轨横向相对位移的安全限值。当正弦激励150km/h时,各工况下的轮轨相对横向位移都低于限值。在 G2 地震动下,各工况下列车均保持了安全行驶。在 G1、0.10g 工况下,轮轨横向相对位移以及轮对抬升均未超限,但当PGA增加至 0.21g 时,各列车速度工况下均出现了爬上脱轨。

表 9-3 行驶状态下列车脱轨状况

| 频率 | 100km/h | | | | 150km/h | | 180km/h | |
|---|---|---|---|---|---|---|---|---|
| | PGA (0.10g) | PGA (0.20g/0.21g) | PGA (0.35g) | PGA (0.40g) | PGA (0.10g) | PGA (0.20g/0.21g) | PGA (0.10g) | PGA (0.20g/0.21g) |
| 3Hz | 爬上脱轨 | \ | \ | \ | \ | \ | \ | \ |
| 5Hz | ○ | \ | 掉轨 | \ | \ | \ | ○ | \ |
| 8Hz | ○ | ○ | ○ | ○ | \ | \ | \ | \ |
| 10Hz | ○ | ○ | \ | \ | \ | \ | \ | \ |
| 15Hz | ○ | ○ | \ | \ | ○ | \ | \ | \ |
| G3 | ○ | ○ | \ | \ | ○ | \ | ○ | \ |
| G2 | ○ | ○ | \ | \ | ○ | \ | ○ | ○ |
| G1 | ○ | 爬上脱轨 | \ | \ | ○ | 爬上脱轨 | ○ | 爬上脱轨 |

注:3~15Hz均为正弦激励频率。

取两种典型脱轨类型(爬上脱轨和掉轨)进行分析。在 3Hz、0.10g 工况下,列车出现了爬上脱轨的现象并达到了临界状态。轮轨横向相对位移的时程图如图 9-11(a)所示,图中轮对明显出现了三次爬轨行为,分别位于 1.75s、2.1s 和 3.3s 时刻,临界状态照片如图 9-11(b)所示。在地震激励作用下,轮轨横向相对位移大体上随时间的增加而逐渐增加,同时列车的势能(或动能)也在不断累积。当轮对一侧爬上轨道时,该侧轮缘在地震的扰动和自重因素影响下滑回轨道,然后由于惯性力作用在另一侧爬上轨道。前两次爬轨行为被一个完整的激励周期$\left(\dfrac{1}{2.1-1.75}\approx 3\text{Hz}\right)$所分隔,表示轮轨横向相对位移具有明显的周期性。

(a) 轮轨横向相对位移时程图

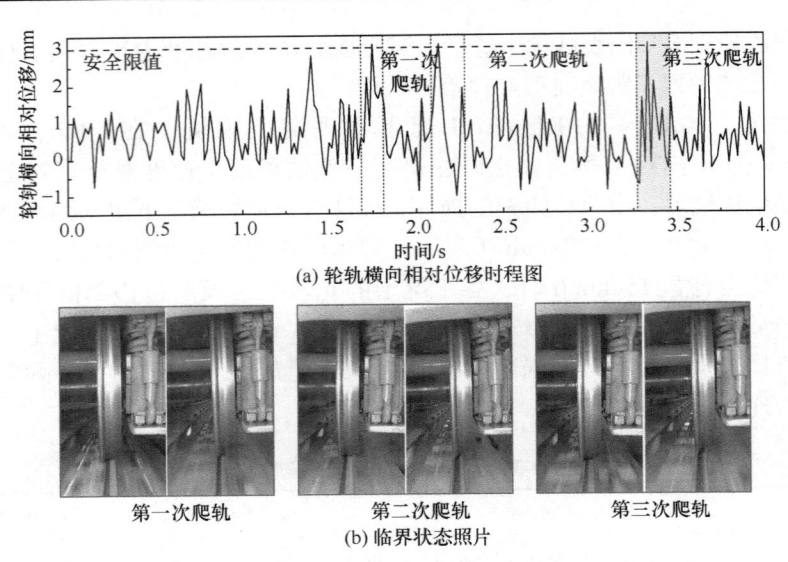

第一次爬轨　　　　第二次爬轨　　　　第三次爬轨
(b) 临界状态照片

图 9-11　3Hz、0.10g、100km/h 工况下脱轨临界状态

在 5Hz、0.35g、100km/h 工况下发生了一次掉轨，列车脱轨过程如图 9-12 所示。在掉轨发生前出现了多次爬轨的现象，但是除了 2.65s 和 3.86s 时刻(导致掉轨)的两次爬轨以外，其余爬轨均只持续了很短时间。通过观察试验中的爬轨现象，可以发现在 2.65s 时刻爬轨之后，轮对移动至右侧，在轨顶停留了大约 25ms，这段时间内轮轨横向相对位移的峰值达到 7mm，然后回到一个稳定状态。在地震激励下，轮轨横向相对位移的峰值不呈现稳定上升的趋势，这种现象表示了列车的阻尼以及轮轨的蠕滑持续耗散能量，从而保持了列车稳定。在列车滚动振动的影响下，轮对在 3.86s 时刻爬上轨道，在轨顶停留了大约 50ms，然后回到了轨道内。在下一个循环中，轮对再次爬上轨道，这次轮对并没有回到轨道，而是向外移动直到列车掉落至轨道板上，在列车掉轨之后，由于惯性的作用会继续向前移动。这次高速行驶状态下的脱轨猛烈撞击了轨道结构。轮对和轨道的横向撞击导致轨道和扣件损坏。特别地，本次试验结果说明了以最大轮缘接触角来确定轮轨横向相对位移的保守性。一段时间内的超限情况汇总可能更能说明脱轨风险。

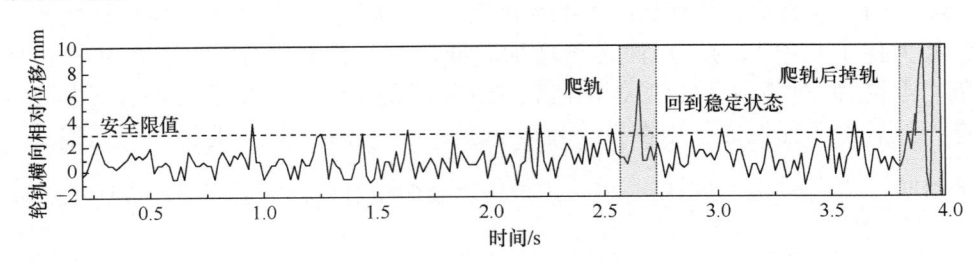

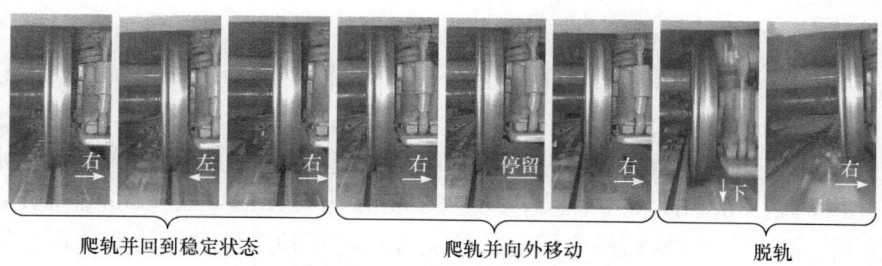

(a) 轮轨横向相对位移以及脱轨过程

(b) 脱轨后对轨道的撞击

图 9-12　5Hz、0.35g、100km/h 工况下列车脱轨过程

## 9.4　数值模型验证

在试验系统的操作过程中，存在一些短板，特别是列车悬挂和桥梁结构的阻尼特性很难准确按照理论缩尺比进行缩尺。因此，为了更深入地验证 SI 指标法，本节采用经试验验证后的数值模型。由于试验模型生产过程中存在不可避免的误差，采用的是间接方式来验证数值模型。

### 9.4.1　模型建立

1. 轨-桥有限元模型

根据设计规范和先前的研究，对轨-桥仿真模型进行如下假设：结构在小震和中震情况下仍保持线弹性特性[13-15]；不考虑支座的损坏。连接构件(扣件、CA 砂浆层、滑动层等)使用弹簧单元建模。每层使用挡块限制其横向位移[16]。纵向构件(如箱梁、轨道板、基础板)使用梁单元建模，构件的参数根据文献[10]和[17]设置。上述建模均在有限元软件 ANSYS 中进行，之后将刚度矩阵和质量矩阵输入到 Simpack 软件中。由于桥梁是由钢筋混凝土制造的，所以阻尼比设置为 0.05。墩底与地面由一个刚性极大的单元连接，用来限制墩底在不同自由度方向上的位移。

## 2. 车-轨-桥动力学模型

在大部分研究中[18-20],车-轨-桥相互作用中的列车部分是基于多刚体系统理论建模的。在本研究中,使用多刚体系统软件 Simpack 来建立车-轨-桥模型(主要模型为列车)。车体、转向架和轮对都视为刚体,刚体之间通过线性弹簧和缓冲器连接,代表了一系悬挂和二系悬挂。列车的原型为 CRH380A,其详细参数取自文献[18]。列车与轨-桥结构之间连接的关键是轮对和轨道之间的动力相互作用。使用 R60 轨道和 $LM_A$ 耐磨踏面来寻找接触点[10]。法向相互作用力 $F_W^v$ 是基于 Hertz 非线性弹性接触理论计算的;切向相互作用力 $F_W^v$ 是基于 Kalker 蠕滑接触理论计算的。

### 9.4.2 建模方式试验验证

通过对比试验与仿真结果,验证建模方式的准确性。试验(模型 A)与模拟(模型 B)的动力响应对比如图 9-13 所示。结果表明,桥梁横向加速度峰值、列车横向加速度峰值和列车竖向加速度峰值的误差分别为 6.3%、6.81% 和 19.37%。导致误差的原因可能有阻尼和频率特性、轨道不平顺和控制系统等。然而,结果的总趋势和频谱对比表明模型 A 与模型 B 具有良好的一致性,证明了建模方法的准确性和可靠性。

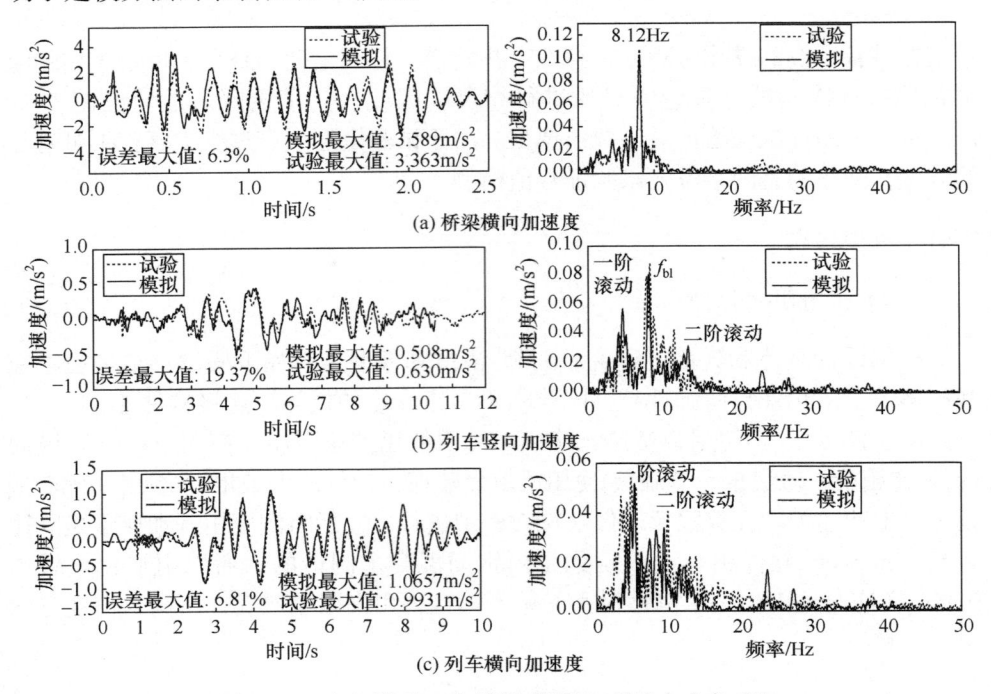

图 9-13 试验(模型 A)与模拟(模型 B)的动力响应对比

### 9.4.3 理论缩尺比验证

通过对比原型仿真与缩尺仿真结果，验证缩尺方法的准确性。模型 C 与模型 D 的动力响应及轮轨力相关指标对比如图 9-14 所示。结果表明，列车横向加速度峰值的误差为 6.81%，列车竖向加速度峰值的误差低于 20%，两者均在时域内匹配良好。该部分试验中轮轨力相关指标选取轮轨横向力、轮轨竖向力和脱轨系数。结果表明，轮轨力相关指标均匹配良好，脱轨系数的最大误差为 3.64%。上述结果表明，模型 C 与模型 D 之间具有良好的一致性，证明了理论缩尺比的合理性。

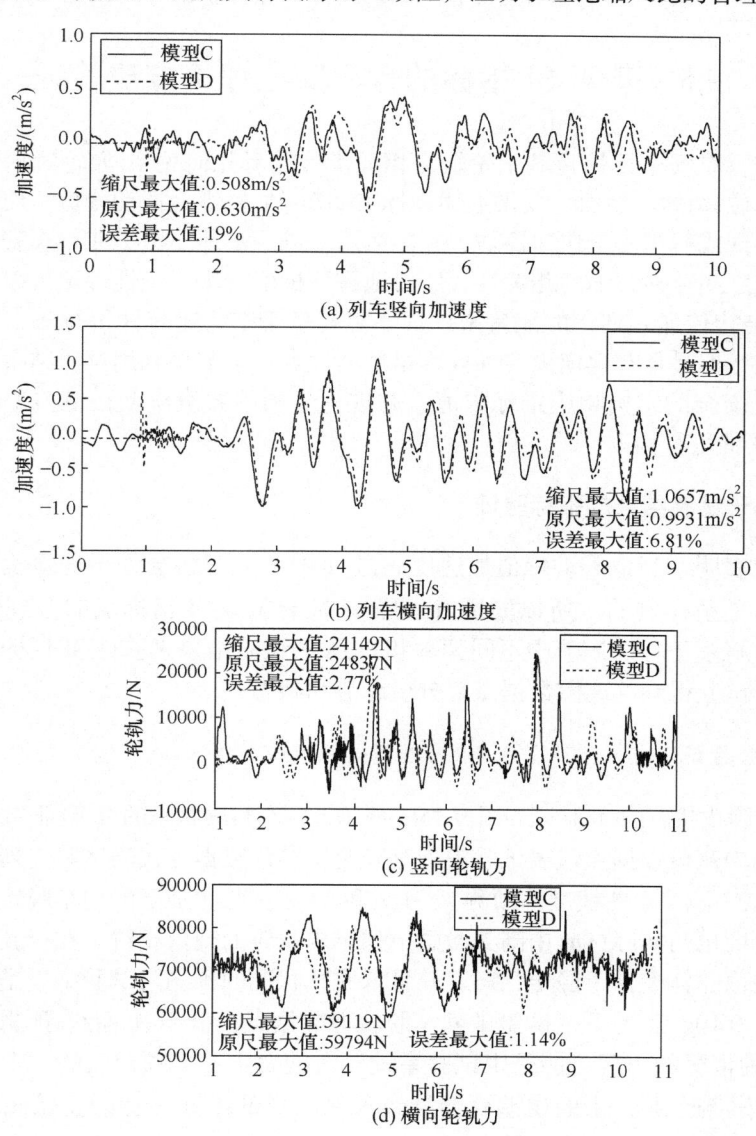

(a) 列车竖向加速度

(b) 列车横向加速度

(c) 竖向轮轨力

(d) 横向轮轨力

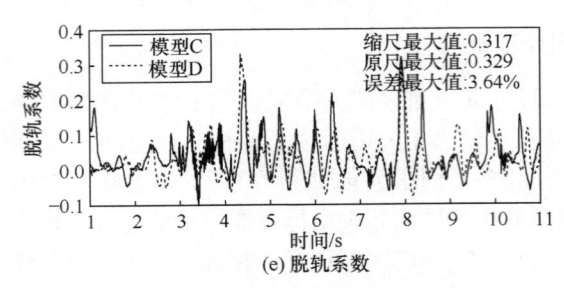

```
     0.4 ┌─────────────────────────┐  缩尺最大值:0.317
     0.3 │── 模型C                 │  原尺最大值:0.329
脱    0.2 │--- 模型D                │  误差最大值:3.64%
轨    0.1 │                         │
系    0.0 │                         │
数   -0.1 └─────────────────────────┘
          1  2  3  4  5  6  7  8  9  10 11
                      时间/s
                   (e) 脱轨系数
```

图 9-14　模型 C 与模型 D 的动力响应及轮轨力相关指标对比

## 9.5　基于 SI 指标的行车安全评价方法验证

传统行车安全评估是基于轮轨力相关指标或者几何关系(如轮对抬升、轮轨相对横向位移)的。然而，获得上述指标需要车-轨-桥耦合振动分析，使得其在桥梁迭代设计或行车安全快速评估中并不实用。进一步地，由于在行车安全和地震输入能量之间存在很强的相关性，所以地震下桥上行车安全性理论可以通过研究从轨-桥结构传递到列车的能量来评估。尽管基于结构响应评价行车安全是非直接的方法，但是具有建模简单和计算量低的优点。本节将利用试验结果验证用于评价行车安全的结构响应指标限值，并进一步利用数值模型在更多工况下验证 SI 指标法的可行性。

### 9.5.1　基于试验结果的指标验证

理论表明，当地震动峰值加速度超过 $A_l$ 时，列车将会处于危险状态。由于 $A_l$ 与 $SI_L$ 是呈比例的，所以验证 $A_l$ 的合理性与验证 SI 指标法的合理性是等价的。本节将基于 9.3.3 节中不同频率和 PGA 的试验结果来验证 SI 指标法，该验证将基于试验得到的离散数据点来分析趋势和状态。

1. $A_l$ 验证

列车静止状态的 $A_l$ 验证如图 9-15(a)所示，列车行驶状态的 $A_l$ 验证如图 9-15(b) 所示。图中灰色数据点代表试验中列车安全，黑色数据点代表试验中列车脱轨。在静止状态下，$A_l$ 曲线准确预测了 3Hz 和 5Hz 正弦激励下的列车脱轨情况，并且预测情况也与实际试验中高频激励下列车未脱轨的现象相符。在行驶状态下，加速度限值总体上低于静止状态，并且未脱轨状况的预测与试验结果是一致的。在 3Hz、0.10g 工况下，试验中列车脱轨但数据点稍低于 $A_l$ 曲线(预测为列车安全)，这种情况的出现可能是由试验系统较大的轨道不平顺导致的，实际上数据点 PGA 很接近 $A_l$，小的误差就会导致预测结果的不同。在静止状态的低频段

(1.5Hz 和 2.1Hz)，当 PGA 超过 $A_l$ 时，试验中列车仍处于安全状态。这可能是由于试验中列车的基频高于理想缩尺模型，导致其在低频段的响应放大系数相对理想缩尺模型更小。总体来说，试验获得的脱轨临界状态 PGA 和 $A_l$ 之间存在一定的偏差，但脱轨状况的预测结果基本上是正确的，并且 $A_l$ 随频率的升高呈现逐渐增大的趋势，与试验结果是相同的，证明了 $A_l$ 指标基本可靠。

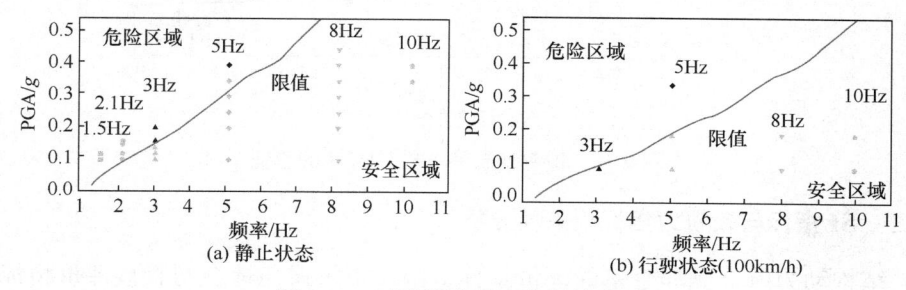

图 9-15　正弦激励下 $A_l$ 指标的验证

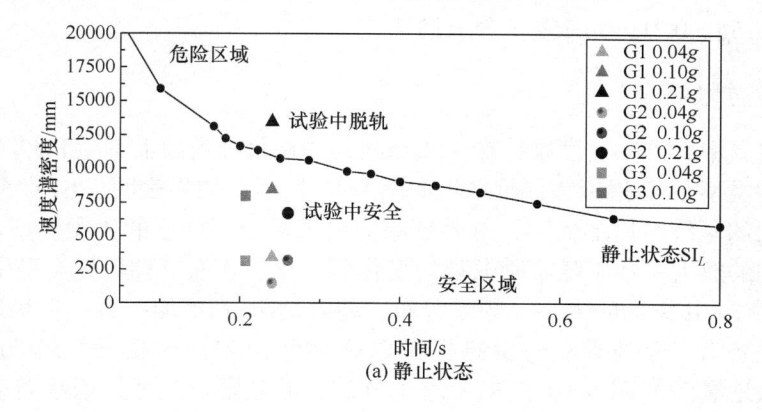

**2. $SI_L$ 验证**

地震动激励下 SI 指标法的验证如图 9-16 所示。选取不同 PGA 下三条地震动激励的静止状态和行驶状态进行对比。试验系统为缩尺模型，因此先将桥梁跨中的轨道板加速度时程图根据缩尺比放大，再计算 SI 指标。结果表明，SI 指标与 PGA 呈正相关。在静止和行驶状态 G1 地震动 0.21g 工况下 SI 指标法预测的脱轨状况与试验结果一致。静止状态下其余地震动工况下 SI 指标法预测的脱轨状况与试验结果一致(均未脱轨)。但行驶状态下存在一些预测错误的情况，例如，在 100km/h G1 地震动 0.1g 工况下，试验中列车未脱轨，但其 $SI>SI_L$。这个现象表明，$SI_L$ 是由全部行车安全指标的包络值共同决定的，因此 $SI_L$ 相对保守。总体来说，SI 指标法是可靠的，但是 $SI_L$ 的选取仍需修正。

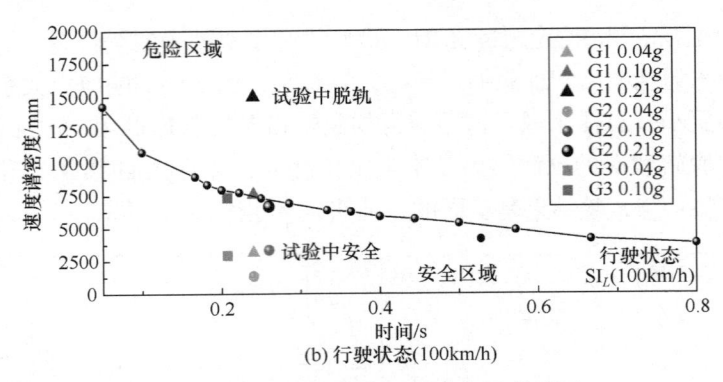

图 9-16 地震动激励下 SI 指标法的验证

### 9.5.2 SI 指标与轮轨力指标相关性分析

结构动力响应是非直接的评价指标，因此不可避免地会与直接评价指标结果有出入。本节为验证 SI 指标法的精确性，基于已验证的车-轨-桥数值模型，首先在不同场地类型上加载地震动获取数据点，并将 SI 指标法判断结果与文献[21]、[22]对比实现初步验证，之后利用归一化方法将 SI 指标法的趋势和判断结果与不同指标进行对比。对比中使用的行车安全指标都是轮轨力相关指标，包括脱轨系数(DF)、轮重减载率(UR)、轮轴横向力(WAF)。上述指标都是直接评价指标，能够更准确地反映行车安全性。在工程实践中，DF、UR 和 WAF 的限值分别为 0.8、0.6 和 $0.85\left(15+\dfrac{P_W}{3}\right)=53\text{kN}$。

1. 工况选择

列车速度维持在 150km/h，选择表 9-1 中四种场地类型共 12 条地震动，除 Ⅳ-G1、Ⅳ-G2 和Ⅳ-G3 只加载 0.25$g$ 一级外，其余 9 条地震动均在 0.04$g$、0.10$g$、0.15$g$、0.21$g$、0.25$g$ 下分级加载。

2. 分析验证

在仿真中，列车速度维持在 150km/h，并在每种场地上调整 PGA 的大小。不同场地类型下 SI 指标法评价结果如图 9-17 所示。结果表明，SI 指标随 PGA 的增加大约呈线性增加关系，这种现象的出现是由于建立的桥梁模型是线弹性的，结构的放大系数不随激励振幅的变化而变化。在前三种场地类型中，SI 指标的特性(即 SI 指标的大小、频率分布、超限情况等)更加一致。在场地类型Ⅰ和Ⅱ中，各有一条地震动的 SI 指标在 PGA 达到 0.21$g$ 时超限。在场地类型Ⅲ中，两条地震动的 SI 指标在 PGA 达到 0.25$g$ 时超限。此外，场地类型Ⅳ的 SI

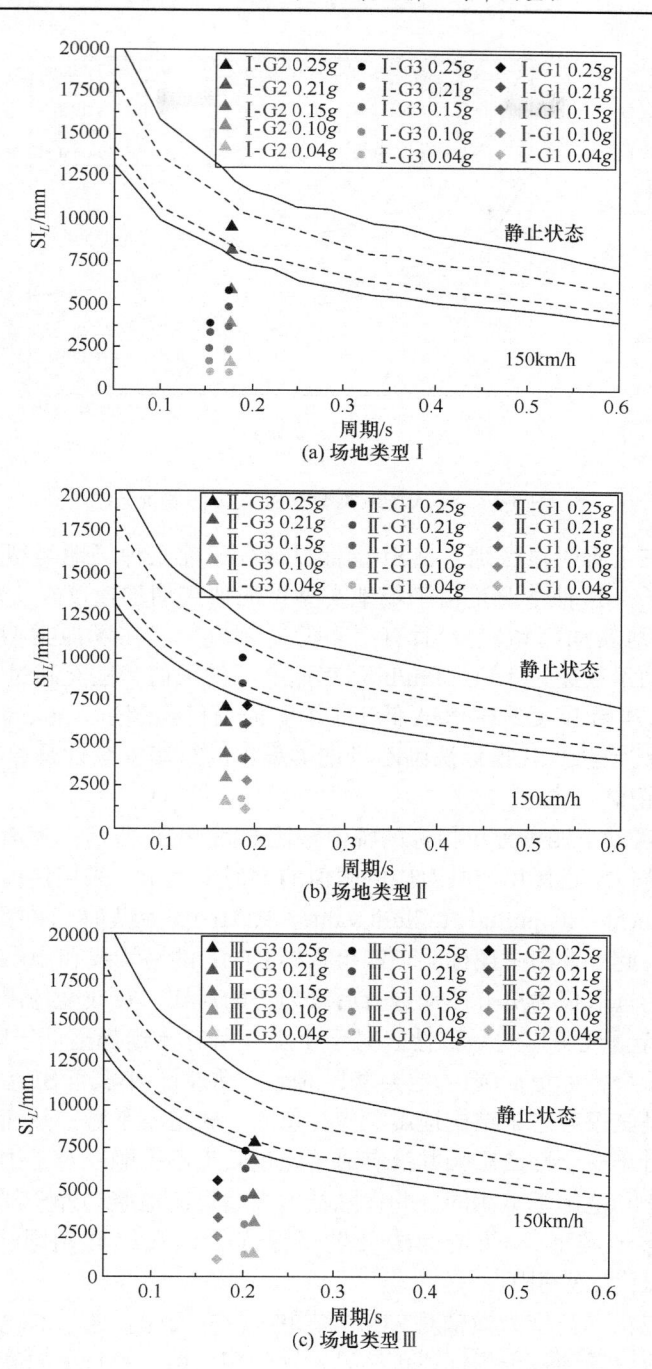

第9章 SI指标法评估地震下桥上行车安全性

(a) 场地类型 Ⅰ

(b) 场地类型 Ⅱ

(c) 场地类型 Ⅲ

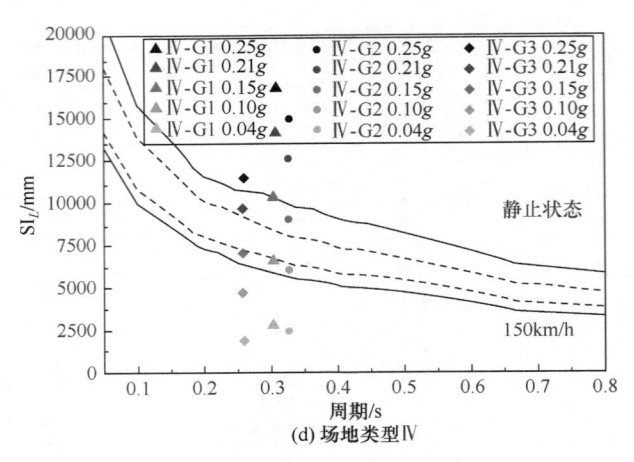

图 9-17 不同场地类型下 SI 指标法评价结果

指标与其余三个有明显区别,其 SI 指标显著高于前三种场地类型且桥梁响应的主周期也更长。这种情况是由于场地类型Ⅳ的地震动加速度在土壤过滤掉高剪切波速成分(地震动高频成分)后有更多的低频成分。在场地类型Ⅳ中,0.25g 的全部地震动不仅超过了 150km/h 列车速度下的限值,甚至超过了静止状态下的限值。Ⅳ-G1 和Ⅳ-G2 在 PGA 低于 0.10g 时就已经超过 150km/h 列车速度下的限值。综上所述,SI 指标法判断场地类型Ⅳ的行车安全性最差,该结论与文献[21]、[22]记载一致。

12 条地震动下四种评价指标的幅值对比如图 9-18 所示。为消除不同指标规模的差异,将每个指标用与其对应的限值的比值来表示。采用指标幅值与限值的比(ratio of indicator magnitude to limit value,RIML)作为纵轴,采用不同地震动编号作为横轴。此外,图中还标明了四个指标 RIML 的平均线和 30%平均误差带,该误差范围的选取仅为更方便地进行后续趋势的对比。在改变地震动时,四个指标的变化趋势呈现明显的一致性。对于小震,所有指标都远低于限值,SI 指标甚至较其他三个指标更低(除场地类型Ⅳ的地震动外)。小震下 SI 指标法低估了危险性的原因是其仅考虑了结构地震响应,忽略了轨道不平顺,然而实际情况是小震下地震对行车安全性的影响并没有显著超过轨道不平顺。对于中震和大震,四个指标的趋势和范围基本相同,并在除场地类型Ⅳ的地震动外全部落在了误差带内。在 0.25g 地震下,SI 指标法又过于保守,但在统计超限次数时,SI 和 WAF 都发生了六次超限。

同时,以指标类型为横轴对 RIML 结果进行标准化。通过对比标准化曲线的交叉情况,可以得到每个指标评价结果定性的相似性。平行度越高的线段代表指标之间评价结果相似度越高。结果表明,当地震强度增加时,线段之间平行度显

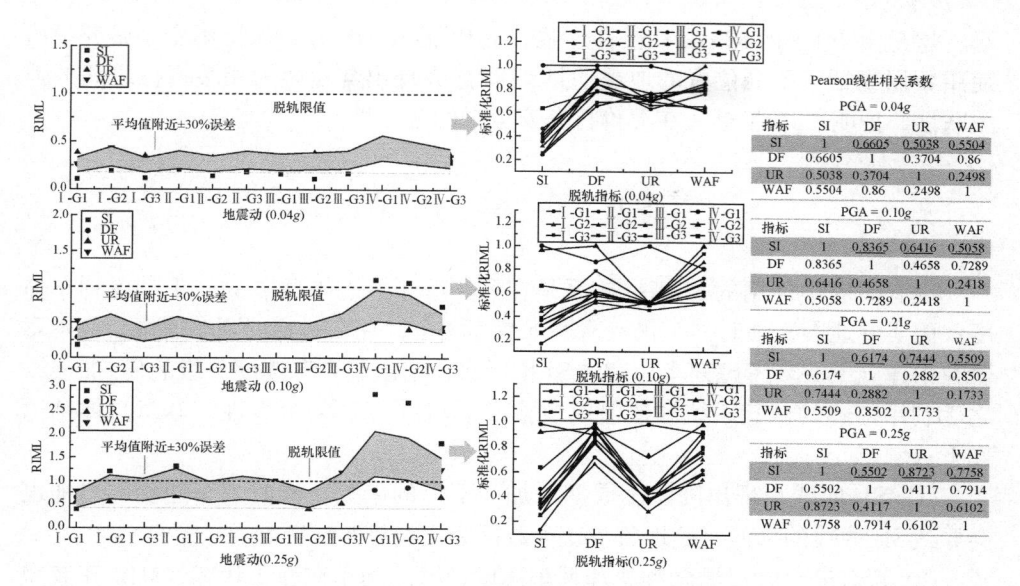

图 9-18 行车安全指标的 RIML 和相关系数

著增加，表明了评价结果之间更高的相似度。

为进行指标之间内在联系的定量分析，计算不同 PGA 下指标 RIML 之间的 Pearson 线性相关系数。Pearson 线性相关系数广泛应用于评价线性相关性。对于矩阵 $X$ 中的 $X_a$ 列和矩阵 $Y$ 中的 $Y_b$ 列，将 Pearson 线性相关系数表示为 $\rho(a,b)$，定义式如式(9-4)所示。

$$\rho(a,b) = \frac{\sum_{i=1}^{n}\left(X_{a,i}-\overline{X_a}\right)\left(Y_{b,i}-\overline{Y_b}\right)}{\left\{\sum_{i=1}^{n}\left(X_{a,i}-\overline{X_a}\right)^2 \sum_{j=1}^{n}\left(Y_{b,j}-\overline{Y_b}\right)^2\right\}^{\frac{1}{2}}} \tag{9-4}$$

其中，$n$ 表示每列长度；$\overline{X_a}$ 和 $\overline{Y_b}$ 分别表示 $X_a$ 和 $Y_b$ 的平均值。

$\rho$ 的取值范围为 $[-1,+1]$，$-1$ 代表完全负相关，$+1$ 代表完全正相关，0 代表无相关性。所有指标的相关性组合如图 9-18 所示。结果表明，SI 指标与其他三个指标均为完全正相关。三个轮轨力相关指标之间 $\rho$ 值变化很大，DF 和 WAF 之间表现出很强的相关性($\rho \approx 0.8$)，而它们与 UR 相关性显著降低，甚至 $\rho$ 在 $0.21g$ 的 PGA 下只有 $0.2882$。SI 指标与其余三个指标之间的相关性与 PGA 有关，当 PGA 增加时，$\rho(\text{SI,UR})$ 从 $0.5038$ 显著增长至 $0.8723$；$\rho(\text{SI,DF})$ 在 $0.10g$ 时先增长到 $0.8365$，随后降低至 $0.5502$；$\rho(\text{SI,DF/UR})$ 随 PGA 增加而增加，这是由于轨道不平顺的影响力不断降低。$\rho(\text{SI,DF})$ 在 $0.10g$ 之后随 PGA 增加而减小，这是由于 DF 的 RIML 积聚性增强，而 SI 的 RIML 分布保持不变。研究中所使用数据囊括了不同位置的地震动且 SI 指标表现出与轮轨力相关指标之间的强关联性，证明了 SI 指标法在评价行车安全时的鲁棒性。

## 9.6 本章小结

现有研究中使用的 SI 指标体系是在列车静止状态下建立的，未考虑列车速度。而实际地震来临时列车仍有概率未减速完全，存在一定的列车速度。在本章研究中建立了一套考虑列车速度的 SI 指标法，给出了列车速度分级的 $SI_L$ 曲线，之后利用搭建的试验系统和数值模型验证了 SI 指标法的可靠性。本章具体结论如下：

(1) $SI_L$ 曲线呈现出随激励周期增加而下降的趋势，同时列车速度的增加也会导致 $SI_L$ 曲线的降低。该现象与试验数据变化趋势匹配良好。

(2) 行车安全性对激励频率和列车速度敏感。列车在静止状态，3Hz 正弦激励频率下，PGA 达到 $0.16g$ 时即发生脱轨，而 5Hz 正弦激励频率下，PGA 需要达到 $0.40g$ 才会发生脱轨。列车在行驶状态 5Hz、$0.35g$ 工况下，会掉落到轨道板上。G1 地震动下更易出现脱轨，考虑是由于该地震动相较其他地震动具有更多低频成分。

(3) SI 指标法对脱轨状况的判断与实际情况存在些许误差，但大部分情况能够准确判断，证明 SI 指标法比较可靠。

(4) 缩尺试验模型与缩尺仿真模型的响应具有良好的吻合度，证明了模型建立的准确性。缩尺仿真模型与原尺仿真模型的响应匹配良好，证明了缩尺比选择的合理性。

(5) SI 指标与传统行车安全指标(脱轨系数、轮重减载率、轮轴横向力)对比发现：在小震下，SI 指标相较传统行车安全指标更低；在中震和大震下，SI 指标相较传统行车安全指标更高。这表明，在小震下 SI 指标低估了地震影响，倾向于不安全，在中震和大震下 SI 指标又高估了地震影响，倾向于保守。在计算 Pearson 线性相关系数后发现，SI 指标与传统行车安全指标均完全正相关且具有强烈的线性相关性，证明了 SI 指标法的鲁棒性。

### 参 考 文 献

[1] EN 1998-2. Eurocode 8. Design of Structures for Earthquake Resistance-Part 2: Bridges[S]. Brussels: European Committee for Standardization (CEN), 2005.

[2] 国家铁路局. 高速铁路设计规范: TB 10621—2014[S]. 北京: 中国铁道出版社, 2014.

[3] Miyamoto T, Ishida H, Matsuo M. Running safety of railway vehicle as earthquake occurs[J]. Quarterly Report of RTRI,1997, 38(3): 117-220.

[4] Nishimura K, Terumichi Y, Morimura T, et al. Analytical study on the safety of high speed railway vehicle on excited tracks[J]. Journal of System Design and Dynamics, 2010, 4(1): 211-225.

[5] 曾庆元, 向俊, 娄平, 等. 列车脱轨的力学机理与防止脱轨理论[J]. 铁道科学与工程学报, 2004, 1(1): 19-31.

[6] Luo X. Study on methodology for running safety assessment of trains in seismic design of railway structures[J]. Soil Dynamics and Earthquake Engineering, 2005, 25(2): 79-91.

[7] Luo X, Miyamoto T. Examining the adequacy of the spectral intensity index for running safety assessment of railway vehicles during earthquakes[C]//World Conference on Earthquake Engineering, BeiJing, 2008: 12-17.

[8] Liu X, Jiang L Z, Xiang P, et al. Dynamic response limit of high-speed railway bridge under earthquake considering running safety performance of train[J]. Journal of Central South University, 2021, 28(3): 968-980.

[9] Guo W, Hu Y, Gou H Y, et al. Simplified seismic model of CRTS II ballastless track structure on high-speed railway bridges in China[J]. Engineering Structures, 2020, 211: 110453.

[10] Guo W, Wang Y, Liu H Y, et al. Seismic safety assessment of trains running on high-speed railway bridges with chloride-induced corroding piers[J]. Science China Technological Sciences, 2023, 66(2): 320-335.

[11] Guo W, Wang Y, Zhai Z, et al. Seismic control of high-speed railway bridge using S-shaped steel damping friction bearing[J]. Smart Structures and Systems, 2022, 30(5): 479-500.

[12] Nishimura K, Terumichi Y, Morimura T, et al. Experimental study on the vehicle safety by earthquake track excitation with 1/10 scale vehicle and roller rig[J]. Journal of System Design and Dynamics, 2010, 4(1): 226-238.

[13] Montenegro P A, Calçada R, Vila Pouca N, et al. Running safety assessment of trains moving over bridges subjected to moderate earthquakes[J]. Earthquake Engineering & Structural Dynamics, 2016, 45(3): 483-504.

[14] Zeng Q, Dimitrakopoulos E G. Seismic response analysis of an interacting curved bridge-train system under frequent earthquakes[J]. Earthquake Engineering & Structural Dynamics, 2016, 45(7): 1129-1148.

[15] Xia H, Han Y, Zhang N, et al. Dynamic analysis of train-bridge system subjected to non-uniform seismic excitations[J]. Earthquake Engineering & Structural Dynamics, 2006, 35(12): 1563-1579.

[16] Guo W, Wang Y, Zeng C, et al. Moving safety evaluation of high-speed train on post-earthquake bridge utilizing real-time hybrid simulation[J]. Journal of Earthquake Engineering, 2023, 27(2): 284-313.

[17] Guo W, Yang S, Jiang L Z, et al. Effect of near-fault vertical seismic excitation on running safety of trains on high-speed railway bridges[J]. Engineering Structures, 2023, 296: 116880.

[18] Zhai W M, Xia H. Train-track-bridge Dynamic Interaction: Theory and Engineering Application[M]. Beijing:Science Press, 2011.

[19] Yang Y B, Wu Y S. A versatile element for analyzing vehicle-bridge interaction response[J]. Engineering Structures, 2001, 23(5): 452-469.
[20] Yang Y B, Yau D J, Wu S Y. Vehicle-bridge Interaction Dynamics: With Applications to High-speed Railways[M]. Singapore: World Scientific Publishing Company, 2004.
[21] 陈令坤. 地震作用下高速铁路列车-无砟轨道-桥梁系统动力响应及走行安全研究[D]. 长沙: 中南大学, 2012.
[22] 王少林. 地震作用下高速列车-轨道-桥梁耦合振动及行车安全性分析[D]. 成都: 西南交通大学, 2008.

# 第 10 章  基于行车安全的高铁桥梁调谐减震性能评估

## 10.1  概　　述

随着近年来对大量桥梁震害的调查和研究，桥梁减隔震技术获得了快速发展。其中，减震技术主要利用减震构件(如耗能支撑)或者减震装置(如阻尼器)，在地震激励下产生塑性变形或提供附加阻尼来消耗地震输入的能量，以降低结构响应，进而控制结构的变形；隔震技术则主要是利用隔震装置(如摩擦摆支座)延长结构自振周期，避开地震动的卓越周期，从而减少输入结构的地震动能量。减隔震技术的发展经历了从纯隔震(铅芯橡胶隔震垫、滑动隔震器等)到被动阻尼消能(金属屈服阻尼器、永磁型阻尼器等)，再到主动、半主动消能(变阻尼消能系统、主动型耗能支撑等)，最后到智能材料消能(磁流变阻尼器、形状记忆合金阻尼器等)的过程。多种减隔震技术也可组合使用，称为混合型消能[1]。王传坤等[2]为改善铁路桥梁的横向抗震性能，利用 ANSYS 软件建立了横向碰撞有限元模型，开展了摩擦摆支座的减隔震研究。王丽萍[3]研究了高铁简支梁桥铅芯橡胶支座的力学性能与力学模型，并提出了铅芯橡胶支座的设计方法和设计原则。作者团队也对旋转摩擦阻尼器[4,5]、组合耗能限位支座[6,7]和调谐质量阻尼器(tuned mass damper，TMD)[8,9]三种减震技术在高铁桥梁中的应用开展了研究，并利用数值模拟方法初步验证了其减震效果。

作为一种普遍应用的土木领域减震方法，振动吸收装置(vibration absorbing devices，VAD)[10]可以在系统结构之间无相对位移的情况下吸收能量，因此能够实现在小震下减震[11]。另外，VAD 可以同时减小结构的位移、速度和加速度。TMD 为 VAD 的一种，可以安装在结构上，从而将结构的振动能量转化为 TMD 装置的振动能量。从工程角度考虑，TMD 装置具有安装方便、价格低、性能可靠等优点[12,13]。Yin 等[14]将黏弹性阻尼支座与 TMD 结合，用车-轨-桥耦合数值模型验证了其减震能力。Chen 等[12,15]基于输入随机白噪声获得的桥梁动力特性设计了 TMD 的最优刚度和阻尼参数，并利用车-轨-桥耦合数值模型验证了 TMD 的减震效果。然而，先前的 TMD 研究存在一些不足之处：设计多聚焦于结构的地震控制，而欠缺了对于行车安全的考虑；考虑列车静止的情况，未考虑不同列车速度下轮轨关系和动力效应；未进行实际桥上行车安全测试，仅停留在理论层面。本章将以 TMD 为例，依据已搭建的车-轨-桥系统验证仿真的可靠性，并且分析多种因素下 TMD 对行车试验系统的减震效果，为弥补过往研究基础的不足，在其中侧重于行车安全性的分析。

## 10.2  TMD试验准备工作

行车试验系统基本架构已在本书第 1～3 章进行了详细介绍，此处不再赘述。本节将基于行车试验系统对 TMD 试验特有的前期准备工作进行阐述。

### 10.2.1  传感器布置

传感器在车-轨-桥系统中的安装布置图如图 10-1 所示。三个三向无线加速度传感器分别安装在车体的左前、左后和右后。这种加速度传感器布置方式除直接测量三个平动方向的加速度以外，还能间接测量三个转动方向的加速度。同时，还在转向架和轮对上安装了加速度传感器。对于桥梁结构，在桥梁的跨中安装了激光位移传感器，用以记录在列车荷载下的桥梁竖向变形。箱梁、轨道板、支撑的竖向与横向加速度通过数个单向加速度传感器进行测量。

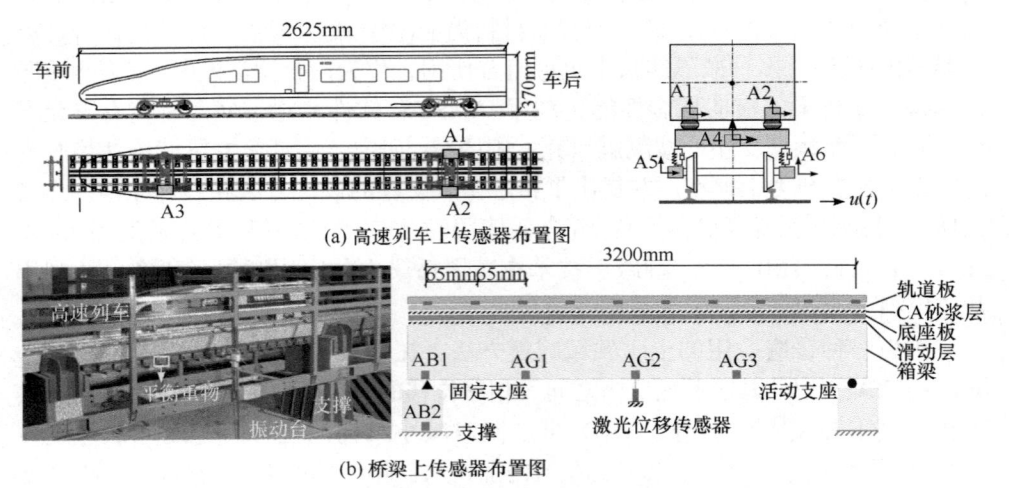

(a) 高速列车上传感器布置图

(b) 桥梁上传感器布置图

图 10-1  传感器在车-轨-桥系统中的安装布置图

### 10.2.2  地震动选择

根据《高速铁路设计规范》(TB 10621—2014)[16](2024 年局部修订)，该地区的地震设防烈度为 7 度，PGA 为 0.21g，高铁桥梁在该强度下表现出良好的抗震性能且不会出现严重破坏。本试验从 PEER 数据库中选择了五条地震动记录，如表 10-1 所示。

表 10-1　地震动选择

| 地震代号 | 地震动编号 | 地震名称 | 观测台名称 | 断层距离/km | 断层机制 | $V_{s30}$/(m/s) | 里氏地震强度等级 | 地震年份 |
|---|---|---|---|---|---|---|---|---|
| G1 | RSN1044 | Northridge-01 | Newhall - Fire | 3.16 | Reverse | 269.14 | 6.69 | 1994 |
| G2 | RSN458 | Morgan Hill | Gilroy Array | 11.53 | Strike slip | 221.78 | 6.19 | 1984 |
| G3 | RSN2624 | Chi-Chi | TCU073 | 19.06 | Reverse | 473.65 | 6.2 | 1999 |
| G4 | RSN92 | San Fernando | Wheeler Ridge | 68.38 | Reverse | 347.67 | 6.61 | 1971 |
| G5 | RSN738 | Loma Prieta | Alameda Naval Air | 70.9 | Reverse Oblique | 190.0 | 6.93 | 1989 |

选择中包含三条近场地震(G1~G3)和两条远场地震(G4、G5)来进行比较。地震强度等级均为6~7，即本试验考虑的中震。

### 10.2.3　TMD 布置与参数优化

根据试验的结果，将激励施加在车-轨-桥系统中支撑上部和底部会产生同样的效果，因此本试验通过在 OpenSees 软件中建立 TMD-桥梁模型，输入地震动计算 TMD 控制下的墩顶结构响应，施加至实际振动台上来考虑 TMD 的影响。

理论表明，对于高墩桥梁一阶模态的振动控制，最优安装位置是墩顶(第1阶振型的反弯点上)，然而墩顶空间有限，不具备直接安装的空间。箱梁与墩顶之间在横向通过固定支座连接，在支座破坏之前桥墩和箱梁在墩顶处位移一致[7]，因此选择将 TMD 安装在墩顶两侧的箱梁内。采用的 TMD 为导轨支座式[17]，在 TMD 两侧留有 500mm 的空隙，以保障 TMD 的横向位移，TMD 安装位置图如图 10-2 所示。当 TMD 质量比设定为 0.1 时，长度、宽度和高度分别为 3m、2.2m 和 1m(铸铁材料)，可以满足安装空间和后续维护的要求。此外，TMD 在同一桥墩的两段箱梁之间对称安装(纵桥向)。

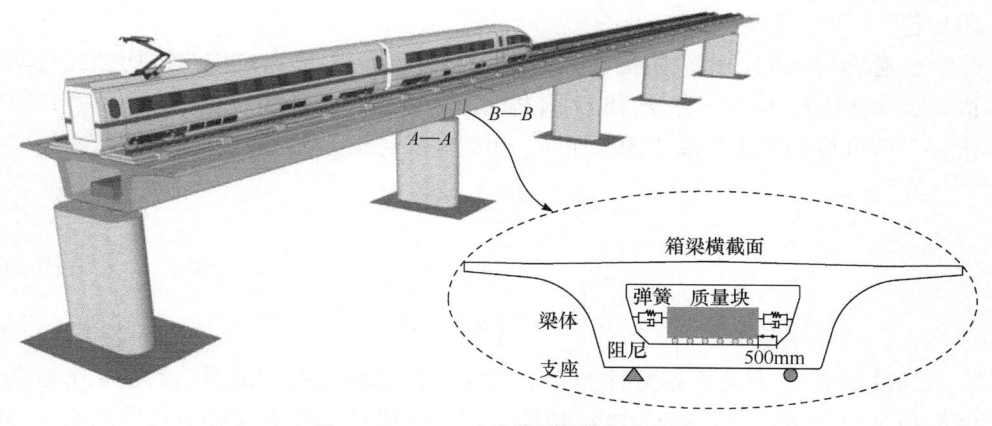

图 10-2　TMD 安装位置图(横桥向)

由于桥梁的质量主要集中在墩顶且通常桥墩的一阶横向振动频率(2～6Hz)远小于一阶横向弯曲频率(约20Hz)[18]，所以在横向可以将桥梁简化为一个单自由度结构。TMD-桥梁简化模型如图 10-3 所示。桥梁结构与地面由一个弹簧和一个阻尼连接，TMD 与桥梁结构同样由一个弹簧和一个阻尼连接。桥梁结构可能受到的激励包括外力 $F(t)$ 或地面加速度 $u_g$。$m_1$、$k_1$、$c_1$ 分别代表桥梁结构的质量、刚度和阻尼；$m_2$、$k_2$、$c_2$ 分别代表 TMD 的质量、刚度和阻尼；$x_1$、$x_2$ 分别代表桥梁结构和 TMD 的位移。

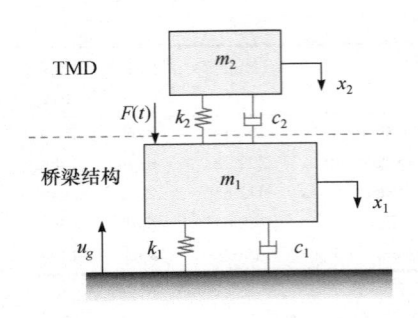

图 10-3 TMD-桥梁简化模型

在正弦型外力下，最优 TMD 参数可以利用 Hartog[1]提出的 $P$、$Q$ 两固定点理论来设计。对于一个在正弦型频率为 $\omega$ 外力作用下、无阻尼的结构，通常用最大位移 $y_{max}$ 或位移放大系数 $R$ 来评价结构的动力响应。令静荷载作用下位移为 $y_{st} = \dfrac{P_0}{k_1}$，则位移放大系数就可以表达为

$$R = \frac{y_{max}}{y_{st}} = \sqrt{\frac{\left(f^2 - \beta^2\right)^2 + \left(2\xi_2 f\beta\right)^2}{\left[\left(f^2 - \beta^2\right)\left(1 - \beta^2\right) - f^2\beta^2\mu\right]^2 + \left(2\xi_2 f\beta\right)^2\left(1 - \beta^2 - \beta^2\mu\right)^2}} \tag{10-1}$$

其中，$\beta = \dfrac{\omega}{\omega_1}$，表示外激励与结构频率的比值；$f$ 表示 TMD 频率与结构频率的比值；$\mu$ 表示 TMD 与结构之间的质量比(后面简称 TMD 质量比)；$\xi_2$ 表示 TMD 阻尼比。

已有理论表明，无论阻尼比如何变化，荷载频率-最大位移曲线均会经过两固定点 $P$ 和 $Q$，调节 $f$ 使 $P$ 和 $Q$ 同高度，之后调节 $\xi_2$ 使曲线在 $P$、$Q$ 两点切线水平，即可得到 TMD 最优频率比 $f_{opt}$ 和最优阻尼比 $\xi_{opt}$，如式(10-2)所示。

$$\begin{cases} f_{opt} = \dfrac{1}{1+\mu} \\ \xi_{opt} = \sqrt{\dfrac{3\mu}{8(1+\mu)}} \end{cases} \tag{10-2}$$

当激励 $F(t)$ 不是正弦型时(例如，行车试验系统受到的地震动就是一个复杂的随机波)，需要考虑激励的随机特性，进一步优化正弦型激励下获得的最优设计参数。图 10-3 所示系统的动力学微分方程可以通过一个联系激励 $F(t)$ 和结构

位移响应 $x_1$ 的传递函数 $G(\omega)$ 得到，$G(\omega)$ 如式(10-3)[5]所示。

$$G(\omega) = \frac{1}{m_1} \frac{f^2\omega_1^2 - \omega^2 + \mathrm{i}2\xi_2 f\omega_1}{\left[1+\mu(1+f^2)+4\xi_1\xi_2\right]\omega_1^2\omega^2 + f^2\omega_1^4 + \mathrm{i}2\omega_1\omega\left[(\xi_1+\mu f\xi_2)f^2\omega_1^2 - (\xi_1+f\xi_2+\mu f\xi_2)\omega^2\right]}$$

(10-3)

假设激励 $F(t)$ 为白噪声，能量频谱密度为 $S_0$，则位移响应 $x_1$ 就能用 $S_0$ 和 $G(\omega)$ 来表示。将 $x_1$ 的表达式分别对 $f$ 和 $\xi_2$ 求导，令两个导数为 0，从而得到最优频率比 $f_{\mathrm{opt}}$ 和最优阻尼比 $\xi_{\mathrm{opt}}$，进而可以计算最优刚度和最优阻尼。

当激励并非一个外力而是地面加速度时，$f_{\mathrm{opt}}$ 和 $\xi_{\mathrm{opt}}$ 也要相应改变。此外，当优化目标改变，如从最小位移变成最小加速度时，最优参数也会不同。大量学者对多种激励和多种优化目标下的最优参数进行了研究[13,19,20]，结果汇总于表 10-2 中。

表 10-2　TMD 最优参数汇总

| 激励类型 | 加载位置 | 优化目标 | $f_{\mathrm{opt}}$ | $\xi_{\mathrm{opt}}$ | $R_{\mathrm{opt}}$ |
| --- | --- | --- | --- | --- | --- |
| 正弦力 | 桥梁结构 | $x_1$ | $\dfrac{1}{1+\mu}$ | $\sqrt{\dfrac{3\mu}{8(1+\mu)}}$ | $\sqrt{1+\dfrac{2}{\mu}}$ |
| 正弦力 | 桥梁结构 | $\ddot{x}_1$ | $\sqrt{\dfrac{1}{1+\mu}}$ | $\sqrt{\dfrac{3\mu}{8\left(1+\dfrac{\mu}{2}\right)}}$ | $\sqrt{\dfrac{2}{\mu(1+\mu)}}$ |
| 随机力 | 桥梁结构 | $x_1^2$ | $\dfrac{\sqrt{1+\dfrac{\mu}{2}}}{1+\mu}$ | $\sqrt{\dfrac{\mu\left(1+\dfrac{3\mu}{4}\right)}{4(1+\mu)\left(1+\dfrac{\mu}{2}\right)}}$ | $\sqrt{\dfrac{1+\dfrac{3\mu}{4}}{\mu(1+\mu)}}$ |
| 正弦加速度 | 地面 | $x_1$ | $\dfrac{\sqrt{1-\dfrac{\mu}{2}}}{1+\mu}$ | $\sqrt{\dfrac{3\mu}{8(1+\mu)\left(1-\dfrac{\mu}{2}\right)}}$ | $(1+\mu)\sqrt{\dfrac{2}{\mu}}$ |
| 正弦加速度 | 地面 | $\ddot{x}_1$ | $\sqrt{\dfrac{1}{1+\mu}}$ | $\sqrt{\dfrac{3\mu}{8(1+\mu)}}$ | $\sqrt{1+\dfrac{2}{\mu}}$ |
| 随机加速度 | 地面 | $x_1^2$ | $\dfrac{\sqrt{1-\dfrac{\mu}{2}}}{1+\mu}$ | $\sqrt{\dfrac{\mu\left(1-\dfrac{\mu}{4}\right)}{4(1+\mu)\left(1-\dfrac{\mu}{2}\right)}}$ | $(1+\mu)^{\frac{3}{2}}\sqrt{\dfrac{1}{\mu}-\dfrac{1}{4}}$ |

### 10.2.4　箱梁承载能力验证

在 ANSYS 软件中建立箱梁有限元模型，解算单元采用 Solid65。通过在

Link10 单元上预加载初始应力来考虑预应力钢筋的影响。通过在箱梁内部加载面应力来考虑 TMD 的重力。

安装 TMD 后，在 TMD 质量比为 0.05 和 0.1 的工况下，最大局部位移为 0.151mm 和 0.221mm，最大张拉应力为 1.38MPa 和 1.85MPa。结果显示，安装 TMD 会对箱梁的局部应力产生不利影响，但是依然满足拉应力限值 2.64MPa。此外，TMD 的重量会通过支座传递给桥墩，因此还需要验证支座的竖向承载能力。在仿真研究中，支座的类型为 TJQZ-5000。单支座的竖向承载能力为 5000kN。总重量(箱梁、TMD 装置、一列列车的总和)约为 9000kN，满足对于支座竖向承载能力的要求。

## 10.3 数值模型验证

在 TBSTest 中，车-轨-桥均为缩尺模型(几何缩尺比为 1∶10)，因此不可避免地会出现部件上的制造误差(特别是列车悬挂系统和桥梁结构的阻尼特性不符合理论上的缩尺比)。此外，由于缩尺试验模型(模型 A)的尺寸小，所以 0.3mm 的轨道不平顺限值很难满足。为了使研究更具工程意义，除了利用 ANSYS 软件和多刚体系统软件 Simpack 建立地震下车-轨-桥仿真缩尺模型(模型 B、模型 C)以外，还需建立一个仿真原型理论模型(模型 D)来验证实际的缩尺模型。

本节对于模型的验证将分为如下两个部分：
(1) 模型 A 与模型 B 进行比较。
(2) 模型 C 与模型 D 进行比较。

本节内容旨在验证车-轨-桥仿真模型建立方法的准确性(包括解算单元的选择、轮轨力的计算等)，以及缩尺方法的可靠性。

### 10.3.1 模型建立

1. ANSYS 软件建立轨-桥有限元模型

本节研究基于小震和中震，根据设计规范和先前的研究可知，轨-桥结构仍然处于线弹性范围内，因此建立一个线弹性模型用于模拟轨-桥结构[21]。连接部件(扣件、CA 砂浆层、滑动层、路堤、端刺、支座等)用弹簧单元来模拟，每层的横桥向用挡块限制[22]。纵桥向部件(箱梁、钢轨、轨道板、底座板等)用梁单元来模拟，箱梁和轨道的参数根据文献[22]确定。连接钢轨和轨道板的扣件用一个 0.65m 的间隙来模拟。桥墩用梁单元模拟，桥墩底部与地面固接。

## 2. Simpack 软件建立车-轨-桥动力学模型

车-轨-桥动力学模型的建立基于如下两个假定：
(1) 地震下支座在横桥向不发生破坏。
(2) 小震下结构单元(如箱梁和桥墩)保持线弹性。

车体、两个转向架、四个轮对都看作刚体而不考虑它们的弹性变形[23]。刚体之间由线性弹簧和线性阻尼连接来代表一系悬挂和二系悬挂[24]。每个车体和转向架都有 6 个自由度，包括 $x$、$y$、$z$ 三个方向的平动和摇头、滚动、俯仰三个转动自由度，每个轮对有 4 个自由度。因此，每个列车总共具有 34 个自由度[25]。车-轨-桥动力学模型的方程为

$$\begin{bmatrix} M_{vv} & \\ & M_{bb} \end{bmatrix} \begin{Bmatrix} \ddot{X}_v \\ \ddot{X}_b \end{Bmatrix} + \begin{bmatrix} C_{vv} & C_{vb} \\ C_{bv} & C_{bb} \end{bmatrix} \begin{Bmatrix} \dot{X}_v \\ \dot{X}_b \end{Bmatrix} + \begin{bmatrix} K_{vv} & K_{vb} \\ K_{bv} & K_{bb} \end{bmatrix} \begin{Bmatrix} X_v \\ X_b \end{Bmatrix} = \begin{Bmatrix} F_v + F_v^* \\ F_b + F_b^* \end{Bmatrix} \quad (10\text{-}4)$$

其中，$M$、$C$、$K$ 分别表示质量矩阵、阻尼矩阵和刚度矩阵；下标 $v$ 和 $b$ 分别表示列车和桥梁；$F_v$ 和 $F_v^*$ 分别表示由桥梁振动和地震力引起的列车上的力向量；$F_b$ 和 $F_b^*$ 分别表示由列车荷载和地震力引起的桥梁上的力向量。

轮轨关系是列车和轨-桥结构之间的重要连接。在寻找接触点的过程中应用 R60 钢轨和 $\text{LM}_A$ 型磨耗踏面。法向相互作用力 $F_w^v$ 应用 Hertz 非线性弹性接触理论计算；切向相互作用力 $F_w^t$ 应用更适合大蠕变情况的 Kalker 蠕滑接触理论和 Shen-Hedrick-Elkins 非线性理论计算。

### 10.3.2 建模方式试验验证

模型 A 与模型 B 结果对比如图 10-4 所示。由于桥梁跨中加速度可以有效代表桥梁的振动以及整个结构(桥梁和桥墩)的整体响应，所以选择桥梁跨中加速度作为指标，同时在时域和频域进行对比。对于时域，仿真结果(黑色)与试验结果(灰色)匹配良好，最大误差出现在 G1 工况下的峰值误差 14.22%，其余误差均小于 10%。在 G4 180km/h 的工况下，最大误差仅有 3.55%。对于频域，不同地动激励下的结果一致性良好，主频段位于桥梁的横向基频附近。结果表明，无论是幅值成分还是频率成分，模型 B 都有很高的模拟精度。多数据集的对比证明了使用商业软件建模的可靠性。

为单独验证列车仿真缩尺模型的准确性，从模型 B 中提取列车部分，将列车仿真缩尺模型的竖向加速度、横向加速度与列车实际缩尺模型结果进行比对。频域内不同工况下列车仿真缩尺模型与列车实际缩尺模型竖向加速度、横向加速度对比如图 10-5 所示。在没有地震激励的工况下，列车实际缩尺模型和列车仿

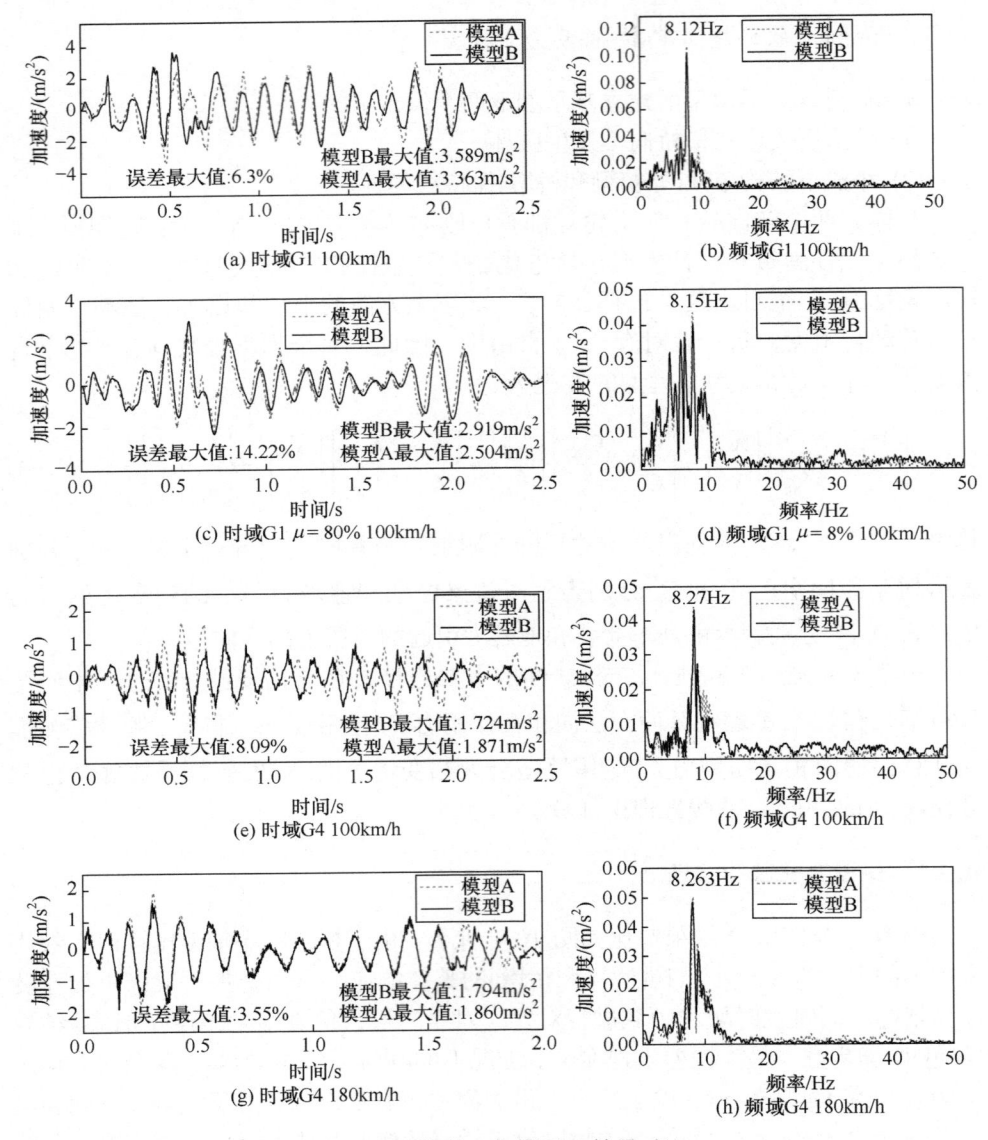

图 10-4 模型 A 与模型 B 结果对比

真缩尺模型主要在滚动方向振动，同时一阶滚动和二阶滚动的频率和幅值基本相同。在加载地震激励后，列车仿真缩尺模型和列车实际缩尺模型都会额外增加一个桥梁一阶横向振动。总体来说，仿真模型和试验的列车振动加速度在不同频率下都具有良好的一致性，证实了多刚体系统建模方法的准确性和轨-桥模拟的真实性。

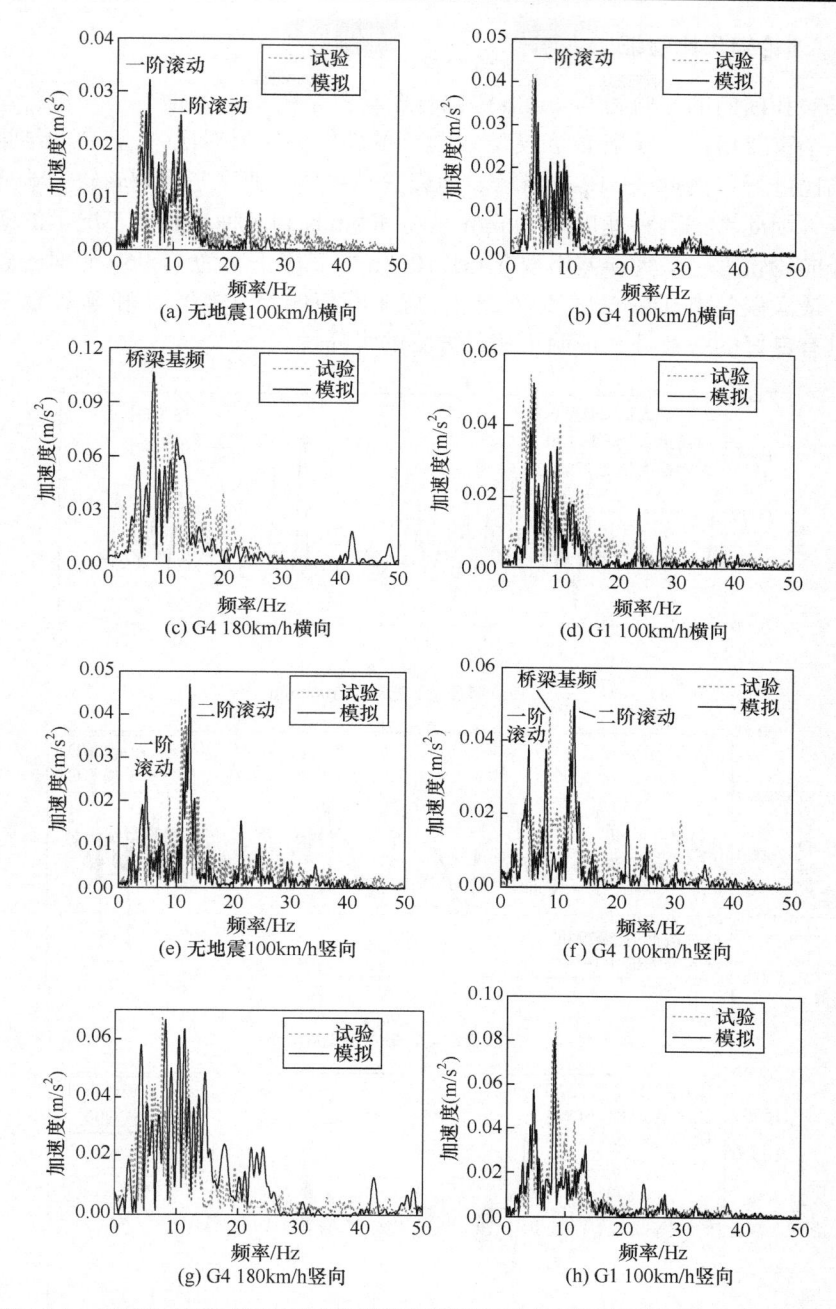

图 10-5 频域内不同工况下列车仿真缩尺模型与列车实际缩尺模型竖向加速度、横向加速度对比

### 10.3.3 理论缩尺比验证

竖向和横向的轮轨力与车-轨-桥耦合振动关系密切，是地震下评价行车安全性的一个重要指标。模型 D 和模型 C 之间的轮轨力结果对比(模型 C 的结果先通过缩尺比进行转换)如图 10-6 所示。地震激励和列车速度是影响轮轨力响应的主要因素，因此考虑两种速度(180km/h 和 100km/h)和多种地震动工况下的组合。对于竖向轮轨力，最大误差出现在 G1 100km/h 工况下，为 11.06%。对于轮轨横向力，最大误差出现在 G2，为 6.25%。除了峰值误差，模型 C 和模型 D 在总趋势上具有良好的一致性，证明了缩尺方案的可靠性。

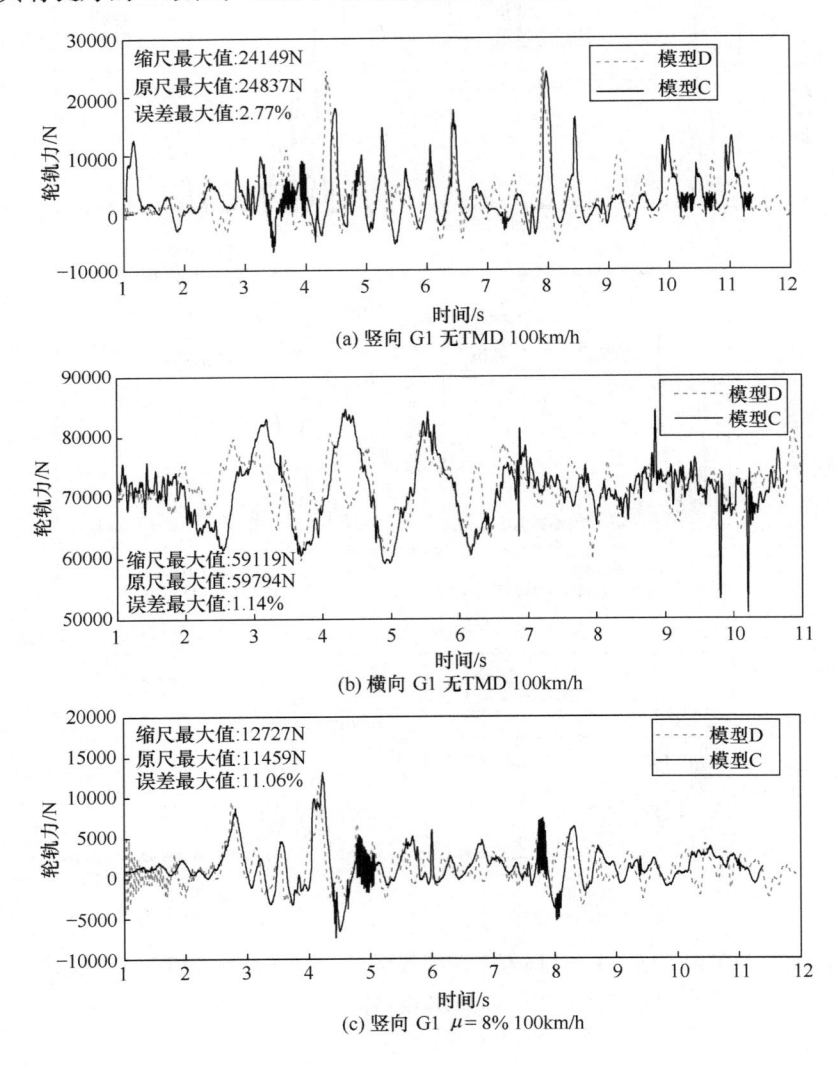

(a) 竖向 G1 无TMD 100km/h

(b) 横向 G1 无TMD 100km/h

(c) 竖向 G1 $\mu = 8\%$ 100km/h

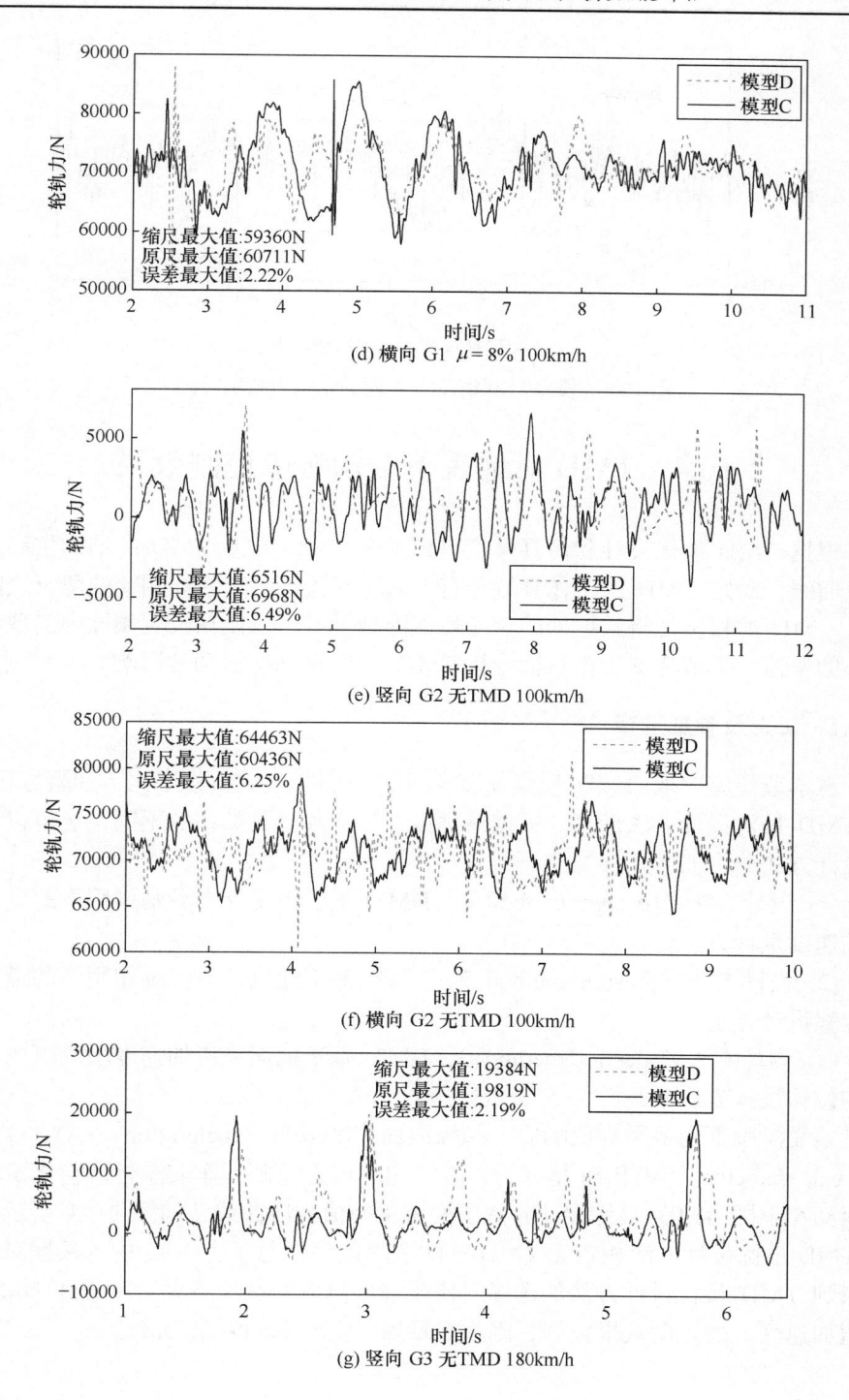

# 第 10 章 基于行车安全的高铁桥梁调谐减震性能评估

(d) 横向 G1 $\mu=8\%$ 100km/h

缩尺最大值:59360N
原尺最大值:60711N
误差最大值:2.22%

(e) 竖向 G2 无TMD 100km/h

缩尺最大值:6516N
原尺最大值:6968N
误差最大值:6.49%

(f) 横向 G2 无TMD 100km/h

缩尺最大值:64463N
原尺最大值:60436N
误差最大值:6.25%

(g) 竖向 G3 无TMD 180km/h

缩尺最大值:19384N
原尺最大值:19819N
误差最大值:2.19%

(h) 横向 G3 无TMD 180km/h

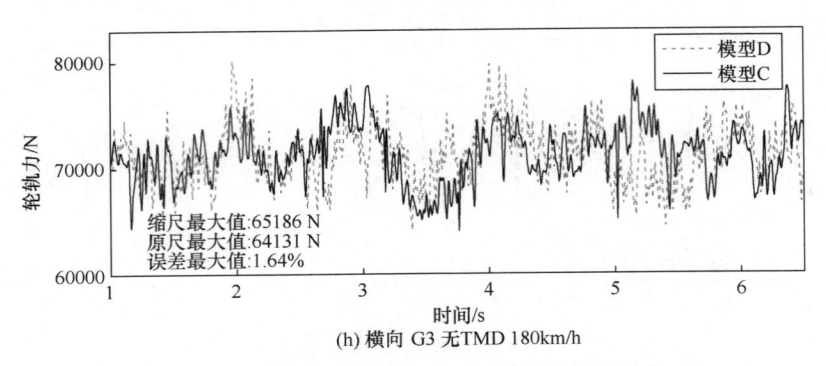

图 10-6 模型 D 和模型 C 之间的轮轨力结果对比

## 10.4 TMD 对地震下结构响应控制效果

根据 TMD 最优设计和仿真模拟得到了有 TMD 和无 TMD 的结构位移放大系数曲线，确定 TMD 的工作频域为有 TMD 和无 TMD 曲线相交的两点之间，设立 TMD 的目标是将共振处的响应峰值降到最低，以使在较宽频域内实现一个较小的幅值。本节将基于该目标分析 TMD 对轨-桥结构振动的影响。

### 10.4.1 工况及参数选择

在本节研究中取 TMD 质量比 $\mu = 0.05$，另两个参数(频率比 $f$ 和阻尼比 $\xi_2$)由 TMD 最优设计方法计算。根据最优设计目标和激励类型的不同，还可以将最优设计方法分为如下几种类型。

(1) 设计方法 1(design method 1，DM1):基于正弦外力激励作用下的最优结构加速度设计方法。

(2) 设计方法 2(design method 2，DM2):基于随机外力激励作用下的最优结构位移设计方法。

(3) 设计方法 3(design method 3，DM3):基于地面随机加速度激励下的最优结构位移设计方法。

地震激励下的桥梁峰值响应，如峰值加速度(peak acceleration，PA)、峰值速度(peak velocity，PV)和 SI 指标可以在一定程度上反映行车安全性。仿真试验已经得到在不同 TMD 最优设计方法下的桥梁峰值响应曲线，如图 10-7 所示。不同 TMD 最优设计方法相较无 TMD 的响应降低率汇总于表 10-3 中。根据对比可以得到 TMD 最优设计方法的选择对桥梁峰值响应的影响不大，考虑到 DM1 在峰值加速度上的控制效果较好，因此本章后续实验中均采用 DM1。

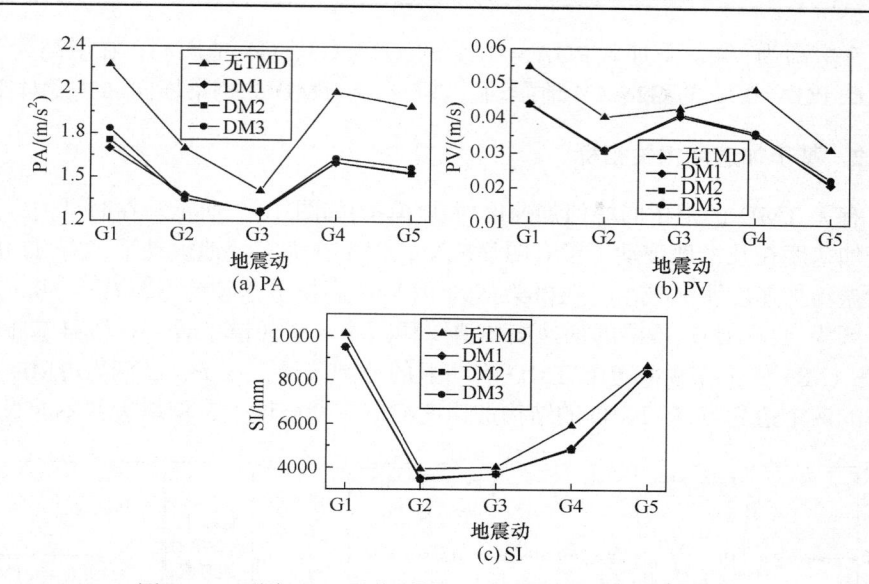

图 10-7 不同 TMD 最优设计方法下的桥梁峰值响应曲线

表 10-3 不同 TMD 最优设计方法相较无 TMD 的响应降低率

| 峰值响应 | 地震代号 | DM1/% | DM2/% | DM3/% |
| --- | --- | --- | --- | --- |
| PA | G1 | 25.26 | 22.70 | 19.23 |
|  | G2 | 18.88 | 20.43 | 20.50 |
|  | G3 | 23.27 | 23.23 | 21.80 |
|  | G4 | 10.62 | 9.77 | 9.73 |
|  | G5 | 26.79 | 24.56 | 25.67 |
|  | 平均 | 20.18 | 19.88 | 18.48 |
| PV | G1 | 19.20 | 19.71 | 19.34 |
|  | G2 | 23.58 | 24.34 | 23.37 |
|  | G3 | 26.56 | 26.7 | 25.32 |
|  | G4 | 5.34 | 3.77 | 3.95 |
|  | G5 | 32.48 | 31.29 | 27.47 |
|  | 平均 | 21.43 | 21.17 | 19.89 |
| SI | G1 | 6.08 | 6.14 | 5.81 |
|  | G2 | 10.69 | 11.73 | 12.34 |
|  | G3 | 3.88 | 3.85 | 3.48 |
|  | G4 | 7.80 | 7.61 | 7.58 |
|  | G5 | 3.88 | 3.85 | 3.48 |
|  | 平均 | 9.17 | 9.60 | 9.57 |

在墩高为 24m 下加载 PGA = 0.1$g$ 的 G1、G3、G4 地震动；在墩高为 50m 下加载 PGA=0.1$g$ 的 G2、G4 地震动，进行有无 TMD 的桥梁横向加速度对比。

### 10.4.2 基于加速度相关指标

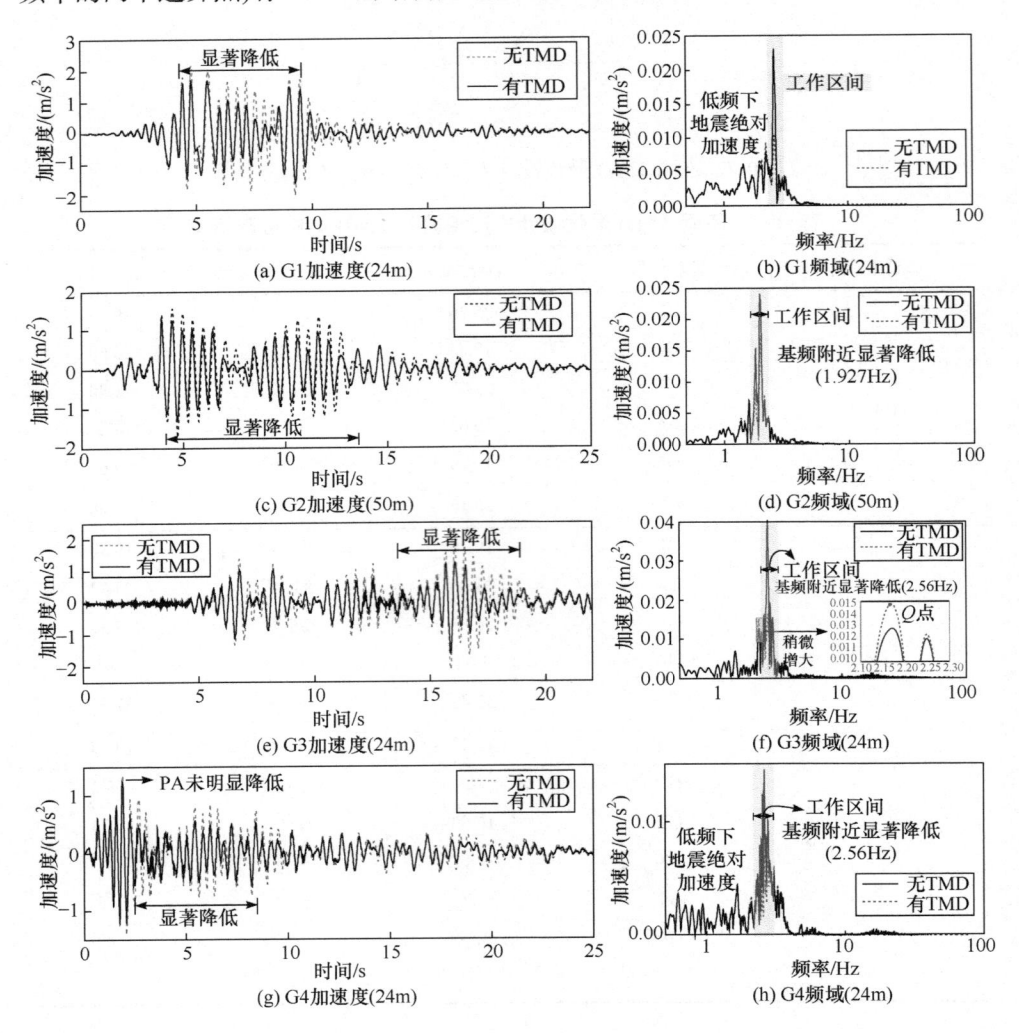

有无 TMD 的横桥向峰值加速度对比(模拟)如图 10-8 所示。在时域内，虽然峰值加速度在几个地震动下没有明显减小，但是在大多数地震动下，有 TMD 的桥梁振动加速度明显减小。在桥梁基频下(24m 高桥墩基频为 2.56Hz，50m 高桥墩基频为 1.93Hz)，桥梁的加速度幅值明显减小。从频谱来看，在桥梁基频附近(也是 TMD 的工作频率范围)TMD 有明显的控制效果，在 $P$、$Q$ 两点(TMD 工作频率的两个边界点)有 TMD 的结构加速度响应有稍微增大，但增大并不明显。

(a) G1加速度(24m)
(b) G1频域(24m)
(c) G2加速度(50m)
(d) G2频域(50m)
(e) G3加速度(24m)
(f) G3频域(24m)
(g) G4加速度(24m)
(h) G4频域(24m)

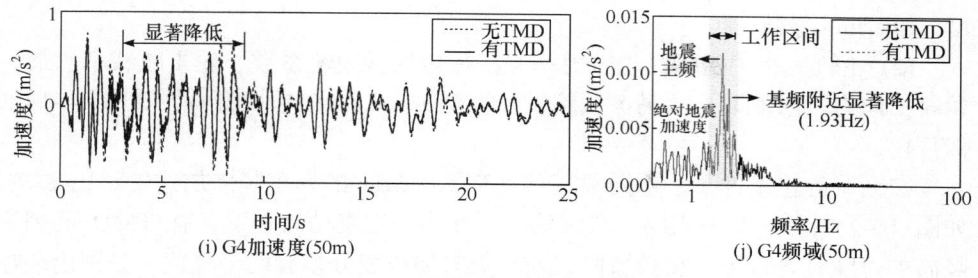

(i) G4加速度(50m)　　　(j) G4频域(50m)

图 10-8　有无 TMD 的横桥向峰值加速度对比(模拟)

TMD 并不能降低由低频地震动产生的绝对加速度，这是因为桥梁加速度由两部分组成(地震动的绝对加速度和地震下桥梁的动力放大效应)，TMD 的机制就是控制第二部分(即地震下桥梁的动力放大效应)引起的结构与地面的相对振动。G4峰值加速度在时域上(包括24m 和 50m )没有明显降低的原因是：峰值加速度响应出现的频率不在 TMD 工作频率范围之内，地震动的绝对加速度是该峰值加速度的主要组成部分。频谱显示在桥梁基频范围左右，G4 工况的 TMD 仍有较好的控制效果。

## 10.5　TMD 对地震下行车安全控制效果

鉴于先前的研究大多聚焦于结构振动的研究，而忽略了日渐重要的行车安全问题。同时，在实际运行过程中，当地震来临时，列车并非全部处于静止状态，存在一个逐渐减速至静止的过程。因此，本节选取不同的地震动、墩高、列车速度、地震强度分别对两类评估行车安全的指标进行详细分析，研究不同因素下 TMD 对地震下行车安全的影响。

### 10.5.1　不同地震动特性

1. 工况及参数选择

在保持列车静止、墩高 24m 的条件下加载 PGA=0.10g 的 G1、G3、G4 地震动进行有无 TMD(有 TMD 情况下的 TMD 质量比为 0.05)的车体横向加速度、竖向加速度对比。

在保持列车静止、墩高 24m 的条件下加载 PGA=0.10g 的 G1、G3 地震动进行有无 TMD(有 TMD 情况下的 TMD 质量比为 0.05)的轮轴横向力、轮重减载率对比。

2. 基于加速度相关指标

列车的行车安全性指标可以归类为以下两种：
(1) 加速度相关指标。加速度相关指标包括：列车的横向加速度、竖向加速度、Sperling 指数。

(2) 轮轨力相关指标。轮轨力相关指标包括：脱轨系数、轮重减载率、最大轮轨横向力。限值取自《高速铁路设计规范》(TB 10621—2014)[16](2024 年局部修订)。

在列车静止条件下，不同地震动下有无 TMD 的列车竖向加速度对比(试验)如图 10-9 所示。结果表明，在时域内，在不同地震动激励下，有 TMD 的列车竖向加速度显著减小。在频域内，列车竖向加速度分量有两个峰值，分别出现在 4.3Hz 和 8.0Hz 左右，符合列车的一阶滚动模式和一阶沉浮模式。有 TMD 的结构加速度的减小主要出现在 8.0Hz 的位置，这是因为列车竖向振动的基频与 24m 墩高桥梁的基频接近，同样落在了 TMD 的工作频率区间。

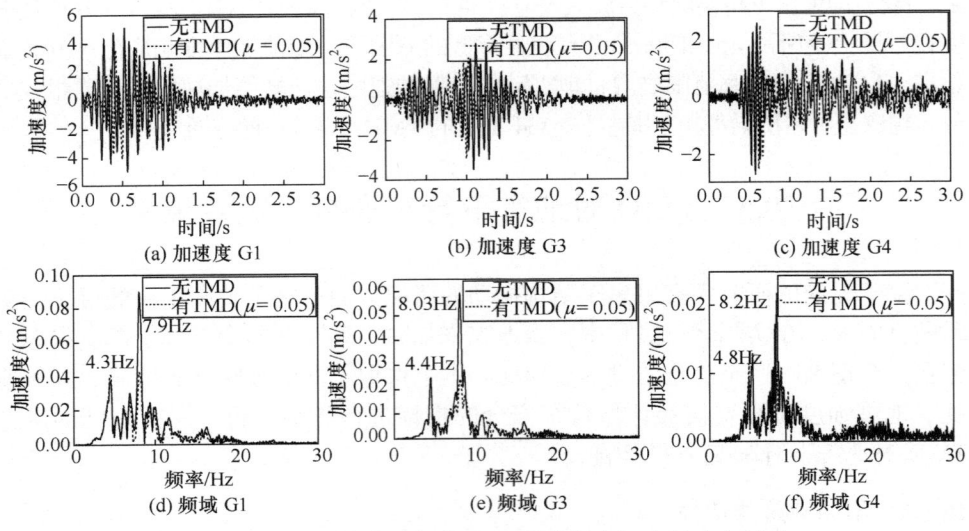

图 10-9　不同地震动下有无 TMD 列车竖向加速度对比(试验)

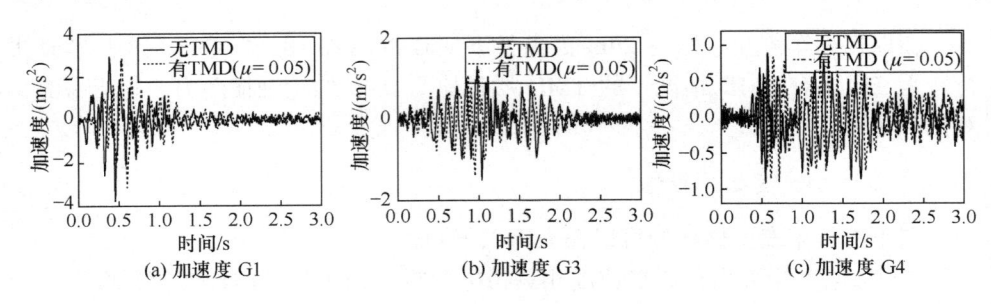

不同地震动下有无 TMD 列车横向加速度对比(试验)如图 10-10 所示。结果表明，在横向上 TMD 的减震效果不如竖向明显，这是因为横向加速度的峰值出现在滚动模式的基频 4.3Hz 上，不在 TMD 的工作频率范围内。

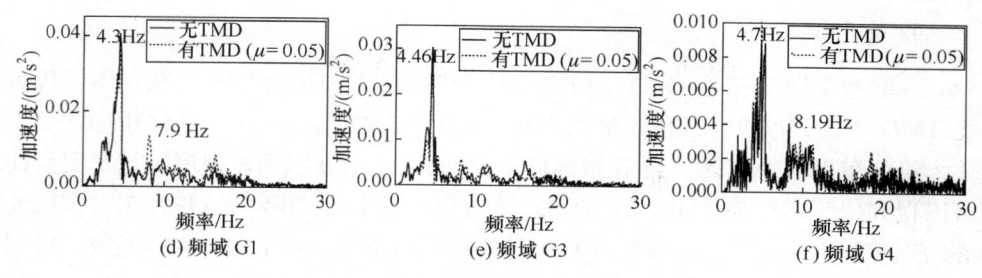

图 10-10 不同地震动下有无 TMD 列车横向加速度对比(试验)

**3. 基于轮轨力相关指标**

不同地震动下有无 TMD 轮轨力相关指标对比(试验)如图 10-11 所示。选取轮轴横向力和轮重减载率作为对比参数。结果表明，有 TMD 的轮轨力相关指标不仅在峰值上有所减小，同时在整个时域内都有明显减小。其中，G3 的最大轮轴横向力由 91.37N 减小为 61.44N；G1 的最大轮重减载率由 0.945 减小为 0.848，尽管降低后仍超过安全限值 0.8，但列车的行驶安全性有较大提升。

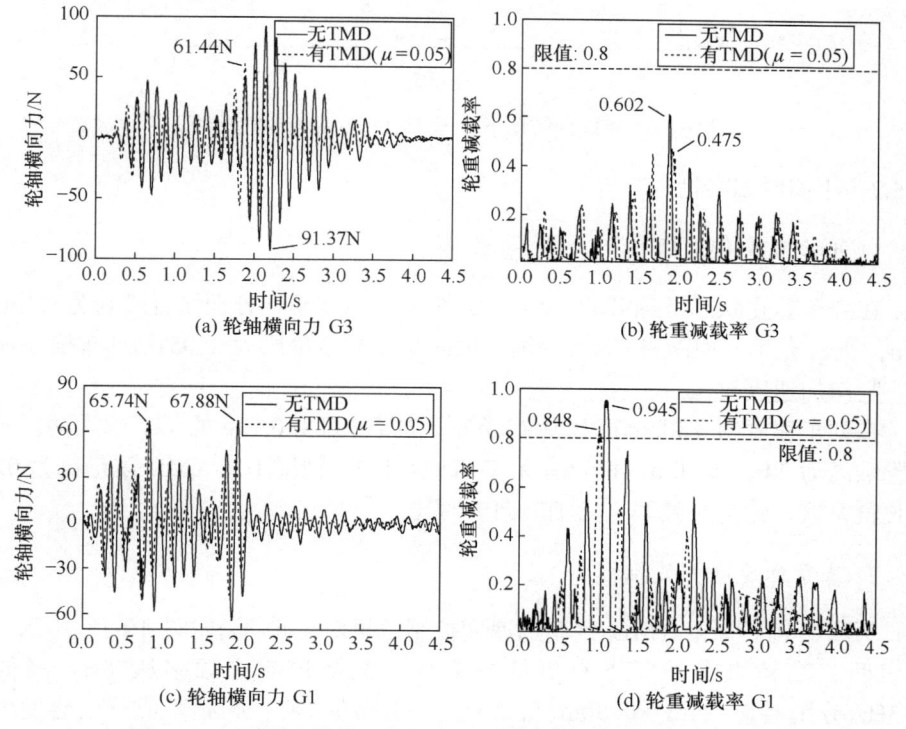

图 10-11 不同地震动下有无 TMD 轮轨力相关指标对比(试验)

### 4. 基于SI指标

不同地震动下有无TMD SI指标对比(模拟)如图10-12所示。灰色图标代表无TMD下的数据点，黑色图标代表有TMD下的数据点。更低的SI指标代表了输入给列车更小的能量，当SI指标低于$SI_L$时，表示在该列车速度下行车安全性可以得到保障。结果表明，有TMD结构的SI指标显著降低，并且在大多数地震动工况下主周期$T_{dom}$会发生左移。结构的机械能$E_m$被TMD有效耗散，特别是在低频段。对于有更长主周期的结构，由于低频段下较低的$SI_L$，相同的能量耗散量会导致TMD控制效果从百分比上来说更高。

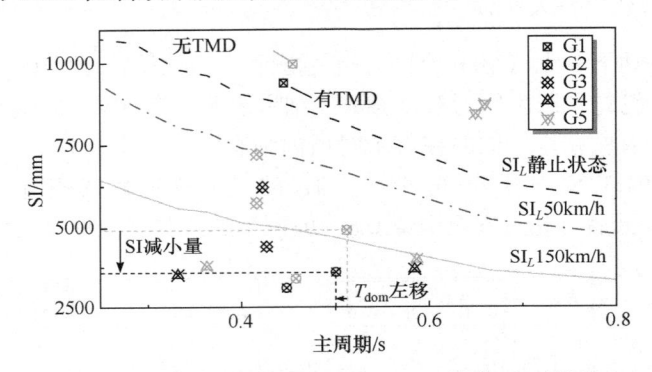

图10-12 不同地震动下有无TMD SI指标对比(模拟)

## 10.5.2 不同墩高特性

### 1. 工况及参数选择

在列车静止状态下加载PGA=0.10$g$的G2地震动，分别设置墩高为24m和50m，进行有无TMD(有TMD情况下的TMD质量比为0.05)的列车横向加速度、竖向加速度对比。

在列车速度为180km/h和250km/h下加载PGA=0.10$g$的G2地震动，分别设置墩高为24m和50m，进行有无TMD(有TMD情况下的TMD质量比为0.08)的脱轨系数、轮重减载率、轮轴横向力对比。

### 2. 基于加速度相关指标

不同墩高下有无TMD列车加速度控制效果对比(试验)如图10-13所示。结果表明，高桥墩在地震下有更低的主频。当墩顶响应频率从8Hz降低到6.13Hz(分别对应24m和50m桥墩)时，列车动力响应的频率成分也会发生变化。随墩高增加，列车横向加速度降低率会增加，然而列车竖向加速度降低率增加并不显著。这是因为TMD工作频率区间从沉浮模式转移到了滚动模式附近

(不同墩高采用不同 TMD 参数)。值得注意的是，根据实际脱轨事故、仿真和试验的研究，滚动振动是列车脱轨最常见的形式，控制列车的滚动是保障列车安全至关重要的一环。

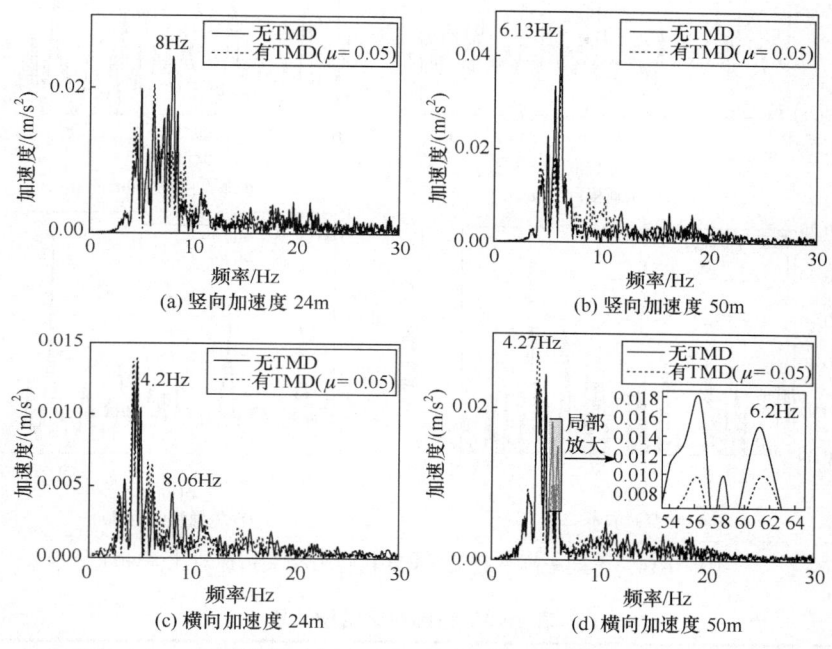

图 10-13　不同墩高下有无 TMD 列车加速度控制效果对比(试验)

### 3. 基于轮轨力相关指标

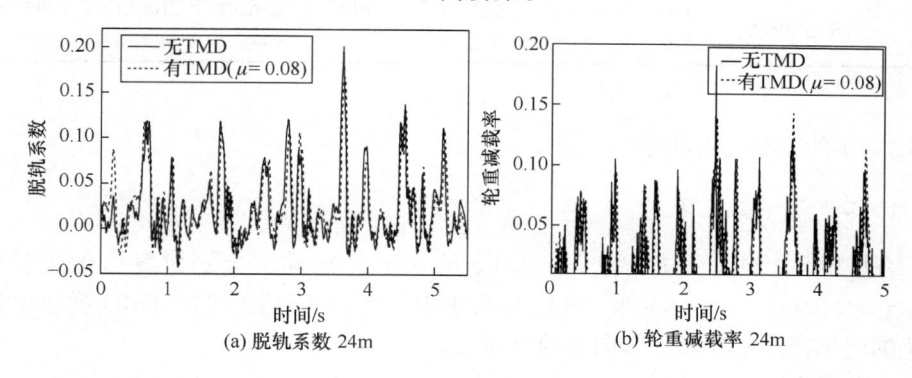

不同墩高下有无 TMD 轮轨力相关指标对比(模拟)如图 10-14 所示。详细对比结果汇总于表 10-4 中。结果表明，对于 50m 墩高桥梁，与力有关的指标峰值均明显降低，且降低率要大于 24m 墩高桥梁。

(c) 轮轴横向力 24m  (d) 脱轨系数 50m

(e) 轮重减载率 50m  (f) 轮轴横向力 50m

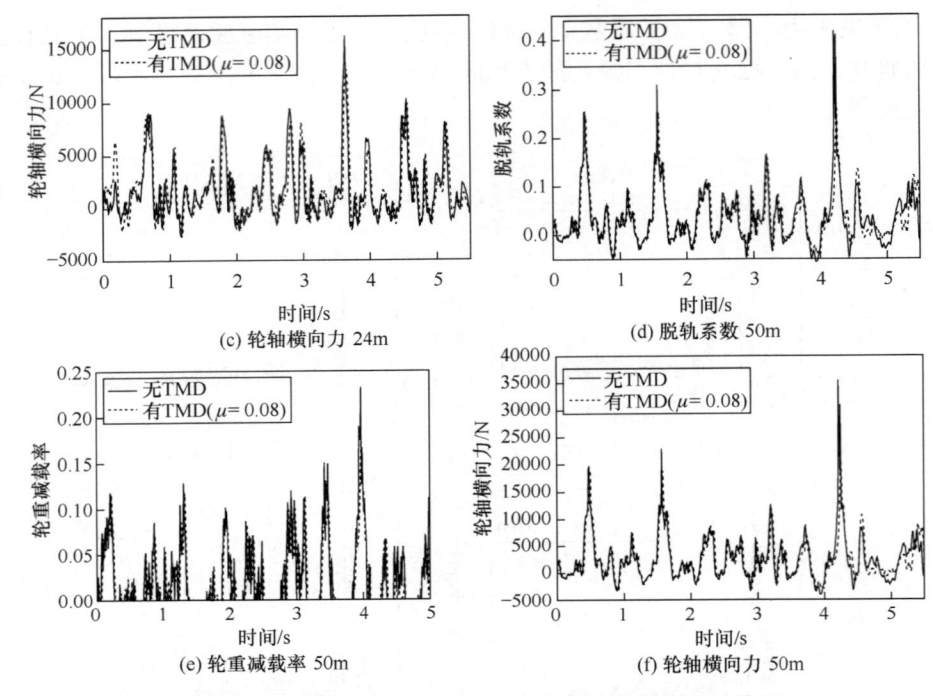

图 10-14 不同墩高下有无 TMD 轮轨力相关指标对比(模拟)

表 10-4 详细对比结果汇总

| 地震代号 | 指标 | 速度/(km/h) | 24m 墩高 |  |  | 50m 墩高 |  |  |
|---|---|---|---|---|---|---|---|---|
|  |  |  | 无 TMD | $\mu=0.08$ | 降低率/% | 无 TMD | $\mu=0.08$ | 降低率/% |
| G2 | 脱轨系数 | 180 | 0.20 | 0.17 | 15.0 | 0.42 | 0.27 | 35.7 |
|  |  | 250 | 0.34 | 0.28 | 17.6 | 0.59 | 0.39 | 33.9 |
|  | 轮重减载率 | 180 | 0.18 | 0.14 | 22.2 | 0.23 | 0.17 | 26.1 |
|  |  | 250 | 0.18 | 0.16 | 11.1 | 0.24 | 0.18 | 25.0 |
|  | 轮轴横向力 | 180 | 16193.5 | 13056.8 | 19.4 | 35466.7 | 21050.3 | 40.7 |
|  |  | 250 | 26535.2 | 24261.1 | 8.6 | 50930.2 | 34276.0 | 32.7 |

### 10.5.3 不同列车速度特性

1. 工况及参数选择

在墩高为 24m 下加载 PGA=0.10g 的 G3 地震动，分别设置列车速度为 0km/h、100km/h 和 180km/h，进行有无 TMD(有 TMD 情况下的 TMD 质量比为 0.08)的列车横向加速度、竖向加速度对比。

在墩高为 24m 下加载 PGA=0.10g 的 G1、G3 地震动，分别设置列车速度为

0km/h 和 100km/h，进行有无 TMD(有 TMD 情况下的 TMD 质量比为 0.08)的列车加速度能量频谱密度对比。

在墩高为 24m 下加载 PGA=0.10g 的 G1、G2、G3 地震动，分别设置列车速度为 100km/h、180km/h、250km/h 和 300km/h，进行有 TMD(TMD 质量比为 0.05 和 0.08)的脱轨系数、轮重减载率、轮轴横向力的降低率对比。

2. 基于加速度相关指标

不同列车速度下有无 TMD 列车加速度对比(试验)如图 10-15 所示。结果表明，当列车静止时，列车加速度的主频是列车的滚动、沉浮频率与地震绝对加速度的频率。当列车速度增加时，轨道不平顺引起的多种波长激励的频率增加，这

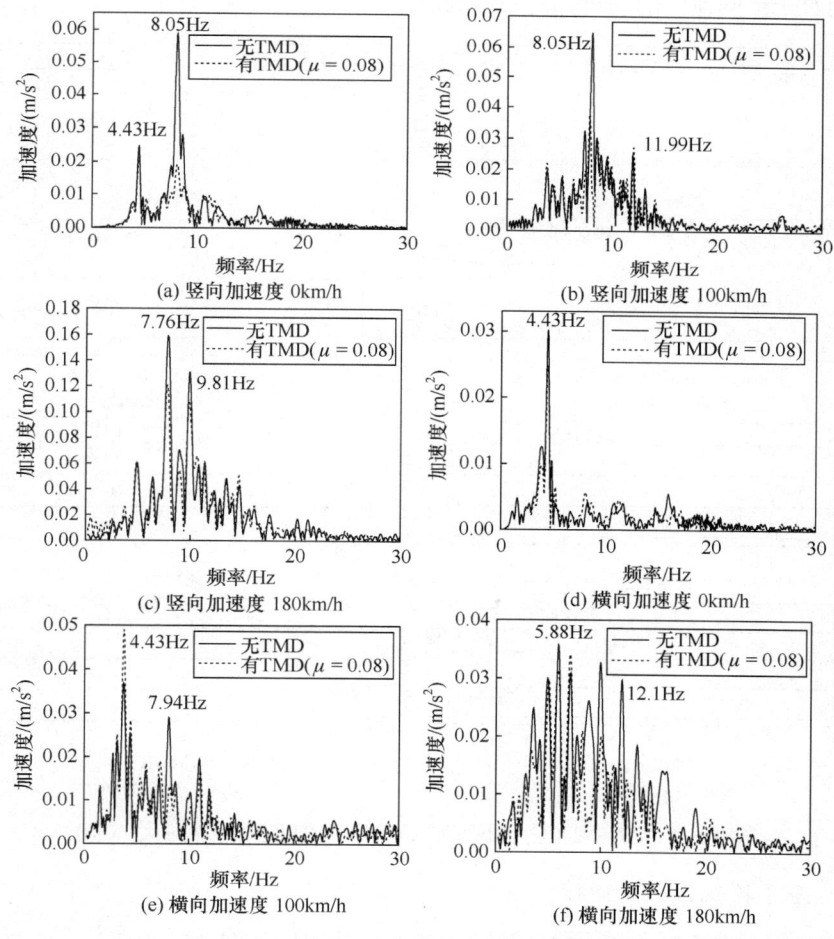

图 10-15　不同列车速度下有无 TMD 列车加速度对比(试验)

使得相应频率的列车响应显著增加。这种响应的增加在竖向加速度和横向加速度中都很明显。尽管列车在中速和高速运行时加速度响应覆盖很大的频率区间，但 TMD 仍然在其工作区间内有一定的控制效果。此外，可以注意到，在超出 TMD 工作区间的横向加速度稍微减小。

能量频谱密度(power spectral density，PSD)普遍用于描述在不同频率上的能量分配。不同列车速度下有无 TMD 列车加速度 PSD 对比(试验)如图 10-16 所示。TMD 通过与桥梁反相振动的方式将能量从桥梁振动传递给 TMD 振动。结果表明，在 TMD 的工作区间，不同地震动下列车加速度的能量在竖向和横向有不同程度的降低。对于 G1 地震动下横向加速度的能量，静止状态和运行的列车都在低于 TMD 工作区间上稍微增加。因此，TMD 降低列车加速度的机理和可能的负面作用对于不同速度的列车都是一样的。

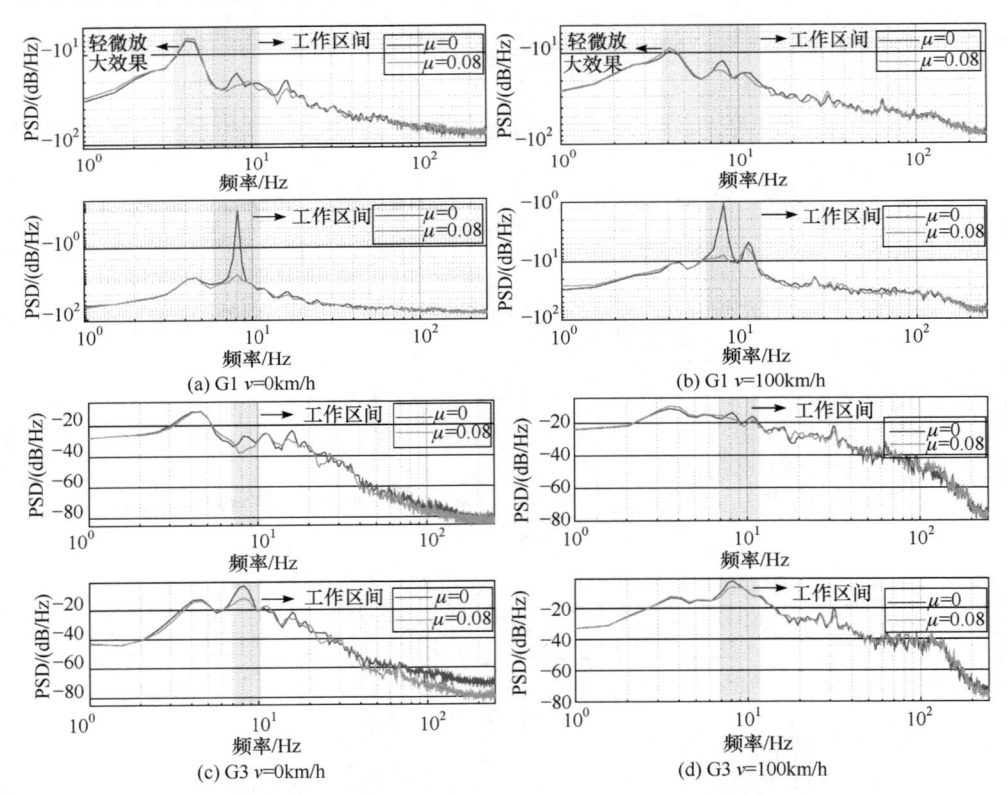

图 10-16 不同列车速度下有无 TMD 列车加速度 PSD 对比(试验)

**3. 基于轮轨力相关指标**

不同列车速度下有无 TMD 轮轨力相关指标对比如图 10-17 所示。车-轨-桥耦合振动的轮轨相互作用非常复杂,并且系统同时受到多种激励(包括地震激励、轨道不平顺和车-桥的自激振动)。当列车速度改变时,轨道不平顺和地震动的耦合作用会改变,因此轮轨力相关指标降低率与列车速度之间没有很强的关联性。忽略列车速度变化,有 TMD 的桥梁在不同工况下的安全性都能得到提高。另外,随着 TMD 质量比增加,轮轨力相关指标的降低率也会增加。当 TMD 质量比为 0.05 时,在 G1 地震动下,180km/h、250km/h 和 300km/h 列车速度下的脱轨系数降低率分别为 23.46%、17.01%和 24.35%。当 TMD 质量比为 0.08 时,在 G1 地震动下,180km/h、250km/h 和 300km/h 列车速度下的脱轨系数降低率增加至 25.79%、43.22%和 29.9%。这反映了不同列车速度下增加 TMD 质量比对于提高行车安全性的意义。

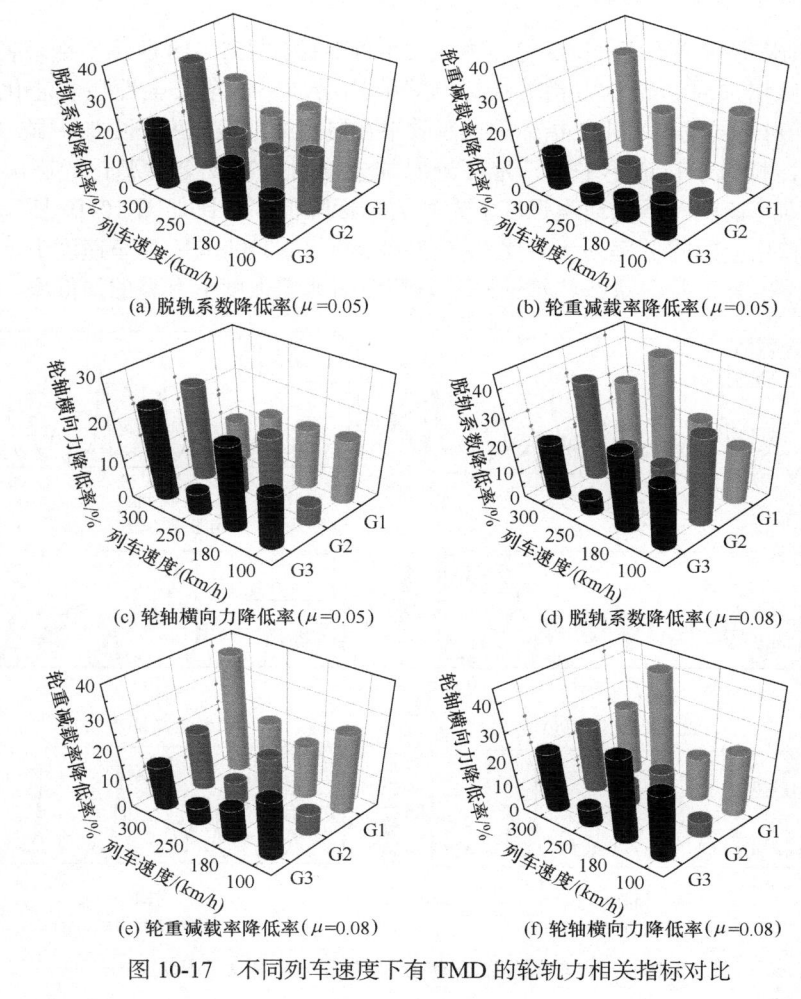

(a) 脱轨系数降低率($\mu$=0.05)

(b) 轮重减载率降低率($\mu$=0.05)

(c) 轮轴横向力降低率($\mu$=0.05)

(d) 脱轨系数降低率($\mu$=0.08)

(e) 轮重减载率降低率($\mu$=0.08)

(f) 轮轴横向力降低率($\mu$=0.08)

图 10-17  不同列车速度下有 TMD 的轮轨力相关指标对比

### 10.5.4 不同地震强度特性

#### 1. 工况及参数选择

在墩高为 24m 和列车速度为 180km/h 下分别加载 PGA=0.10g、0.21g 的 G3 地震动，进行有无 TMD(有 TMD 情况下的 TMD 质量比为 0.05)的脱轨系数、轮重减载率和轮轴横向力对比。

在墩高为 24m 和列车速度为 180km/h、250km/h 和 300km/h 下分别加载 PGA=0.10g、0.21g 的 G3 地震动，进行有 TMD 情况下(TMD 质量比为 0.05)脱轨系数、轮重减载率和轮轴横向力相较无 TMD 情况下的降低率对比。

#### 2. 基于轮轨力相关指标

不同地震强度下有无 TMD 轮轨力相关指标对比如图 10-18 所示。结果表明，当地震强度增加时，轮轨力相关指标的峰值均增加，行车安全性显著恶化。同时，TMD 对不同轮轨力相关指标的控制效果在更高的地震强度下更加明显。地震强度越高，相对于轨道不平顺，地面绝对加速度对行车安全性恶化的影响力越强。不同列车速度和不同地震强度下轮轨力指标降低率对比如图 10-19 所示，将指标峰值和相应的降低率列入对比。在 250km/h 和 300km/h 列车速度下，除了轮重减载率以外，脱轨系数和轮轴横向力都在高地震强度下有高的降低率。

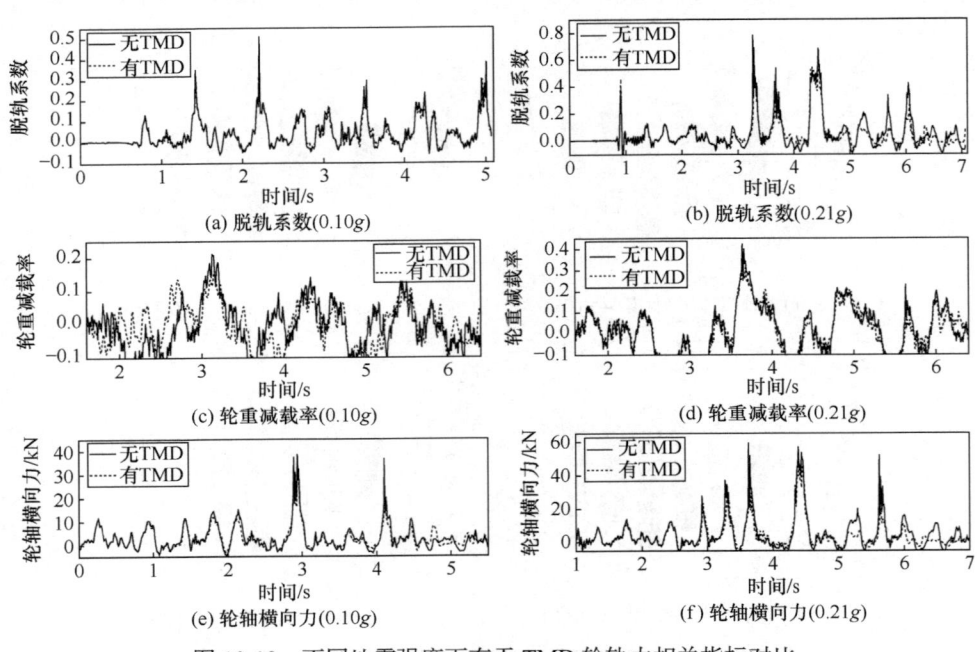

图 10-18 不同地震强度下有无 TMD 轮轨力相关指标对比

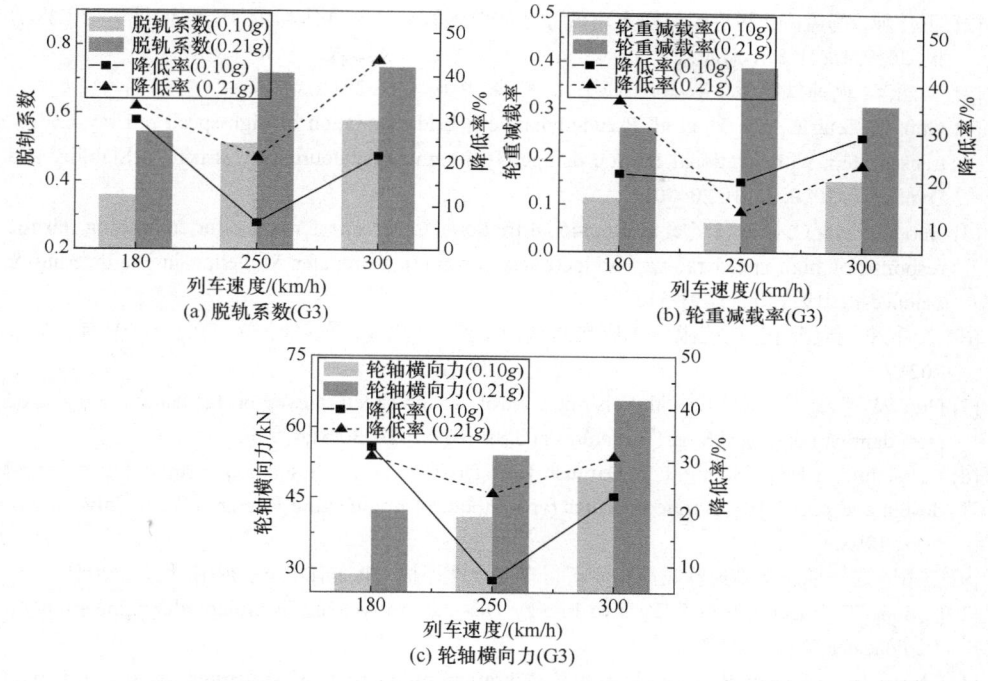

图10-19　不同列车速度和不同地震强度下轮轨力指标降低率对比

## 10.6　本章小结

在本章中，TMD 的减震效果和对行车安全的控制效果得到了验证。然而，TMD 存在一个工作频率范围，当激励频率超出了该范围时，TMD 的效果将急剧降低，甚至会稍微放大系统的响应。为满足不同的工程需要，还需要对更多种类的减隔震技术进行研究。在先前的研究中，作者团队已经试验验证了旋转摩擦阻尼器的力学特性，并用单向振动台完成了设置该阻尼器的高铁简支梁桥抗震拟动力混合试验；基于球形支座提出了一种组合耗能限位支座并在模拟中探究了其力学性能、滞回特性和减隔震性能。但两种支座在实际的车-轨-桥系统中具体能表现出怎样的性能、在实际工程应用中又具有怎样的限制条件仍未可知。本书中建立的车-轨-桥系统为解决这个问题提供了一种思路，包括旋转摩擦阻尼器、组合耗能限位支座在内的各种高铁桥梁减隔震技术均可仿照研究 TMD 的方法进行探究。

**参 考 文 献**

[1] Hartog D. Mechanical Vibration [M]. 4th ed. New York: McGraw-Hill, 1956.

[2] 王传坤, 杨孟刚. 基于摩擦摆支座的高速铁路连续梁桥减隔震研究[J]. 铁道科学与工程学报, 2019, 16(3): 564-572.
[3] 王丽萍. 高速铁路桥梁减隔震研究[D]. 长沙: 中南大学, 2011.
[4] Guo W, Zeng C, Xie X, et al. Pseudodynamic hybrid simulation of high-speed railway bridge-track system with rotational friction damper[J]. International Journal of Structural Stability and Dynamics, 2020, 20(6): 2040014.
[5] Guo W, Zeng C, Gou H Y, et al. Rotational friction damper's performance for controlling seismic response of high speed railway bridge-track system[J]. Computer Modeling in Engineering & Sciences, 2019, 120(3): 491-515.
[6] 杜乔丹. 新型组合耗能限位支座在高铁简支梁桥中的减震性能研究[D]. 长沙: 中南大学, 2021.
[7] Guo W, Wang Y, Du Q D, et al. Seisimic control of high-speed railway bridge using the S-shaped steel damper bearing[J]. Smart Structures and Systems, 2022, 30(5):479-500.
[8] Constantinou M C, Soong T T, Dargush G F. Passive energy dissipation systems for structural design and retrofit[R]. Buffaco: Center for Earthquake Engineering Research State Vniversity of New, 1998.
[9] 王阳. 远场地震下高速铁路简支梁桥行车安全性评估与控制[D]. 长沙: 中南大学, 2021.
[10] Soong T T, Dargush G F. Passive Energy Dissipation Systems in Structural Engineering[M]. Chichester: Wiley, 1997.
[11] Yang F, Sedaghati R, Esmailzadeh E. Vibration suppression of structures using tuned mass damper technology: A state-of-the-art review[J]. Journal of Vibration and Control, 2022, 28(7-8):812-836.
[12] Chen Z W, Fang H, Han Z L, et al. Influence of bridge-based designed TMD on running trains[J]. Journal of Vibration and Control, 2019, 25(1): 182-193.
[13] Miguel L F F, Lopez R H, Torii A J, et al. Robust design optimization of TMDs in vehicle-bridge coupled vibration problems[J]. Engineering Structures, 2016, 126: 703-711.
[14] Yin X F, Song G B, Liu Y. Vibration suppression of wind/traffic/bridge coupled system using multiple pounding tuned mass dampers (MPTMD)[J]. Sensors, 2019, 19(5): 1133.
[15] Chen Z W, Han Z L, Zhai W M, et al. TMD design for seismic vibration control of high-pier bridges in Sichuan-Tibet Railway and its influence on running trains[J]. Vehicle System Dynamics, 2019, 57(2): 207-225.
[16] 国家铁路局. 高速铁路设计规范: TB 10621—2014[S]. 北京: 中国铁道出版社, 2014.
[17] 梁龙腾. 基于TMD的高压输电杆塔风振控制研究[D]. 长沙: 长沙理工大学, 2016.
[18] Guo W, Wang Y, Liu H Y, et al. Seismic safety assessment of trains running on high-speed railway bridges with chloride-induced corroding piers[J]. Science China Technological Sciences, 2023, 66(2): 320-335.
[19] Sadek F, Mohraz B, Taylor A W, et al. A method of estimating the parameters of tuned mass dampers for seismic applications[J]. Earthquake Engineering & Structural Dynamics, 1997, 26(6): 617-635.
[20] Warburton G B. Optimum absorber parameters for various combinations of response and

excitation parameters[J]. Earthquake Engineering & Structural Dynamics, 1982, 10(3): 381-401.
[21] Guo W, Wang Y, Zeng C, et al. Moving safety evaluation of high-speed train on post-earthquake bridge utilizing real-time hybrid simulation[J]. Journal of Earthquake Engineering, 2023, 27(2): 284-313.
[22] Guo W, Gao X, Hu P, et al. Seismic damage features of high-speed railway simply supported bridge-track system under near-fault earthquake[J]. Advances in Structural Engineering, 2020, 23(8): 1573-1586.
[23] Zhai W M, Xia H. Train-track-bridge Dynamic Interaction: Theory and Engineering Application[M]. Beijing:Science Press, 2011.
[24] Montenegro P A, Calçada R, Vila Pouca N, et al. Running safety assessment of trains moving over bridges subjected to moderate earthquakes[J]. Earthquake Engineering & Structural Dynamics, 2016, 45(3): 483-504.
[25] Miyamoto T, Ishida H, Matsuo M. Running safety of railway vehicle as earthquake occurs[J]. Quarterly Report of RTRI ,1997, 38(3): 117-220.